高校社科文库
University Social Science Series
教育部高等学校
社会科学发展研究中心

汇集高校哲学社会科学优秀原创学术成果
搭建高校哲学社会科学学术著作出版平台
探索高校哲学社会科学专著出版的新模式
扩大高校哲学社会科学科研成果的影响力

杨晓军/著

区域视野中的乡村、学校与社会

——清末民初东北乡村教育研究（1905~1931）

Countryside, School and Society in the Regional Vision:

Rural Education in Northeast China (1905~1931)

光明日报出版社

图书在版编目（CIP）数据

区域视野中的乡村、学校与社会：清末民初东北乡村教育研究：1905～1931 / 杨晓军著．
--北京：光明日报出版社，2011.3（2024.6 重印）
（高校社科文库）
ISBN 978－7－5112－1036－4

Ⅰ.①区… Ⅱ.①杨… Ⅲ.①乡村教育—研究—东北地区—1905～1931 Ⅳ.①G529

中国版本图书馆 CIP 数据核字（2011）第 038488 号

区域视野中的乡村、学校与社会：清末民初东北乡村教育研究：1905～1931

QUYU SHIYE ZHONG DE XIANGCUN、XUEXIAO YU SHEHUI：QINGMO MINCHU DONGBEI XIANGCUN JIAOYU YANJIU：1905～1931

著　　者：杨晓军

责任编辑：田　苗　钟祥瑜　　　责任校对：张聪颖　李　勇
封面设计：小宝工作室　　　　　责任印制：曹　诤

出版发行：光明日报出版社
地　　址：北京市西城区永安路 106 号，100050
电　　话：010-63169890（咨询），010-63131930（邮购）
传　　真：010-63131930
网　　址：http：//book. gmw. cn
E － mail：gmrbcbs@ gmw. cn
法律顾问：北京市兰台律师事务所龚柳方律师

印　　刷：三河市华东印刷有限公司
装　　订：三河市华东印刷有限公司
本书如有破损、缺页、装订错误，请与本社联系调换，电话：010-63131930

开　　本：165mm×230mm
字　　数：278 千字　　　印　　张：17.5
版　　次：2011 年 5 月第 1 版　　　印　　次：2024 年 6 月第 2 次印刷
书　　号：ISBN 978－7－5112－1036－4－01

定　　价：78.00 元

序

学生晓军的博士学位论文《区域视野中的乡村、学校与社会——清末民初东北乡村教育研究（1905～1931）》即将出版，来函嘱我作序。我建议请一位专治教育史的大家来写序，这样可以高屋建瓴、画龙点睛，于作者、读者都十分有益。但时间仓促，着急付梓，作为他的指导教师和学位论文的第一读者，我只好勉为其难，把自己读后的感受写出来，算是交差。

教育是立国之基，强国之本，一个民族要想改变落后面貌、自立于世界民族之林，必须要大力发展教育。这个道理，是中国人经历了近代欧风美雨的冲击、经过了多次民族屈辱与灾难后才逐渐认识了的。早在19世纪60年代，开明士大夫集团洋务派就试办了若干洋务新式学堂，来“师夷长技”，戊戌变法和清末新政时期，新式教育成为改革的嚆矢之一，成就斐然，传统科举制度被废除，新式教育进入了制度化推行的阶段。民国初肇，新式教育进一步发展，制度进一步完善。可以说，国人自19世纪中叶以来追求的近代化，教育是其中比较成功的领域之一。

相对而言，近代东北地区的新式教育兴办起步较晚，因而学界对它的关注度也较低。20世纪80年代，东北近代教育史的研究有了较大的进展，但正如本书绪论中所指出的，“目前学术界关于东北教育史的研究基本上都是从国家政策、地方政府兴学等宏观角度去研究东北地区的兴学活动，而对于广大东北乡村地区兴学运动研究仍然是着墨甚少。其间，即便是在一些著述和文章中有所论述，也不过是略有提及或仅属介绍说明之类的内容，还没有一部对此进行系统研究的著述问世”。这些论著多属于宏大叙事，着眼于线条和轮廓的勾画，缺少局部细节的描摹。尤其是对乡村教育，剖析甚少，不免令人遗憾。当然，宏观的描述自有其价值，在研究的拓荒阶段自不可少，也自不可免，但仅停留于此，则易流于空泛，千人一面，无法还原近代东北新式教育发展的真实场景和动态过程，亦难以显现新式教育与东北农村社会发展的互动。

在这个意义上，本书的研究是对这一缺陷的弥补，对东北清末民初教育研究是一个推动，丰富了相关研究成果。作者以乡村教育为研究重点，对清末民初东北乡村教育的兴学活动进行了详细的梳理，对不同类型的新式教育进行了具体解剖，揭示了东北这一历史时段乡村教育的特殊性与成败利钝，也探讨了新式教育与乡村社会的相互影响。读者可以看到，本书的研究触角已经深入到了教育的最基层，不仅有一般性的宏观论述，而且有非常具体的新式教育实践的考察，作者研究的对象甚至包括了学堂事务、教科书、考试试题等细微的问题，通过对这些具体而微的问题的研究，作者阐发了自己的见解，给出了自己的结论。

深入细致的研究是个艰苦的过程，艰苦在第一手资料的搜集，有了资料的基础，才可能有深入的分析。作者不仅利用了大量的专题编辑史料，而且还钻到档案馆、图书馆，搜集了诸多鲜为人知的档案与资料。在做论文期间，常看到晓军在辽宁、吉林、黑龙江三地跑来跑去，利用各种可能的关系，到图书馆、档案馆发掘资料。功夫不负有心人，确实找到了不少“独家秘笈”，包括清末民初乡村中小学的课程表、试题、学生作业、教职员名册、学校校刊等。丰富的资料使本书的论证可信，饱满，描述也生动。这是治学应有的态度，不但要言之有物，更要言之有据，希望晓军能坚持下去。

时代在发展，研究的方法与理论日新月异，史学研究也要跟上时代的脚步，不能抱残守缺。即是说，要有见解、观点的创新，也要有研究方法的创新。在这方面，晓军也做了值得肯定的探索。他把区域史的理论与方法引入到研究中，探讨乡村兴学过程中乡村与政府之间的互动，用例证、统计、比较等方法说明兴学概况和特点，运用社会变理论探讨乡村兴学与东北乡村社会之间的互动都给人以新鲜感，也增加了观点的可信度。

当然，作为一名刚刚跨入史学研究门槛的新人，晓军还显得稚嫩，表现在论文中，就是有些理论的运用还略显牵强，分析也有泛泛之处，如关于旧式教育，特别是私塾的状况及其改良无论是述还是论，都比较淡薄，这或许是资料的原因。关于近代精英离乡与乡村文化生态危机的关系也许并不主要是由于新式教育的兴起，应该有更大的原因或背景，如传统儒家文化的衰落，科举的废除，社会经济结构的变化等等。这些都可以进一步研究，补充，也欢迎读者批评指正。希望晓军能把不同的意见、批评作为学术前进的动力，更加努力，有更好的成果问世，是为所愿。

李书源

2010年中秋于吉林大学

CONTENTS 目 录

绪 论

一、东北教育史研究的历史回顾及其当前研究范式的困境

清末民初时期，社会各界就对东北乡村兴学运动给予了一定的关注。这时期，在东北新政的部分主政者和参与者的著述（主要是编修三省省志、地方方志、乡土志等）和回忆录（如林传甲的《教育日记》、林伯渠的《林伯渠日记》等）中有所论及。此外，当时的一些报刊杂志如《申报》《教育杂志》《教育世界》《大公报》《盛京时报》《辽宁教育月刊》《辽宁教育公报》等报刊杂志也对东北地区教育变革进行了一定的报道和评论。[①] 诚然，这些著述和报刊资料中的论述与报道还不能算作是一种真正意义上的学术研究，但对于今天的研究却具有较高的史料价值。相反，这时期日本学者出于侵略中国的政治需要对东北教育史的研究比较重视，相继发表了山田丰著的《满洲教育史考》、满铁地方学务课编印《满洲教育史略》和岛田道弥著《满洲教育史》三部旨在宣扬东北独立、企图瓜分东北的著作。总体来说，这一时期东北教育史的研究十分薄弱，一方面是中国教育史著作和资料汇编相继出版；另一方面却是在这些教育史和地方史研究中东北教育史研究工作的缺失。[②] 不仅在中国教育通史类的研究中较少涉及东北教育变革的内容，东北地方史的研究中亦缺乏

---

① 这时期一些期刊杂志刊载了一些关于东北教育方面的文章，主要有《最近黑龙江教育状况》，《教育杂志》7卷2期，1915年2月；《奉天省学务视察报告》，《教育公报》2卷1、2、6期，1915年6月10日；《吉林省学务视察报告》，《教育公报》2卷6期，1915年10月；《黑龙江省学务视察报告》，《教育公报》2卷7期，1915年11月；《吉林省教育厅规划全省教育行政报告》，《教育公报》6卷2期，1919年2月；《吉林实施平民教育之进行》，《教育杂志》15卷11期，1923年；推士博士，汤茂如译《奉天科学教育调查报告》，《新教育》6卷4期，1923年4月；《吉林实施平民教育之进行》，《教育杂志》15卷11期，1923年11月；《吉林全省教育经费之调查》，《教育杂志》17卷8期，1925年8月；《黑龙江地方教育概况》，《教育公报》5卷16期，1928年。

② 在这些中国教育通史类著述中，仅毛礼锐、沈灌群主编《中国教育通史》（山东教育出版社，1986年第1版）中有东汉辽东太守陈禅“于学讲礼”，汉末三国时期管宁等辽东讲学等几处零星介绍东北教育发展状况的内容。

对教育变革内容的重视。

民国时期，东北教育史的研究工作有了一定的发展。奉系军阀时期的统治者较为重视东北地区的教育事业，相继出台了一些有利于地方教育事业发展的政策。其中，地方政府倡导下的新修或重修方志工作就是一个最好的例证。在奉系军阀政府的倡导下，东北地区出现了包含 260 卷本的《奉天通志》这样的鸿篇巨著，其中的"教育志"多达 15 万字，成为详细记录东北地区教育沿革的重要著作。此外，其它一些重修或新修方志中也记录了一些当地教育沿革的重要内容。20 世纪 30 年代以后，由于国内外局势和所处地域的限制，轰轰烈烈的乡村建设运动和抗战时期史学研究热潮也在一定程度上推动了东北史学的发展，但对东北教育史研究工作的影响仍然是微乎其微。①

建国初期，东北教育史的研究工作进入到了一个新的发展时期，但由于学术界"只是把最主要的精力集中在历史的政治方面，而政治史的研究又往往局限于政治斗争的历史，而且通常被狭隘地理解为就是指被统治阶级与统治阶级之间的阶级斗争的历史"②。因此，这时期学术界对东北教育史的关注较少，所取得的成果也基本在阶级斗争的圈子里徘徊不前。

改革开放以来，东北教育史的研究工作才迎来了其发展事业的春天。这时期，一方面是反映东北不同时期实情的文史档案资料、新修方志和期刊报纸等资料相继整理出版；另一方面是东北教育史研究的组织机构相继成立，研究队伍日益壮大。这时期成立的研究机构主要有吉林、辽宁省教育研究所（院）；辽宁、大连（杨乃昆、陈丕忠）、吉林、黑龙江等省、市、区教育史志编纂委

① 高时良《辽金元清时代之中国学制》，《厦大周刊》14 卷 27 期，1935 年 5 月；赵公展《东北奴化教育现况》，《时代批评》2 卷 31 期，1939 年 9 月；陈硕彦《伪奉天市的小学奴化教育概况》，《东北》1 卷 2 期，1940 年 4 月；钟心《伪满奴化教育的剖析》，《东北》2 卷 3 期，1940 年 11 月；阿齐图《伊克昭盟之教育》，《益世报》1940 年 12 月；海镜《清代东三省学制》，《东北》2 卷 6 期，1941 年 2 月；徐景贤《东北大学的过去与现在》，《青年之声》2 卷 2、3 期，1941 年 5 月；江应澄《东北之伪教育》，《教育杂志》31 卷 7 期，1941 年 7 月；章学海《满洲国教育考察记》，《教育建设》2 卷 5 期，3 卷 1 期，1941 年 8 月 ~ 10 月；谢再善《伊盟的教育与文化》，《西北论衡》9 卷 10 期，1941 年 10 月；俞义节《满洲国之教育》，《教育建设》4 卷 6 期，5 卷 6 期，1942 年 9 月 ~ 1943 年 3 月；庄涛《伪满的奴化教育》，《解放日报》44 期，1843 年 9 月 28 日；陈国均《伊盟蒙旗教育》，《边疆通讯》2 卷 8 期，1944 年 8 月；贾凤翔《伊克昭盟教育》，《边疆通讯》2 卷 12 期，1944 年 12 月；陈党玄《战后我国的东北教育》，《学术与建设》1 期，1945 年 8 月；金辉等《介绍东北军政大学》，《知识》2 卷 3 期，1946 年 12 月；何鲁《漫谈东北的高等教育》，《凯旋》1947 年 7 期；炳文《东北大学的生活（解放区学校介绍之二）》，《群众周刊》14 卷 9 期，1947 年 3 月；程宗宣《东北教育一瞥》，《教育通讯》3 卷 8 期，1947 年 6 月等。

② 李文海等：《近代中国灾荒纪年》，湖南教育出版社，1990 年版，前言。

员会办公室；东北师大（赵家骥、曲铁华）、辽宁师大（王桂、杨晓）、沈阳师院（刘兆伟）、锦州师院（魏正书）、东北地方教育史研究课题组（齐红深主持）、日本侵华教育史研究课题组（齐红深、宋恩荣主持）、中国地方教育史研究课题组（周玉良主持）、日本侵华殖民地教育口述历史研究课题组（齐红深主持）等研究机构。这些相关资料的整理出版和研究机构的成立，极大地推动了东北教育史研究工作的展开，直接带动了一批东北教育史研究成果的问世。据笔者初步统计，学术界公开发表的涉及东北教育史研究的中文著作多达40多部，关于近代东北地区教育研究内容的学术论文累计150多篇。这些著述研究内容多较详细地阐述了东北地区各个时期教育发展的状况，从清末东北学制、各地新式教育发展状况及教育界人物与东北地区新式教育发展的关系等几个方面进行研究和探讨①。

从这些学术研究中，我们不难发现目前学术界关于东北教育史的研究基本上都是从国家政策、地方政府兴学等宏观角度去研究东北地区的兴学活动，而对于广大东北乡村地区兴学运动研究仍然是着墨甚少。其间，即便是在一些著述和文章中有所论述，也不过是略有提及或仅属介绍说明，还没有一部对此进行系统研究的著述问世。不可否认，这种“大传统式”的教育史研究模式有其自身的价值，对于东北教育史研究工作的发展确实也曾起到过重要的推动作用，但是这种研究模式难以摆脱相对空泛的“单线进化论”的缺陷，让人无法触摸到处于底层的社会教育变革的真实性，致使底层社会教育变革的“小传统”一直在通史类教育研究的“大传统”之外徘徊。20世纪80年代以来，随着国外社会史研究理论和方法的传入，传统东北教育史研究范式上的“瓶颈”逐渐凸显出来，学术界急需一种新的研究范式来拓宽东北教育史研究的领域，从而推动东北教育史研究工作进一步的发展。

二、乡村教育研究模式提供的反思契机

随着国外区域史研究理论和方法的传入，国内兴起了一股区域性地方史研究的浪潮，出现了解释架构上“华北模式”、“关中模式”、“江南模式”和“岭南模式”等流派。何谓区域性地方史路径？这种研究路径有何取向和主

---

① 这些统计数字只是笔者所作的一个初步统计，数字主要来自两个方面，一方面是通过中国期刊网、超星、万方和百度等网站网络资源统计而来的数字；另一方面参看《九十年东北地方史研究资料研究大全》《东北史论文资料索引》《中国近代史著述目录（1949～1979）》《中国近代史论文资料索引（1949～1979）》《中国近代史论著目录（1979～2000）》和《教育论文索引》等工具书统计出的数字。

旨？朱浒博士认为，这种“地方史路径真正整合成型，是随着另外两个进程进一步展开而实现的。其一是，由于‘内部取向’广泛而深入地得到了贯彻，往昔那些重大事件的意义无不因其与外部因素牵扯甚深而在很大程度上遭到了削弱，从而为学者们从事地方史研究时更多注重地方社会本身铺平了道路。其二是，由于其它学科特别是人类学的理论和方法在史学领域得到更为普遍的传播和了解，以及汉学人类学的进一步发展，为地方史研究者廓清自己的认知主体和分析单位都提供了更为精良的理论装备”①。这种区域性地方史研究路径并非仅仅注重挖掘传统史学研究中被忽视的社会内部的细节，而是力图构建一种足以与传统宏大叙事模式相对立的新的史学研究范式。有一点要说明，以往传统地方史研究路径与这种区域性研究范式有着本质上的区别，二者在概念层面、研究对象层面和方法论层面都存在着明显的差异。简而言之，前者只不过是一种地方通史式的叙述，后者是挖掘地方社会中各种权力关系的结构和格局，进一步深入地理解传统中国社会的演变与特质。当然，随着国外社会学理论和研究方法的介入，目前这两种研究范式的差异正在逐渐缩小，并且出现了一种相互融合的趋势。②

当然，这种区域性社会史研究范式关注的领域十分广泛，反映在教育史研究的层面上，一个重要表现就是乡村教育研究视角的兴起。在这种研究视角下，研究者关注的焦点开始从社会上层下移到社会底层，探讨教育变革运动在社会底层引起冲突、动荡与交融的过程。当然，这种教育史研究路径与传统宏大叙事模式笼罩下的地方教育史研究范式有着本质的区别。传统地方教育史研究路径是一种在传统宏大叙事模式笼罩下进行的地方教育通史式的叙述，后者则是立足于微观层面的下层社会，挖掘教育体制变革在地方教育场域中的宣传与贯彻、各种利益集团之间的合作与冲突、兴学群体的构成分析、教育变革与下层社会的互动等内容。毋庸置疑，这种教育史的研究路径有助于我们加深对教育领域中微观结构和底层回应的认识，使传统教育演进的复杂线索得到了一种比较微观而又具体的呈现。在全国范围内，关于乡村教育的研究已经取得了一定的成就，相关研究主要包括：蒋纯焦《一个阶层的消失——晚清以降塾师研究》一书选取“私塾先生”这样一个职业阶层的变迁为视角，探讨中国

① 朱浒：《地方性流动及其超越——晚清义赈与近代中国的新陈代谢》，中国人民大学出版社，2006年版，序言，第3～4页。

② 李书源、杨晓军：《区域史研究理论与近代东北区域史研究》，《史学集刊》，2008年第1期，第91～92页。

近现代的教育变革在社会底层所引起的变动。① 罗志田《清季科举制改革的社会影响》和《科举制的废除与四民社会的解体——一个内地乡绅眼中的近代社会变迁》两篇论文从社会结构变迁的角度出发探讨了清朝科举制改革带来的社会影响，并指出传统耕读仕进的上升性社会变动取向发生转变，城乡逐渐分离，传统社会中的士阶层逐渐消失。② 郝锦花《新旧之间——学制转轨与近代乡村社会》探讨了学制转轨对近代乡村社会的教育领域及其他社会领域造成的影响，并对近代乡村及中国现代化模式进行了归纳。③ 张济州《文化视野中的村落、学校与国家——一个县教育变迁的历史人类学考察（1914～2006)》一文以华北平原的一个典型的县——汶上县的教育变革为切入点，运用社会生态学、区域文化、人口流动与教育变迁、口述史资料和人种志方法探讨20世纪以来国民教育体系构建与村落文化、地方性知识冲突的场景，从而揭示了乡村教育的复杂性和城乡教育的差异性。④ 郑起东《华北乡村教育》一文探讨了近代以来华北乡村教育从传统向近代转型的过程，并归纳了乡村教育发展的经验教训。⑤ 此外，罗志田《新旧之间：近代中国的多个世界及“失语”群体》（《四川大学学报》（哲学社会科学版），1999年第6期，总105期）、郝锦华《20世纪二三十年代乡村塾师的收入》（《福建论坛》（人文社会科学版），2005年第8期）、王先明、郝锦花《论20世纪初叶中国乡间私塾的文化地位》（《浙江大学学报》（人文社科版），第35卷第1期，2005年1月）、朱汉国、王印焕《20世纪20～30年代华北农村教育滞后问题及其对社会的影响》（载张国刚主编《中国历史评论》，第2卷，天津古籍出版社，2000年版。）、王铭铭《教育空间的现代性与民间观念——闽台三村初等教育的历史轨迹》（《社会学研究》，1999年第6期）、韩凝春《清末民初学制变革中江浙族学》（《天津师范大学学报》，1996年第6期）等文章都具有一定的代表性。

当然，运用区域性研究方法对乡村教育进行研究也存在着一些问题。在研

① 蒋纯焦：《一个阶层的消失——晚清以降塾师研究》，上海书店出版社，2007年8月版。

② 论文分别载于《中国社会科学》，1998年第4期和《清华学报》（新竹），新25卷4期，1995年12月。

③ 郝锦花：《新旧之间——学制转轨与近代乡村社会》，山西大学博士论文，2004年6月。

④ 张济州：《文化视野中的村落、学校与国家——一个县教育变迁的历史人类学考察（1914～2006)》，华东师范大学博士论文，2007年。

⑤ 载王先明、郭卫民主编：《乡村社会文化与权力结构的变迁——华北乡村史学术研讨会》，人民出版社，2002年版，第3～29页。

究中，研究者往往试图根据这些微观经验来归纳出一种带有普遍性的社会认知，这就不可避免地给研究结论的有效性造成了很大的难题。其中一个难题是如何处理个别与一般、特殊与普遍的关系。由于这些微观经验都是从特定时期下的特定场景中归纳出来的，因此必然面临着如何处理个别与一般、特殊与普遍关系的问题。尽管许多实践者认为自己选择的案例并不属于一种特例，然而除非混淆不同地方空间的性质，否则一旦将其归纳的经验加以推广就会显得异常的举步维艰。① 地方史研究路径的另一个难题就是地方研究中的“均质性”与“去均质化”之间的矛盾。当我们研究一个区域时，我们首先不能把它当作一个“均质性”实体来对待。那么，如何对于一个没有“均质性”的实体进行研究呢？只有研究了所有层级的单位才能解决这些问题。显然，我们目前还没有足够的资料和人力来完成这个任务。正是这种“去均质化”的研究模式，由于过于强调差异而形成了一个个孤立的地方空间，陷入了“城市是城市”、“乡村是乡村”的“破碎的历史”之中而不能自拔。② 这种问题反映在乡村教育研究工作上，就是如何处理好国家教育与地域教育之间的关系，如何处理好近代东北教育的演变与近代东北乡村教育的演变之间的关系，如何处理好兴学运动中群体与个体之间的关系，等等。如何妥善解决这些问题，是论文撰写工作中不可避免的问题。

诚然，任何一种研究范式或模式都有它不可避免的局限性，区域视野下的东北乡村教育史的研究方法自然也不能例外。我们评价一个事物的价值应该从它的功效性方面来品评，也可以通过与其它研究模式进行比较来分析。这种乡村教育史研究路径的介入，不仅可以拓宽东北教育史研究的广度，从一个更为微观的角度去揭示清末民初东北地区教育变革的过程，还可以借助教育学、社会学、民族学、人口学、经济学等多学科的研究手段和方法。通过这种交叉学科的研究，一方面拓宽了东北教育史研究的领域，另一方面又增加了东北教育史研究的理论深度。在运用区域史研究理论进行研究时，只要我们正确处理好整体与局部之间、均质与去均质之间的关系，就能避免出现那种大而全或以偏概全的情况，从而推进东北教育史研究工作的进步。

---

① 朱浒：《地方性流动及其超越——晚清义赈与近代中国的新陈代谢》，中国人民大学出版社，2006 年版，序言，第 8 页。

② 李猛：《从“士绅”到“地方精英”》，《中国书评》1995 年 5 期，转自朱浒《地方性流动及其超越——晚清义赈与近代中国的新陈代谢》，中国人民大学出版社，2006 年版，第 9 页。

三、研究选题的缘起

清末民初时期是我国由传统国家向近代民族国家过渡的时期，现代学校制度作为国家建设的重要组成部分，伴随着国家近代化的过程也开始逐步向乡村地区延伸，出现了一种国家政权强制干预与地方社会固有习俗之间、外来现代性教育资源与原有地方性传统教育资源之间激烈冲突的画面。这种冲突在经济文化相对比较落后的东北地区尤为明显。因此，以社会底层的兴学运动为切入点来探讨东北地区传统教育的变迁，无疑更能深刻而具体地再现这一时期东北地区教育变革的真实图景。

（一）研究的学术价值

关于东北教育史的研究，史学界已经有了相当的学术积淀。然而，这些研究基本上都是从宏观角度出发去论述和评价东北地区的兴学活动，致力于新式学校的兴起背景、发展、特点和影响的分析，而对于处于东北社会最底层的乡村教育变迁的研究则处于一种有意或无意的淡化状态。① 这样，乡土社会的真实教育图景往往就被淹没在政府宏大的主流话语中，乡民参与教育的热情也多被世人所遗漏。其实，在地域广袤的东北地区，乡村地区的教育变革无疑应该是这时期东北教育变迁的主体，只有处于社会最底层的广大乡村实现了近代教育的转型，东北地区才能实现教育的近代化。为了真实地反映这场持续了长达30年之久的兴学运动，本文摒弃从正面去展现东北地区新式教育和现代学校的建立过程，而是以这时期广大的县级政权为切入点，试图通过对东北社会底层的教育现场的研究，更具体而微观地再现传统教育在东北社会底层——乡村社会的变迁过程。

本文试图从区域社会史视角出发对近代东北乡村教育的变革进行相关的探

---

① 关于东北教育史的研究著作，据笔者不完全统计有30多部。如李璜著：《鄂伦春族教育史稿》中国教育出版社，1987年版；王纯山著：《辽宁高等教育四十年》（上下册），辽宁大学出版社，1989年版；朴奎灿著：《中国朝鲜族教育史》（延吉），东北朝鲜民族教育出版社，1991年版；齐红深著：《东北地方教育史》，辽宁教育出版社，1992年版；王鸿宾等著：《东北教育通史》，辽宁教育出版社，1992年版；齐红深等著：《东北民族教育史》，辽宁大学出版社；陶增骈著：《东北民族教育史》，辽宁大学出版社，1994年版；齐红深等著：《辽宁教育史》，辽海出版社，1998年版；王贵忠等著：《东北职业教育史》，辽宁大学出版社，1999年版；李喜平著：《辽宁教育史》，辽海出版社，1996年版；袁绍莹著：《吉林省高等教育史》，吉林社科院，2002年版；隋丽娟著：《黑龙江教育史》，黑龙江人民出版社，2003年版；齐洪深著：《满族的教育文化》，辽宁大学出版社，2003年版；单丽雪著：《黑龙江省教育史》，黑龙江人民出版社，2004年版；（蒙）乌云达来著：《黑龙江蒙文教育史》，黑龙江朝鲜民族出版社，2004年版；《穆陵朝鲜民族教育史》编纂委员会编：《穆陵朝鲜民族教育史》，黑龙江朝鲜民族出版社，2004年版。此外，相关研究的论文也有数百篇之多。

讨，而这种区域社会史研究视角有助于弥补目前东北教育史研究的缺陷。在以往东北教育通史类著述中，研究者往往是从国家政策和地方政府如何进行贯彻等宏观视角进行研究，在举例论证时也仅选取一些具有代表性的地区而忽略了其他广大的乡村地区，这样就很难真实地再现清末民初时期教育变革在东北乡村地区的变迁。正如地方史专家隗瀛涛所述："由于中国幅员辽阔，各地区的经济、政治、文化发展不平衡，区域特征各异，史学界日益感到划分若干易于把握的区域空间，进行深入研究，是推动全国通史、断代史、专门史向深度和广度进展的一个有效途径。"① 为了弥补东北教育通史类著述研究中的不足与缺陷，本文以东北乡村社会为切入点，从东北底层社会来反映东北地区乡村兴学的艰难历程，并对当时兴学过程中地方与中央的互动，地方官府、士绅和下层民众之间的合作与冲突，教师和学生的群体分析，乡村兴学与近代东北乡村社会等问题进行深入的探讨和研究，力图再现清末民初时期东北乡村地区教育变迁的真实图景。

（二）研究的现实价值

改革开放以来，"三农"（农业、农村、农民）问题日益受到党和政府的高度重视，而农村义务教育的推广和普及也成为了国人关心的话题。在这种形势下，农村社会逐渐成为国内史学界研究的热点，特别是关于近代乡村社会的研究取得了丰硕的成果。在这种形势下，探讨清末民初时期东北乡村社会的教育变迁问题，无疑也同样具有一定的现实意义。本文以东北乡村社会为研究区域，探讨在这场轰轰烈烈的兴学运动过程中中央与地方政府之间的互动关系，即地方政府是如何因地制宜、因时制宜地发动官员、士绅和下层民众的力量来兴学的，又是如何均衡各种势力集团在兴学运动中的矛盾与冲突的；这一时期东北乡村兴学与近代东北乡村社会的关系如何，有哪些经验教训是值得我们借鉴和吸取。这些思考和研究，对今天解决东北农村地区的教育问题提供了一些借鉴和参考。

本文选取县级政权为研究切入点。一方面，从乡村社会学的角度来看，县是一个具有完整意义的社会单元。县，既是一个相对完整且独立的乡村社会单元，也是一个相对完整与独立的行政辖区，甚至是一个具有自己历史、语言、文化传统的单元。② "一个县，简单的说，就是乡区村庄的构成。就广义的说，

① 隗瀛涛主编、何一民等撰稿：《四川近代史稿》，四川人民出版社，1990年版，前言。

② 曹锦清著：《黄河边上的中国》，上海百花文艺出版社，1999年版，第254页。

实在不足以代表中国人民共同生活的单位区域，同时也就是中国最大多数农民的着落地”，“从中国的社会组织来看，一个县实在是最合宜的单位。”① 另一方面，县包括一个较为完整的教育体系。作为一个完整、系统的乡村基础教育体系包括小学、初中、高中三个阶段，而我国乡村学校布局一般是村落设立小学，乡（镇）设立初中，县政府所在地或县内主要城镇设立高中。因此，县包括了完整的乡村教育体系。以县域为单位考察乡村教育，既可以从家庭、村落和县域等微观世界来研究东北乡村教育的变迁，也可以将这一变迁置于区域、民族和国家的宏观视角之下，这样就能做到“小地方”与“大社会”的呼应，“犹如在显微镜下看到了整个中国的缩影”②，更好地展现东北教育变迁的历程。同时，县是中国乡村教育管理最为基本的单位，自清末“废科举、兴新学”以来的教育变革，也将县级政府视为乡村现代教育最为重要的基层管理主体。可见，我们如果要对乡村教育体系有一个完整的把握，必须以县为基本研究单位进行相关的研究。

四、文献研究综述

从区域史的角度考察清末民初时期东北乡村地区的兴学运动，实际上起始于 20 世纪的 80 年代。目前，国内外学界关于清末民初东北乡村兴学的研究还不够深入，但前人的研究已经做了一些开创性的工作，为我们做进一步的研究打下了基础。鉴于本文题目目前还没有相关专著出版，我们对前人的研究主要从国内外两方面来展开综述。

（一）国外相关研究状况

早在 20 世纪二三十年代，国外学者对东北问题就极为关注，并一度出现了探讨东北问题的热潮，出版了一批涉及东北地区地理、历史、经济、社会以及国际关系等方面的专著、统计、调查和相关新闻报道，从而揭开了国外关于东北问题研究的序幕。80 年代以来，随着区域史研究理论和方法的兴起，一些国外学者开始从区域史的角度出发来研究东北乡村兴学运动，出现了一批关于东北乡村兴学研究的著述。

1. 日本学者相关研究的状况

日本学界对东北问题的关注较早。在 20 世纪二三十年代，日本一些学者出于政治需要开展了对东北地区的考察和研究，先后出版了一批研究论著和调

① 邰爽秋等编选：《乡村教育之理论与实际》，教育编译馆，1935 年印行，第 4 页。

② 费孝通著：《江村经济》，商务印书馆，2001 年，第 16 页，序。

查资料。当时的日本侵略机构——满铁曾派出一批专家和学者对东北广大的乡村社会进行了详实的调查研究，并在当时及战后出版印行了大量的调查报告书及相关著述。这些调查和研究较少涉及东北乡村的兴学问题，但对广大乡村地区经济、政治、文化和风俗等方面的调查和研究，为后人考察这时期东北乡村兴学的社会生态环境提供了宝贵的资料。80 年代以后，日本学界关于东北教育研究的著述纷纷问世，其间不乏一些涉及清末民初东北乡村兴学运动研究的论述。对于这些研究成果，主要涉及到中国政府乡村兴学和日本在乡村地区推行殖民教育的研究这两个方面。

（1）关于中国政府在东北乡村推行新式教育运动的研究。关于满清政府和奉张军阀乡村兴学运动的研究，日本学界已经取得了一定的成绩。这些研究成果主要有荫山雅博《清末奉天省の教育近代化过程—初等教育の普及过程を中心として》（《清末奉天省的教育现代化进程—以初等教育的普及过程为中心》）一文对奉天地区的初等教育兴办和普及情况进行了论述；和平石淑子《二十世纪初頭の哈尔滨における女子教育にます初期的考察—民国初期の女子教育にまするノト研究纪要》（20 世纪初哈尔滨女子教育初探——有关民国时期女子教育笔记）则对哈尔滨地区的女子教育普及状况进行了细致的研究；于逢春《清末民初期，中日两国の朝鲜に对する教育政策の一侧面—间岛垦民教育会の教育活动を中心に》（清末民初，中日两国对朝鲜族教育政策的一个侧面——延边垦民教育会的教育活动）则以延边垦民教育会的教育活动为中心，探讨了中日两国对朝鲜族教育发展的不同对策及这些政策的推行对延边地区教育事业的影响。

（2）关于日本在东北乡村地区推行殖民教育的研究。为了更好地控制东北地区的乡村社会，日本侵略者在东北地区推行了野蛮的殖民教育政策。关于东北乡村殖民教育的研究，日本学者的研究主要有竹中宪一《日本の关东州、满铁付属地における中国人教育》（《日本关东州与满铁附属地区的华人教育》）和朴龙玉《中国の朝鲜族に对する日本侧の展开—“满洲国”成立以前の公立普通学校の教育课程に注目して》（日本对中国朝鲜族教育政策的研究——以“满洲国”成立以前公立普通学校的教育课程为重点）等文章从不同的角度探讨了日本殖民教育在东北的发展及其对东北地区产生的影响。铃木、普兹夫《满洲における百系ロシア人教育机关考察—初等教育を中心に》（满洲白俄教育机构的研究——以初等教育为例）一文以初等教育为例，探讨了白俄教育机构在满洲推行殖民教育的举措及其对东北地区教育事业的影响。

（3）涉及东北乡村教育研究的一些著作。关于日本在东北乡村地区推行的殖民教育，日本也陆续出版了一些相关的著作。这些研究成果不仅包括一些实习报告、调查报告和殖民教育政令法规，还有一些关于东北乡村殖民教育的著述。具体来说，这些研究主要包括三个方面的内容。一，关于教育整体概况方面的研究。相关著作主要有关东都督府民政部编《南满洲教育概况》（旅顺，1916 年），东亚学艺协会、日本新论学会编《日本の教育と满蒙》（东京出版，1932 年），满洲事情研究部编《满洲教育史略》（大连满铁地方部学务课，1933 年），关东厅学务课编《关东州における教育设施》（大连，1934 年），岛田道弥著《关东州内教育の沿革》（大连文教社，1935 年），关东州厅学务课《关东州の教育》（大连，1936 年），满铁学务课（荒川龙三）编《满铁教育回顾三十年》（大连，1937 年），曹德宣著《奉天省教育事情》（大连，1923 年），自治指导部调查课编《奉天省中心教育调查（事变前后）》（奉天，1932 年），吉林省教育会编《吉林省教育概要》（吉林出版，1937 年），阿部良次编《龙江省教育沿革》（龙江教育会，1942 年）等著作。二，关于东北乡村教育概况的研究。这方面的著作主要有白藤草村《长春幼稚园の非凡ル》（长春隆文堂书店，1926 年），木谷义保编《辽阳小学校三十年教育史》（辽阳寻常高等小学校，1938 年），辽阳小学校编《辽阳小学校教育史》（辽阳，1938 年），大连中学校编《大连中学校教育方针及设施内规》（大连，1918 年），大连市立实科高等女学校编《大连市立实科高等女学校一览》（大连，1921 年），大连市立高等女学校编《大连市立高等女学校概况》（大连，1923 年），奉天高等女学校编《奉天高等女学校一览》（奉天，1926 年），旅顺中学校编《旅顺中学校一览》（旅顺，1921 年），旅顺师范学堂编《旅顺师范学堂要览》（旅顺，1928 年），旅顺工科学堂编《旅顺工科学堂一览》（旅顺，1919 年），满洲医科大学编《满洲医科大学二十五年史》（奉天，1936 年）等著作。三，关于殖民教育课本讲义方面的研究。这方面的研究著作主要有横滨正金银行调查课编《大连读本》（横滨，1929 年），奉天高等女学校编纂《女子国语教课书》（奉天南满印刷社，1928 年），熊岳城寻常高等小学校编《仆の研究キリギリス》（熊岳城，1930 年），南满洲教育会教科书编辑部编《满洲补充教科书地理算术の部》（大连，1926 年），东亚经济调查局编《满洲读本》（东京，1927 年），南满教育会编《满洲体育教授参考书》（上卷）（大阪屋号书店，1925 年），南满教育会编《满洲体育教授参考书》（下卷）（南满教育会教科书编辑部，1926 年）等。这些著述研究探讨了日本在东北乡村地区推行殖民教育的概况，对于深入研究东北乡村兴学问题无疑具有一定的借鉴作用。

2. 欧美学者相关研究的状况

20 世纪二三十年代，美、俄学者开始重视东北问题。这时期的调查和研究虽然具有一定的侵略色彩，却成为现在研究东北乡村社会问题的珍贵资料。其后，美、俄学者一直对东北问题十分关注。然而，在这些研究成果中，对清末民初东北乡村兴学的关注十分有限。据笔者所见，目前仅有少数学者的研究论及近代东北乡村教育的问题。

（1）美国学者的相关论文。美国学者关于清末民初东北乡村兴学的研究，首推美国学者 Elizabeth Ruth Vander Ven 先生。他在博士论文《Educational Reform and Village Society in Early Twentieth-Century Northeast China，Haicheng County，1905 ~ 1931.》（University of the California，Los Angeles，2003.）中考察了 1905 ~ 1931 年间奉天省海城县教育变迁的过程。作者先是介绍了兴学前海城县的历史背景，然后探讨了海城县的传统私塾教育、兴学的经费来源、新旧教育的对立格局、女子教育、劝学所活动等内容。在文中，作者通过分析认为政府与乡村之间除了对抗关系外，还有一种合作的关系，从而打破了过去研究中往往把地方政府与乡村社会对立起来的“二元”对立的研究模式。他的论文《Elizabeth：Village-State Cooperation：“Modern Community Schools and Their Funding，Haicheng County，Fengtian，1905 ~ 1931”》（Modern China，Vol. 31，No. 2.）一文分析了海城县公立学堂及其经费来源的情况，同时探讨了地方政府与乡村在兴学过程中冲突与合作的关系。作者认为：在遍及中国的广大的农村地区，很多村社都像海城县的村庄那样，曾经热情地参与了当地的教育改革活动，因此在中国的现代化过程中扮演了重要的角色。而且，它们还表明，教育是政府与社会有着一种共享的利益和目标，并乐于建立一种合作关系的一个领域。①

（2）俄国学者关于清末民初时期东北乡村兴学的论文。俄国学者的研究基本上是围绕其在中东路地区殖民教育的研究，Та скина Е. ：Ха рбин ские коммерче учу ли па КВЖД. Проблемы Да льнего Востока，2004. No. 1. 157 ~ 160с.（哈尔滨的中东铁路商业学校）从商业学校的视角探讨了哈尔滨

---

① ［美］樊德雯（Elizabeth VanderVen），熊春文译：《乡村—政府之间的合作——现代公立学堂及其经费来源（奉天省海城县：1905 ~ 1931）》，载黄宗智主编：《中国乡村研究》（第五辑），福建教育出版社，2007 年版，第 115 页。

地区俄办殖民教育的发展情况；Еропктна О.：“Русские и китайские школы на КВЖД. 20－е годы”．Проблемы Дальнево Востока，2001. No. 3.（20年代中东路办的俄中学校）探讨了中东铁路地区俄中学校的兴学状况；Василенко Н. А.：“Перые русские учебные заведния в Маньчжурии”．Извесття русското географического общества，2000. No. 2.（满洲的第一批俄语学校）则探讨了满洲第一批俄语学校的建立和运行情况。可见，俄国学者的研究基本上是关注俄国在东北地区的殖民教育，并进一步探讨俄国的殖民教育与东北地区发展之间的关系。

（3）美俄学者的相关著作。除了相关的学术论文外，美俄出版的一些相关著作或多或少地涉及到了东北乡村兴学问题，对东北乡村兴学问题的研究具有一定的借鉴意义。首先是美国的一些学者对于近代东北乡村教育问题的关注，出版的一些著述主要有：Roger V. Des Forges：His-liang and the Chinese National Revolution，Yale University Press，1973（《锡良与中国民主革命》）；Mc comark，Gavan：Chang Tso-lin in Northeast China，1911～1928：China，Japan and Manchurian Idea. Stanford：Stanford University press，1977（《张作霖在东北，1911～1928年：中国，日本和满族人的想法》）；Borthwick，Sally：Education and Social Change in China：the Beginings of the Mordern Eva. Stanford：Hoover Institution press，1988.（《中国的教育与社会变迁：现代时期的开端》）；Peteson，Glan；Hayhoe，ruth & Lu，Yongling：Education Culture and Identity in 20th Century China. Hong Kong Unversity press.（《20世纪中国的教育文化及其特点》），费正清的《剑桥晚清史》和《剑桥中华民国史》等著作。一些俄国学者对于近代东北的乡村教育有所涉及，相关著述主要要有：В. 苏林：Маньчжурия иее перспективы. Харбин，1930.（《满洲及其前景》，哈尔滨，1930），и. А. 多布拉罗夫斯基：Хэй лунцзянска япровинция Маньчжурии. Х арбин，Издательство：Издание Управ ления Военного. Комиссара Хэй лунцзянской провинции，1906.（《满洲的黑龙江省》，哈尔滨，1906），А. 赫沃托夫：Oπисание Мукденьской провинции в южной Маньчжурии.．арбин，1904.（《南满洲的奉天省》，哈尔滨，1904），苏联科学院远东分院：История Северо-Восточног оКитая XVII-X. ВВ. Кн. 1～2. Вла дивосток：Да льневосточное кни жное из дате льство. 1987～1989гг.（《17～20世纪的中国东北史》，符拉迪沃斯托克，1～2卷，1987～1989）等著作都对本文的研究有一定的借鉴作用。

（二）国内相关研究状况

东北地区乡村教育的研究始于20世纪80年代。随着改革开放政策的推行，国外一些教育史研究的理论和方法的传入，中国传统教育史的研究出现了研究方法和视角的变化。近年来兴起的民间教化研究、社会教育研究以及边缘群体教育研究，都是教育史研究拓展新的研究领域的一种突出表现。在这种形势下，东北教育史的研究开始从传统的宏观视角研究逐渐转向微观视角研究，并相继出现了一些涉及东北乡村教育的论文。这些研究成果虽然数量不多，但研究范围还是比较广泛，涉及到了传统的私塾教育、书院、新式学堂、学生运动、殖民教育等几个方面，从而在一定程度上推动了东北乡村兴学运动研究的进程。

1. 关于东北乡村传统教育方式的研究。在清末民初兴学以前，东北广大乡村地区的教育主要是以私塾和书院为主的传统教育。这种教育方式在很长时期内占据着乡村社会，并伴随着清末民初东北兴学运动的展开而逐渐收缩，直至伪满甚至是建国初期这种传统教育方式才完全退出历史舞台。这时期研究成果中有关东北传统教育研究的论文主要有：贾振纲的《东丰县私塾的残存和消失》考察了这时期东丰县私塾在兴学过程中残存和最终消亡的过程；颜之江《长春文化开发及养正书院》和梁志忠《长春养正书院》两文，分别从书院的兴建过程、办学情况、历史评价等方面对长春的养正书院进行了考察；马阿宁《清末东北最有影响的书院——银冈书院》则对铁岭银冈书院的兴建过程、办学概况和办学人员进行了考察，进而从培育人才、振兴地方教育和弘扬民族文化等方面推动了铁岭地区文化事业的发展和进步；刘志惠《从辽南横山书院看我国南北书院的兴起与演进》一文则考察了瓦房店复州城内的横山书院的发展历程，赞扬了该书院的兴建对辽南地区书院的发展所带来的推动作用。①

2. 关于庄河、白城等县城兴学状况的研究。陈丕忠《民国前期复县、庄河县教育》一文，主要论述了1912～1931年九·一八事变前，奉系军阀统治时期大连的复县、庄河县教育以及境内教会学校和日本控制的满铁附属地殖民学校的发展概况。华秀实等《解放前白城教育概况》一文，则从晚清、民国和伪满三个时期探讨了白城县的教育发展历程，并对这三个时期白城县的教育发展概况进行了总结和概括。张淑香《日本统治大连时期的“皇国民”教育探析》和李萍《日据大连时期的奴化教育实质》两篇文章，则指出从日本占据大连地区后，通过殖民教育机构的设立、课程设置、教学活动及教科书编写

① 贾振纲：《东丰县私塾的残存和消失》，《东北地方史研究》1985年3期；颜之江：《长春文化开发及养正书院》，《长春史志》1990年1期；马阿宁：《清末东北最有影响的书院——银冈书院》，《博物馆研究》2006年4期；刘志惠：《从辽南横山书院看我国南北书院的兴起与演进》，《辽海文物季刊》1995年2期。

等形式推行殖民教育的罪恶行径，从而揭露了日本殖民教育的本质及其对近现代大连地区所产生的负面影响。①

3. 关于学堂个案的研究。武殿福《永吉县第一所私立中学》一文，考察了吉林省永吉县的第一所私立中学的兴学情况；2006 年是沈阳大学的前身奉天实业学堂和新民公学堂建校 100 周年，为此，《沈阳大学学报》第 18 卷第 5 期刊载了 6 篇相关学术研究论文。张淑香《新民公学堂的发展对清末民初新学与辽宁社会发展的影响》一文，通过对沈阳大学新民师范学院的前身新民公学堂的历史沿革及当时社会背景的考察，阐述了新学的引入对于开启新民乃至辽宁地区民众的民智，唤醒民众意识和推动社会变革等方面带来的深远影响。而高永君、王晓侠等人的论文则探讨了奉天实业学堂的历史沿革、校址变迁及其与近代学制和教育思想变迁之关系。②

4. 关于东北地区学生运动的研究。《“五卅惨案”与大连的学生运动》一文，论述了在中国共产主义青年团大连特别支部的领导下，大连学生通过发动罢学运动支援五卅惨案的斗争。朱在宪《吉林省民族关系史上光辉一页——记五四运动中的延边朝鲜青年》一文，考察了五四运动时期延边朝鲜青年的积极参与及对于吉林革命运动的推动作用。③

5. 关于少数民族地区兴学的研究。由于少数民族主要集中在经济文化比较落后的地区，基本上都属于乡村研究的范围。因此，关于东北地区少数民族兴学运动的研究成果基本上也属于东北乡村兴学的研究范畴。关于东北地区少数民族兴学的研究已经发表了一批相关研究著述。然而，在这些研究成果中，基本上都是从民族地区的兴学背景、举措及给东北地区带来的影响等角度进行

---

① 陈丕忠：《民国前期复县、庄河县教育》，《大连教育学院学报》1998 年第 4 期；华秀实等：《解放前白城教育概况》，《吉林百年》下册 1990 年。张淑香：《日本统治大连时期的“皇国民”教育探析》，《辽宁大学学报》第 33 卷第 4 期，2005 年 7 月；李萍：《日据大连时期的奴化教育实质》，《辽宁大学学报》（社科版）第 25 卷第 4 期，2002 年 7 月。

② 武殿福：《永吉县第一所私立中学》，《江城史志》1990 年 1 期；张淑香：《新民公学堂的发展对清末民初新学与辽宁社会发展的影响》；高永君：《〈癸卯学制〉与奉天实业学堂》；李威，冯德华：《从奉天实业学堂的建立与发展看近现代中国教育思想的变迁》；王小侠，杨小梅：《社会转型与教育理念更新——奉天实业学堂嬗变的历史考察》；毛英萍，白献竞：《东北实业教育的摇篮——纪念奉天实业学堂创建一百周年校史拾遗》；耿立言，张旭：《奉天实业学堂百年校址变迁之考证》；高晶：《关于奉天实业学堂初建时期几个问题的考证》等论文，这些文章都刊载在《沈阳大学学报》，第 18 卷 5 期，2006 年 10 月。

③ 刘功成：《“五卅惨案”与大连的学生运动》，《辽宁师范大学学报》（社科版）1983 年 1 期；朱在宪：《吉林省民族关系史上光辉一页——记五四运动中的延边朝鲜青年》，《青年学研究》1989 年 4 期。

论述的，在研究中缺乏深入具体的细化和分析。①

此外，还有的学者通过对东北各县市所创办的图书馆进行研究，考察了东北乡村兴学的状况。② 也有的学者通过对东北兴学人物的研究来反映东北乡村社会的教育发展状况。③ 其它一些东北史研究的论著中也有一些关于东北乡村

① 关于东北少数民族教育的研究著述主要有：李瑛著：《鄂伦春族教育史稿》，中国教育出版社，1987 年版；朴奎灿著：《中国朝鲜族教育史》，（延吉）东北朝鲜民族教育出版社，1991 年版；齐洪深主编：《东北民族教育史》，辽宁大学出版社，1993 年版；齐洪深著：《满族的教育文化》，辽宁大学出版社，2003 年版；（蒙）乌云达来著：《黑龙江蒙文教育史》，黑龙江朝鲜民族出版社，2004 年版；《穆陵朝鲜民族教育史》编纂委员会编：《穆陵朝鲜民族教育史》，黑龙江朝鲜民族出版社，2004 年版。论文方面有阿齐图：《伊克昭盟之教育》，《益也报》1940 年 12 月；谢再善：《伊盟的教育与文化》，《西北论衡》9 卷 10 期，1941 年 10 月；贾凤翔：《伊克昭盟教育》，《边疆通讯》2 卷 12 期，1944 年 12 月；陈国钧：《伊盟蒙旗教育》，《边疆通讯》2 卷 8 期，1944 年 8 月；李瑛：《鄂伦春族教育三题》，《北方文物》1987 年 4 期；玛纳：《近代东北地区新式回族教育初探》，《黑龙江民族学刊》1991 年 1 期；隋丽娟：《清末民初的边疆危机与鄂伦春族教育》，《北方文物》1997 年 1 期；麻秀荣、那晓波：《清末民初鄂温克族新式教育初探》，《民族研究》2000 年 6 期；谷文双等：《黑龙江新式回族教育述略》，《回族研究》2002 年 1 期；王军：《黑龙江新式回族教育考论》，《黑龙江民族学刊》2003 年 3 期。刘金明，曾小玲：《论达斡尔族学校教育的特征及作用》，《黑龙江民族学刊》1998 年 1 期；《论民国时期东北地区达斡尔族的双语教育》，《武汉科技学院学报》2006 年 7 期；2006 年 10 月；谢兰荣：《达斡尔族教育史述略》，《内蒙古师大学报》（哲社版）1998 年 4 期；腾绍箴：《达斡尔族文化教育发展的历史回顾》，《社会科学战线》1994 年 1 期等。

② 关于图书馆方面的研究成果，主要有田吉春：《延吉市图书馆简史（初稿）》，《吉林省图书馆学会会刊》1980 年 4 期；田吉春：《延吉图书馆简史》，《吉林省图书馆学会会刊》1980 年 4 期；王洪生：《齐齐哈尔市图书馆简史》，《黑龙江图书馆》1981 年 1、2 期；柳成栋：《巴彦县图书馆简史》，《黑龙江图书馆》1982 年 4 期；张永伟：《“九一八”事变前后的辽宁省公共图书馆事业》，《图书馆学刊》1983 年 2 期；王洪生等：《我省最早的图书馆——齐齐哈尔图书馆》，《奋斗》1983 年 11 期等。

③ 关于教育界人物的相关研究，其成果主要有裴林：《林传甲》，《黑龙江史志通讯》1983 年 5 月；裴林：《林传甲》，《黑河学刊》1983 年 2 期；李铁汉等：《林传甲与近代黑龙江教育》，《北方文物》1989 年 4 期；王文炳，王洪生、范佩卿：《教育家林传甲传略》，《齐齐哈尔大学学报》（哲社版）1989 年 1 期；李江晓，王月华：《略论林传甲的教育思想及实践》，《齐齐哈尔大学学报》（哲社版）1996 年 3 期；王桂云：《以修志为己任的林传甲》，《黑龙江史志》1994 年 2 期；张静泰：《黑龙江音乐教育的先驱——林传甲》，《艺术研究》2003 年 4 期；吴绍礼：《著名学者林传甲考》，《绥化学院》1989 年 4 期；刘欣芳、王秀兰：《黑龙江近代教育奠基人林传甲一家对黑龙江教育的贡献》，《教育探索》1997 年 5 期；李江晓：《为开创黑龙江近代教育作出卓越贡献的教育世家》，《黑龙江史志》1995 年 6 期；魏正书：《清末辽宁教育三（续前注）位杰出人物》，《辽宁教育史》1993 年 4 期。白献竞，毛英萍：《清末民初辽宁实业教育人物考》，《沈阳大学学报》18 卷 5 期，2006 年 10 月；刘树泉：《简论吴禄贞》，《沈阳师范学院学报》1980 年 4 期；汪稼复：《马骏同志在吉林》，《吉林日报》1981 年 5 月 10 日；王秀文等：《“五·四”运动后马骏在东北的活动》，《黑龙江文物丛刊》1984 年 4 期；廖维宇等：《马骏烈士与吉林毓文史学的“周末讲演”》，《吉林史志》1985 年 3 期等。顾明义：《辛亥革命在辽宁的领导人——张榕》，《理论与实践》1981 年 5 期；马国晏：《林老辛亥革命前在吉林》，《吉林日报》1980 年 8 月 25 日；徐凤晨：《杰出的民主革命家——熊成基》，《吉林师大学报》1980 年 2 期；盛雪芬等：《张学良将军教育主张初探》，《沈阳师院学报》1988 年 2 期。

兴学的论述。如佟冬的《中国东北史》（六卷本），吉林省政协文史资料委员会编《吉林百年》，石方著《黑龙江区域社会史研究（1644～1911）》和《黑龙江区域社会史研究（1644～1911）》（续），王广义《近代东北乡村社会研究1840～1931》（吉林大学博士论文）等著述也都对于这一时期东北乡村地区的兴学运动有所论及，对本文的研究也有一定的借鉴意义。

纵观这时期的研究成果，国内外学者关于东北乡村兴学的研究存在三个视角：一是本体论的视角，这种视角是运用阶级分析理论分析东北乡村兴学的历史规律，试图实现阶级分析与东北乡村兴学自身规律的统一；二是现代化视角，这种视角将东北乡村兴学作为东北现代化进程中一个阶段，探讨东北乡村兴学与东北地区现代化的关系；三是区域史的视角，这种视角是运用社会学的理论和方法，从国家与地方互动的角度出发探讨乡村兴学与东北区域变迁之间的互动关系。这些视角都从不同的侧面推动了近代东北乡村兴学的研究。然而，这些研究视角也存在着一些不足：阶级视角往往预先框定了乡村兴学运动的阶级属性，从而忽略了兴学过程中的过渡形态和中间环节；现代化视角则从宏观的现代化趋势上着手，忽略了政府与乡村互动关系的研究；区域史视角则由于尚处初始阶段，受研究的理论水平所限，也存在着研究深度和广度不足等问题。具体而言，目前关于近代东北乡村兴学研究主要存在以下两个问题。

其一是研究深度和广度不足。在国外学者关于近代中国乡村兴学的研究中，往往会借鉴社会学、民族学、人类学等学科的理论和方法来诠释近代乡村兴学运动。美国学者 Vander Ven 先生以海城县兴学为中心，并借助社会学等其它学科的理论和方法进行深入细致的考察，无疑为东北乡村社会兴学研究提供了一个样本。而国内学者关于东北乡村兴学的研究大多停留在兴学的背景、措施、影响、评价等较浅的研究层面上，往往是从史学或教育学的角度论及东北乡村兴学问题，缺乏社会学的要求和必要内容，如对于新旧教育之间的冲突与抗衡，乡村兴学中的官方、士绅和民众之间的冲突与合作，办学人员、教师和学生群体的来源、构成与社会流向分析，课堂授课与学生的实际接受情况，教科书问题，县城、乡镇乃至村落的教育变迁等具有学术研究价值的问题都缺乏深入的研究与分析。

其二是资料运用不充分。目前，在近代东北乡村兴学的研究中，基本上都是使用一些已经出版的档案资料、文史资料和报刊杂志等资料，而其他一些更具价值的资料，如地方档案资料、日俄文资料、谱牒资料、口述资料还很少使用。在近代东北乡村兴学的研究中，除了地方县志和文史资料外，在东三省的档案馆和各市县档案馆里藏着大量反映东北社会状况的珍贵资料，东北高校的图书馆里也藏有满蒙、日、俄外文档案，这些都是东北区域史研究的重要资料。此外，东北地区还存在着一些谱牒、碑刻、古迹、遗址等珍贵的资料。这些珍贵的资料往往散落在东北的乡间社会，只有通过学者们不懈的访寻和艰苦的挖掘才能使其"重见天日"。通过梳理这些非文字资料，可以获得一些在官方记录的文字资料和报刊资料中难以获得的信息。总之，目前史学界关于近代东北乡村兴学的研究仍然十分薄弱，多为一些零散的研究，到目前为止还没有一部系统的专著问世，这就为本文的研究留下了较大的拓展空间。

综上所述，学术界关于近代东北乡村兴学运动的研究虽然已经取得了一些研究成果，但总体来说这些研究都是缺乏一定系统性的零散研究，不仅相关的研究成果有限，而且大多数的研究都停留在对乡村兴学事件本身描述的层面，从区域互动的角度探讨近代东北乡村兴学运动与近代东北社会之间互动关系的研究尚显薄弱，也没有一部全面、系统地介绍近代东北乡村兴学运动的专著。正是这些前人研究成果的不足，为本文的研究提供了广阔的探索空间。本文通过对近代东北乡村兴学运动的全面、系统的研究，进一步探讨近代东北乡村兴学运动与乡村社会、乡村贫困化之间的互动关系，以期对今后的东北地区教育事业的发展提供一些借鉴和启示。

五、研究理论架构和研究对象的界定

为了能够更好地贴近东北历史，贴近东北教育变迁的现实生活，本文试图放弃"事后诸葛亮"这样一种"倒放电影"式的研究思路，把眼光放回到社会底层的教育现场，采取多学科综合研究方法，以"乡村地区教育变迁"这样一个独特的视角来探讨清末民初东北教育转型在乡村社会所引起的动荡和变化。①

（一）论文研究的理论与方法

首先，借鉴区域史的研究理论和方法。就本文的题目而言，本文更像区域史研究，而非单纯的教育史研究。因此，在研究中笔者十分重视区域史研究理论和方法的运用。区域史作为一个新近兴起的地方史与社会史交叉的边缘学科，在研究中往往借鉴社会学的研究理论和方法对一定的地理单元或区域内的各种相互关联的现象（包括自然环境和人事活动）进行整体性的历史探讨。

① 蒋纯焦：《一个阶层的消失：晚清以降塾师研究》，上海书店出版社，2007 年 8 月版，导论，第 3 页。

这种区域史研究方法与传统地方史研究方法不同，它“将透视的焦点从国家上层移向社会下层，下力气研究芸芸众生……透过它们日常普通的物质生活、精神生活和心理世界，展示千百人的‘众生相’，由下而上地展开对中国社会深层结构的揭露”①。本文吸取了区域史的研究理论和方法，从国家与社会互动的角度出发，以乡村兴学的变迁为视角探讨近代东北乡村教育变迁的过程，并对乡村兴学过程中政府与乡村之间的互动关系、兴学运动的社会动员、学生群体、教师群体、乡村兴学与东北社会变迁之间的关系进行了深入的分析和探讨。

其次，借用社会变迁理论。何谓社会变迁？社会学对社会变迁有如下的定义：“在社会学的意义上来看，社会变迁泛指一切社会现象的变化。又特指社会结构的重大变化；即指社会变化的过程，又指社会变化的结果。在社会学中，社会变迁‘是一个表示一切社会现象，特别是社会结构发生变化的动态过程及其结果的范畴’。”② 换句话说，社会变迁就是对社会运行和发展进行动态的考察。社会变迁理论包含着诸如结构—功能、冲突理论、现代化理论等各种理论，其中冲突理论和现代化理论都是本文在研究中运用的分析工具。运用冲突理论分析在东北乡村兴学过程中国家、地方政府、士绅和民众的冲突，传统私塾教育与新式学堂教育的冲突及学生带来的新思潮与传统守旧习俗之间的冲突；运用现代化理论分析东北乡村兴学对于东北乡村的政治、经济、文化、教育和习俗等方面的影响等等。

最后，在运用史学研究方法的基础上，笔者还借鉴了经济学、社会学、民族学等学科的一些研究方法。如在介绍东北乡村兴学概况时运用了例证法、计量分析法、比较法等进行计量分析，在进行东北乡村兴学特色分析和评价时运用了比较分析方法等等，以便有助于加深论文写作的科学性与可信性。

20 世纪以来伴随着民族国家的兴起，国家政权逐步介入乡村社会，在广大乡村出现了国民教育体系建构与村落文化、地方性知识冲突的生动场景。本文通过运用以上的研究理论和方法进行细心的梳理和研究，从兴学思潮的冲击，旧式教育体系的逐渐瓦解和私塾渐渐退出历史舞台的角度具体而又直观地反映了这一时期东北乡村的传统教育在新式教育的冲击下节节退缩，最终为现代教育所替代的历史过程。

---

① 王家范：《从难切入，在“变”字上做文章》，《历史研究》，1993 年第 2 期，第 3 页。

② 郑杭生主编：《社会学概论新修》（修订本），中国人民大学出版社，1998 年第 2 版，第 391 页。

（二）论文中两组核心概念的界定

概念是科学研究的关键，也是构建命题和理论的先决条件。在本文研究中涉及的两组概念：一是乡村和乡村教育，二是社会变迁和近代化。

“乡村”和“乡村教育”：“乡村”又称非城市化地区，主要是指以农业为主要经济活动的居民聚居区的总称。通常指社会生产力发展到一定阶段后产生的、相对独立的、具有特定的经济、社会和自然景观等特点的地区综合体。目前，国内外对乡村概念的理解和划分标准虽然不尽相同，但其主要特点为：人口密度低，聚居规模较小，以农业生产为主要经济基础，社会结构相对比较简单，城乡差距较明显等。本文中的“乡村”指的就是县以下的广大地区。这些地区由于长期以来生产力水平低下，经济水平欠发达，产业结构以农业为主体，其它行业或部门也都直接或间接地为农业服务或与农业生产有关。“乡村教育”，也称农村教育，主要指县和县以下单一的普通基础文化教育和农业技术教育。详言之，就是指以城市以外的广大农村的学龄儿童和农民为教育的主体（对象），以整个乡村社会为教育场所或舞台，以乡村建设和振兴国家为教育目标，以学堂教育和社会教育相结合为内容的施教方式。

“社会变迁”和“近代化”：在现代社会学和人类学中，变迁或社会变迁是一个使用范围十分广泛的术语，它既可以用来指在一社会形态或文化模式的某一方面发生的任何有意义的变化，诸如技术、工艺、食物、服装，以及价值观、习惯和社会关系方面的变化；也可以用来指整体性的“社会系统结构和功能的更替过程”①。“近代化”是一个包罗万象、多层次和多阶段的动态学术概念，因此，从不同的学术背景和研究角度出发就会得出不同的结论。但是，有一点可以肯定：近代化是人类社会自工业革命以来所渐次经历的一场涉及科技、经济、政治、社会、文化风俗和社会心理等诸多领域的变革。

（三）时间的界定

20 世纪初庚子一役，朝野震动。为了扭转危局，满清王朝痛下决心，大举新政，其中尤以兴学为最。东三省由于地处东北边塞，无论是体制还是文化风俗都与内地不同，因此兴学事宜略晚于内地。1905 年（光绪三十一年），东北政府大兴新学，然后缓慢地向广大的乡村地区逐渐推广。因此，笔者把东北乡村兴学的起始时间界定于此。然而，正当东北政府大举兴学之际，日本侵略者悍然发动了“九·一八”事变。这次事变发生后，不到半年东三省就落入

① 罗杰斯、伯德格：《乡村社会变迁》，浙江人民出版社，1988 年版，第 11 页。

日寇之手，从而打乱了东北政府兴学计划的顺利推行。其后，东北乡村地区的兴学运动虽然没有停滞，但一度被纳入到日本侵略者的战争轨道之中，并随着日本侵华政策的变化而变化，直至抗战胜利后乡村教育才得以重归正途。可见，“九·一八”事变是东北社会发展历程的一个转折点，其间东北乡村兴学的性质也发生了根本变化。所以，笔者把时间的下限定于1931年“九·一八”事变之前。诚然，近代东北乡村兴学研究很难划分出一个清晰的时间断限。实际上近代东北乡村兴学是一个连续性的过程，“九·一八”事变后东北乡村的兴学运动也并非完全停顿，例如东北乡村的传统私塾就是在伪满时期退出历史舞台的，东北广大乡村地区的教育一直延续，直至今日乡村教育也一直是政府关注的要务之一。笔者考虑到行文的需要，只能把时间的下限定在1931年“九·一八”事变之前。

（四）空间的界定

本文研究的空间范围是1905~1931年“九·一八”事变之前东北乡村地区。东北地区作为跨省的统一体，不仅在地理上同处一个方位，形成相同或相似的共同经济与文化形态，而且在行政建置上也是密不可分地联系在一起的统一整体。实际上，东北作为一个区域，是经历千百年的疆域变迁后形成的。从最初的化外之地，到正式划归中央王朝的行政区划之内，直至满清王朝时期才最终形成一个特定的地理区域概念。清末以后，东北的疆域还是处于不断的变动之中，直至建国后才趋于稳定。1860年（咸丰10年）以后，黑龙江与乌苏里江已成为中俄两国的界河。1907年（光绪三十三年），清政府在东北地区设立奉天、吉林、黑龙江3省10道，推行省、道、县三级管理体制。自此，东北地区便称为东三省。民国建立后，1929年东北政务委员会成立后废除道制，把县划归省直接管辖，于辽宁、吉林、黑龙江三省外，热河省也划归东北政务委员会统辖，东北遂变成4省172县。由此可见，近代东三省的范围与现代的行政区划也是不尽一致。就本文研究的范围而言，多以“东北地区”作为一个整体来记载。所以，本文的研究基本上是以现在的辽宁、吉林和黑龙江三省地区为中心，不同的阶段则视当时疆域管辖机构设置的变化而进行相应的调整。

第一章

举步维艰：晚清东北传统乡村教化体系的嬗变

鸦片战争的炮火与帝国主义的蜂拥而至，并没有使清朝统治者立即从“天朝上国”的美梦中警醒。然而，在外力的冲击下古老中国的政治制度和教化体系却悄然地走到了尽头。这种教化体系逐渐衰败的趋势，在经济文化相对落后的东北乡村地区表现得越发的明显。甲午战争的惨败，义和团运动风起云涌和八国联军的入侵，使整个中华民族从昏昏沉睡中猛然惊醒，一时间“练兵”、“新学”、“留洋”等话语逐渐成为时代的最强音。为了继续维持摇摇欲坠的满清王朝的统治，以西太后为首的满清王朝统治者发布变法谕旨，先后颁布了一系列涉及政治、经济、军事、文化、社会风俗等方面内容的变革旨令。在教育方面，光绪二十七年（1901 年），清廷正式对外宣布“著各省所有书院，于省城均改设中学堂，各州县均改设小学堂，并多设蒙养学堂。……著各督抚学政，切实通饬，认真兴办”①。光绪二十八年（1902 年）七月，清政府委派张百熙为管学大臣，专门负责拟定学堂章程事宜，并颁布《钦定学堂章程》（即“壬寅学制”）。光绪二十九年（1903 年），清廷又颁布《奏定学堂章程》（即“癸卯学制”）。然而，新学制的推行并没有达到预期的效果，一些社会有识之士都把矛头指向了在封建社会中延续千余年的科举制度。直隶总督袁世凯、盛京将军赵尔巽、两湖总督张之洞等在奏折中呼吁“科举一日不停，士人皆有侥幸得第之心，已分其砥砺实修之志。民间更相率观望，私立学堂者绝少，又断非公家财力所能普及，学堂决无大兴之望”②。在这种压力下，光绪三十一年（1905 年）清政府颁布上谕：“方今时局多艰，储才为急，朝廷以提倡科学为急务，屡降明谕，饬令各督抚广设学堂，将俾全国之人咸趋实学，以备任使，用意至为深厚。前因官学大臣等奏议，当准将乡会试分三科递减。

① 朱寿朋编：《光绪朝东华录》，中华书局，1958 年版，总第 4719 页。

② 舒新城编：《中国近代教育史资料》，上册，人民教育出版社，1981 年版，第 62 页。

兹该督等奏称，科举不停，民间相率观望，推广学堂必先停科举等语，所陈不为所见。著即自丙午（1906 年）科为始，所有乡会试一律停止，各省岁科考试亦即停止。所有乡、会试一律停止，各省岁、科考试亦即停止。其以前之举、贡、生员分别量予出路，及其余各条，均著照所请办理。"① 自此，科举制度作为"政治体系和社会体系的核心"②，也是"传统中国的政治理路和社会实际结构中居于中心的地位"③ 逐渐丧失，"使国家丧失了维系儒家意识形态和儒家价值体系的正统地位的根本手段"④。随着科举制的废除和学部等新式教育机构的设立，中国传统教育体制开始了曲折的近代化转型。

第一节　东北传统乡村教化体系的基本模式

在传统的乡村社会中，建立在乡村社会的教化体系实际上是一个二元同构性的组织系统，即以官学为代表的官方教化体系和以私塾为代表的非官方教化体系共同构成。东北地区，作为中原文化辐射区自然也不例外。清初以来，东北地区的传统教育是一个由书院、县学、私塾及义学构成的一个较为完备的教育体系，广大乡村地区的儿童分别在村落、家庭、宗族或由地方名儒创办的私塾中接受最初的传统启蒙教育，并获得最初的识字和阅读训练，为以后研习儒家经典和迈入仕途打下良好的基础。

书院自宋元时期开始，便成为中国古代教育的一种非常重要的教育形式。清朝初期，为了维护满族对中原地区的统治，统治者采取了严禁设立书院的政策。顺治九年（1652 年），清政府颁布谕旨，"不许别创书院，群聚徒党，及号召地方游食无行之徒，空谈废业，因而起奔竞之门，开请托之路"。顺治十七年（1660 年），清政府再次重申，如果设立书院，就会获得"妄立社名，纠众盟会"⑤ 的罪名。直到雍正初期，清政府才明令各省广设书院。雍正十一年（1733 年），清世宗谕令各省："近见各省大吏渐知崇尚实政，不事沽名邀誉之为，而读书应举者，亦颇能摒去浮嚣奔竞之习。则建立书院，择一省文行兼优

① 舒新城编：《中国近代教育史资料》，上册，人民教育出版社，1981 年版，第 65 页。

② 郑曦原：《帝国的回忆——〈纽约时报〉晚清观察记》，三联书店，2001 年版，第 90 页。

③ 刘海峰、李兵：《中国科举制史》，东方出版中心，2004 年版，第 427 页。

④ 萧功秦：《危机中的变革》，三联书店，1999 年版，第 235 页。

⑤ ［清］陈梦雷编纂、［清］蒋廷锡校订：《古今图书集成·经济汇编·选举典》，卷十七，《学校部》，中华书局、巴蜀书社，1985 年影印版，第 656 册，第 23 页。

之士，读书其中，使之朝夕讲诵，整躬励行，有所成就，俾远近士子观感奋发，亦兴贤育才之一道也”，如果设立书院，则“于士习文风，有裨益而无疏漏”。① 此后，东北地区的书院得到了一定的发展，鸦片战争前达到了 9 所之多。

东北地区的官学教育也十分发达。所谓的官学教育，主要是指由府、州、县的地方官吏设立的，以强化封建教化和为生员科举考试做准备为目的的教育机构，包括八旗官学（满官学、汉军义学），宗室、觉罗学校，府、州、县儒学、社学和义学四种。八旗官学是指八旗左、右两翼官学。这是在康熙三十年（1691 年）由礼部给事中博尔济提议创设的，以教授八旗子弟以满书、马步箭及汉文为主的教育机构。宗室是指努尔哈赤及兄弟们的后裔子弟。觉罗是指兴祖福满和景祖觉昌安的后世子孙，还有塔克世兄弟的后裔子弟。府、州、县的儒学主要是指由官方创办的一种地方教育机构。义学、社学则是由地方乐善好施者用公款、官款或地租设立的一种蒙学，是一种专门为贫寒子弟而设的地方性义务教育机构。就东北地区而言，奉天地区设立的宗室、觉罗学堂 3 所，八旗官学 6 所，儒学 14 所，义学、社学 8 所；吉林地区相对较少，仅有八旗学堂 6 所，儒学、义学各 1 所；黑龙江地区则有官学 8 所，义学 3 所。② 实际上，这些官学多是仅存虚名，其目的仅是为士子的科举考试提供条件。

私塾是东北广大乡村地区最为主要的教育形式，私塾也几乎遍布东北乡村的每个角落。私塾的种类比较繁杂，可以分为家塾、义塾和村塾。家塾也叫做家馆、家学，多是塾师自己开办的教育场所，也有富户聘请塾师单独开办；义塾也叫做义学，其经费大多来自地方祠堂庙宇的地租或私人捐款，专收贫寒子弟免费入学；村塾则为一村或数村联合兴办，也称团馆。对于清朝时期东北地区私塾设立的情况，《宾州府政书》记载：

（一）曰专馆。为绅富之家，独自延请教师，训教其子弟，不令外人附学。一切杂用及教师饮馔，均其家供之。课时无桌凳，均在炕上伏几曲膝而作。其束修比例，学生有初等小学三、四年程度者二、三人，每年束修中钱三、四百吊。若为高等小学程度，则三、四人，有至七、八百吊者。

（二）曰散馆。由教师自设，听远近学生及门就学。共分两季，正月至九

① 清高宗敕撰：《十通第十种：清朝续文献统考》，第一册，卷七十，学校八，直省乡党之学二，考五五〇四，载王云五总编纂：《万有文库》，第二集，商务印书馆，1936 年出版。

② 王鸿宾、向南、孙孝恩主编：《东北教育通史》，辽宁教育出版社，1992 年，第 261～278 页。

月为第一季，九月至十一月为第二季。第一季学生不论年令，惟分程度，大约第一年读书者，第一季出修二十吊，第二季出八、九吊。若有二三年程度者，每上季按年递加三、四吊，下季加一、二吊不等。讲经书者，每上季别加钱十余吊，下季加钱五、六吊。修归先生征收。所需炭火之属，有由教师自备者，亦有由学生合力负担着。教师膳费概为自备。亦无桌凳，均在炕上进食。

（三）曰坐地馆，亦曰半专半散。由馆东延聘教师，但束修菲薄，必更招他学生数人附学，其归馆东征收。分季者为附学之学生。馆东学生概不分季，一切供给及教师饮馔，均由馆东经理。附学学生之与散馆同。馆东学生三、四人，每年束修约中钱二百吊。亦在炕上读书，不置桌凳。其课日分三期，早六点钟背前晚所读之书，八点写字后，讲经或读经，至下午一点，仍于写字后，讲经或读经。学生初开蒙者，并不写字，其课本为三字经之类。其有高等小学程度之学生，则按期作策论。其教师山东、直隶人占十之七。每届年关，先生多半归家，平时假期为清明、端午、中秋各节均放假一、二日，暑假则十余日及半月不等。①

在私塾教学中，方法与形式单一机械。在教授过程中，一般“为《三字经》、《百家姓》、《四书》、《五经》。间有用《龙文鞭影》、《名贤集》、《千字文》、《四字鉴略》、《庄农杂字》等书者。上午约背书三四次，下午一二次，午间习字。冬季读夜书一号（教师用纸条签定若干页，令学生熟读成诵，然后背之，谓之一号书）。夏季有午眠一二小时，讲经时在午间，或午后课余时，此普遍现象也。若专馆或较佳之散馆，则讲经外每日授史鉴少许，月于三八等日，作课文一次”②。在教学中，有些私塾强调呆读死记、熟读硬背等方式进行强制性的教育，也有些私塾采取个别面授的方式。刘爽在《吉林新志》一书中描述了一些乡村私塾生活的场景：“生徒与塾师皆在火炕上工作。每日除送屎尿外，不准出屋。屋内不准高声说话，惟诵读时，则声彻闾门。动作须稳，上学下学，均须向孔子神位及先生行跪拜礼。有犯规者，则以戒尺痛打其掌或臀部。故活泼泼的小孩子，上了三年私塾，就一变而为死沉沉的小木偶，盖其教纯属机械式，且以成人心理，度儿童而责之。不承认有所谓儿童也，更不知儿童心理及教育原理为何物也。”③ 可见，当时私塾教学方法的陈旧和落后。

① 李淑恩：《宾州府政书》，丙编，风土调查，商务印书馆，1984年版，第208页。
② 刘爽：《吉林新志》，长白丛书本，吉林文史出版社，1991年版，第281页。
③ 刘爽：《吉林新志》，长白丛书本，吉林文史出版社，1991年版，第281页。

以县学或书院为中心，加上遍布各个村庄的乡村蒙学、私塾构成了一个较为完整和系统的乡村传统教育网络。然而，在传统的乡村教育中，基础教育基本上由村庄、家族或个人出资兴办，国家权力介入的程度十分有限。在这种情况下，传统教育方式成了地方推行“代圣人立言”的工具，学校里经常发出的是“之乎者也”的读书声，却见不到自然科学、地理、历史、算数、体育、音乐、图画、体操等基本学科，学习程度也是参差不齐，管理上更是显得杂乱无章。随着帝国主义列强的相继入侵，中国这种传统的教育制度也遭到了猛烈的冲击，一些人士更是发出了“废除科举”的呼声。伴随着民族危机的日益加剧，晚清政府逐渐认识到了变革教育制度的重要性。1905 年，清政府发出了“废科举”“倡新学”的指令。转瞬间，“一个人一个小房间的考试制度被废除了，大学的大教室修建起来了。一些学校设立在寺庙里，今天在很高的圆顶下能看到一些小学生排列地站着，在面目狰狞的战神和慈善和蔼的观世音面前背诵课文。旧式教师脱下长衫，穿上短上衣，力图在新制度下找到立脚之地”①。由于地处边陲，东北地区从 1906 年才开始废除科举制度，在各地推行新式教育体制。自此，东北地区教育近代化的大幕缓缓地拉开。

第二节　殖民教育对东北传统乡村教育的冲击

中国东北地处东北亚区域的中心位置，战略地位十分重要。北面俄罗斯、蒙古，东接韩国，隔海与日本相望，具有极其重要的战略价值。特别是境内幅员辽阔，各种资源蕴藏丰富。清王朝对东北二百年的封禁政策，在客观上保护了东北地区的生态环境，直至 20 世纪初，东北尚属于未进行大规模开发的“处女地”。19 世纪中叶，西方各主要资本主义国家先后完成了由自由竞争阶段向垄断阶段的过渡，其主要标志就是疯狂掠夺海外原料产地和市场及疯狂抢夺与瓜分殖民地。在列强肆意扩张和掠夺之际，美丽富饶的东北地区就成为了列强们纷纷垂涎和染指的对象。“东北土地之广大，人口之稀少，物产之丰富，早已是举世闻名的事实。日人称它为东亚的宝库，欧美人称它为亚洲的新大陆”②，也有的被誉为“中国的花园”③。随着 1861 年营口、牛庄等地开埠

---

① ［美］E·A 罗斯著，公茂虹、张皓译：《变化中的中国人》，时事出版社，1998 年版，第 293 页。

② 姜君辰：《东北农村经济鸟瞰》，载陈翰笙、薛暮桥、冯和法编《解放前的中国农村》，第 3 辑，中国展望出版社，1989 年版，第 117 页。

③ 钟悌之：《东北移民问题》，上海日本研究社，1931 年版，第 6 页。

后，德、法、英、美、俄、日等列强都纷纷企图通过染指东北地区来扩大自己的势力范围。在列强之中，俄、日两个帝国主义国家充当了侵略东北的“急先锋”。

日俄等列强除了采用赤裸裸的武装入侵和政治、经济侵略外，还通过办报纸、设学校、建教堂、印图书、迁移民等各种方式对东北进行文化渗透和影响。东北地区由于开发较晚，文教事业缺乏一定的历史传承和积淀，这在客观上给列强的殖民文化输入提供了一个可乘之机。他们通过掌握的新闻媒体，大肆宣传殖民方针，编造“亲善”、“友好”的谎言，欺骗和麻痹中国民众，以配合其侵略中国的罪恶行径。其中，兴办学堂是列强进行文化侵略的重要举措。20 世纪初期，列强在东北兴建的学堂主要有两类。

第一类是教会学校。教会学校是指由传教士或教会团体兴建的教育机构。随着清政府允许外国传教士进入内地进行传教政策的确立，教会学校就开始在东北大地上纷纷出现。据史料记载，东北地区出现最早的教会学校是 1869 年由爱尔兰传教士士万特在营口开办的一所教会学校，这所学校规模极小，在校学生只有五六个人。此后，东北地区出现了一些类似的学校。由于这些学校的办学情况（尤其是教师和学生情况）不是很令人满意，这些学校在 1875 年前后纷纷关闭。① 1908 年，东北教会出现大奋兴运动，基督教教育迅速发展。从 1906 年到 1913 年 7 年间，东北地区的教会学校数量从 20 所增加到 220 所，增幅 10 倍以上；学生数量从 2022 人增加到 5239 人，翻了一倍还多；学校的开支也开始增多，足见其惊人的发展速度。② 这些教会学校主要以传播教义、培养教徒为目的，普及文化知识只占次要地位。在这些学校中，除了教授儒家经典外，《圣经》知识也要求学生学习。不过这些学校的管理杂乱无章且不稳定，离开传教士的直接监管就会出现混乱，事实上当地教会并没有把教育看成是关键和必要的工作。③ 直到 19 世纪末，各国传教士开始对教会学校有所重视，学校的教学和管理工作渐趋规范化。如由丹麦传教士柏卫牧师于大孤山西大街创办的基督教立培英小学校，“除上普通课外，还学习聂乐信译著的《圣

---

① Boyd Robert Higginson、Waymakers in Manchuria：the Story of the Irish Presbyterian Pioneer Missinnaries to Manchuria，The Foreign Mission Office，Belfast，1940，1st edition，p17.

② 徐炳三：《近代中国东北基督教研究——以政教关系为研究视角（1867～1945）》，华中师范大学博士论文，2008 年，第 128 页。

③ D. MacGillivray，A Century of Protestant Mission in china（1807～1907），the American Presbyterian Mission Press，1907. p217.

歌选编》。中学课程有《千字文》、《女儿经》、《论说精华》、《古文观止》等。教会学校课本虽依时而变，但始终保留神学课程，《圣经》是必修学科，主要讲述耶稣生平与基督精神。上课前，先念《圣经》，每学期开学典礼都到教堂举行，星期日由基督教牧师主持‘主日学’，即做‘礼拜’”①。不可否认，这些教会学校对于发展东北乡村地区的教育有一定的积极作用，但很多学校是通过这种教育方式来培养服务于教会的工具，甚至是为列强侵略服务的奴仆。

第二类是殖民学校。这类学校主要是由帝国主义殖民机构创立，以奴化教育为目的的各类学校。第二次鸦片战争以来，在东北广大地区相继建立了大量的殖民学校。俄国在东北地区建立的第一所殖民学校是1898年在旅顺建立的“普希金初等学校”，此后先后在旅顺、大连、金州、沈阳、皮子窝（今皮口）、普兰店（今辽宁新金）等地先后建立了20余所学校。中东铁路修筑之后，中东铁路沿线学校多达400余所。② 日俄战争刚刚结束，日本金州军政署就于1905年12月在金州设立了日本在南满建立的第一所小学——南金书院民立小学。到1915年，日本在南满建立学校达100多所③，并形成了包括初等教育、中等教育、高等教育、师范教育、实业教育在内的一套比较完备的殖民教育体制。在教材方面，初等教育教科书使用临时编写的修身、日语、现代文等教科书，中等教育和实业教育则主要使用文部省审定的教科书。课程设置方面这些学校都大量地安排日本语的教学内容。甚至一些学校为了保证日语的教学时间和质量，还特地取消了历史、地理、理科、图画等科目。④ 1922年，日本殖民当局成立了一个“南满洲教育会教科书编辑部”，编成《中国文教科书》12册，书中的内容充分暴露了日本帝国主义者妄图实现中国人民“皇民化”的野心。例如，初等科第一册开篇就是“驴耳长，马耳短”、“昨日阴天，今日下雨，明日晴天”等毫无意义的内容，在“姊呼弟，快来看花”中的插图竟是罂粟花。又如高等科课文中有一篇叫做《孙文访日本记》，内容多属捏造，插图是一个分不清是中国人还是日本人的人，在向日本国旗鞠躬。⑤ 可见，这类学校招收中国儿童的目的就是从小向中国儿童灌输奴化思想，培养大

① 许敬文主编：《东沟县志》，辽宁人民出版社，1996年3月版，第903页。

② 王鸿宾、向南、孙孝恩主编：《东北教育通史》，辽宁教育出版，1992年版，第346～347页。

③ 胡玉海主编、郭建平著：《奉系教育》，辽海出版社，2000年6月版，第30页。

④ 胡玉海主编、郭建平著：《奉系教育》，辽海出版社，2000年6月版，第31页。

⑤ 李荣君：《日本统治时期大连市围绕中小学教材的选用和编写问题所进行的斗争》，《大连文史资料》，第7辑，第41页。

批为帝国主义侵略服务的工具。

晚清时期，帝国主义的殖民教育机构分布的范围广泛，几乎遍及东北三省。这些教育机构体系完备，种类齐全。如哈尔滨市就有高等、中等学校15所以上，有工、医、艺术（音乐、美术）、语言等多种学科学校。这表明俄日列强的文化侵华已经形成了完整的体系和相当规模，妄图通过这种文化渗透的方式淡化东北民众，特别是儿童的国家观念和民族意识，以培养为列强侵略东北地区服务的帮凶。当然，这些殖民教育机构在客观上对东北地区的教育事业有一定的激励和借鉴的作用。随着外国学校在东北广大地区大量涌现，外国先进的办学模式、管理方法、授课经验也带到了东北地区，这对东北地区的新式教育的发展产生了一定的影响。

第三节　清末东北传统乡村教化体系近代化的萌发

鸦片战争以来，异族相继侵入中国，造成了中国民族危机的频发。为了拯救国民于水深火热之中，社会上一些有识之士纷纷担负起“天下兴亡，匹夫有责”的历史重任，积极探索救国救民的道路。从林则徐、魏源到洪秀全、李鸿章、康有为、孙中山，一批批社会贤达在漫漫征途上孜孜以求，上下求索。在追寻国势衰微原因的过程中，“废旧学”、“兴新学”成为越来越多人的共识。洋务运动中的新式教育机构的兴办，维新运动中大力发展新式教育的法令的颁布，清末新政中科举制的废止和教育变革举措的推广，这些措施都极大地推动了中国传统教育的近代转型。

东北地区地处边疆，政治、经济和文化自然无法与内地相比，但是在文教体系上与中原文化是一脉相承的。近代以来，特别是20世纪初，东北地区内部迭遭义和团运动和八国联军的沉重打击，外部又有日俄两大强敌的侵略和威胁，致使东北地区的民族危机和边疆危机日益严重，社会长期处于动荡不安的局面之中。面对严重的内忧外患，越来越多的开明人士认识到：“今日之势，非力学不足以自存”①，然而，由于地理位置和发展程度所限，洋务运动和维新变法时期的教育变革运动对东北地区影响有限，仅是建立了几所学堂而已，并没有出现如同内地一样的教育变革的浪潮。

---

① 黑龙江档案馆档案，56～01～422，转自赵玉杰、谭美君：《清末新政时期的东北文化教育改革》，《学习与探索》（哈）2003年1期，128页。

在内忧外患的冲击下和社会上一些有识之士的倡导下，东北地区传统教育模式还是发生了一些新的变化。从总体来看，东北地区乡村教育体系的变化主要表现在四个方面。

其一，“兴新学”、“启民智”成为一种社会上的共识。东北地区地处中国北部边陲，交通闭塞、文教不昌，缺乏一种文化的厚重。虽然每个时期都会有一些人群进入东北地区，但由于人数有限自然不能力挽狂澜。特别东北作为满清王朝“龙脉所钟”的发源地，也是东接朝鲜，西邻蒙古，北拒沙俄的边疆重地。这种地理位置和人文环境的特殊性，使得清政府十分重视东北这块特殊的区域。早在满族入关前，清朝统治者就在东北地区实行了严厉的“封禁政策”。这一政策虽然在一定程度上维护了东北地区的稳定，但同时也严重地阻碍了东北地区经济文化的发展，从而形成了“学术不兴，人才间歇”① 的文化落后局面。随着边疆危机的频发，东北地区主政者和一些进步人士越来越认识到“兴学育才”对于巩固边疆的重要性，积极呼吁发展文教事业，巩固边疆的稳定和祖国领土的完整。

其二，新式教育机构和设施的出现。近代以来，洋务运动和维新变法运动的影响或多或少波及到了东北地区，推动了东北地区传统教育体制的变化。作为科举制度支配下的东北边疆地区，东北地区传统教育体制是一种类似于内地的官学与私学并存的二元教育格局，在管理上也没有一套系统的教育管理体制。在清末教育变革思潮的推动下，东北地区也出现了一些新式教育机构，如洋务运动时期建立的吉林机器局、维新运动推动下出现的新式教育机构——新式学堂，都是东北地区教育近代化萌发的标志。当然，一些教会学堂和殖民教育机构的出现在客观上也起到了示范和激励的作用。东北地区出现的第一所新式学堂是由制军增祺于光绪二十八年（1902 年）筹办的奉天大学堂。这所学堂虽然在教学科目、学堂管理和招收学生条件方面存在很多的不足，却开启了东北地区新式教育发展的先河。其后，东北地区零星地出现了一些具有近代色彩的教育设施，一些有志青年也相继踏上了留洋的征途，一些新式的教育管理机构相继设立，东北地区传统教育近代化的征程由此起步。

其三，新式教育管理机构的萌芽。清朝前期地方教育管理体制沿袭明制，各省设提学道，办理全省的科举事务。雍正年间改提学道为提督学政，既掌管地方学校，也管科举事务。科举制废除后，各地学校教育事务日益繁杂，因此

① 徐世昌编、李澍田等点校:《东三省政略》，卷九，学务，吉林文史出版社，1986 年版，1387 页。

旧学政已经难以胜任，于是1904年1月，张百熙等奏定《学务纲要》，指出："各省府州县遍设学堂，亦须有一总汇之处以资管辖，宜于省城各设学务处一所，由督抚选派通晓教育之员总理全省学务，并派教育之正绅参议学务。"①在东北地区，原来并无教育管理机构，学务事宜由大学堂全权负责。在《学务纲要》的指导下，东北地区相继设立提学使司和学务公所，专责每一地区的学务事宜。教育管理机构的革新，为东北教育体制的变革提供了重要的条件。

其四，八旗体制向民治体制的转变。东北地区作为满族的"发祥地"，政治地位极其重要。为了管理这块宝贵的"龙兴之地"，清政府推行一种旗民分治的二元管理体制：一种是八旗制，旗民的军政事宜统由将军负责；一种是州县制，汉民事宜由奉天府负责。这两种体制并行不悖，一直延续到光绪年间。甲午之后，清朝统治者为了维护满族的统治，对东北地区的行政建制进行改革，逐渐废除旗民二元管理体制。1905年，清政府实行东北建省，对原有的一些机构进行相应调整，并增设了一些新的行政机构。东北行政机构的调整，不仅有利于消弭满汉民族矛盾，促进民族融合，也有利于加强对下层民众的管理，并为之后开展的东北教育变革准备了条件。

总之，在内外因素的交织下，东北地区传统教育体制出现了些许的变化，也许这些变化并不十分明显，却为随之而来的教育大变革奠定了基础。1905年，清政府宣布推行新政，废除科举制，从而极大地推动了东北地区传统教育体系的近代化，特别是科举制度的废除对于东北地区教育体制的变革意义深远。正如一位美国学者指出的一样："1905年科举制度的废除，传统文化在社会上的地位被大大地弱化了。由此，1919年以后兴起的学生运动不再与传统文化保持紧密的联系。传统文人的那些出身于都市学院或大学的继承者不再沉迷于经典的儒家文化，而是热衷于化学、社会学和外国文学。他们使用白话文进行书写，而不再使用传统的文言文。这种语言方式不仅为社会所接受，还得到了延续。"② 随着科举制度的废止和各级教育管理机构的相继设立，东北地区的传统教育体制逐渐被一种新的近代教育管理体制所取代，东北乡村教化体系革新的大幕也就此徐徐拉开。

---

① 舒新城编：《中国近代教育史资料》，上册，人民教育出版社，1961年版，219页。

② John Isreac：Student Nationalism in China 1927～1937. Published for the Hoover Institution on war, Revolution, and peace by Stanford University Press, Sanford, California 1966, pp1.

第二章

兴学潮涌：清末民初东北乡村兴学之概观

清末民初时期，其教育改革是各项变革中进行最为广泛、最为深入的一项。清政府和民国政府相继颁布了一系列的改革措施：废除科举制度，制定学制，建立现代教育管理机构，从而形成一套包含普通教育、师范教育、职业教育、留学生派遣、民族教育、民众教育在内的完善的现代教育体制，在一定程度上推动了中国教育的现代化进程。

第一节　清末民初东北乡村的普通教育

一般来说，普通教育包括幼儿教育、小学教育、中学教育和高等教育。清末兴学之初，东北乡村地区的新式教育几乎是一片空白。随着全国兴办新式教育热潮的兴起，东北乡村地区也采取各种措施积极筹办各级各类学堂。在社会各界人士的努力下，东北地区的各种中小学堂纷纷建立，乡村地区的普通教育得到了迅速地发展，从而极大地推动了东北乡村地区普通教育事业的发展。

一、幼儿教育

晚清时期，东北地区的蒙学教育逐渐开始起步。光绪二十九年（1903年），清政府颁布《奏定蒙养院章程及家庭教育法章程》，规定各地设立蒙养院以教育儿童，形成小学教育的基础。光绪三十四年（1908 年），奉天成立了 2 所幼儿教育场所。清宣统年间，吉林地区开始出现幼儿教育的机构，主要有省立女子师范学堂附设蒙养院（后改称第二蒙养院）、官立第一蒙养院和学务公所附设蒙养院（后两所蒙养院记载不详）。宣统三年（1911 年）黑龙江行省公署提学使司总务科科长林传甲之母刘盛创办省城私立奎垣蒙养院，招收 3 岁至 7 岁幼儿 20 人。这是清末黑龙江地区唯一的幼儿教育场所。① 此外，当

① 黑龙江省地方志编撰委员会编：《黑龙江省志》，黑龙江人民出版社，1996 年 12 月版，第 75 页。

时东北地区还存在一些帝国主义创办的幼儿教育机构。如宣统三年（1911年），长春、公主岭出现两所由日方创设的幼稚园，主要收旅华日侨子女，也兼收少数中国上层官僚富商的子女，共有幼稚生208名①。总之，晚清时期东北地区的幼儿教育机构主要集中在省城和一些发达地区，而广大乡村地区寥寥无几。这些幼儿教育机构不仅数量有限，学生稀少，而且规模简陋，设施落后，教学质量低下，发展程度也不高。如奉天地区蒙养院共有职员5人，教员11人，学生175人。幼儿学习的课程包括识字、习字、游戏、简单工艺等科目。② 学生多为家庭条件比较富裕的官绅子弟，贫穷子弟多因无力就学而被拒之门外。另外，当时东北地区私塾教育十分盛行，大多家庭采取蒙养私塾教育的传统方式，这也在很大程度上阻碍了蒙学教育在东北地区的推广。

民国时期，东北三省兴学之风乍起，幼儿教育也因之而起。这时期，东北地区推广幼儿教育的方针，基本上遵循民国政府教育部制定的相关方针和政策。为了更好地规范本地幼稚园的教学和管理活动，1914年（民国3年），黑龙江省行政公署颁布《黑龙江省蒙养院保姆讲习科规程》规定：讲习科以“造就蒙养院保姆为目的，讲习期一至二年，蒙养院保姆讲习科附设于女子师范学校，毕业后服务于蒙养院”③。6月29日，黑龙江省行政公署饬令各地的女子师范学校附设保姆讲习科，以培养幼稚园的师资。1916年（民国5年）1月8日，教育部颁布《国民学校令施行细则》，其中有10条对蒙养院的宗旨、目的、保育的项目、时数、管理、游戏等内容作出了详细的规定。奉系军阀统治确立后，在社会各界人士的努力下，东北地区的幼儿教育机构有所发展。1921年，奉天省立女子师范学校设立附属幼稚园一所，各地也相继出现了一些幼儿教育机构，但仅限于辽阳、海城、铁岭、庄河、安东、开原、通化等7个县。吉林地区幼儿教育不太发达，一般都是原有私塾代行幼儿教育机构的职责。仅在省立女子师范学校内附设蒙养院一处，其它地区几乎是空白。黑龙江地区的幼儿教育发展的速度比较缓慢，直到1929年才出现了迅速发展的势头。1928年（民国17年）5月，国民政府颁布了《三民主义教育实施原则幼稚园之部》，要求对幼儿教育注意伦理知识的传授与实践，要对幼儿进行“党义教育”。1929年，东北地方当局在幼儿教育方面实施音乐、故事、儿歌、游戏、

---

① 吉林省地方志编撰委员会编：《吉林省志》，吉林人民出版社，1992年8月版，第25页。

② 王树楠等编：《奉天通志》，东北文史丛书编辑委员会，1983年版，第3496页。

③ 黑龙江省地方志编撰委员会编：《黑龙江省志·教育志》，黑龙江人民出版社，1996年12月版，第76页。

社会和自然常识、工作（艺术、劳动教育）、静息等七项教育，在一定程度上推动了东北地区幼儿教育的发展。据统计，1929 年辽宁地区共有幼稚园 14 所，其中省立 1 所，县立 13 所：安东县有 4 所，公立 3 所，私立 1 所；辽阳县 2 所，均为公立；开原 2 所，公立 1 所，私立 1 所；其它海城、铁岭、庄河、通化等县各 1 所，均为公立。① 吉林地区的幼儿教育机构仅 2 所，宁安县（属今黑龙江省）设立幼稚园一所，附设于女子中学校内，有幼稚生 50 名，教员 2 名。通化县女子中学附设幼稚园一所，两个班。② 黑龙江地区先后成立省、市、县蒙养院、幼稚园 9 所，私立保育室 1 所，基督教会办的幼稚园 1 所，另有日、俄、德等外侨办的幼稚园 4 所。1931 年 2 月，海伦幼稚学社于海伦县城西北二道街成立，有幼儿 13 人，教员 1 人，雇员 1 人。③ 1931 年 6 月，黑龙江省六届教育行政会议决定："各县应设幼稚园至少一处，以树教育基础"，"幼稚园教师以延聘女子担任为原则"，"幼稚园开办经费应由教育经常费项下开支"，"为节约经费计，可以附设于其它教育机构"。由于各种原因，这些幼儿教育的设想均未付诸实践。④ 热河地区今属辽宁部分 4 县的幼儿教育一直是空白。可见，由于整个社会对于幼儿教育的重要性缺乏认识，这时期幼儿教育设施的数量寥寥无几，发展水平十分有限。

清末民初时期，东北地区的蒙养院主要开设游戏、歌谣、谈话、手技等保教科目，每日授课不超过 4 小时。教知识采取注入式、死记硬背的方法，并施行打手心、罚站、罚跪等体罚手段，在教育内容和方法上带有明显的封建色彩。从 1929 年（民国 18 年）起，东北地区的幼儿教育机构开始执行教育部颁发的《幼稚园课程暂行标准》。在幼稚园开设了音乐、故事儿歌、游戏、社会自然、工作（包括学画、手工）等科目，并对儿童的静息、餐点等常规活动进行规范。在教学方法方面，采用单元教学法、设计教学法，以提高学生的理解和接受能力。例如，在黑龙江地区的幼稚园和幼稚班教学中，教员开始注意改进教育方法，增加保育内容，采取较为先进的单元教学法和设计教学法，

---

① 胡玉海主编、郭建平著：《奉系教育》，辽海出版社，2000 年 6 月版，第 157 页。

② 吉林省地方志编撰委员会编：《吉林省志·教育志》，吉林人民出版社，1992 年 8 月版，第 25 页。

③ 黑龙江省地方志编撰委员会编：《黑龙江省志·教育志》，黑龙江人民出版社，1996 年 12 月版，第 76 页。

④ 黑龙江省地方志编撰委员会编：《黑龙江省志·教育志》，黑龙江人民出版社，1996 年 12 月版，第 76 页。

进行幼儿的教育教学活动。①

历经晚清和民国两个时期的发展，东北乡村地区的幼儿教育得到了一定程度的发展，在东北乡村地区出现了一些幼儿教育机构。然而，这时期东北地区的幼儿教育发展水平是十分有限的，这主要表现在以下两个方面：一方面是教育机构在空间分布上的不平衡性。这时期东北地区的的幼儿教育机构主要分布在省城和比较发达的地区，广大乡村地区仍是一种“缺学少教”的局面，很多儿童只能进入私塾接受早期的启蒙教育，这也成为了东北地区私塾教育盛行的一个重要原因。另一方面是发展程度上的有限性。由于经济条件、师资力量、社会环境等诸多因素的制约，这时期东北地区的幼儿教育机构不仅在数量上十分有限，而且在教学设施、教学方法等方面也都存在着诸多不足，这都在很大程度上影响了东北地区幼儿教育教学水平的改善和提高。

二、小学教育

小学教育是东北乡村地区教育事业的重要组成部分，也是东北乡村地区教育事业的主体部分。光绪二十九年（1903 年），清政府颁行《奏定小学堂章程》规定：“设初等小学堂，凡国民七岁以上者入学。小县城必设初等小学堂二所，大县城必六所，著名大镇必设三所”，并“切实督抚地方官劝谕绅士，广设小学堂”，② 东北地方政府积极响应清政府的号召，在东北各地积极兴办小学堂。由此，东北乡村地区的教育事业得到了迅速地发展。

奉天地区的小学教育起步较早。光绪二十八年（1902 年）四月，奉天大学堂筹设省城小学堂一处，聘请教习 2 员，招收学生 20 名。这是为省城小学堂创设小学堂的开始。此后，奉天乡村地区的小学堂纷纷建立。1906 年，辽阳的亮甲山、大高岭、向阳寺、大沙岭等村设立初级学堂。1908 年，初级小学的数量已达 49 所。1909 年，初级小学堂 61 所，学龄儿童入学率达 12.2%。1911 年，小学堂数量增至 94 所。③ 1908 年，开原县创办小学 154 所，学生 10982 人。④ 1909 年，新民县建立高等初等小学堂 47 处，有学生 2270 名。⑤从 1906 年至 1910 年，兴城地区先后在沙后所、七里坡、旧门、梨树沟门等村

① 黑龙江省地方志编撰委员会编：《黑龙江省志·教育志》，黑龙江人民出版社，1996 年 12 月版，第 85 页。

② 朱寿朋编、张静庐点校：《光绪朝东华录》，第 5 册，中华书局，1958 年版，第 5411 页。

③ 辽阳县志编纂委员会办公室编：《辽阳县志》，新华出版社，1994 年 8 月版，第 550~551 页。

④ 开原市地方志办公室编：《开原县志》，辽宁人民出版社，1995 年 7 月版，第 513 页。

⑤《学界调查确数》，《盛京时报》，1909 年 2 月 14 日。

成立15所小学。① 此外，一些偏远地区也出现了少量的新式学堂。1908年，博多勒噶台蒙古王旗建立了小学2所，学生81人；靖安县建立小学2所，学生35人；彰武县设立1所，学生61人；安广县设立1所，学生76人；开通县设立1所，学生16人；临江县设立1所，学生16人。② 据统计，1908年，奉天省官立初等小学堂有79所，公立初等小学堂有1815所，私立初等小学堂有26所（其中11所系英、法、丹麦等国教会所办）。全省共有初等小学1920所。两等小学堂中官立的有63所，公立的有47所，另有5所官立高等小学。两等和高等小学堂共计115所，均系官立和公立。③

吉林省的小学教育肇始于清光绪三十一年（1905年），是年吉林将军达桂遵照清政府"废科举，兴学堂"的指令，在省城（今吉林市）东、西、南、北四处义学的基础上分别设立了官立初等小学堂各1所，每堂招学生20名，共计80名，这是吉林省兴办新学堂的开始。此后，吉林省乡村地区的小学堂相继建立。1906年，开通县创办初等小学堂1所，初所招学生仅16人。在知县王寿祺等人的倡导和支持下，该校招生困难的情况才有所好转。1910年，开通县增设简易识字学堂2处，私立学堂3处，入学人数110人。1911年，开通县又先后设立官立第二、第三初等小学和官立女子两等小学一所，新式学堂教育事业继续发展。④ 1911年，长春县共建立小学堂52所，学生2100人。⑤ 据统计，1909年吉林地区"除未报到之濛江、磐石暨新设之东宁、桦川、舒兰、双阳、德惠、绥远、饶河各属外，订初等小学完全科原设一百八十七所，学生一千二百三十五人，奉到新章后增设五十四所，学生一千八百零七人。初等小学各年简易科二十所，学生五百零九人，四年简易科二十八所，学生九百三十六人，私塾改良三百九十七所，学生一千九百六十一人，未改良私塾一千零九十二所，学生一万九百五十二人"⑥。1911年，吉林地区已经建立各类小

① 安德才主编：《兴城县志》，辽阳大学出版社，1990年10月版，第528页。

② 参看《清末奉天省各类学堂及学生数目简表》（1908年度），载王鸿宾、向南、孙孝恩主编《东北教育通史》，辽宁教育出版，1992年8月版，第328～330页。

③ 辽宁省地方志编纂委员会编：《辽宁省志·教育志》，辽宁大学出版社，2001年11月版，第184页。

④ 通榆县志编纂委员会编：《通榆县志》，吉林人民出版社，1994年10月版，第607页。

⑤ 王秉祯、董玉琦主编：《长春市志·教育志》，吉林人民出版社，1995年5月版，第43页。

⑥ 《报告小学成绩》，《盛京时报》，1910年9月13日。

学堂达363所,① 足见当时吉林地区小学教育进步之速。

黑龙江省教育基础落后，乡村地区新式教育机构的设立较晚。1906年，双城厅通判阮忠植为推行新学，捐献养廉银1000两，邀集绅士锡廉等在启心书院旧址，创办初、高等小学堂各一处。这是黑龙江地区创办最早的官办小学堂。此外，黑龙江乡村各地纷纷建立小学堂。以宾县为例，1908年，宾州府有官立小学堂34所，公立小学堂2所，共有学生1160人，是全省学校和学生总数的19.2%和18.1%，排在全省其它各县学校和学生数的前列。1911年，宾州府共有初高两小学堂5所（官立3所，公立2所），初等小学堂56所（官立28所，私立28所），简易识字学塾21所（官立2所，私立19所），官立半日简易识字学塾1所，小学校共77所，学生2161人。② 对于一些边远地区或落后地区来说，这种新式学堂教育发展的速度就十分有限。如1908年7月，绥芬厅将穆棱河（即上城子）私塾改良为穆棱河初等小学堂，有学生20人。1910年5月，将初等小学堂改为穆棱县初等小学堂。③ 又如，清末时期，明水县也仅是设立了四元学校和薛居学校2所。④ 可见，清末时期黑龙江地区的小学教育发展迅速。据统计，1911年黑龙江省共有各类小学堂272所，学生总数达9332人。⑤

民国时期，东北地区的初等教育学制几经变化。民国元年（1912年）根据教育部规定的小学学制是七年，初小为四年，高小为三年。民国四年（1915年），袁世凯称帝，下令将初小改为国民学校，并模仿双轨制，另设预备学校，学制为三年。对于这个学制，东北地方当局曾在东北地区的新式学堂教育中有过施行。1915年9月，黑龙江省巡按使公署就饬发《大总统申令：颁行国民学校令暨高等小学校令》，以符合政府部章的相关要求，但是推行的时间并不太长。1916年，奉系军阀统治基本稳固，东北地区又恢复原学制。在地方当局的推动下，东北地区的小学教育进一步发展，下面列举几例加以说明。1914年，盘山县辖区内有县立小学1所，乡立小学30所，私立小学53所

① 吉林省地方志编撰委员会编：《吉林省志·教育志》，吉林人民出版社，1992年8月版，第41页。

② 宾县地方志办公室编：《宾县志》，黑龙江人民出版社，1991年2月版，第839页。

③ 穆棱县志编纂委员会编：《穆棱县志》，中国文史出版社，1990年12月版，第615页。

④ 《明水县志》编纂委员会编：《明水县志》，黑龙江人民出版社，1989年8月版，第520页。

⑤ 黑龙江省地方志编撰委员会编：《黑龙江省志·教育志》，黑龙江人民出版社，1996年12月版，第101页。

（其中女校 1 所），公立简易识字学校 14 所，计 98 所，学生 2122 人。① 1916 年，1917 年，营口建立县立、镇立、乡立、公立、私立五种小学 104 所，其中女校 4 所（内高等小学 1 所），清真小学 3 所（内高等小学 1 所），在校学生 4388 名，其中女生 287 名。1921 年，小学校增至 127 所，其中高等小学校 8 所（内县立 2 所，私立 2 所），共有学生 6008 名（男 5728，女 208）。② 1916 年，奉天地区国民学校达 6071 所（其中男校 5911 所，女校 160 所），在校学生达 229636 人（其中男生 215702 人，女生 13934 人）；高等小学 328 所（其中男校 309 所，女校 19 所），在校学生 22064 人（其中男生 20637 人，女生 1427 人）。③ 吉林地区的小学教育发展比较迅速。如清末集安地区仅有小学堂 12 所，有学生 748 人。至 1915 年，集安地区建立县立、区立初、高等小学 21 所。④ 1913 年，大赉县有公立小学 9 所，学生 249 人；私立学校 5 所，学生 126 人。安广县有小学 1 所，学生 70 人。1918 年，大赉县区立小学 24 所，学生 641 人，私立小学 8 所，学生 160 人。⑤ 1920 年 11 月，吉林省共有小学校 1349 所（含私立小学 250 所，女子小学 80 所），其中国民学校 1227 所（含代用国民学校），高级小学校 122 所。小学在校学生 67073 名，其中女生为 6353 名。女生和私立小学校学生，较民国初年有较大幅度的增长。学龄儿童入学率由 1915 年的近 10% 提高到 17%。⑥ 黑龙江地区小学教育也有所发展。1915 年，绥化县全县共有学校 28 所，学生 1457 名。1925 年，全县共有小学校 80 所，其中县立 42 所，区立 36 所，私立 2 所，学生总数达 6511 名。⑦ 1919 年，木兰县有男女高等小学堂各 1 处，初等小学堂 9 处，女子初等小学堂 4 处，学生不满二百名。⑧ 1916 年，黑龙江地区共有国民学校 1114 所（其中男校 1051 所，女校 63 所），学生 31108 人（其中男生 30480 人，女生 3628 人）；高等小

---

① 盘锦市人民政府地方志办公编：《盘锦市志·科技文化志》，方志出版社，2000 年 12 月版，第 6 页。

② 营口市地方志编纂委员会办公室编：《营口市志》，第五卷，远方出版社，1999 年 1 月版，第 193 页。

③ 参看《奉天省学务统计表》，教育部总务厅统计科编《中华民国第五次教育统计图表（五年八月至六年七月）》，第 49～50 页。

④ 集安县地方志编纂委员会编：《集安县志》，中国标准出版社，1987 年 10 月版，第 515 页。

⑤ 逯献青主编：《大安县志》，辽宁人民出版社，1990 年 3 月版，第 613 页。

⑥ 吉林省地方志编撰委员会编：《吉林省志·教育志》，吉林人民出版社，1992 年 8 月版，第 44 页。

⑦ 绥化县地方志编纂委员会编：《绥化县志》，黑龙江人民出版社，1996 年 12 月版，第 341 页。

⑧ 木兰县志编纂委员会编：《木兰县志》，黑龙江人民出版社，1989 年 12 月版，第 479 页。

学68所（其中男校53所，女校15所），学生3112人（其中男生2709人，女生403人）。①

1922年，东北地区实行新学制，国民学校改为初级小学，高等小学改为高级小学；初等教育改为六年制，即初级小学四年，高级小学二年。至此，东北地区的初等教育学制基本稳定。此后，东北地区的初等教育基本按照这个学制发展小学教育。民国二十年（1923年），东北各地的劝学所改为教育局，成为小学的领导机构，主管初等教育事宜。随着新式教育管理体制和学制的逐步规范化，东北乡村地区的初等教育得到了迅速地发展。

奉天地区的小学教育发展迅速。1922年，营口全县共有小学校136所，其中初级小学128所（内女校2所），高级小学校8所（内女校1所），学生共7447名，其中女生330名。1930年，小学校增至144所，其中县立5所，区立8所，村立118所，私立13所；初级小学125所，高级小学3所，两级小学16所，学生9269名。② 1926年，清原县有初级小学77所，学生4523名；高级小学7所，学生547名。1927年，全县学龄儿童总数为8096名，入学5060名，入学率为62.5%。1930年，初级小学89所，学生4595名；高级小学9所，学生708名。③ 1928年，锦西县有小学214所，学生6817人。其中，官办小学121所（县立5所、区立65所、村立51所），代用小学88所，私立小学5所。④ 据统计，1929年，辽宁省小学数量已达10115所，在校学生达666459人。⑤ 可见，奉天地区小学教育发展速度之迅速。

吉林地区的小学教育也进一步发展。1923年，桦川县共有小学10所，其中高级小学3所（女校1所），初级小学7所（女校1所）。至1931年末，全县小学数量增至27所，其中完全小学15所（女子3所，私立1所），学生540人；初级小学12所，学生2670人，全县小学生人数达3210人。⑥ 吉林省共有小学校1575所，学生114 846名。其中省立学校26所，高级班16个，初

① 参看《奉天省学务统计表》，教育部总务厅统计科编《中华民国第五次教育统计图表（五年八月至六年七月）》，第89～90页。

② 营口市地方志编纂委员会办公室编：《营口市志》，第五卷，远方出版社，1999年1月版，第193页。

③ 清原县志编纂委员会办公室编：《清原县志》，辽宁人民出版社，1991年8月版，第488页。

④ 锦西市地方志编纂委员会办公室编：《锦西市志》，锦西市地方志编纂委员会办公室，1988年5月版，第665页。

⑤ 胡玉海主编、郭建平著：《奉系教育》，辽海出版社，2000年6月版，第157页。

⑥ 桦川县志编纂委员会办公室编：《桦川县志》，黑龙江人民出版社，1991年1月版，第578页。

级班78个，学生4254名；县立学校1524所，高级班409个，初级班2557个，学生110592名；私立学校25所，高级班9个，初级班43个，学生数不详。①

黑龙江地区的小学教育也有所发展。1921，宝清县共设小学13所。其中，县城内3所，乡间10所。1931年，全县共有小学24所，学生870名。1924年，安广县区立小学9所，学生457人；私立小学7所，学生224人。② 1931年，全县共有小学68所，学生3059人。③ 1928年，宁安地区共有高、初级小学校52所，122个班，有学生4288名；1931年"九·一八"事变前，全县小学达69所，142班，学生达6712名。④ 木兰县，1925年，全县有两等小学校2处，初级小学堂8处。1931年，全县共有男子两等小学校2处，女子两等小学校1处，男子初级小学校7处，女子初级小学校4处，学生1000多人。⑤ 据统计，1929年黑龙江地区初级小学458所，学生23592人；高级小学校18所，学生1059人；两级小学校99所，学生16075人。⑥

清末民初时期，东北乡村地区的初等教育的发展速度十分惊人，并成为这时期东北乡村地区新式教育的主体部分。这主要表现在两个方面，一方面是小学堂分布的范围十分广泛，几乎遍布了东北地区的每一个乡；另一方面是小学堂的数量庞大，是东北乡村地区所兴建的各种教育机构中的主体。究其原因，主要是当时东北地区的文化教育事业比较落后，广大民众的观念也比较保守。在这种形势下，社会各界所倡导的新式教育机构基本上以这种具有启蒙性质的初等小学堂为主，这是与当时东北乡村地区的实际情况相符的。

三、中等教育

东北地区最早的中学堂是清光绪三十一年（1905年）10月成立的奉天中学堂，这也是东北地区第一所官立中学堂。此后，锦州、岫岩、海龙、辽阳、兴京、海城、凤城、西丰、庄河和昌图等地先后设立了中学堂。清光绪三十三

① 吉林省地方志编撰委员会编：《吉林省志·教育志》，吉林人民出版社，1992年8月版，第45页。

② 宝清县地方志编纂委员会编：《宝清县志》，宝清县地方志编纂委员会，1993年12月版，第518页。

③ 逯献青主编：《大安县志》，辽宁人民出版社，1990年3月版，第613页。

④ 宁安县志编纂委员会办公室编：《宁安县志》，黑龙江人民出版社，1989年9月版，第563页。

⑤ 木兰县志编纂委员会编：《木兰县志》，黑龙江人民出版社，1989年12月版，第479页。

⑥ 参看《第四次满洲帝国文教年鉴》(1935年)，转自黑龙江省地方志编撰委员会编《黑龙江省志·教育志》，黑龙江人民出版社，1996年12月版，第106页。

年（1907年）2月，吉林省遵照《奏定中学堂章程》，在省城（今吉林市）大东门学院街创建吉林阖省官立中学堂，这是吉林省第一所官立中学堂。同年，长春府（今长春市）在马号门外二马路原养正书院旧址创办长春府官立中学堂，招学生2班，学生83名。至1911年，全省共有中学堂6所，在校学生500余名。[①] 黑龙江地区中学教育也得到了发展。光绪三十一年（1905年），黑龙江地区设立双城中学堂。该学堂是一所在启心书院址（现双城市委党校址）创立的厅立官办中学堂。初期只有预科2个班，学生80人。此后，又先后成立了黑水中学堂和宾州中学堂。至1911年，黑龙江省共创办中学堂3所，班级10个，学生373人。[②] 总之，由于师资力量和办学经费等方面的限制，这时期东北地区中学教育发展的速度比较缓慢。

民国初期，教育部公布《中学校令》16条，规定"中学校以完足普通教育造成健全国民为宗旨"，旨在各地创办中学教育有所遵循。民国元年（1912年）12月，政府又颁布《中学校令施行规则》，对中学"学科及程度"、"学年学期休业日教授日数及典礼日"、"中学编制"、"设备"、"入学转学退学及儆戒"、"学费"等都作了详细的规定。这时期东北地区仅辽宁省创办几所中学，至于吉林、黑龙江、热河省的中学教育尚未提上日程。1923年，东北地方当局颁发了《奉天省中学校暂行规程》，规定：初级中学校由县设立，高级中学校由省设立，各县如有相当财力及必要也准许设立高级中学校。省如遇特别情形也可特设初级中学或于高级中学附设初中班级。高级中学分科为普通科、文科、理科、农科、工科、商科或其他特殊各科。[③] 1924年，辽阳兴隆沟村建立明德中学一所，专门招收辽阳、海城、凤城、岫岩县部分青少年入学。该校有2个教学班，70名学生，4名教师。1930年，在刘二堡河北设立辽阳县第三初级中学，学制4年，每年招一个班学生。[④] 1928年，国民党政府教育部正式公布《中学暂行条例》，提出"中学校教育应根据三民主义，继续小学之基础训练，增进学生之智识技能，为预备研究高深学术及从事各种职业，以达适应社会生活之目的"。从此，东北地区中等教育发展的速度较快。1931

① 吉林省地方志编撰委员会编：《吉林省志·教育志》，吉林人民出版社，1992年8月版，第124页。

② 黑龙江省地方志编撰委员会编：《黑龙江省志·教育志》，黑龙江人民出版社，1996年12月版，第165页。

③ 辽宁省地方志编纂委员会编：《辽宁省志·教育志》，辽宁大学出版社，2001年11月版，第4页。

④ 辽阳县志编纂委员会办公室编：《辽阳县志》，新华出版社，1994年8月版，第554页。

年，安东县城区有中学5所（初中3所，高中2所），学生777人。同年，凤城、岫岩、宽甸3县共有初中6所，学生700余人。① 据统计，1928年以来，辽宁地区各县建立私立中学校14所，即辽阳3校，锦县3校，新民、开原、北镇、海龙、庄河、安东、梨树各1校。②

吉林地区的中学教育继续发展。1931年“九·一八”事变前，长春地区已经建立了省立二中、东省特区七中、长春县立中学、私立自强中学、德惠县立中学、双阳县立中学、榆树县立中学（附设师范讲习科）、农安县立中学（附设师范讲习科）等9所，学生1303人。③ 相比而言，其它县份的中学教育就十分有限。集安地区仅在1926年创立初级中学1所，1929年，该校招生86名，教职员7名。④ 还有一些落后的县份尚未设立任何中学教育机构。据统计，1929年吉林地区共有中学36所，其中省立中学5所，县立中学26所，私立中学5所；在校学生5 400余名，其中初中学生约5 000名，高中学生400余名；教职员360余名。⑤

黑龙江地区各县中学教育发展比较缓慢。一些县份的中学教育机构数量有限，如爱辉地区仅在1915年设立黑龙江道立中学和1922年设立的县立初级中学2所。⑥ 穆棱地区仅在1930年在八面通南街筹设中学1所，建成校舍3栋8个教室，不久就因为“九·一八”事变的爆发而中断。⑦ 大多数的县份没有中学，学生都要到吉林或哈尔滨等地中学就读。1930年，黑龙江地区中学发展到29所，在校学生数4554人。⑧ 热河省今属辽宁部分4县有中学2所，学生91人。

可见，清末民初时期，东北乡村地区的中学教育得到了迅速地发展。其原因一方面是中学教育是近代教育体系中不可或缺的一环，受到地方当局的重视；另一方面也是东北乡村地区小学教育发展的一个必然结果。小学教育的发

---

① 丹东市地方志办公室编：《丹东市志》(9)，辽宁科学技术出版社，1991年11月，第53页。

② 胡玉海主编、郭建平著：《奉系教育》，辽海出版社，2000年6月版，第174页。

③ 参看《1931年东北沦陷前长春普通中学发展情况表》，载王秉祯、董玉琦主编《长春县志·教育志》，吉林人民出版社，1995年5月版，第118页。

④ 集安县地方志编纂委员会编：《集安县志》，中国标准出版社，1987年10月版，第518页。

⑤ 吉林省地方志编纂委员会编：《吉林省志·教育志》，吉林人民出版社，1992年8月版，第125页。

⑥ 爱辉县修志办公室编：《爱辉县志》，北方文物杂志出版社，1986年10月版，第626页。

⑦ 穆棱县志编纂委员会编：《穆棱县志》，中国文史出版社，1990年12月版，第619页。

⑧ 黑龙江省地方志编纂委员会编：《黑龙江省志·教育志》，黑龙江人民出版社，1996年12月版，第166页。

展十分迅速，这必然会直接推动东北乡村地区中学教育的发展。当然，由于东北地区办学条件有限，这时期东北地区中学教育的发展还存在着一些诸如办学质量不高、学校数量有限和学校分布不均衡等缺陷。但是，这种作为连接小学教育和高等教育新的教育形式的出现，直接带动了高等教育、留学教育的发展，从而对东北乡村社会的发展产生了十分深远的影响。

四、清末民初东北乡村普通教育之特点分析

清末，东北地区的普通教育得到了一定的发展，蒙养院、小学堂、中学堂纷纷建立，基本上形成了具有一定规模的、体系比较完整的普通教育体系。具体来说，这时期东北乡村地区普通教育的发展具有以下几个方面的特点。

其一，初等教育体系初步形成。这时期，东北乡村地区普通教育事业得到了迅速地发展，基本上形成了幼儿教育——小学教育（初等、两等、高等小学）——中学教育这样一个比较齐全的初等教育体系。当然，由于这时期普通教育还处于一个初创时期，加之东北地区经济文化发展水平所限，这时期乡村地区普通教育呈现出一种“中间大，两头小”的格局，即幼儿教育和中学教育较为落后，小学教育比较发达。此外，这时期的学堂教育还存在着学堂数量有限和发展程度不高的问题。这些都是当时东北乡村教育发展中的不足。然而，这种以课堂形式把同等程度青少年组织在一起，以班级的形式传授现代科学文化知识的形式，较之原有的官学、私学、书院来说无疑是一种历史的进步。新式学堂教育的出现，不仅在当时具有开风气之先的作用，对以后东北乡村地区普通教育事业的发展也产生了深远的影响。

其二，明显的不平衡性。这时期，东北乡村地区普通教育发展的不平衡性主要体现在两个层面。一是新式教育发展的比例不平衡。在乡村地区新式教育发展中，初等小学校数量在普通教育学堂总数中所占的比例最大，而两等或高等学校、幼稚园和中学校的数量相对较少。当然，这与当时东北乡村地区经济文化发展水平比较落后有关，只能建立一些社会迫切所需的初等小学教育场所，而高等小学和中学大多建立在县城和部分比较发达的城镇，在广大乡村地区所建立的类似教育场所是寥寥无几。二是新式学堂教育地域分布不平衡。在《奏定学堂章程》中就规定了乡村设初小、乡镇设高小、县城设中学这样一个教育发展的规划，这就导致了中学和高小基本分布在城镇、初小分布在乡村这样一个现象。就整个东北地域来说，新式教育事业的发展基本上呈现出一种由南向北依次递减的格局：辽宁乡村地区的新式教育事业发展最好，吉林次之，

黑龙江再次之。而在广大乡村地区则是以县城为中心向四周扩散，距离县城越近，教育发展的状况越好，反之，距离县城越远，教育发展的状况就越糟。当然，这种教育发展的不平衡性主要是由东北各地政治、经济、文化发展的不平衡性所致。

其三，较快的发展速度。任何事物的发展都具有浓厚的地域色彩，教育事业自然也不能例外。这时期东北乡村地区普通教育的发展，主要是东北地方当局从东北地区的实际出发而制定和推行各种兴学政策。因而，在乡村地区新式教育的发展中比较突出的是具有一种东北地域性色彩。东北地区经济文化事业与关内相比较为落后，大部分地区处于“缺学少教”的局面，传统儒家文化的影响不是十分强烈。因此，在推广新式教育中，东北地区所受到的传统文化层面的阻力不是很大，办学最重要的困难是经费问题。此外，地处东北边陲和频遭列强欺凌和觊觎使其危机感十分强烈，东北地方当局也急需各类新式人才发展实业，保土卫边。因此，当兴学诏书一出，东北地区尤其是黑龙江地区新式学堂的发展速度十分迅速。当然，由于经费问题的限制，到一定时期这些新式学堂数量的增长速度就会逐渐减慢或是停滞不前。可见，东北地区新式教育的发展主要着眼于为地方政治发展和经济建设服务，着眼于为地方培养科技人才，并带有一股强烈的“教育救国”的寓意。这种区域色彩对于发展东北地区的普通教育及以后东北地区的教育事业起到了重要的作用。

第二节　清末民初东北乡村的师范教育

一、师范教育的兴起与发展

师范教育是各类教育的基础，欲振兴学校必须重视师资的培养。东北兴学伊始，即已经意识到培养师资的重要性，把培养师资视为刻不容缓的急务。东北士子“向于章句帖括之习”，对于新学则茫然无知，自然不能完全胜任新式学堂的师资要求。为了培养足够的师资力量，东北地区大力兴建各级各类师范学堂，以期培养合格教员。

东北地区最早的师范教育从清末办起。当时东三省总督徐世昌在总结东三省教育状况时指出：“昔之所以不振者，人穷力绌，固其大原。实则由于传习庸陋，不能阐扬精英，以采其先声，动其观听”，“无学不以成人，无人不能以立国之道”，“今将救敝启新，固时定制，惟推广教育”，因此，“以改良私

塾，广储师范为入手”。① 正是由于当局的重视，东北地区的教育得到了迅速地发展。东北地区的师范教育开始于 1905 年。光绪三十一年（1905 年），“将军赵尔巽筹设师范传习所于省城，选中学之优者入焉。三个月毕业，以充小学教员，此为奉省有师范生之嚆矢”②。1905 年冬，在省城内添办师范简易学堂。1906 年 4 月将省城师范简易学堂改为奉天师范学堂，师范教育逐渐走上正规化道路。此外，在海城、桓仁、西丰、义县、辽阳、昌图、兴京等县也相继设立了师范学校、师范传习所或师范简易科。到宣统三十四年（1908 年），全省共有师范教育机构 30 处，学生 1360 人③。吉林省第一座师范学堂始建于清光绪三十二年（1907 年）。是年，“经将军达桂遵照学部奏定各省兴办学校章程，饬由本省学务处创办。八月，复扎委师范学堂监督黄守琮设施一切，九月正式成立，开学授课。计讲习科两班、师范六班、初中一班，共九班。职员九名，教员二十三名，学生一百二十一名”④。长春师范学校产生于清光绪三十三年（1907 年）。当时仅在长春府中学堂（即后来的长春吉林省立第二中学校）设一简易师范班，有学生 38 人。宣统元年（1909 年）九月，吉林巡抚陈昭常将省城外语学堂归入省立第一师范学校，增设优级部，开设理化、舆地两个优级专科，故称吉林省两级师范学堂。同年，农安、扶余、敦化、临江等县相继创办师范讲习所。宣统二年（1910 年）改为初级师范班，仍设在长春府中学堂内。⑤ 至此，吉林省已设立男女师范学堂各 1 所，学生 519 名，教职员 72 名；师范讲习所 8 所，学生 163 名，教职员 72 名。⑥ 黑龙江省师范教育分为初级和优级两种，另设有简易师范科和师范传习所等。1906 年（光绪三十二年），黑龙江在省城齐齐哈尔高等小学（前汉义学）附设了一个速成师范班，学生 50 人。1907 年，在黑龙江省城齐齐哈尔俄文学堂旧址，创办了满蒙师范学堂，招收西北各城及西南各蒙旗子弟入学。编译满、蒙、汉合璧教科书以资教授，全校有教职员 10 人，学生 90 名。此后，其它各县如绥化、肇州、

① 徐世昌编、李澍田等点校：《东三省政略》，吉林文史出版社，1989 年版，第 2 页，序言。

② 王树楠等编：《奉天通志》，东北文史丛书编辑委员会，1983 年版，第 3498 页。

③ 王树楠等编：《奉天通志》，东北文史丛书编辑委员会，1983 年版，第 3498 页。

④ 吉林省地方志编撰委员会编：《吉林省志·教育志》，吉林人民出版社，1992 年 8 月版，第 236 页。

⑤ 《校旧校三笺：百年老校长春吉林省立第二师范学校校史》，载杨子忱《老长春》，下册，延边人民出版社，2000 年版，第 319 页。

⑥ 吉林省地方志编撰委员会编：《吉林省志·教育志》，吉林人民出版社，1992 年 8 月版，第 253 页。

兰西、呼兰，亦设立师范传习所，东布特哈创设了初级师范预备科。至1911年（宣统三年）黑龙江地区建立师范学堂9所，16个班级，学生722人。①

民国以来，民国政府和地方当局十分重视发展师范教育。在社会各界人士的努力下，东北乡村地区的师范教育也有了较大的进步。1912年，奉天地区各类师范教育机构达40处。1913年，奉天省陆续增建了4所省立师范学校，即在凤城、盖平、锦西、东丰分别设立了第一、第二、第三、第四师范学校。到1914年，省立师范学校达6所，各县师范教育机构的数量有35所。② 为了更好地发展奉天地区的师范教育，奉天地方当局在1917年12月按照省立各师范学校将全省划分为第一学区（省城）、东南区（省立第一师范）、南区（盖平省立第二师范）、西区（锦西高桥省立第三学校）、东北区（东丰省立第四学校）5个学区。1920年，在辽源县又设立了省立第六师范学校，并重新划分了沈阳等9县为主的第一区，以凤城等9县为主的第二区，以盖平等6县为主的第三区，以锦县等8县为主的第四区，以东丰8县为主的第五区和以昌图等12县为主的第六区。据1920年统计，第一区高小毕业生为6448人，招生109人；第二区高小毕业生为2680人，招生46人；第三区高小毕业生为2839人，招生46人；第四区高小毕业生为2731人，招生38人；第五区高小毕业生为3092人，招生41人；第六区高小毕业生为1826人，招生35人。③ 据统计，1916年，奉天地区建立各类师范学校47所（其中男校36所，女校11所），学生3603人（其中男生3603人，女生624人）。④

吉林地区的师范教育发展比较迅速。1912年（民国元年）8月6日，吉林省议会批准分区划筹设师范学校的建议，全省师范教育推行的发展计划如下：西南路在吉林省城所在地和长春各设一所；东南路在延吉设一所；东北路在依兰设一所（属今黑龙江省）；西北路在双城、宾州分别设一所（属今黑龙江省）。吉林省两级师范学堂更名为第一师范学校，吉长道立师范学堂更名为吉林省第二师范学校；吉林省女子师范学堂更名为吉林省女子师范学校；在阿城建立吉林省第三师范学校；在延吉建立吉林省第四师范学校；在依兰建立吉

① 黑龙江省地方志编撰委员会编：《黑龙江省志·教育志》，黑龙江人民出版社，1996年12月版，第413页。

② 胡玉海主编、郭建平著：《奉系教育》，辽海出版社，2000年6月版，第238页。

③ 胡玉海主编、郭建平著：《奉系教育》，辽海出版社，2000年6月版，第239~240页。

④ 参看《奉天省学务统计表》，教育部总务厅统计科编《中华民国第五次教育统计图表（五年八月至六年七月）》，第49~50页。

林省第五师范学校。① 1915 年，吉林省教育厅指定一师、二师、三师、女师均按照后期师范班办理，四师暂照初中学堂教学计划办理。1916 年 4 月，国民政府教育部通令各地筹设和扩充师范学校，吉林省第一师范学校增设第二部，培养初中师资。同年，吉林地区先后有 8 个县创办了师范讲习所，以期推广本地的师范教育事业。据统计，1916 年吉林地区建立师范学校 11 所（其中男校 8 所，女校 2 所），学生 949 人（其中男生 749 人，女生 200 人）。②

黑龙江地区师范教育的发展进程比较曲折和缓慢。民国伊始，黑龙江地区为了培训和改良师资状况，在部分县份设立了师范传习所。据林传甲先生著的《黑龙江省教育状况》记载："民国元年，呼兰、绥化、巴彦等处，皆设传习两班百人；海伦、兰西、余庆、肇州各四十人；瑷珲、木兰、讷河二三十人不等。总计传习生六百余人。"③ 1915 年（民国 4 年）初，中华民国大总统颁布《教育纲要》，提出："现在规定义务教育之制，小学需用教员必多，各地方亟应酌计所需教员人数，及早筹设"，"现应暂以道为师范学区，每区设师范学校一所，辖县多者亦可增设"。1916 年，黑龙江省行政公署遵照教育部令将小学教员讲习所一律改称为师范讲习所，将师范学校附设的小学教员讲习科改称为师范讲习科，成为专门负责小学师资培养的长期性机构。同年，黑龙江地方当局还先后设立了黑河道立师范学校（初办时设 1 个班，有教职员 7 人，学生 30 人，年经费 8250 元）和龙江道立师范学校（初办时设 2 个班，有教职员 8 人，学生 90 名）。1917 年（民国 6 年）底，因经费困难这两所道立师范学校全部撤销。④ 据统计，1916 年黑龙江建立师范学校 3 所（其中男校 2 所，女校 1 所），学生人 509 人（其中男生 343 人，女生 166 人）。⑤

1922 年，东北地区推行新学制，改师范讲习所为讲习科，采取师范学校与师范讲习科并举的方针。新学制实行以来，各地提倡师范教育和兴办师范学

---

① 吉林省地方志编纂委员会编：《吉林省志·教育志》，吉林人民出版社，1992 年 8 月版，第 236 ~ 237 页。

② 参看《吉林省学务统计表》，教育部总务厅统计科编《中华民国第五次教育统计图表（五年八月至六年七月）》，第 69 ~ 70 页。

③ 黑龙江省地方志编纂委员会编：《黑龙江省志·教育志》，黑龙江人民出版社，1996 年 12 月版，第 414 页。

④ 黑龙江省地方志编纂委员会编《黑龙江省志·教育志》，黑龙江人民出版社，1996 年 12 月版，第 414 页。

⑤ 参看《黑龙江省学务统计表》，教育部总务厅统计科编《中华民国第五次教育统计图表（五年八月至六年七月）》，第 89 ~ 90 页。

校之风蔚然兴起。经过几年的发展，东北地区的师范教育迅速发展。据统计，1929年，辽宁省全省58县中，只有15个县设立了师范学校（其中海城、辽阳、铁岭各有2所），其余43县均设讲习科。① 1930年（民国19年），吉林全省共有师范学校8所，学生529名，教职员106名。还有私立龙井光明学园师范部，学生20名，教职员5名；师范讲习所19个，学生766名，教职员69名。② 1930年（民国19年），黑龙江省又成立三所师范学校：绥化初级师范学校，2个班，学生63人；呼兰县立女子乡村师范学校，1个班，学生50人；巴彦县乡村师范学校1个班，学生25人。③

总之，清末民初东北乡村地区的师范教育虽然得到了一定的发展，但这种发展尚属初始阶段，因此它的发展还很不完善，也存在着一些局限性。一方面就教育力量布局来看，省城地区师范教育的发展水平相对比较发达，而一些偏远州县地区师范教育发展状况十分落后；另一方面是这时期东北乡村地区师范教育发展层次比较低，培养出来的师资多以小学堂教员为主，而中等、高等学校的教员数量较少。当然，这时期的师范教育培养的教育人员，在一定程度上满足了东北乡村地区学堂教育发展的需要，对于促进东北地区教育事业的发展起到了重要的作用。

二、师范教育发展的特点分析

清末民初时期，东北乡村地区师范教育有了一定的发展。当然，在师范教育的发展过程中，这时期乡村教育的发展具有鲜明的本地特色。具体来说，东北乡村地区的师范教育具有如下几个特点。

（1）发展进程上的缓慢性。清末兴学以来，东北地区的师范教育开始起步，师范教育机构的数量也逐渐增多。以奉天地区为例，1917～1929年间奉天地区陆续成立了各类师范教育机构67所，其中省立4所，县立63所，加上原有的机构在内，共91所，学生达7000余人。从机构类型来看，师范学校25所、师范专修科1所、师范讲习科65所。从师范教育机构的层次分布来看，省立7所均为师范学校，主要培养高小教员，还有1所是师范专修科，培

① 胡玉海主编、郭建平著：《奉系教育》，辽海出版社，2000年6月版，第247页。

② 吉林省地方志编纂委员会编：《吉林省志·教育志》，吉林人民出版社，1992年8月版，第237页。

③ 黑龙江省地方志编纂委员会编：《黑龙江省志·教育志》，黑龙江人民出版社，1996年12月版，第415～416页。

养中学教员；县立18所为师范学校，65所为师范讲习科，主要培养初小教员。① 然而，由于东北地区经济文化发展水平的限制，这些师范类教育机构的数量与同时期东北地区学龄儿童数量相比存在着明显的滞后性。这种滞后性主要体现在如下两个方面：一方面是师范教育机构数量的有限性。奉天是东北地区教育发展水平较高的地区，师范教育的发展程度也较好。然而，在奉天地区还不能达到每县设立一所师范学校的程度，有些地区的师资力量只能依靠招募其他县份的师范学校的毕业师范生或从外地聘请等办法解决本地发展教育的师资问题。另一方面是各县的师范教育机构大部分为讲习科，教育层次相对比较低。造成这种状况的原因一方面是东北地区经济文化水平比较落后；另一方面是地方当局对于县立师范教育机构进行收缩性整顿所致。在兴学之初，为了解决本地办学的师资问题，东北各地纷纷建立初级的师范教育机构。然而，在这些师范教育机构中存在着办理方面的不完善，或设备简陋等问题。为此，奉天教育厅指出："师范为教育之母"，"师范不良，则谬种流传，贻误将来，实非浅鲜"。因此，其规定："自民国九年上学期开始，师范应由本厅用款扩充办理，其县立师范即一律毕业一级，停止一级，全级毕业，即完全停办，如师资过于缺乏之县，为一时应用计，可暂设师范讲习科，以应目前之急。"②

（2）结构上的不平衡性。由于东北地区地域广阔和各地政治经济文化的差异性，乡村师范教育的发展具有明显的不平衡性。一方面是教育结构的不平衡，这主要表现在初级师范教育机构如传习所、简易学校和初级师范的比例较大，而完全师范或优级师范学堂的数量十分有限。另一方面是教育机构分布的不平衡，有限的教育机构主要分布在省城或以省城为中心的周边县份，而在一些边远的地区师范教育发展十分缓慢。一般来说，近代东北地区的师范教育主要集中在省城和几个主要县份，在广大乡村地区师范学校的数量十分有限。有的甚至几个县份的中小学教员都要依靠一两所师范学校所培养的师资。如在1917年12月，奉天地区以省立各师范学校为中心，将全省划分为5个学区：以省城两级师范学校为中心的中区（包括沈阳、抚顺、本溪、新民、辽阳、辽中、台安、铁岭、开原、彰武、昌图、法库、康平、梨树、怀德等县），以凤城的省立第一师范学校为中心的东南区（包括安东、岫岩、庄河、宽甸等

① 胡玉海主编、郭建平著：《奉系教育》，辽海出版社，2000年6月版，第246页。

② 《奉天省长公署档》，转引自胡玉海主编、郭建平著《奉系教育》，辽海出版社，2000年6月版，第246～247页。

县)，以盖平的省立第二师范学校为中心的南区（包括复县、营口、海城、盘山等县)，以锦西高桥镇的省立第三师范学校为中心的西区（包括兴城、绥中、锦县、义县、北镇、黑山等县)，以东丰的省立第四师范学校为中心的东北区（包括西丰、西安、海龙、辉南、柳河、兴京等县)。此外，还计划在最北端和最东端设立两个学区，设立两所师范学校。① 这种划分学区的方式从一个侧面凸显出了当时乡村师范教育发展的不平衡性。这种分布上的差异，必然会在一定程度上影响乡村地区师范教育发展的进程。

（3）教学中注重实用性。这时期，东北乡村地区师范教育发展的另一个特点是注重培养师范生的自动能力。实际上，这种自动能力包括两方面：一个是学生的自学能力，另一个就是学生的动手能力。这种自动能力的培养一方面反映在学堂的课程设置方面。在师范学校的课程设置中，除了学习必要的文化知识外，还增设修身、手工等课程，如“修身课应注重实践，地理、历史应注意引起学生的乡土兴味，理化应注重实习等等”。“关于手工课，宜教授制作。为社会心理所欢迎的日用必需品的知识和技术，所需原料宜使用乡土之物。”② 为了适应东北社会的实际需要，在一些师范学校还专门开设了珠算课程，“因珠算为中国惯用，农工商贾尤日用所必需”，而“师范生毕业负有教人之责，于学习笔算外，不可不兼攻及此，以备他日教授小学之用”，具体办法就是在第三至第四学年中，酌加珠算课时，以期应用。③

为了培养师范生教学和学堂管理的能力，东北地方当局十分注重对学生教学能力的培养。在一些师范学校“各种课程于第九学期之末宜一律讲授完毕，至第十学期纯为教术及校务之练习；参观他校，以法其长，并将参观结果令各生汇报，以其心得；实地练习，以娴其术，并将练习之结果开会批评之；校长及文职教员，施行特别训育，以增益其术能”④。延吉省立第四师范学校杜校长因第五班学生行将毕业，为增长学生的知识，“遂于日昨率全体学生参观各校成绩及教授秩序，次赴铜佛寺一带各校参观，至晚六点时乘车返回云”⑤。女子师范学校还注重家政。具体措施如下：A. 校内添设作法室，俾学生分组

① 胡玉海主编、郭建平著：《奉系教育》，辽海出版社，2000 年 6 月版，第 239 页。

② 胡玉海主编、郭建平著：《奉系教育》，辽海出版社，2000 年 6 月版，第 241 ~242 页。

③ 《奉天公报》，第 2025 号，转引自胡玉海主编、郭建平著《奉系教育》，辽海出版社，2000 年 6 月版，第 243 页。

④ 《奉天公报》，第 2028 号，转引自胡玉海主编、郭建平著《奉系教育》，辽海出版社，2000 年 6 月版，第 241 页。

⑤ 《第四师参观各校》，《盛京时报》，1928 年 12 月 20 日。

练习日常礼仪；B. 实习园艺、烹饪；C. 缝纫一科，择切于日常服用者制作之，凡华丽品，无当于实用，悉行革除；D. 珠算、簿记或由校中设立售品处，或就日用伙食之计算，令女生自行经理，以资练习；E. 扫除浣濯等事，督令学生操作”①。可见，当时东北乡村地区的师范教育十分注重实用性教育，这种教学理念对于培养师范生的动手能力和适应社会需要起到了重要的作用。

第三节　清末民初东北乡村实业教育

一、实业教育的兴起与发展

为了培养各类人才，清政府于光绪二十九年（1904 年）正式颁布《奏定学堂章程》，规定实业教育自成体系，分为正式实业学堂、补习实业学堂和实业师范三种类型。这个《章程》的颁布，标志着实业教育在学制上正式获得了独立的地位。不久，清政府又诏令各省“一律奏章筹设各项实业学堂，按照地方情形，先设中等、初等实业学堂及实业补习普通学堂”②。从此，实业教育开始在东北大地上逐渐蔓延开来。

东北地区地处边疆，经济文化欠发达。因此，清末时期的实业教育基本上以初等、中等实业学堂、补习实业学堂、实业师范和实业教员讲习等教育机构为主。东北地区实业教育机构的出现，可以追溯到光绪三十一年（1905 年）(1904 年日方创办的营口商业学堂除外)。此后，东北乡村各地的实业学校相继成立，并形成了一定的规模。据初步统计，至 1908 年，奉天地区实业学堂 8 所，学生 584 人。其中，省城 4 所，学生 382 人。铁岭工艺传习所 1 所，学生 64 人；同江厅艺徒学堂 1 所，学生 39 人；营口设立中等商业学堂及附设商业半夜学堂（前身为日本军政置设的瀛华实业学校及商业学校，1906 年收回）。③ 吉林地区的实业教育萌芽较早。光绪二十三年（1897 年），吉林当局将中俄书院改为俄文学堂，招生 30 名。光绪三十二年（1906 年）吉林德胜门外创办巡警学堂，招收学生 150 名。此后，吉林乡村地区的实业教育得到了发

---

① 《奉天公报》，第 2006 号，转引自胡玉海主编、郭建平著《奉系教育》，辽海出版社，2000 年 6 月版，第 242 页。

② 璩鑫圭、唐良炎编：《中国近代教育史资料汇编·实业教育·师范教育》，上海教育出版社，1994 年版，第 11 页。

③ 王鸿宾、向南、孙孝恩著：《东北教育通史》，辽宁教育出版，1992 年版，第 327 页。

展。磐石县实业学堂1所，学生30人；农安县实业学堂1所，学生20人。① 据统计，1911年，吉林省共有各类实业学堂13所，在校生737名。② 黑龙江省的实业教育开始于光绪三十三年（1907年）。是年，省城齐齐哈尔首办初等实业学堂3所：南路初等农业学堂，分农业、林业和蚕业三科；北路初等工业学堂，分土木、造纸、制碱和染布等科；另有西路初等商业学堂。此外呼兰、巴彦、兰西等地创办初等农业学堂9所，初等工业学堂4所。③ 至1911年，全省有各类实业学堂20所，学生803人。④ 可见，清末时期东北地区实业教育主要分布在一些较大的城市，设立在广大乡村地区的实业教育机构屈指可数。

民国初期，民国政府废除了清末时期实行的文实分科制，颁布了新的学制。在职业教育方面，民国政府提倡兴办甲、乙两种类型的实业学校。甲种是中学专业学校，乙种是等同于高级小学的技工学校。民国二年（1913年），教育部又颁布《实业学校令》和《实业学校规程》，倡导各地兴办实业学校。在中央政府的倡导下，东北地方当局纷纷响应兴办实业学校。在学制方面，东北地区的学制基本上遵照教育部的规定，即甲种实业学校，预科一年，本科三年；乙种实业学校，修业期为三年。当然，在推行中地方当局也根据本地的实际情形进行一定的变通。

1916年，奉系军阀统治基本稳固，东北地方当局采取各种措施扩大东北地区的职业教育。10月27日，张作霖向各道尹、县知事饬发省教育会决议案，称“中国欲富强，必以职业为基础，各校添授职业教育，实为当务之急”⑤。具体推行的办法如下：省县学校可附设工厂，以养成生徒工业常识，也可附设商场，令学生于课余之暇二人以上轮流经理；镇乡学校可以广设学校园，种植各种植物，以养成学生入世学农之基础。⑥ 奉系军阀的这一政策出台后，各地学校纷纷照章办事。新民县区立第四高等小学创办的学校园就管理得井井有条。园区分为蔬菜区、谷类区和花卉区，学校还经常组织学生进行栽

① 吉林省地方志编撰委员会编：《吉林省志》，吉林人民出版社，1992年8月版，第202页。

② 吉林省地方志编撰委员会编：《吉林省志·教育志》，吉林人民出版社，1992年8月版，第202页。

③ 黑龙江省地方志编撰委员会编：《黑龙江省志·教育志》，黑龙江人民出版社，1996年12月版，第309页。

④ 黑龙江省地方志编撰委员会编：《黑龙江省志·教育志》，黑龙江人民出版社，1996年12月版，第310～第311页。

⑤ 胡玉海主编、郭建平著：《奉系教育》，辽海出版社，2000年6月版，第223页。

⑥ 胡玉海主编、郭建平著：《奉系教育》，辽海出版社，2000年6月版，第223页。

种、除草等活动。省立第一小学设置了联市商店，并对外经营。① 1917 年 12 月 2 日，张作霖再次训令各地学校注重实用性，要求“所有中小男女各校，对于图画、手工、算术各课程，毋徒专求美观及普通理学，务当注重实用主义”。1918 年，东北地方当局还采取对全省职业教育状况进行调查、指定职业学校专款、培养专门师资的途径大力发展职业教育。

1922 年，东北地区推行新学制。新学制的最大特点就是高中阶段实行分科制，这样中学教育中普通教育力量得到一定的削弱，职业教育的力量大大增强。为了发展职业教育，东北当局一方面颁布了《奉天省小学校附设职业科暂行规程》《奉天省职业学校暂行规程》《职业学校教员养成特别办法》等章程，加强东北地区职业教育的指导和规范工作；另一方面对职业学校的名称进行调整，将原来的甲、乙两种实业学校一律改为职业学校，并在课程设置和教学方法方面提高职业学校的实用性。在东北当局的倡导和推行下，东北地区的职业教育发展迅速。1923～1926 年，奉天地区成立职业学校 27 所，占奉系统治时期所建立职业学校总数的 77%。1929 年，辽宁地区职业学校达 45 所，省立 6 所，县立学校 39 所，在校生 4798 人。②

吉林地区的职业学校发展比较缓慢。1912 年，吉林当局将原东局子中等农业学堂改为吉林省立甲种农业学校。1913 年，吉林当局创办省立甲种工业学校，1915 年并入省立甲种农业学校，改名为吉林省立甲种农工业学校。1919 年后，吉林地区的职业教育进入一个快速发展的时期。这时期，吉林地区出现了一批职业学校，这些职业学校有公立的，也有私立的；有单科职业学校，也有双科职业学校；有独立设校，也有联合办校。1922 年新学制推行后，东北地方当局认真贯彻发展职业教育的方针，积极发展各地的职业教育，全省职业学校由城市逐渐扩展到各县和乡村地区，并且还出现了一种联合办学的新趋势。例如，1925 年，延吉、珲春、和龙、汪清四县就在延吉县创办了一所四县联立职业学校。学校设工科、农科，招高小毕业生 90 名，另招实习生 20 名。至 1930 年，全省有职业学校 26 所。其中工业学校 10 所，农业学校 4 所，商业学校 4 所，医科学校 2 所，外语学校 2 所，政法学校 1 所，其它 3 所。据不完全统计有学生 1811 名。③

---

① 胡玉海主编、郭建平著：《奉系教育》，辽海出版社，2000 年 6 月版，第 223～224 页。

② 胡玉海主编、郭建平著：《奉系教育》，辽海出版社，2000 年 6 月版，第 233 页。

③ 《1929 年调查的职业学校》，载王鸿宾、向南、孙孝恩主编《东北教育通史》，辽宁教育出版社，1992 年 8 月版，第 452 页。

黑龙江地区的职业教育得到了迅速地发展，有一种后来者居上之势，各种职业学校纷纷设立。民国三年（1914 年），黑龙江地方当局先后向所属地区发出《饬各道尹转行各属筹办乙种实业学校文》《通饬各属筹办乙种实业学校》《钦定县立乙种实业学校标准》等文件，积极发展本地的实业教育。1915 年（民国四年），黑龙江地区共有职业学校 5 所，① 此后，黑龙江各地陆续设立职业学校。到 1921 年（民国 10 年），黑龙江地区的职业学校共有 26 所。其中中级职业学校 21 所，高级职业学校 5 所。② 这些职业学校开设的科目多样，如农业学校设立农业、林业、畜产、农林等科；工业学校设立土木工程、化学、应用化学、染织、机械、矿业、铁路、金木、木工、建筑、建筑机械、油漆、印刷、皮革、商船驾驶、商船轮机等科；商业学校设立商科、英文等科。对于女子职业学校，还增设了缝纫、简易职业等科目，以备学生毕业后能更好地融入社会。1922 年（民国 11 年），新学制颁布后，黑龙江地方当局积极贯彻新学制的要求发展职业教育。不仅在全省各地建立了一批职业学校，还在一些普通学校内附设了职业科。如 1928 年东省特别区第三中学内附设高中商科，为社会培养商业人才。这时期，黑龙江地方当局还曾创办过高级职业学校，招收初中毕业生或同等学力者入学学习，以养成实地开发农工商之职业家计升入大学至预备为培养目标。由于办学条件的限制，这种学校数量有限，办学效果也不是十分理想。

总之，清末民初，东北乡村地区的实业教育得到了迅速地发展，不仅实业学堂的数量有了明显的增多，还形成了初等实业教育到中等实业教育这样一个实业体系。随着实业教育的发展，大批接受实业教育的人才纷纷走出校门，进入东北社会，必然会对东北乡村地区经济的发展起到重要的推动作用。

二、实业教育的特点分析

清末民初，东北乡村地区的的实业教育有了一定的发展，初步形成了一定的规模。具体来说，这时期东北乡村地区实业教育发展具有了以下三个方面的特色。

首先，取得的成绩有限，发展的过程曲折。清末民初时期，东北乡村地区

---

① 黑龙江省地方志编纂委员会编：《黑龙江省志 · 教育志》，黑龙江人民出版社，1996 年 12 月版，第 313 页。

② 黑龙江省地方志编纂委员会编：《黑龙江省志 · 教育志》，黑龙江人民出版社，1996 年 12 月版，第 313 页。

的实业教育得到了一定的发展。这时期，东北地区不仅出现了一些实业学校，还在其他教育中采取附设和分科的方式大力发展职业教育。但是，这种职业教育的发展过程却是一波三折。晚清和民国初期，由于东北地方当局的重视，在社会各界人士的努力下东北地区出现了一些实业学堂。然而，由于东北地方当局并没有发展实业教育的经验，缺乏详细而周密的计划，学堂的发展速度十分的缓慢。1922 年，东北地区颁布了注重“实利主义教育”的新学制，推出分科和附设的方式发展实业教育，为东北地区实业教育的发展提供了一个便利的条件。这时期东北地区的实业学校数量迅速增多，职业科在东北各地广泛蔓延开来。然而，好景不长，由于奉系军阀参与到军阀混战之中，东北地区教育经费的数量自然急剧下降，东北地区的职业教育事业进入了一个低谷。

其次，从学校建设来看，实业教育多以初等学堂为主。在东北乡村地区的实业教育中，初等实业学堂占有很大比重。这是由两个方面的原因造成的，一方面是由于东北地区教育文化水平相对落后所致。自鸦片战争以来，东北地区除盛行日渐衰败的“旗学”以外，并无所谓的其他教育。直至东北地区实行新政后才逐渐设立一些新式教育管理系统，积极发展东北地区的新式教育事业。因此，实业教育的基础十分薄弱。可见，在这种“向学者寥寥”的严峻形势下，初等实业学堂占据较大的比重应该说是符合教育发展的规律。另一方面是由东北地区独特的地理环境决定的。东北地区土地肥沃，资源丰富。但是，在一种相对比较闭塞的环境中，人民的思想观念都十分保守。这样，东北地区就出现了农林业的开发中仍然保留着十分原始落后的生产方式，致使东北地区农业、工业、林业中的技术含量较低。虽然经过日俄战争的浩劫，但是只有少数国人意识到发展经济、增强国力以御外侮的重要性，大部分下层民众仍然过着一种“事不关己，高高挂起”的我行我素的生活，缺乏国家观念和民族意识。在这种背景下，只有通过一种循序渐进、谆谆善诱的教育方式才能启发民众的觉悟，大力兴办初等实业教育学堂成为大势所趋。

最后，积极贯彻“产学结合，寓教于学”的教育宗旨。清末民初时期，东北地区兴办的各种实业学校均以“振兴农工商各项实业，为富国裕民之本计”为办学宗旨。如吉林旗务处工厂就根据当地实际设置了革工、金工、纫工、染工等科，形成以产品生产流程贯穿附设学堂各教学科目的整体格局；而吉林山蚕局附设的山蚕研究所（实验场）实行忙时“在场实验”，闲时“在局研究”的非常务实和科学的办学模式，都体现了实业教育“以产为主，产学结合，寓教于产，学以致用”的办学宗旨。① 实业学堂的教授方法“注重实业为普及教育中切要之图，其教授之法重实习而不重理论，由浅近而入精深”②。学生在上课之余，还从事一些与专业相关的实习工作，以备将来进入社会所需。1922 年，东北地区实行新学制后，更是极力贯彻“产学结合”的教育方针。当时，就有一些人士对新学制颁布后职业学校的变化发表评论道：“职业学校所习之职业，衡以学徒之年龄及素养，在模仿而不在创造，其所得亦不在学习而在技能，即教以补助学科，亦教以本项技术必须应用者为限。”③ 可见，职业学校逐渐实现了从注重讲授到注重实习，由原来的空泛无物到现在的注重实用的这样一个转变，从而推动了实业人才的培养和东北地区经济的进步。

清末民初时期东北地区的实业教育作为一种前所未有的新事物，虽然当时历史条件的局限未至完善，但对东北乡村社会产生了重要的影响。首先，东北地区实业教育的发展，是在边疆危机愈演愈烈的形势下勃然兴起的，将实业救国、抵御外侮的爱国主义思想自觉贯彻到教育实践中，所以它处处渗透着救亡图存的爱国主义精神。其次，东北地区的实业教育明显打破了以往被视为禁区的旗、民界限，使学校的管理体制纳入一体化管理的现代教育轨道。这对于改造东北地区人民的旧观念、培育近代教育观念以及富民强省理想的落实都产生了不同程度的积极影响。不过，我们不应将成绩估计过高。当时，一向“重伦理，轻实业”等传统旧思想仍然很有市场，这种观念仍有意无意地支配着很多人的行为。因此，部分实业学堂出现学生“毕业以后亦不惜弃其所学，而求为官”④ 的尴尬局面。加上当时东北地区时局动荡、战乱频发和东北地区师资缺乏的影响，都在一定程度上影响了东北地区实业教育的发展。

第四节　清末民初东北留学生的派遣

一、清末民初东北乡村留学的概况

光绪二十二年（1896 年），清政府向日本派出了第一批留学生 13 人，从而开启了中国官派留学生的先河。光绪二十七年（1901 年），清政府颁发《清

---

① 栾学钢：《晚清吉林实业教育》，《中国科技史杂志》，第 26 期，2005 年第 3 期，第 236 页。

② 栾学钢：《晚清吉林实业教育》，《中国科技史杂志》，第 26 期，2005 年第 3 期，第 237 页。

③ 胡玉海主编、郭建平著：《奉系教育》，辽海出版社，2000 年 6 月版，第 233 页。

④ 谢岚，李作桓主编：《黑龙江省教育史资料选编》，上编，黑龙江教育出版社，1988 年 2 月版，第 951 页。

帝广派游学谕》。次年 12 月，外务部《奏议复派赴出洋办法章程折》，大力倡导游学教育。光绪二十八年（1902 年），清政府颁旨令“各省督抚筹款选派学生赴西洋游学（即留学）”①，从而掀开了国人出洋留学的热潮。在全国留学大潮的带动下，东北地区的留学运动逐渐兴起。

早在 1902 年 12 月的《同瀛录》中就有记载：“是年，奉天留日学生 2 人，官费 1 人，自费 1 人。”② 可见，1905 年以前东北地区出洋留学的人员寥寥无几。1905 年 3 月，奉天特派熊希龄赴日考察教育，为在省内创办专门留学生预备学校储备专门的人才。同年，吉林将军达桂遣派留日人员李澍恩、李达春赴日本考察政治，不久又选派张鹤龄等 20 余人留学日本东京，分别进入宏文学校和同文等各校学习。其中学习“速成师范者十余人，入警监者八人，入法政大学速成科者三人。或一年毕业，或二年毕业，先后返吉，任本省学务”③。受这一风气的影响，东三省各地开始纷纷派遣学生留学日本，从此掀起了奉天省赴日留学的热潮。光绪三十二年（1906 年），“将军赵尔巽遴派学生七十人赴日本学习师范及法政。于是闻风兴起，自备斧资赴日本留学速成警监、法政者，多至二百余人”；在派遣学生留学日本的同时，奉天省也开始派遣学生留学欧美国家，奉天选送“客籍学生合格者，给资赴西洋各国肄习高等专门之学，以为翌日毕业后，为奉效用。计先后派赴西洋者六人”。④ 其中比利时、美国留学各 1 人，英国 4 人，分别学习大学、矿业、商业、法政等科目。为了鼓励留学，奉天省还制定了留学生“本省优先调用”的政策，所以自费留学者日益增加，一时出现了留学热潮。据初步统计：光绪二十八年（1902 年）至宣统三年（1911 年）10 年间，奉天派出的公费留学生 360 人，赴日的留学生 301 人，主要学习师范、法政、军事等科目；赴英、美、比的留学生也达 59 人。这些留学人才“陆续回奉服务”⑤。

---

① 吉林省教育志编纂委员会教育大事记编写组编：《吉林省教育大事记》，第一卷（1957～1949），吉林教育出版社，1989 年版，第 6 页。

② 陈学恂、田正平编：《中国近代教育史资料汇编·留学教育》，上海教育出版社，1991 年 7 月版，第 374 页。

③ 徐世昌编、李澍田等点校：《东三省政略》，卷九，学务，吉林文史出版社，1989 年版，第 1419 页。

④ 徐世昌编、李澍田等点校：《东三省政略》，卷九，学务，吉林文史出版社，1989 年版，第 1399 页。

⑤ 徐世昌编、李澍田等点校：《东三省政略》，卷九，学务，吉林文史出版社，1989 年版，第 1399 页。

吉林地区的留学教育始于光绪三十一年（1905 年）。东北实行宪政改革后，法政人才奇缺，吉林巡抚朱家宝和提学使吴鲁“将留日毕业生张松龄、荣陛、李振藩、王树声、孙文敷等送入法政专门科肄业，柳乙青送入早稻田大学肄业。将军达桂前派往俄国的留学生李垣已入俄国皇家大学校，复添崔恩培入东京第一高等学校第一部肄业。旋又饬由提学使曹广桢补助留日自费生三名，女学生一名，以鼓励之”①。据初步统计，1905～1911 年吉林省向国外派留学生人员 25 人，几乎全是去日本，或入速成师范，或入法政、警监等学校，只有 1 人去俄国。② 这些留学生或一年毕业或两年毕业，除一些留学生考入法政大学、早稻田大学等学校继续深造外，大部分学生学成后返回吉林各类学堂担任教习，从而推动了吉林地区教育事业的发展。

黑龙江地区的留学教育较为落后，留学教育也并不发达，主要是派遣留俄学生。1906 年 5 月，程德全为培养中俄交涉人才，拟选送青少年赴俄留学，但偌大的黑龙江竟选不出合适的学生，最后挑选 10 名外省籍的学生赴俄留学。③ 黑龙江省当时在向外派遣留学人员问题上，虽说“未有合适人选”，但也从外省选 10 人派往俄国④。此后，东北地区的留学教育有所发展。

民国政府建立后，奉系军阀对留学生教育十分重视。不仅颁布了一系列鼓励留学的章程和文件，加强对留学人员的管理与规范。而且在东北地方当局的倡导下，大批的青年学子纷纷涌向国外，东北地区出现了一股出国留学的潮流。

奉天地方当局对留学生教育比较重视，为了有计划地派遣留学生出国留学学习，还制定了“欧美留学生派遣制度”和“日本留学生派遣制度”，从而推动了奉天地区留学教育运动的发展。据统计，从 1917～1929 年，奉天地区向日本、美国、英国、法国、德国、比利时、奥地利、瑞士等国派送理科、工科、机械科、应用化学科、电工学科、采冶科、土木工程科、造船科、窑业科、色染科、建筑科、酿造科、蚕科、火药科、农科、纺织科、林科、水产科、医科、兽医科、药科、文科、教育科、法律科、商科、家事科、畜产科、经济科、政治科、铁路管理科、无线电科、水力工程科、电气工程科、机械工

---

① 徐世昌编、李澍田等点校：《东三省政略》，卷九，学务，吉林文史出版社，1989 年版，第 1419 页。

② 王鸿宾、向南、孙孝恩主编：《东北教育通史》，辽宁教育出版社，1992 年版，第 335 页。

③ 黑龙江省社会科学院历史研究所编：《黑龙江近代历史大事记》，黑龙江人民出版社，1987 年 10 月版，第 316 页。

④ 王鸿宾、向南、孙孝恩主编：《东北教育通史》，辽宁教育出版，1992 年版，第 337 页。

程科等各类学科人材600余名。这些人员学成归国后，均被分配到重要部门，为奉省的经济建设作出重要的贡献。① 1930年辽宁省派遣留学生，去日本留学的公费生92人，自费生也较多。②

吉林地区外派留学生数量也有所增加。在留学国别中仍以留日生为主，美国和欧洲一些国家也有一定数量的留学生。据统计，1924年，吉林地区共有留日学生63名；1929年，共有留日学生80名。在留学人员中，以学习工科人数为最多，计18人；师范科次之，计10人；其它尚有学习商、农、医、政治、经济、音乐等科的人。③ 下表是民国时期吉林地区留学人员的统计表，从中可以看出当时吉林地区留学生教育概况之一斑。

表2.1　民国时期吉林地区留学人员统计表④

国别 性质	日本	美国	欧洲	合计
官费	40	5	6	51
私费	26	1	2	29
合计	66	6	8	80

黑龙江地区的留学教育也有所发展。据统计，民国二十年（1931年）黑龙江地区赴日本留学学生最多，官费、自费者55人，男生48人，女生7人。此外，有5人去欧美留学，共计60人。⑤

表2.2　民国时期黑龙江地区留学人员统计表⑥

类别/数量 国别	官费生	自费生	共计
英国	8	3	11
法国		4	4
奥国	1		1
德国	5	26	31
比国	2	8	10
美国	16	16	32
总计	32	57	89

① 胡玉海主编、郭建平著：《奉系教育》，辽海出版社，2000年6月版，第219页。
② 王鸿宾、向南、孙孝恩主编：《东北教育通史》，辽宁教育出版社，1992年8月版，第452页。
③ 王鸿宾、向南、孙孝恩主编：《东北教育通史》，辽宁教育出版社，1992年8月版，第455页。
④ 王鸿宾、向南、孙孝恩主编：《东北教育通史》，辽宁教育出版社，1992年8月版，第452页。
⑤ 黑龙江教育史编纂委员会编：《黑龙江教育史料选编》，黑龙江教育出版社，1992年版，第1047页。
⑥ 王鸿宾、向南、孙孝恩主编：《东北教育通史》，辽宁教育出版社，1992年8月版，第459页。

1931 年“九·一八”事变发生后，我国留学生在东京举行集会，决定全体回国参加抗日战争，既而留日学生就陆续回国，标志着这场持续 30 余年的留学运动暂时告一段落。

总之，清末民初时期东北乡村地区的留学生派遣工作得到了一定的发展。无论从留学的人数来说，还是从留学门类的广泛性来说，东北乡村地区的留学教育都提升到了一个新的阶段。当然，这时期东北地方当局派遣大量的留学生出国深造，是让他们从事教育工作。然而，由于受当时社会制度和历史条件所限，这些归国人才并没有足够的空间来发挥他们的聪明才智，在一定程度上限制了东北地区经济文化事业的发展。

二、留学生的派遣

留学生的工作中最为重要的是留学生的选派工作。具体来说，留学生的选派工作涉及的内容比较广泛，下面仅对留学生资格的规定和留学生的选派方式两个方面内容进行探讨。

关于留学资格的规定。对于留学生的派遣工作，最为重要的就是留学生资格的规定。清末留学运动兴起之初，政府并没有注意到留学生资格的重要性。1901 年 9 月，在清政府颁布的《广派游学谕》中，除鼓励各省选派官费生、自费生出国留学外，并没有关于留学生资格的明确规定。随着留学生人数的增多和出现的留学生质量下降的问题，清政府才逐渐意识到限定留学生资格的重要性。1906 年 3 月，学部在《通行各省选送游学限制办法电》中规定：留学生“资格宜限定。学长期者，除习浅近工艺，仅须预备语言，于学科无庸求备外，凡欲入高等以上学校及各专门学校者，必有中学堂以上毕业之程度，且通习彼国语文，方为及格。有一不足，应先在本国学习。短期者……其习速成科者，或政法或师范，必须中学与中文俱优，年在二十五岁以上，于学界政界实有经验者”①。同年 7 月，学部又通令各省，未具有中学毕业程度通习外国文字能直入专门学堂概不咨送。② 可见，清政府对留学生的资格主要关注两个方面。一是学生的文凭要在中学程度以上，且中文水平比较优异者，而对于外文的水平却并未作出严格的要求；一是注重对学生思想品德素质的要求，选拔的大都是比较顺从的学生，以备学成归来为政府所用。民国时期，政府对于留

① 陈学询、田正平编：《中国近代教育史资料汇编·留学教育》，上海教育出版社，1991 年 7 月版，第 72 页。

② 舒新城：《近代中国留学史》，上海文化出版社，1989 年影印版，第 133 页。

学生的资格基本上都是中等学堂及其以上的毕业文凭获得者。例如，奉天省教育厅就明文规定："嗣后，未经专门以上学校毕业未经本厅特别考察认可者，概不给费；凡自费生，游洋前须取具本省官厅证明公文，并携带毕业证书。其中中学以上毕业教员资格留学者，须有原服务学校之证明书；学费之担保，应由保证人出具书面材料，呈交本省官厅验明；到各国先由公使馆学务处将上述手续查验相符，然后方予介绍入学，并发给证明书。凡未经核准发给留学证书者，不得以自费名义向使馆及留学生监督处请求事项。"① 可见，东北地方当局对于留学生资格的限定比较严格。

关于留学生的选派方式。留学生的选派方式主要有两种，一种形式是非考试的形式，主要是由官员在本地挑选学习成绩十分优异的学生直接出国深造。这种形式主要在留学教育兴起的初期比较常见，留学生也多以官费生为主。由于新式学堂的学生接受过比较系统的西学教育，具有出国留学的良好基础。所以这种方式被各地广泛采用，成为晚清时期各地官派留学生的主要选拔方式之一。东北地方当局基本上遵循部章的要求办理留学生派遣工作，并派出了大批的官费留学生出国深造。1905 年，奉天将军赵尔巽选派学生 70 人赴日本学习师范及法政，② 吉林、黑龙江地方当局也积极选派留学生出国留学，从而掀起了东北地区选派学生出洋留学的热潮。例如，由于没有合适的人选，黑龙江地方当局就从外省选派 10 人赴俄国留学。③ 另一种形式是考试选拔的形式，一般是地方当局通过考试的形式选拔优秀人才出国学习。随着出洋留学工作逐渐步入正轨，一些专门为出国留学生设立的教育或培训机构相继出现。这样，选拔留学生的方式逐渐转变为：先从学校中选拔优等生，再经过一段时间的专门培训，最后通过考试择优录取。1906 年（光绪三十二年），奉天将军赵尔巽就专门创设一所游学预备学堂，"招收国文清通之学生，肄习日文、英文以备出洋留学。修业期限为一年"④。三年以来，该校培训出的"官私费留日师范、警监、法政速成科学生毕业者已一百余人，陆续回奉服务"⑤。民国时期，东北地区的留学生选拔工作比较正式，一般采取严格的遴选和正规的考试进行选

① 胡玉海主编、郭建平著：《奉系教育》，辽海出版社，2000 年 6 月版，第 217 页。

② 徐世昌编、李澍田等点校：《东三省政略》，卷九，学务，吉林文史出版社，1989 年版，第 1419 页。

③ 王鸿宾、向南、孙孝恩主编：《东北教育通史》，辽宁教育出版社，1992 年 8 月版，第 337 页。

④ （民国）《奉天通志》，卷 151，东北文史丛书编委会，1983 年影印本，第 3502 页。

⑤ 徐世昌编、李澍田等点校：《东三省政略》，卷九，学务，吉林文史出版社，1989 年版，第 1399 页。

拔。下面这段资料是记载奉天省地方当局考选留学生的试题，从中可以看出当时东北地方当局选拔留学生的概况。

第二科之目仍照第一试，午前八时点名入场，九时出题。题目各科不同，题纸插入信套内，分给诸人。各科题目不及备述，传述商科题目有文：（一）何谓资本？资本之起源如何？劳动者之食料是否为资本之一端，能□列而详言欤？（二）商业竞争之结果？其利弊若何？（三）一般商业登记与社会设立时之登记，其效力之差异若何？（四）合资株式会社遇有何种之场合得变更为株式会社，试举以对？（五）中央银行之特权如何？会社组织者有几国？国家出资设立者有几国？其厉害若何？（六）柏林令与兴兰令与英国商业之影响？①

对于留学生的考试成绩，地方当局在考试完毕后分别按照考试成绩划定费别和分别派遣。下面的这段资料就是吉林地方当局在留学考试结束后进行的留学生选派工作的一个大概：

（附抄榜示）教育部为榜示照得本届举行选派留学生试验第二试业经按照规程分别办理，所有应全部或一部试验各生已将其平均分数核计录取，其完全免试及留外自费各生亦已将其履历成绩及著作书类交由选派留外学生审查委员会开会审查完竣，择优分别指派。兹将应补官费各生姓名一并指示如左：

吉林省：应全部试验三名 林冠英 七一、六〇，董其政 六七、八六，胡体乾 六三、二六。②

可见，经过清末民初两个时期的发展，东北乡村留学生派遣工作逐渐步入正轨。通过一系列的考选程序，东北地区一批批优秀的学生走出国门，远赴国外各类教育机构继续深造。这些留学生学成归来，对于推动东北乡村社会的进步起到了重要的作用。

三、清末民初东北乡村留学生派遣工作的特点分析

清末民初时期，东北地区的留学生派遣工作经历了不同的政府主政时期，加之国内外社会形势的变化，东北地区的留学教育在不同的历史阶段呈现出不同的特点。具体来说，这时期东北地区的留学教育具有以下几个特点。

---

① 《留学生第二试志详》，《盛京时报》，1915 年 3 月 9 日。

② 《省长公署训令准教育部咨送录取留外学生榜示抄发原件仰遵照查复未经省试之林冠英籍贯文》（第 3398 号），吉林教育厅编辑《吉林教育公报》，吉林图书馆发行，同行印刷局中华民国十年十一月二十五日出版，第四年第四十七期，民国十年十月十八日。

（1）地域分布的广泛性。清末民初时期，东北地区的留学生人数较多，地域分布比较广泛。20 世纪初期，东北地区留学生突破了社会阶层和年龄、性别的界限，大量负有科举功名的文人、在职官员、亲贵子弟和有志青年纷纷远游，从而在近代东北大地上形成了一股出洋留学的热潮。对于这些留学生来源的地域分布也比较广泛。东北地区的留学生主要是来自东北地区各学堂的优秀学生和官员绅士，还有从外省优秀学生中选派留学生的现象。据《各校学生履历清册》统计：当时东北地区留日学生 61 人，其中吉林省 6 人，奉天 29 人，湖南 13 人，浙江 4 人，江苏 4 人，广东 2 人，山东 1 人，山西 1 人，安徽 1 人。① 吉林省留学生分布如下：省内 22 人，江苏 1 人，浙江 1 人，直隶 1 人。② 黑龙江地区选送 10 人均从外省选派。足见东北地区留学生来源的广泛性。此外，就东北地区本地留学生的地域分布来看，这时期东北地区留学生的来源县份也比较广泛。奉天地区省内官费留学生地域分布如下：盛京 9 人，承德县 8 人，新民府 3 人，镇安县 2 人，开原县 2 人，海城县 1 人，铁岭满洲正蓝旗 1 人，宁远州 1 人，辽阳州 1 人，海龙府 1 人。③ 吉林地区省内官费留学生分布如下：省内留学生地域分布为旗籍 11 人，吉林府 8 人，磐石县 2 人，宾州 1 人。④ 民国时期，在政府的倡导下，东北地区留学运动迅速发展，留学生的地域分布更为广泛。这时期，东北地区的留学生基本上以省内留学生为主，学生分布的地域更为广泛。1915 年，吉林省 12 县的县费留学生 21 人，各县留学生的具体分布情况如下表。

表 2.3　1915 年吉林省县费留学生各县分布人数⑤

县名	吉林县	伊通县	扶余县	双城县	长春县
人数	4	3	2	2	2
县名	宾县	德惠县	阿城县	双阳县	宁安县

① 沈云龙主编近代中国史料丛刊第三编：《各校学生履历清册》，台湾文海出版社事业有限公司，第 291 ~294 页。

② 参看《赴奉省东西洋官费游学生一览表》，载徐世昌编、李澍田等点校《东三省政略》，卷九，学务，吉林文史出版社，1989 年版，第 1420 页。

③ 参看《赴奉省东西洋官费游学生一览表》，载徐世昌编、李澍田等点校《东三省政略》，卷九，学务，吉林文史出版社，1989 年版，第 1399 ~1400 页。

④ 参看《附吉省官费游学生一览表》，载徐世昌编、李澍田等点校《东三省政略》，卷九，学务，吉林文史出版社，1989 年版，第 1420 页。

⑤ 刘振声：《“满洲国”日本留学史研究》，吉林大学出版社，2004 年 5 月版，第 20 页。

续表

人数	1	1	1	1	1
县名	同宾县	农安县	总计		
人数	1	1	21		

奉系军阀统治基本稳固后，东北地区的留学教育发展更为迅速。据统计，1930 年辽宁省的留日学生 100 多名，分布的地域几乎遍及全省的各个县份。下表是 1930 年辽宁各县留学生人数的详细统计，从中可以看出当时辽宁省留学生分布的广泛性。

表 2.4　1930 年辽宁省公费日本留学生一览①

县别	沈阳	辽阳	铁岭	兴城	抚顺	安东	昌图
人数	10	22	5	5	15	6	5
县别	营口	盖平	法库	海城	新宾	西安	复县
人数	7	12	5	4	4	8	2
县别	锦县	辉南	通化	磐山	开原	义县	新民
人数	2	2	2	2	10	4	2
县别	本溪	东丰	梨树	北镇	金县	辽中	凤城
人数	2	3	2	2	22	6	3

可见，东北地区的留学教育主要以省城地区为中心，逐渐向周边及边远地区辐射。当然，东北地区留学教育的发展水平还与各地的文化发展水平和风气的开放程度有关，因此各地留学运动发展的程度不一，具有明显的不平衡性。在东北各级政府的倡导下，东北地区社会风气逐渐开放，在一定程度上推动了这时期东北地区留学运动的发展。

（2）学习科目的多样化。清末民初时期，东北地区的留学教育不再限于语言和军事技术，而扩大延伸到社会科学领域，学教育、学师范、学法务、学政治、学军事成为热点，而且以接受军事、师范、法政教育为主。晚清时期，从东北地区留学学校的种类来看，多是师范、法政、实业、军事等学校。奉天将军赵尔巽“以奉省矿产甚富，开采需人，特派法文学生李兆濂前赴比国学

① 东北文化社编印处编：《东北年鉴》，东北文化社民国二十年（1931 年）刊行，第 739 ~ 743 页。

习矿业，一俟毕业，即行回奉办理矿务”①。吉林将军“选派学生二十名赴日本留学，闻以学师范、警察者为多”②。本溪县也开始派遣留学生赴日留学，“从光绪三十年至光绪三十三年，派往日本留学的共13人。联队2人，仕官学校炮兵科3人，法政大学、警察学堂1人，高等工科学堂1人。且境内有贡生、监生5人，有秀才也不过十几个人”③。1908年奉天省留学生的数量已经形成一定的规模，“据最近调查，奉省留学日本学生共计官费一百三十九人，自费八十三人，中以留学速成师范者为最多，学陆军者次之。学警察、监狱者又次之。此外，则有留学法政速成科、普通预科、政治、经济、体育、师范专科、铁路银行中学者”④。民国时期，随着东北地区留学教育的发展，留学生的留学科目也呈现出一种多样化的特征。下表是1914～1915年东北地区日本留学生的学习科目统计情况，从中可以看出当时留学生学习科目的多样化特征。

表2.5 1914～1915年东北地区日本留学生的学习科目的统计情况⑤

科目 省别	文科	理科	法科	商科	医科	农科	工科	师范	预备	其它	计
辽宁省	1	1	8	3	1		7	1	16		38
吉林省		1	4	7	3	1	8	6	13	2	45
黑龙江省									1		1

可见，晚清时期，东北地区留学生的留学科目以法政、师范、军事和语言为主，同时也有一些学习实业、音乐、美术等专业的留学生。这是由于东北地区正处于留学教育的初始阶段，当时出国留学学生的文化水平较低。奉系军阀在东北地区的统治稳定后，东北地区的主政者开始着手进行东北地区的开发和建设事业，急需经济发展所需要的各种实用性人才。因此，这时期东北地区留学教育的科目以工科类人才为主，以满足东北地区社会发展的需要。

① 《各省游学汇志》，《东方杂志》，第3卷，第13期。

② 《各省游学汇志》，《东方杂志》，第3卷，第7期。

③ 本溪县志编纂委员会编：《本溪县志》，本溪县志编纂委员会，1983年6月内部版，第754页。

④ 《各省游学汇志》，《东方杂志》，第15卷。

⑤ 参看《留学日本国官费生统计表》《留学美国官费生统计表》《留学欧洲各国官费生统计表》，载教育部总务厅统计科编《中华民国第五次教育统计图表》（出版地不详），中华民国五年八月至六年七月出版，附表，第1页，第3页，第5页。

（3）留学费别的多样化。晚清时期，东北地区派遣留学的途径主要以公费和自费留学为主。据统计，晚清末期奉天地区的官费留学生共计 58 人①，自费留学 200 多人；吉林地区官费留日学生 24 人，留俄 1 人，共计 25 人；黑龙江地区也选派 10 人为官费留学生赴俄留学。② 民国时期，东北地区的留学生人数逐渐增加。据统计，1929 年，吉林留学生日本官、自费学生 66 人，留学欧美的官自费学生 14 人，总计 80 人；1930 年，辽宁留日官费生 92 人，留学欧美的官、自费学生 89 人，总计 181 人；黑龙江地区留日官、自费留学生 55 人，留学欧美学生 5 人，共计 60 人。③ 民国时期，东北地区的留学形式演绎出多种形式。就公费留学而言，主要包括部派省费留学、省派省费留学、县费留学和旗费留学等形式；自费留学主要是自备经费的留学形式。为了更好地了解东北地区留学费别的问题，我们根据 1931 年黑龙江地区留日学生的科目与费别统计表进行分析，从中可以看出当时黑龙江地区留学费别的比例问题。

表 2.6　1931 年黑龙江地区留日学生男女费别统计表④　　单位：人

科别	官费生		自费生		各科共计	科别	官费生		自费生		各科共计
	男生	女生	男生	女生			男生	女生	男生	女生	
工　科	5			1	6	林　科	1		1		2
商　科	5			1	6	师范科	2	1		1	4
医　科	4		1	1	6	酿造科	1				1
理　科	2				2	步兵科	1				1
化学科	3				3	美术科				1	1
机械科	3				3	研究科	1			1	2
电气科	2				2	预　备	6		5	1	12
政治科	1		1		2	总　计	37	1	10	1	55
铁路科			2		2						

可见，在清末民初时期东北留学的费别中，官费留学生在留学生总数中所

① 参看《赴奉省东西洋官费游学生一览表》，载徐世昌编、李澍田等点校《东三省政略》，卷九，学务，吉林文史出版社，1989 年版，第 1399 ~ 1400 页。

② 文中相关数字主要参看王鸿宾、向南、孙孝恩主编：《东北教育通史》，辽宁教育出版社，1992 年 8 月版，第 333 页。

③ 文中相关数字主要参看王鸿宾、向南、孙孝恩主编：《东北教育通史》，辽宁教育出版社，1992 年 8 月版，第 452 页，第 455 页，第 459 页。

④ 王鸿宾、向南、孙孝恩主编：《东北教育通史》，沈阳：辽宁教育出版社 1992 年 8 月版，第 459 页。

占的比例较大，自费留学的人数也逐渐增多。正是这种多渠道的留学形式，在一定程度上推动了东北地区留学教育的进步。

（4）留学国别的多元化。清末民初时期，东北地区留学生留学国别逐渐多元化。晚清时期，奉天和吉林地区的留学教育主要以日本为主，仅有少量的留学人员前往美国、英国、比利时、俄国等少数欧美国家留学。奉天地区的官费留学生共58人，其中留日53人，留英4人，留美1人，留比1人。① 民国时期，留学生的国别流向发生了较大变化，留学生的留学地逐渐转向欧美等国家。下表是民国初期东北地区官费留学的一个统计表，从中可以看出东北地区官费留学的国别分布情况。

表2.7　1914至1915年东北官费留学人数统计表②

省别 / 国别	奉天	吉林	黑龙江
留美	3	6	
留欧	2	3	
留日	33	36	1
总计	38	45	1

新学制施行后，东北地区的留学教育更为迅速，留学的国别也逐渐增多。据统计，1929年，吉林地区留学日本学生66人，留学欧美14人；③ 黑龙江地区留学日本55人，留学欧美国家学生5人；④ 1930年，辽宁地区的留日公费学生92人，留学欧美的学生89人，其中留学美国32人，留学德国31人，留学英国11人，留学比国10人，留学法国4人，留学奥国1人。⑤ 可见，这时期东北地区留学国别的多样化。这种留学国别多样化出现的原因有以下几点：一是在民国政府和东北地方当局倡导的“实业救国”思潮的影响下，留学人

① 参看《赴奉省东西洋官费游学生一览表》，载徐世昌编、李澍田等点校：《东三省政略》，卷九，学务，吉林文史出版社，1989年版，第1399～1400页。

② 本表是根据教育部总务厅统计科编：《中华民国第五次教育统计图表》（出版地不详），中华民国五年八月至六年七月出版，附表，第1页、第3页、第5页。

③ 王鸿宾、向南、孙孝恩主编：《东北教育通史》，辽宁教育出版社，1992年8月版，第455页。

④ 文中数字主要参看谢岚、李作桓主编：《黑龙江省教育史资料选编》（下），黑龙江教育出版社，1988年版，第1047页。

⑤ 文中数字主要参看王鸿宾、向南、孙孝恩主编：《东北教育通史》，辽宁教育出版社，1992年8月版，第452页。

员逐渐开始从日本的速成教育转向欧美国家的工业和技术领域。特别是在20世纪20年代，东北地区的留学教育的流向更加明显和清晰。一是欧美国家较为发达的科学技术实力具有较大的吸引力。为了解决民国时期东北地区经济建设所需人才缺乏的问题，地方当局把留学教育的重点从最初的语言、师范和法政领域逐渐转向工科领域。这样，科学技术比较发达的欧美国家成为东北政府倡导的留学运动的另一个主要流向。还有一个原因就是中日摩擦的影响。随着日本侵略中国策略的出台，日本政府就蓄意策划多起摩擦事件。如引诱袁世凯签订灭亡中国的“二十一条”、策划“五卅惨案”、制造“济南惨案”等等，这些都激起了留学生的极大愤慨，大量的留日学生毅然终止学业回国，一些有志青年也纷纷放弃留日设想，转而远赴欧美国家来实现自己的梦想和抱负。

清末民初时期，中国出现了一场“很可能是到此为止的世界史上最大规模的学生出洋运动”①，东北地区的留学教育也相应地达到了一个高潮。这个高潮形成的原因主要包括四个方面。一是中央政府在政策上大力提倡和鼓励。为了鼓励全国各地派遣留学生出洋深造，晚清政府和民国政府先后拟定了《留学生考试奖励章程》《鼓励留学生章程》《奖励游学毕业生章程》《留日官自费生奖励章程》等文件，鼓励各地广派留学生出国深造。正是在这种优惠政策的鼓舞下，东北地区的学生纷纷走出了国门，形成了清末民初时期东北地区留学教育的小高潮。二是日本及欧美西方国家转变了对中国留学的原有政策。随着中国留学教育的发展，日本、美国、欧洲等国家看到了中国庞大的留学市场潜力，相继采取了吸引中国留学生的优惠政策。如日本建立专门接受中国留学生的学校，美国退还部分庚子赔款作为留学经费。正是在这些优惠政策的吸引下，东北地区大批留学生纷纷远赴他乡，出国深造。三是东北民族危机感的强烈激荡。20世纪初期，东北地区社会动荡不安，外有日、俄两大强敌的胁迫，内有各处风潮相继迭起。正是处于这种内外交迫的形势下，东北地区许多开明人士认识到：只有学习西方，强大自己，才能有出路，于是一些有识之士纷纷求学于国外。四是留学日本有诸多便利条件。如路近费省，文字相近，容易通晓，并有日本学习西方的成功经验可借鉴。留学欧美主要是为了学习西方的先进技术。正是基于以上原因，在清末民初时期的东北大地上掀起了留学运动的一个小高潮。

清末民初时期，东北地区留学教育的兴起，标志着东北地区的传统观念开

① ［美］费正清著：《剑桥晚清史》，中国社会科学出版社，1985年版，第393页。

始从封闭逐渐转向开放，也是东北地区的传统教育逐渐被突破和变革，开始西化并融入世界先进教育潮流的重要表现，更是实现东北地区教育近代化的重要途径和手段。当然，东北地区学生走出国门的艰辛历程，也是国人历经耻辱、痛苦、比较和反思后，在西方资本主义政治、经济、文化、教育的巨大冲击下所作出的理性选择。东北地区留学生作为近代东北地区接受过西方文化熏陶的一个先进群体，对于推动近代东北地区的社会变革作出了重大贡献。大部分留学生学成归国后立即投入到东北地区经济文化建设的事业之中，对于推动东北地区政治、经济和文化事业的变迁起到了重要的作用。此外，还有一些留学生在接受了资产阶级的民主革命思想后，或积极宣传革命思想，或毅然投身东北地区的政治运动之中，有力地推动了东北地区革命形势的发展。当然，这时期东北地区的留学教育也存在着一些历史的局限性。一方面是指导思想的落后性。在清末民初时期东北留学教育中，仍然残留着较浓厚的“中体西用”的教育色彩，这在一定程度上严重影响和限制了留学生的质量。另一方面，在这时期的留学教育中，女子留学教育并未受到足够的重视。虽然在留学中存在一些女性，但这些女性留学生不仅数量少，所学科目也仅限于师范、家政、美术、音乐等。总之，清末民初时期东北地区的留学教育，对东北社会近代化的影响广泛而深远。一方面，它直接推动了东北地区教育事业的进步。这种促进作用既表现在建立近代教育体系等宏观方面，也体现在推动各类学堂教育的微观领域；既在现实的改革传统教育的过程中发挥了重要作用，又为东北地区近代化的进步做好了理论上、队伍上的准备，从而为东北近代教育的初步建立，近代教育理论的构建奠定了基础。另一方面，留学教育还为东北地区经济文化事业的建设培养了人才。因此，留学教育在一定程度上为东北地区政治、经济、文化事业的进步及近代东北社会的从传统向近代的社会转型准备了条件。

第五节　清末民初东北乡村的民众教育

民众教育是一种通过各种教育机构开启民智，旨在提高全体人民的文化水准，推进社会向前发展的全民教育。本章论述的民众教育，就是指 1905 ~ 1931 年间，在清政府的提倡或允许下，由政府机构或社会各界（不包括外国人在华的社会教育活动）有计划设立的、以开启民智（指中下层民众）为目的的各种社会教育手段和方式。在传统社会中，地方官吏虽然担负着对统辖区域内民众进行教化的职责，但还不是真正意义上的民众教育。东北乡村地区民众教育兴起于晚清时期。清末东北新政兴起后，东北乡村地区出现了半日学堂、简易识字学塾、阅报社、宣讲所等一些民众教育机构，从而推动了东北地区民众教育事业的进步。具体说来，清末民初时期，东北乡村地区民众教育的进步主要表现在以下几个方面。

一、设立以简易识字学塾和民众学校为主的成人教育机构

东北地区由于地理位置和经济发展水平等缘故，教育文化水平落后，加之“承兵燹之余，生息休养之政甫具萌芽，而欲责编户之氓，使之食不果腹，衣不蔽体，以从事于学问，吾知其难也”①。为了提高东北民众的文化水平，东北地区的教育机构实行了扫盲教育，建立了大量的半日学堂、简易识字学塾和民众学校，以期提高东北广大民众的文化水平。

晚清时期，民众教育的途径主要是设立半日学堂和简易识字学塾，对下层民众进行扫盲教育。半日学堂是为无力入学或想入学而又不合格的人设立的。它包括半日、半夜和夜学堂等。简易识字学塾是清政府为迅速提高人民的知识程度而设立的，它是清政府着力推行并进行了详细计划的一项社会教育措施。宣统元年（1909 年），清政府颁布《简易识字学塾章程》，下令在全国各地广泛设立简易学塾，同时制定了授课表，颁布了简易识字学塾教材。在清政府的号召下，东北地方当局积极筹办半日学堂和简易识字学塾。吉林地方当局就曾指出：“简易识字学塾原为年长失学及无力读书者而设，吉林省风气闭塞，生计艰难，综核此项人民实较他省为多，则推广此项学塾当较他省为急。”② 在社会各界的努力下，东北乡村地区也相继建立了一些半日学堂和简易识字学塾。据统计，1907 年，奉天半日学堂 3 所，学生 137 人，吉林半日学堂 1 所，学生 20 人，黑龙江半日学堂 3 所，学生 92 人；1908 年奉天半日学堂 5 所，学生 229 人，吉林 1 所，学生 46 人，黑龙江 3 所，学生 130 人；1909 年奉天半日学堂 3 所，学生 161 人，吉林半日学堂 3 所，学生 99 人，黑龙江半日学堂 1 所，学生 47 人。③ 宣统三年（1911 年）简易识字学塾设立情况是黑龙江省设

---

① 徐世昌编、李澍田等点校：《东三省政略》，卷九，学务，吉林文史出版社，1989 年 2 月版，第 1401 页。

② 吉林省档案馆藏，全宗号：33，卷宗号：3～464。

③ 这些数字主要参看清政府三次（光绪三十三、三十四年和宣统元年）教育统计图表中统计的数字。这些统计数目只是一个粗略的统计，因为有些半日学堂旋设旋废，或旋设旋改，很难有固定数字。如黑龙江地区在 1907 年半日学堂尚有 3 所，而 1909 年减为 1 所。

塾在300所以上。奉天、吉林等省设塾在200所以上。① 这些民众教育的学堂主要招收对象是那些年长失学之人。这些学堂为节省经费或附设于其他学堂，或借祠庙等公共场所兴办。开办和维持的经费主要来自官款和富绅的捐款，学堂很少另行请拨。教学内容无非是“讲些圣训，使人知道孝悌，然后讲些字义，讲些算法，讲些为人处世的道理，讲些当时国家形势”。其目的是“要使这些人，个个都晓得中国的事情，个个都成为好人，都务正业”②。关于上课时间，一般设在上午、下午或晚上，一般上课两三个小时，附设于其他学堂的学塾则在下午4点到6点，或晚上7点到9点，即以不妨碍学堂正常教学为准。星期天、节假日也可酌加授课时间。其中，简易学塾受到了清政府的特别重视，并且在推行过程中有系统的计划，因此发展速度惊人。但是这些学堂由于推行时间短暂，加之一些学塾多流于形式，在一定程度上影响了教学的实际效果。

民众学校是民国时期东北地区广为创设的平民识字机构。1914年，奉天行政公署制定《筹办简易识字学校章程》，规定简易识字学校的宗旨“为不识字已逾年龄之成人授以普通日用之文字，以资生活上之应用，并于文字解释上辅以培养公德常识之资料，以期国民教育之普及”。主要招收16~35岁的不识字者，教授时间为400小时，教学内容为2500字。1922年，东北地区推行新学制，教育厅长谢荫昌制定《奉天省立各校附设平民识字夜校暂行章程》，招收13~40岁不识字之男女入学，学习日常习见之字1000个，掌握其读法、书法、缀法，另酌加珠算。1924年，奉天省教育厅颁布《奉天平民教育办法纲要》，对平民识字学校举办具体事宜严加规范。该纲要除了举办民办学校外，还增加了“平民读书处”这样一种新的平民教育形式，学生的入学资格也延长至50岁。同时，规定了政府对于平民学校的资助及应支付学校教师一定的酬金。吉林当局颁发《创设民众学校办法》《民众教育实施办法》及其施行细则，积极推广吉林地区民众教育的发展。在社会各界的努力下，东北地区的平民教育得到了迅速地发展。1928年，奉天省国民简易学校达20处，29个班，学生1259人；乡村7校、8班，学生291人。此外，在协进会的号召下，各大中师学生利用暑假机会回各县和乡村举办简易学校。当即有40余县180余名

---

① 吉林省教育志编纂委员会教育大事记编写组：《吉林省教育大事记》，吉林教育出版社，1989年3月版，第1卷（1757~1949），第16页。

② 故宫博物院明清档案部编：《清末筹备立宪档案史料》（下册），中华书局，1979年版，第191页。

学生分赴各地相继创办简校 200 余处，受教育人数达 7000 余名。① 1930 年，全省平民学校达 1302 所，收教育人数达 45716 人。② 黑龙江地区由于是多民族聚居之区，因此，这时期的民众教育多以推广民族教育为主，社会教育的发展程度较低。

二、建立宣讲所、阅报社、讲演会和图书馆等宣传机构

为了开启民智，尤其是不识字的社会下层民众的智识，东北地方当局先后设立了宣讲所、阅报社等教育宣传和普及机构，以此作为一种推广社会教育的设施。光绪三十一年（1905 年），奉天学务处创办宣讲所 1 处。翌年，宣讲所毕业生分赴奉属各地筹办宣讲所。光绪三十一年（1905 年），黑龙江将军衙门学务处在齐齐哈尔创办宣讲所，是为黑龙江官办成人教育之始。光绪三十三年（1907 年），吉林省学务公所在省城设置宣讲所 1 处，是为吉林省宣讲所创办之始。此后，东北乡村地区的宣讲所先后设立。据初步统计，宣统元年（1909 年），东北地区共设立宣讲所 78 所，宣讲员 157 人。其中奉天设立宣讲所 37 处，宣讲员 74 人；吉林设立宣讲所 35 处，宣讲员 69 人；黑龙江设立宣讲所 6 处，宣讲员 15 人。③ 这些宣讲所开办经费来源包括官方和民间两种，多数宣讲所是由官款筹办，少数由私人捐款设立。吉林提学司就要求："凡经费稍裕之中小学堂及劝学、宣讲等所，均须酌量附设。其教师即以各学堂教员、劝学员、宣讲员兼任义务，而校舍校具亦无须另行设备，以期费轻易举……不得将私塾变易名称强行凑数。"④ 对于宣讲所书目，东北学务处规定"应用各书，均照学部颁行宣讲书目购备之"⑤。关于宣讲所的宣讲方法，宣讲人员从东北地区的实际出发采取了一些更符合实际的方法和手段。奉天地区宣讲形式初有盲词的，有说鼓书的，也有演唱的，所讲内容无非是投其所好，吸引广大民众。后来宣讲形式较为系统，一般以演唱、幻灯、影片等媒体活动吸引民众的兴趣，而讲、唱、演三者互为配合，讲倦则歌，歌毕则演，演毕复

---

① 胡玉海主编、郭建平著：《奉系教育》，辽海出版社，2000 年 6 月版，第 263 页。

② 金毓黼：《奉天通志》，教育三，清（下），东北文史丛书编辑委员会出版，1983 年版，第 3553～3554 页。

③ 参看《全国宣讲所历年比较表（1907～1909）》，转引自裴文玲《清末新政社会教育述论》，山东师范大学，2000 年 5 月版，第 21 页。

④ 吉林省档案馆藏：全宗号 33，卷宗号：3～102。

⑤ 徐世昌编、李澍田等点校：《东三省政略》，卷九，学务，吉林文史出版社，1986 年 2 月版，第 1392 页。

讲，如此循环往复。当然，这种较为先进的宣讲方式只存在少数个别的城市里，大部分地区的宣讲还是以说唱形式为主。吉林地区则采取切合实际的白话宣讲的方法，以开启下层民众的民智。1908 年，吉林巡抚下令省城的各宣讲所，将与吉林有关的时事新闻变成小说体裁，逐日宣讲，以革除过去空疏不切实际的做法。① 这时期，还有一种专门宣传宪政和自治事宜的宣讲所。黑龙江 1907 年设立一处宣讲会，每天邀请同志，分讲新政、新学及立宪等事宜。据载：一日，一位林姓官员向众人讲述黑龙江瑷珲地区“庚子之难”的经过，当讲到“江北旗屯五十余所，男女七千余人，尽为俄人驱而投诸黑龙江”时，台下听众“莫不呜咽垂涕，击胸顿足”，时人评论“足可见演说时事，足以感动社会之国家思想”。② 这种以乡土切身的历史灌输爱国思想、民族意识的做法对于激发东北地区广大民众的民族意识和爱国精神起到了显著效果。巴彦州宣讲所是光绪三十四年（1908 年）由知州陈元慎所设，专门讲授政治、教育、人伦、道德、工商业、实业、警察及一切公益，编成浅近文字，用纸誊印，听讲人人给一纸，然后宣讲。撰述宣讲书，官绅分任之。而呼兰府城的两所宣讲所和兰西县宣讲所专讲自治要义，或设立自治研究所培养自治人员，或经常派员分赴乡屯宣讲，都推动了当地自治运动的发展。③

为了推广下层民众教育，东北地区还出现了一些阅报机构。在甲午战败的刺激和维新派的大力推行下，以传播新知识，启迪民智为目的的各种阅报机构纷纷建立。这些机构名称不一，有阅报总会、阅报公社、阅报处、书报公社、阅报所等等。当时东北地区虽然已有报纸发行，但贫穷的下层民众却大多买不起报纸，这些阅报机构的功能就是向下层民众提供一个阅报的场所。这些阅报机构一般包括官办和民办两种，基本上都是呈官办机构为主、民办为辅的格局。1906 年，呼兰知府李幼轩开办一所阅报社。1907 年 9 月，农安县县尊捐资创办阅报所一处，“购备报纸二十余种，任人浏览。初则阅者甚少，近来风气渐开，阅报者日见其多矣”④。一些社会上的有识之士积极行动起来，纷纷投资创办各种阅报社。1906 年春，商人蒋宗周在锦州创办启新阅报社。⑤ 同

---

① 《批饬改良宣讲》，《大公报》，1908 年 12 月 20 日。

② 《顺天时报》，1907 年 3 月 13 日，转引自李孝悌《清末的下层社会启蒙运动：1901～1911》，河北教育出版社，第 2001 年 11 月版，第 84 页。

③ 崇仁黄维翰（申甫）编：《呼兰府志》（重印本），民国四年，呼兰县志办公室，1983 年 12 月重印，第 119 页。

④ 《阅报所渐有起色》，《盛京时报》，1907 年 10 月 1 日。

⑤ 《女学将兴》，《大公报》，1906 年 12 月 29 日。

年，辽阳的陈翰设立一处讲报处，[①] 营口回教商人张子歧还亲自到京津地区搜集阅报社的章程，准备照章创办一所阅报社。[②] 一般来说，这些阅报社设立在寺庙、茶馆等人流比较集中的公共场所，目的就是吸引更多的下层民众。特别是在乡村社会，茶馆成为人们社交生活的中心，也是人民交换情报、取得信息的主要场所。为了开启下层民众特别是文化水平低下民众的民智，一些阅报社内开辟了讲报说报，甚至还设立了专门的讲报处。这样，阅报社吸引了包括部分文盲在内的众多下层民众。

民国初年，东北地方当局极为重视民众教育工作。奉系军阀统治初期，奉天省颁布一个社会教育筹备纲要。纲要规定社会教育分两期进行。第一期以民国二年为限，所办之事项有五：一为筹设图书馆及巡回文库；二为通俗讲演会；三为改良说书场；四为改良戏剧社；五为运动会。第二期以民国三年至五年为限，所办之事项有六：一为调查搜集古物并筹备博物馆；二为动植物园；三为美术馆及美术展览馆；四为文艺会；五为音乐会；六为体育会。[③] 在社会各界人士的共同努力下，1916 年，奉天省图书馆有 12 处，巡回文库 229 处，讲演会 410 处，改良戏曲馆 1 处。[④] 1920 年，省教育厅鉴于通俗讲演会、巡回书库“日久懈生，几同虚设”的弊端，将讲演会暂行停止，巡回书库一律停办。[⑤] 讲演会仅存岫岩、双山、西安、宽甸、凤城等 5 处。1925 年，奉天省部分县份陆续成立通俗讲演所。1929 年，奉天省通俗讲演会仅存 12 所，年经费约 8000 余元。每处每日听讲人数多者六七十人，少者十余人，平均 35 人。[⑥] 通俗讲演会一般设立在繁华热闹的场所，如茶馆、酒楼、剧院、寺庙等地都会有专人进行定期或不定期的讲演，讲演的内容比较广泛，涉及政治、法律、实业、道德、常识、体育、卫生等各个学科的知识，比较贴近大众生活。1919 年，吉林省的药王庙会就增加了讲演布道的新内容。吉林省通俗教育讲演所就利用庙会之机，在远照亭开展临时讲演，在讲演场和沿山周围设立格言牌联，“俾资众观，有所惕励，开通风俗，迪启民智之功实匪浅鲜”[⑦]。这些通俗教育

---

① 《热心教育之效果》，《大公报》，1906 年 2 月 27 日。

② 《来京调查学务》，《大公报》，1906 年 8 月 9 日。

③ 胡玉海主编、郭建平著：《奉系教育》，辽海出版社，2000 年 6 月版，第 263 ~ 264 页。

④ 胡玉海主编、郭建平著：《奉系教育》，辽海出版社，2000 年 6 月版，第 264 页。

⑤ 《奉天公报》，第 2885 号，转胡玉海主编、郭建平著《奉系教育》，辽海出版社，2000 年 6 月版，第 64 页。

⑥ 胡玉海主编、郭建平著：《奉系教育》，辽海出版社，2000 年 6 月版，第 265 页。

⑦ 《药王庙会详志》，《盛京时报》，1919 年 6 月 1 日。

讲演所经常宣传“鼓励爱国、劝勉守法、增进道德、灌输常识、启发美感、提倡实业、注重体育、劝导卫生，特别讲演要项为：国际国内之重大事变和天灾等，一般为临时事项”①。为了便于了解这时期讲演所讲演的内容，笔者选择吉林省档案馆馆藏的阿城县公立通俗教育讲演所的讲演情形一览表，从中可以看出当时讲演的内容和形式。

表 2.8　阿城县公立通俗教育讲演所十二月前半期分讲演情形一览表②

讲演员	孔昭蓬														
名额	一员														
本月日期	十二月一日	二日星期	三日	四日	五日	六日	七日	八日	九日星期	十日	十一日	十二日	十三日	十四日	十五日
讲题	纳税的义务	休息	息谣安分	子弟读书的方法	共和与专制之区别	注意公德	知耻为自强之本	劝勿轻信谣言	休息	劝用国货	说地方公益	国民的责任	勿贪私利	劝勿赌钱	口过当戒
听讲人数	三十一		二十六	二十四	二十七	三十二	十九	三十三		二十九	二十三	二十三	二十八	二十五	二十三

① 佟冬：《中国东北史》，第六卷，吉林文史出版社，1998 年 8 月版，第 297 页。

② 《吉林教育厅为阿城县关于民国 6 年 7 月至 12 月，7 年 1 月至 5 月讲演情形》，吉林省档案馆藏：全宗号：J110，卷宗号：5～4。

续表

本月听讲人平均数															
本月听讲人总数															

这时期，东北地区的部分县份还开设了一些公共阅报社，以取代原来的巡回文库。1929 年，全省设有公共阅报社 7 所，分别是辉南、锦县、开原、法库、安东、海龙、抚顺。社中成列报纸杂志，多者十一、二种，少者四五种。每日阅览人数，多者 23 人，少者七八人。年经费大约 1600 余元。① 这时期，东北地区的图书馆事业得到了一定的发展。奉天地区的图书馆事业发展迅速，1908 年（光绪三十四年），奉天地方当局将“萃升书院”改建为省立图书馆，成为当时东北地区规模最大的图书馆。此后，在复县、盖平县等地设立图书馆十多所。吉林地区图书馆有所发展。1907 年（光绪三十三年），海龙县劝学所附设图书馆一处。不久，图书馆因经费紧张，并入府立中学堂。1909 年（宣统元年），吉林省提学司在吉林省省城通天街设立吉林省立图书馆，并附设教育品陈列所、制造博物标本实习所和图书发售所。1910 年（宣统二年），长春府创建图书馆一所，附设在劝学所内，“将学部审定书籍、动植物各种标本，无不购置俱全”②。此外，在省城、长春、海龙、通化、农安、辽源、辉南等县相继设立图书馆。据统计，1911 年，吉林省境内建立图书馆 7 所。其中，省立 1 处，府劝学所图书馆 2 所，占当时所设 6 府的 33%；厅劝学所图书馆 1 处，占当时所设 5 厅的 20%；县立图书馆 3 所，占当时所设 25 县的 12%。③ 黑龙江地区也出现了图书馆 3 处，1906 年（光绪三十二年），黑龙江官署在齐齐哈尔筹建公共图书馆 1 处，租赁民房为阅览室。1908 年（光绪三十四年），黑龙江地方当局在齐齐哈尔市兴建藏书楼 1 处，竣工后定名为黑龙江图书馆。民国时期，民国政府颁布《图书馆规程》和《通俗图书馆规程》等文件，要

① 胡玉海主编、郭建平著：《奉系教育》，辽海出版社，2000 年 6 月版，第 265 页。

② 《图书馆之告成》，《盛京时报》，1910 年 4 月 10 日。

③ 吉林省地方志编纂委员会编：《吉林省志》，第三十卷，文化艺术 · 社会文化，吉林人民出版社，1992 年 12 月版，第 110 页。

求各地广设图书馆。在社会各界人士的努力下，东北地区的图书馆数量进一步增多。1929 年，辽宁省成立图书馆 36 处。其中，24 处为奉系时期设立，全省 58 县中有 34 县设立了图书馆，分别是复县、盖平、梨树、西安、宽甸、长白、凤城、铁岭、昌图、辽中、康平、台安、营口、锦县、北镇、通化、西丰、法库、绥中、洮南、辽源、安东、岫岩、开通、辽阳、突泉、海龙、通辽、抚顺、海城、东丰、兴城、柳河。其中，复县、锦县、安东、抚顺、东丰、柳河等县图书馆规模较大。复县图书馆藏书 4000 余册，年经费 12000 余元，法库县图书馆阅览人数最多，每日平均为 35 人。① 1930 年，吉林全省各级公共图书馆增至 29 所，其中省立 1 所，县立 28 所。建立图书馆或通俗图书馆的县（市）占吉林全省 41 县的 68.3%。② 黑龙江地区图书馆事业继续发展，1912 年黑龙江图书馆改称黑龙江省立图书馆。1917 年 2 月，黑龙江省教育厅草拟《普设通俗图书馆分年筹备办法》，以推动各地图书馆的发展。从 1912 年至 1931 年，黑龙江先后组建县（区）图书馆 33 所，民众教育馆书报阅览室 14 处。③ 总之，在社会各界人士的努力下，东北地区的图书馆事业发展迅速，逐渐形成了具有一定规模的图书馆教育机构。

宣讲所、阅报社、讲演会和图书馆等宣传机构是东北地方当局所推行的一种社会教育设施，促进了阅报、讲报风气的盛行，使阅报群体从最初的中上层识字群众扩展到一般识字阶层及一部分不识字的下层民众，对于教化民众、开启民智等方面起到了重要的作用。然而，一些宣讲所、阅报社和讲演机构，尤其是官立机构则虚应故事，流于形式，讲演的内容又多是道德训诫，一些宣讲人员教养、素质及讲演技巧低下，甚至是滥竽充数，加之经费短缺，大大降低了宣讲效果。但在清末民智不开、经费缺乏的情况下，清末东北宣讲所和阅报社的创办仍不失为一种广开民智的良策。

三、创办各类报刊杂志

20 世纪初，东北地区较内地落后许多。为了开启民智，许多知识分子和仁人志士通过创办报纸（特别是白话报）的形式，运用浅显易懂的语言传播知识。20 世纪初的东北报纸，与内地相比，不仅数量少，历史短，而且深受

---

① 胡玉海主编、郭建平著：《奉系教育》，辽海出版社，2000 年 6 月版，第 266 页。

② 吉林省地方志编纂委员会编：《吉林省志》，第三十卷，文化艺术·社会文化，吉林人民出版社，1992 年 12 月版，第 110 页。

③ 刘经宇主编：《发展中的黑龙江图书馆事业》，黑龙江人民出版社，1996 年 3 月版，第 4 页。

封建官府的控制。因此，东北地区办报水平远较内地落后。1906 年，东北城市中只有日本人创办的《满州日报》《盛京时报》两份报纸。奉天将军赵尔巽认为，想要宣传启迪民众，“惟有报纸为最捷之利器”①，同时办报纸也是抵制外国文化侵略的一个重要手段。1906 年初，他组织创办了《奉天民报》，吉林省也创办了《吉林日报》和《吉林白话报》，海城也创办了《白话报》，随后，《东三省日报》《大中公报》《醒时白话报》《公民日报》以及《长春日报》等纷纷创办，在东北地区形成了一个兴办报刊的小高潮。

至于这些刊物刊载的具体内容，可谓是五花八门。一般来说，这些报纸都辟有世界大事、各省新闻、本省新闻、演说、上谕、商务大观、白话社等栏目，不仅刊登国内外政治、经济、文化、外交等最新的动态，还加大了评论的内容，发挥报刊对社会舆论、民情风俗、政事得失的评论作用。

首先，积极宣传新政和立宪思想。为了宣传和推动东北地区新政运动的进行，一些报刊杂志积极进行宪政思想的宣传。《黑龙江官报》在创办之初就开宗明义地指出“江省僻处边荒，民风朴塞，教育甫有萌芽，政治素少研究。当此修明宪法，规制日新，苟非刊行官报，何以为甄采政闻，疏瀹民智之准绳”。吉林地方当局为了提倡新政，专门刊发《吉林官报》和《吉林白话报》两种报纸进行宣传。在《吉林白话报》办报宗旨中也表明“宣上德，通民隐，开通风气，改良社会，使一般人民咸具普通之知识，以预备立宪国民之资格”② 的办报宗旨。相比而言，那些白话类报纸以一种更易为下层民众接受的宣传方式取得的成效较好。如在《吉林白话报》中“立宪政体”的讲解就采用白话和口语方式进行：“这个国家，你们别把它当作一个人的，乃是我们二十二省，四万万同胞公共的一个所在……照着《书红》上说，皇上比如元首（就是脑袋），大臣们比如股肱（就是膀臂），我们众人就算身体了”，“自己国家有主，便觉有投有奔，活像有仗腰眼子似的，要是遇见意外想不到的事情，还要仰仗着国家保护，这不是有国家的好处吗？人民要是没有国家，就像小孩子没有父母一般，自己便一点主意也没有了”。③ 作者运用这种白话口语式的方式进行宣传，便于那些识字水平较低的下层民众的理解和接受，从而有利于宪政思想在东北地区的推广。

---

① 曲晓范著：《近代东北城市的历史变迁》，东北师范大学出版社，2001 版，第 111 页。

② 陈玉申著：《晚清报业史》，山东画报出版社，2003 年版，第 10 页。

③ 《人民和国家的关系》，第 24 号，1907 年 9 月 10 日，转自丁守河《辛亥革命时期期刊介绍》（二），人民出版社，1987 年版，第 550 页。

其次，关注东北地区的社会形势，揭露和痛斥帝国主义的侵略行径。还对帝国主义对中国东北地区的侵略进行深刻揭露。如1909年4月17日，《长春日报》第十三号发表了长篇白话社论《俄人之经营哈尔滨》，文中以浅显易懂的语言深刻揭露了沙俄侵略东北地区的事实指出“将来大局，真是不堪设想!”① 《吉林白话报》对东北地区的险恶形势进行了大量的宣传报道，在《中国大势》一文中揭露了东北的危局，指出“近则东三省，虽为万国商埠，而黑龙江在俄之范围，奉、吉两省又在日本范围”②。《东三省大势》一文中进一步指出，日本制造间岛纠纷，“不过为得步进步之地”，俄国把珲春长岭子中俄交界铜柱毁坏，“不但藐视我们中国，实有侵吞我三省之心”。③ 《吉长日报》上连续刊载了《日人必吞满洲之放言》（1911年2月26日）、《变相侵略论》（1911年3月20日）、《中国危言警告书》（1911年3月25日）、《卖国案续闻》（1911年4月10日）等一系列文章揭露帝国主义蚕食和觊觎东北地区所带来的边疆危机，号召各界人士猛然觉醒，联合起来抵制列强对东北地区的掠夺和瓜分。这些报纸敢于揭露和谴责帝国主义对东北地区的侵略行径，严厉抨击清政府的腐败无能，这在当时确实起到了振聋发聩的作用，对于唤醒广大下层民众的国家观念和民族意识也具有一定作用。

再次，宣传社会风俗改良的思想。1909年1月刊行的《醒时白话报》是奉天首家白话官报。这份报纸“以改良社会、开通民智、提倡教育、振兴实业为宗旨”，由于该报适合一般群众的口味，以其通俗的内容赢得了读者的喜爱，报纸发行量多达七千份，遍布东北乃至北京等关内地区，逐渐成为东北地区颇有影响的报纸。《白话报》的内容，多以破除迷信、劝戒缠足、劝戒鸦片为主，另外还包括了一些劝善惩恶，攻击传统习俗、制度的文字以及一些介绍新知的作品。为了便于广大下层民众的接受和理解，这时的一些报刊纷纷采用口语的方式编写。如《海城白话报》完全采用单一的口语演说词，《吉林白话报》的特点是言论与地方新闻多用白话口语，即使是每期必有的“演说”选题也多为当时的热点问题，不识字的人听别人念就能明白。④ 如在宣传扫除迷

① 《俄人之经营哈尔滨》，《长春日报》，1909年4月17日，转自曲晓范《清末〈长春日报〉刊行考——兼论同盟会长春支部的早期活动》，《长白学刊》，2006年第1期，第88页。

② 《中国大势》，第38号，1907年10月18日，转自丁守河《辛亥革命时期期刊介绍》（二），人民出版社，1987年版，第553～554页。

③ 《东三省大势》，第76号，1908年1月2日，转自丁守河《辛亥革命时期期刊介绍》（二），人民出版社，1987年版，第554页。

④ 黑龙江日报社新闻志编辑室：《东北新闻史》，黑龙江人民出版社，2001年版，第48页。

信时就写道："比如说，若是念书的，就要讲究学问，兼习一样实业，不必信那北斗魁星；若是经商的，就尽心尽力地做买卖，货真价实，公道不欺，不必信那财神；种地的，就研究农学，讲究耕种的法子，怎么防旱防涝，不必唱戏酬神了；做手艺的，总要把手艺越求越精，想法子教它多销，也不必求神，如此等等。总之，千万别求签算卦信那些风水运气的妖言，事事求真理，不迷信鬼神，别妄想甚么贵人提拔和财神仙爷扶助。"①

最后，宣传推广新式教育的思想。为了推广东北地区的兴学运动，一些报刊长篇累牍地刊载兴办新式教育的文章。为了更好地宣传和推广新式教育，这时期出现了一批宣传新式教育的文章，如《教育的关系》《教育普及宜多开半日学堂》《劝学说》《说学生应该立志》《论公立学堂之困难 各宜自励以图宏大》等，专文在阐述了发展新式教育的重大意义的同时，还对新式教育普及的途径、方式和手段提出了不同的见解，对于推动东北地区新式教育事业的发展具有一定作用。在文章中，作者把一个国家的实力与教育发展程度的高低联系起来，指出"这些年来，我们中国的时局一天多着一天，自外表来看，人都说东西洋各国操法好，制造精良舰炮的厉害。其实是人家的教育好啊！如今我们中国要想自强，除了立学堂之外，没有别的法子"。我们"国民的教育，一点也比不上人家，这就是头一样不能入文明的缘故"②。进而又对学龄儿童进行苦口婆心的劝导，"如今的学堂道路很宽，所学的是有用之学，不旬先前念书作文章，为的是求出身及至做官，就只懂得八股的格式，国计民生，天下大势和那优胜劣败之理全不知道。现在所学的，就是治国所用的"，将来做官"也能给国家办事"，不做官"也有自食其力的本领"。③

民国时期，东北地区的报刊杂志业得到了迅速地发展，一方面是晚清时期出版的一些报刊杂志继续发行外，还先后出版了大量的涉及政治、经济、文教内容的报纸。总体来说，这时期的报刊杂志可以分为四大类：第一类是由政府机构创办或社会团体创办的报刊，如长春警察厅《长春警察厅厅报》、吉林滨江警察厅《滨江旬刊》、东省特别区警察总管处《警察周刊》、沈阳民报社

① 《说自立》(续)，第23号，1907年9月17日，转自丁守河《辛亥革命时期期刊介绍》(二)，人民出版社，1987年版，第552页。

② 《教育普及宜多开半日学堂》，第46号，1907年11月3日，转自丁守河《辛亥革命时期期刊介绍》(二)，人民出版社，1987年版，第556页。

③ 《劝学说》，第61号，1907年12月5日，转自丁守河《辛亥革命时期期刊介绍》(二)，人民出版社，1987年版，第558页。

《民报》、安东时报社《亚东时报》、大连关东报社《关东报》、哈尔滨公报社《哈尔滨公报》、新民晚报社《新民晚报》等等。第二类是经济类的刊物，如东北矿学会《东北矿学会报》、东北大学东北矿学编辑部《东北矿学周报》、东北新建设杂志社《东北新建设》、哈尔滨市政管理局东省特别区市政月刊编辑部《东省特别区市政月刊》、北满经济月刊半月刊编辑部《北满半月刊》、北满经济月刊半月刊编辑部《北满经济月刊》、吉林商务同行印刷社《民生丛刊》、辽宁省农矿厅《实业月刊》、东三省官银号经济月刊编辑处《经济月刊》、沈阳林业杂志社《林业杂志》等等。第三类是文化教育类的刊物，沈阳县教育局《沈阳县教育月刊》、吉林县教育局发行《吉林教育月刊》、永吉县教育局发行《永吉县教育月刊》、长春文教部教化司《教化通信》、新宾教育月刊社《新宾教育月刊》、辽宁新宾教育月刊社发行《辽宁新宾教育月刊》、复县教育公所教育周刊社《复县教育周刊》等；东省特区作为一个比较特殊的区域，地方当局也出版了一些教育类的刊物，如东省特别区教育厅《教育日报》、东省特别区教育厅《教育行政周报》、东省特别区文物月刊社《文物月刊》、市文教局教学研究编委会《教学研究》、东省特别区教育会《教育月刊》、东省特别区教育厅《东省特别区教育行政周报》等等。第四类就是一些学校的校刊校报，《吉林省立师范学校校友会杂志》《东北蒙旗师范学校校刊》《辽宁省一初中校刊》《辽宁省立第一女子中学初级中学校校刊》《辽宁省立二初级中学校校刊》《辽宁省立第八小学校刊》《辽宁第二工科学校校刊》《吉林二师十六周年纪念专号》《同泽》《自强》《吉林省立第三中学校刊》《东北中学校刊》《辽宁省立第二师范学校》《黑龙江省立一中月刊》等。

总体来说，这些报刊杂志主要分为官办报纸和民办报纸两大类。这些报纸的宣传内容比较广泛，涉及到政治、经济、文化、军事和外交等内容。《东方晓报》开办总纲指出：

“本报编情内容暂分为十一类，遇有要闻巨案，是另立一门者，无论政治界、外交界、实业界、交通界、教育界、军事界，随时添分门类，无取乎一成不变也。

谕旨、社说、要电、时评、新闻（一、紧要，二、内省，三、东省，四、本埠，五、边事，六、外洋）、译件（一、西报，二、东报）、小说、白话、来函、答问、市况报告。”①

即使是一些专门性的报纸，报道的内容也是比较广泛的。《通俗教育报》的创办宗旨中就指出：“报之内容则纯依通俗教育性质而定，以指导国民为紧要宗旨，决不逾越范围”，“体裁用白话间以浅近文言，日出一张，星期日停刊。门类分社说、命令、择要、中外要闻、本省新闻、浅近学说、词曲、小说、鞠评、报余八门”。② 当然，不同类型刊物的宣传侧重点不同，在一些教育类刊物中自然会对各地的兴学运动比较重视。如在《黑龙江教育公报》的发刊辞指出：

“夫教育事业之进步，在精神而不在形式，然必先有具体之形式，而后精神乃有所托，以为发挥之具。比年以来，教育当局与夫教育专家凡所以谋教育发展之方法者，若法令之颁布，若学理之研究，在均可以资吾人之证助。倘无法予人以共见，则一般人民对于教育进行之途径冥然罔觉，是形式且不能备，遑言精神乎?”③

在一些校刊校报之中，涉及的内容也是比较广泛的。《一中校刊》在发刊词中指出：

“欧战以后，各科进步尤为神速，俨然有朝变夕迁之势。而吾国固有文化，乃数千年来立国之根本，确有真理存焉。顾近人多漠视之。今本刊远可以博撷各科之新发现，近可阐明吾国固有之学理，俾补课程之不足，此余希望同人者一也。对于教育如何可以图改良，如何可以图发展等计划，均可藉本刊为商榷之所，此余所希望同人者二也。至于学业贵能实施，质难问题，尤为学子之天职。今有本刊各生能于课余发摅所见，实余所切盼者也。”④

在《校刊》的编辑简章中规定了八项内容：“（一）评论，（二）学术研究，（三）东北问题，（四）国际与国内大事记，（五）文艺，（六）选录，（七）校闻，（八）杂俎。”⑤ 可见，《校刊》内容不仅关心国内外政治形势的变化，还开创了评论、学术研究、文艺等师生发表言论的平台。

---

① 黑龙江档案馆编：《档案史料选编·黑龙江报刊》，哈尔滨1985年内部版，第153页。
② 黑龙江档案馆编：《档案史料选编·黑龙江报刊》，哈尔滨1985年内部版，第77页。
③ 黑龙江档案馆编：《档案史料选编·黑龙江报刊》，哈尔滨1985年内部版，第103页。
④ 黑龙江档案馆编：《档案史料选编·黑龙江报刊》，哈尔滨1985年内部版，第146页。
⑤ 黑龙江档案馆编：《档案史料选编·黑龙江报刊》，哈尔滨1985年内部版，第144页。

当时，东北地区还出现了一些积极宣传进步思想的刊物。这类报刊除报告各地新闻外，还积极报道各种进步运动和宣传各种进步思想。张学良扶植的《新民晚报》旨在刷新东北政治，驳斥《盛京时报》的不真实报道，发表了一些进步文章。《吉长日报》作为吉林省军政机关报，具有反帝爱国的进步倾向。《民生报》专门开设了《文艺》《工人园地》等专栏，传播新文化、新思想，揭露日本帝国主义的侵略罪行，“以代表民意，为民喉舌为己任”。《国际协报》开辟《灿星》《绿野》《蓓蕾》《国际公园》《文艺》《妇女》等副刊，积极宣传革命思想。1929 年 11 月 10 日，《白话报》在第 6 期发表了《纪念十月革命胜利》《十月革命与中东路工人》《学习十月革命经验》《工农兵一齐起来纪念十月革命工人农民兵士们大家起来革命》等多篇宣传革命思想的文章，并号召全国人民“肩起我们重要的任务，要继续十月革命的精神，要学习十月革命的经验，变帝国主义、国民党进攻苏联的战争为拥护苏联的战争，以革命群众的武装暴动消灭军阀战争，推翻帝国主义在华统治，打倒代表豪绅地主、买办资产阶级的国民党”，“准备武装暴动，推翻国民党统治，建立工农兵苏维埃政权”。① 1930 年，《北满红旗》在第 1 期上发表了名为《组织革命学生会、组织同盟罢课、反对国民党的奴隶教育》的文章。文章指出：在国民党当局大力推行军事化教育的形势下，一中学校学生发动了反军国主义化的运动、反对国民党官厅的欺骗、反对制作军服等爱国运动。在运动中，广大学生逐渐认识到了“如自身无坚固的团结，要反对国民党的压迫，是没有什么办法的，现在他们正准备革命学生会的组织，用这一组织，来推翻国民党在教育中的统治”②。

清末民初时期，东北地区报刊杂志业的发展具有以下三个特点：一是政府官报发达。东北国人所办的报刊中，官办报刊占据了较大的比重。据程丽红统计，晚清时期东北地区共有官办报刊 17 种，半官方 2 种，先官后商 1 种，约占中文报刊总数的 34%，国人自办报刊总数的 38%。③ 当然，这些官报的盛行与政府的大力提倡是密不可分的，因此具有浓厚的官方色彩。如《黑龙江公报》《黑龙江官报》就专为鼓吹“预备立宪”而办，《营口官报》更以“开通社会政治上之智识”为宗旨，《海城白话演说报》则格外关切下层民众的心

---

① 黑龙江档案馆编：《档案史料选编 · 黑龙江报刊》，哈尔滨 1985 年内部版，第 330 ~ 331 页。

② 黑龙江档案馆编：《档案史料选编 · 黑龙江报刊》，哈尔滨 1985 年内部版，第 377 ~ 378 页。

③ 程丽红：《晚清时期东北报业评述》，《东北亚论坛》，第 14 卷，第 5 期，2005 年 9 月，第 59 页。

声。地方当局还利用行政手段在各地推销官报，在宣统年间，吉林地方当局就颁布一道官方条例，饬令“吉林全省大小官署，局、所、学堂及各属，警察自治各会、所，均有购阅官报之义务”。二是民报报刊十分活跃。在官报十分盛行的情况下，各色民办报刊相继创办，成为当时宣传新内容的典范。这时期，东北地区的民报主要有私人商业报刊、商会、自治会等民间团体报刊和革命派主办的革命性报刊3类。1910年9月4日，“中国报界俱进会”在南京成立，东北地区的《东三省日报》《微言报》《醒时白话报》《营商日报》《长春公报》《滨江日报》等8家报刊代表参加。晚清时期，东北地区民间报刊的兴盛和全国性或地区性报业团体的出现，在一定程度上反映了东北民众报人职业意识的觉醒。三是报刊文种丰富。由于东北地区地理位置比较特殊，又是一个多民族聚居的地区，这时期报刊的语种较多，既有中文撰写的报刊，也有日文、俄文、朝文刊物，还有一些满文、蒙文等少数民族语言撰写的刊物。当然，地方当局对于各种报刊的限制较严，特别是一些进步报刊的创办经常是时办时停，断断续续，《刍报》《长春日报》《东方晓报》《滨江日报》都曾因刊发一些宣传进步思想的文章遭到停刊处罚。当然，在社会各界人士的努力下，东北地区的报业还是得到了一定的发展，各地相继有了自己的近代新闻传媒。在各类报刊杂志的积极宣传下，东北地区初步改变了“编户齐民，固不知报为何物，即城镇殷帐之区士商号称开通者，亦且不识报界与地方之关系”① 的落后局面，对于开启东北地区的民智，促进东北地区的近代化起到了重要作用。

四、进行戏曲改良

在长期的历史积淀过程中，东北地区形成了一种独特的文化娱乐习俗。曲艺、大鼓、数来宝、相声、评述等蕴含浓厚地方风情和生活气息的民间说唱艺术广为流传，也深受广大百姓的喜爱和欢迎。为了更好地推广民众教育工作，东北地方当局积极借助这些喜闻乐见的娱乐方式推广下层社会的启蒙运动。社会教育应该是以下层社会为主要的开化对象，但问题是下层社会的民众虽然也有粗通文字的人，但不识字的人群却占了很大比重。为了开化这个更为广大的下层文盲民众，一些启蒙者采用“民间俚语”的方式把家事、国事、天下事通过民间戏曲方式进行演绎。戏曲是与下层社会人民生活紧密相连的主要娱乐

① 黑龙江档案馆编：《档案史料选编·黑龙江报刊》，哈尔滨1985年内部版，第157页。

方式之一，这时期东北地区出现了大量具有启蒙色彩的新式演说，如吉林省城，有志之士经常“在演习之余，登台演说”以开启民智，戏台变成了讲台。此外，还出现了许多新内容的戏曲，这些戏曲或以中国近代史上的重大事件为题材，或借古论今，或从时事新闻中取材，以点出民族主义、国家意识的主题。著名的满族戏曲艺术家汪笑侬曾在大连演出“哭祖庙”，他以“国破家亡死了干净”的有力唱词感动了无数观众。① 下面是用清末比较流行的“五更调”体裁写成的劝诫缠足的文字，以一种文艺形式宣传了废除缠足恶俗的思想。

叹五更——悯缠足也

一呀一更里，月影儿上栏干。谁家姑娘裹起了小金莲？可怜呀！皮破肉又烂，寸步难移怕走到阶前。

二呀二更里，月影儿上纱窗。缠足的姑娘好不心伤，惹人呀！笑骂不把脚来放，野蛮不过二爹娘。

三呀三更里，月影儿照花台。扭扭捏捏出房来，闻得呀！外国兵来到，想要逃命跑不开。

四呀四更里，月影儿向西斜。三寸红鞋困住了小奴家，不如呀！将脚来放大，帮助男儿保国家。

五呀五更里，月落到天明。奉劝同胞姊姊妹妹们听，闻说呀！立下天足会，我把，这纺棉花的钱捐入在会中。②

1907 年 1 月 19 日的《盛京时报》上还刊载了一段鼓励女子留学的戏文，内容如下：

（引）警钟一声响，唤醒女同胞。

（白）奴家姓甄，小字维新……自幼读东西女史，便有志出洋游学。因年纪太稚小，国文也没有通达，所以未便航海。现今已经十六岁，学问阅历都已习练出来，不免束装就道，搭附邮船，前往东瀛一游吧。③

这种用浅显的文字，配合民间普遍流行的歌唱曲调，更有效地向一般民众宣扬了启蒙者的意图。下层社会民众通过讲报、演说、戏曲这些形式在各种各

---

① 王魁喜：《近代东北史》，黑龙江人民出版社，1984 年 7 月版，第 362 页。

② 转自阿英编：《晚清文学丛钞：说唱文学卷》，上册，中华书局，1960 年 5 月版，第 46 页。

③ 燕少年：《女子出洋》，《盛京时报》，1907 年 1 月 19 日。

样的场所里，随着演说、剧情的发展或激动或落泪，他们有可能领悟不到背后隐藏的深刻用意，但无形中已经把自己同时代的主题联系在一起，启蒙思想、国家观念、民族意识已经开始在下层民众的心中慢慢滋长。

民国时期，东北当局积极改良戏曲和说书馆，小说、戏剧、影片是社会教育的一把利器。如果“小说、戏剧、影片良，则社会道德有蒸蒸日上之气象，否则社会卑污，自无待言”①。东北地区有很多诸如茶社、戏场、影园之类的娱乐场所，许多淫秽之小说、戏剧、影片充斥其中，有伤风化。1923 年，奉天教育会提出取缔伤风化之小说戏曲影片案，要求成立专门的组织机构配合警察厅负责取缔工作。各县先后成立了各种取缔不良小说戏曲影片委员会，调查各娱乐场所，对于有伤风化之情事严加取缔。② 此外，委员会还举办改良书曲传习社，分批调集社会艺人，进行改良教育。1925 年 3 月，一些文艺界人士创设改良书曲社，秉承“提高文艺人之人格”和“改造社会之习俗”的宗旨，“于新曲之编定标准依爱国互助气节、尚武重义、夫妇之义、新智美之观念”，发挥戏曲的“移风易俗之效”。③ 同年 5 月，奉天改良书曲研究会成立，专门负责改良戏剧书曲、规劝约束艺员、维持社会风化、推广改良曲本等工作。1926 年，奉天当局颁布《管理书曲及取缔规程》，规定：“凡在省城内唱演书曲各书员，不论男女，不论是市内还是外来的，演出之前应先到本会报到入会，发给营业许可证，并说明演唱书词之宗旨，无伤风化之处方可演唱。”④ 1913 年，吉林戏曲艺人鹿义海动议，组织正乐育化令，以改良戏曲、提倡新剧、革新社会风尚为宗旨。⑤

由于采取如此严格的管理措施，东北地区的各类艺术均得到了迅速的发展，内容也趋于文明和健康，对于端正社会风气、促进社会进步起到了一定的积极作用。在这种形势下，东北地区兴起了一股文明戏热潮。这种文明戏由于形式新颖和内容端正受到社会各界人士的欢迎。1912 年，吉林牡丹茶园排演了吉林通俗教育社编写的《邺令投巫》，被赞为“破除迷信”的好戏。⑥ 1914 年 4 月，“奉天改良戏曲练习所学生旅行至安东，嗣受凤城改良戏曲剧社之

① 胡玉海主编、郭建平著：《奉系教育》，辽海出版社，2000 年 6 月版，第 267 页。
② 胡玉海主编、郭建平著：《奉系教育》，辽海出版社，2000 年 6 月版，第 268 页。
③ 《创设改良书曲社》，《盛京时报》，1925 年 3 月 8 日。
④ 胡玉海主编、郭建平著：《奉系教育》，辽海出版社，2000 年 6 月版，第 268 页。
⑤ 孙乃民主编：《吉林通史》，第 3 卷，吉林人民出版社，2008 年 9 月版，第 320 页。
⑥ 孙乃民主编：《吉林通史》，第 3 卷，吉林人民出版社，2008 年 9 月版，第 320 页。

聘，即又乘车至凤，已志本报。兹闻该学生到凤之后，即于月之七号假凤鸣茶园剧场演旅行义务戏三日。社会人等极表欢迎，其所演之旧戏多用维新词调，新剧则就社会应行改良之事切实发挥，遇有伤风败俗及与国体悖谬者，则一概删除，洵不愧‘改良’二字。今该所职员等为扩张社会教育起见，又于四月十号特为凤城县改良戏剧社筹款演剧一日，是时该园坐客较前拥挤云”①。1915 年，营口绅商为了筹集救国金，特于“本月四日在广和楼开演由剧团优伶平康妓女扮演新戏以助义务，所得之款悉数充作救国储金”②。1917 年 12 月 25 日起，大连文明剧社在市内永善茶园排演义务新戏三晚，以筹集义捐。第一晚演出的正剧是“浪子回头”，该剧布景生动，颇足引人入胜，唤醒群迷。接着第二晚又演出“饭恩”一剧，尤足使观者色舞神飞，作当头棒喝。“家庭恩怨记”一剧，其形容拥赀自肥者对于慈善事业之鄙陋及寻花问柳则挥金如土，不必顾惜，卒之家庭惨剧因尤物一手造成，一般守财奴对之未有汗流浃背者。第三晚演出一场新局“社会阶级”，由该社员范一鸭君装扮失所灾民，以草叶裹体折节呼号，绘声绘影，令人惨目，场内慈善人士抛赠银钱于台上者颇为踊跃，旋由范君下台遍赴客座乞讨义捐，由个人解囊相助者亦复不少。③“五四”运动后，吉林地区出现了一些话剧团体，如吉林毓文中学新剧团和龙县的艺友社等，相继演出了《孔雀东南飞》《可怜闺里月》《新家庭》《原来如此》和《破除迷信》等剧目。1921 年，吉林青年会成立了“青年新剧社”，先后演出了《一念差》《苦中缘》《庸人自扰》《败子回家》等剧目。此外，桦甸、蛟河、洮南等县也出现了一些新剧团。这些剧团的宣传，对于改良社会、开新风气、尤其在反帝反封斗争中发挥了积极的作用。④

综上所述，不难看出，20 世纪初，知识分子和仁人志士们用浅显易懂的语言，群众喜闻乐见的形式，通过各种场合，将新思想和新观念传播到下层社会，借以开启民智。同时，他们也很注重来自于下层社会的反馈意见，不断地以更灵活的方式扩大宣传的范围，以实现精英阶层与下层社会的互动。在长期的发展过程中，东北地区的民众教育逐渐形成了以下几个特点。

首先，揭橥近代救亡与启蒙的时代主题。清末以降，东北地方当局在清政

① 《改良戏剧颇受欢迎》，《盛京时报》，1914 年 4 月 15 日。

② 《演剧筹储救国金》，《盛京时报》，1915 年 7 月 4 日。

③ 《文明新剧志盛》、《义务戏剧第二晚志盛》、《义务剧第三晚概略》，《盛京时报》，1917 年 12 月 25 日，1917 年 12 月 27 日，1917 年 12 月 27 日。

④ 孙乃民主编：《吉林通史》，第 3 卷，吉林人民出版社，2008 年 9 月版，第 320 页。

府的号召下发动了一场自上而下的社会启蒙运动。东北地区这种特殊的社会环境赋予了这场社会启蒙运动以特殊的意义，即抵御外来侵略和启蒙民众的双重内涵。因此，在这场运动中处处渗透着浓重的忧患意识和爱国主义思想。实际上，东北人士对于救亡与启蒙的时代主题的认识也是有一个过程的，在经历了多次斗争失败后也逐渐认识到了救亡与启蒙的关系，并把“启蒙”与“救亡”两个主题结合起来思考东北的出路问题。这场启蒙运动到处都洋溢着启蒙与救亡的时代主题。无论是办夜校、创报纸还是戏曲改良都是以启蒙民众为宗旨和目的的，而这种启蒙又以救亡图存为最终的归宿。启蒙与救亡两大时代主题在这场运动中交相辉映，不仅起到了启发作用，还对东北人士继续进行革命斗争的方式产生了深远的影响。

其次，近代教化方式与乡土文化资源相得益彰。在这场启蒙运动的宣传中，东北人士不仅借鉴了一些近代宣传的手段和方法，还充分发挥本地乡土资源的优势。一方面在一些宣传中运用东北地区的白话、口语和方言使一些深奥的道理变得通俗易懂、深入浅出，这样就极易于下层民众的理解和接受。在推行民众教育的过程中，一些有识之士还从东北地区的实际出发采取了一些更符合实际的方法和手段。如采取戏曲、新剧、小说的方式进行宣传，其中盲词、说鼓书、演唱等形式较为普遍。有些地区的宣讲方式是将与本地有关的时事新闻变成小说体裁，进行逐日宣讲。这种以乡土切身的历史灌输爱国思想、民族意识的做法对于唤醒东北地区广大民众的民族意识和爱国精神起到了显著作用。

最后，社会启蒙运动的大众化与民间化的倾向。在传统社会里，统治阶级关注的是官绅阶层和知识分子的教化，而对下层普通民众的教化缺乏应有的重视。近代以来，随着民族危机的日益加重，一些有识之士逐渐把眼光转向了社会的最底层。因此，这种传统的社会教化模式发生了转型，即从最初的精英教育开始转为民众教育。清末民初时期，东北地区兴起的社会启蒙运动也呈现出一种大众化、民间化的发展趋向。其一是民众教育对象的大众化。民众教育的对象主要是针对那些年长失学或没有时间学习的人而设，还包括广大的妇女群体，这在一定程度上改变了以往传统社会中精英教育为主的局面，有利于开启广大下层民众的智识和改良东北社会的风气。其二是民众教育方式的大众化。主要表现在采取更易于广大民众接受的宣传方式，如戏曲、小说、白话、口语和方言等形式的盛行。其三是民众教育场所的大众化。为了便于对民众的教育，东北地方当局通过夜校讲学、宣讲机构宣讲、阅报机构讲报、图书馆提供

图书资源等途径开展启蒙运动。教学时间一般安排在晚上或农闲时间，以便于民众学习。

诚然，由于经济、文化、地域、通讯等条件的限制，清末民初时期东北地区启蒙运动所波及的范围和各地的效果难免有所差异，在发展过程中还存在一些缺陷和不足。然而，就其活动本身而言具有十分重要的意义。一方面，这场启蒙运动具有一种强烈的启蒙意义，在东北地区的下层群众中传播了近代的国家和民族观念，还在宣传近代西方文明、开启民智、改良社会风气等方面都产生了一定的影响。另一方面，东北地区兴建了各类社会教育设施，开启了东北近代社会教育的先河，为以后东北地区社会教育的发展奠定了基础。总之，社会教育的发展在推动近代东北地区政治、经济、文教和社会习俗等方面都起到了不可忽视的作用。

第六节　清末民初东北乡村少数民族教育发展的概况

一、清末民初少数民族教育发展概观

东北地区地处东北边陲重地，是一个汉、满、蒙、回、朝鲜、鄂伦春、达斡尔等多民族聚居杂居的地区。由于东北地区经济文化水平十分落后，各民族的教育文化水平较低，基本上停留在有限的传统私塾教育阶段，且各地教育的发展程度差距十分明显。光绪二十九年（1903 年），清政府颁布《奏定学堂章程》，在全国各地推广新式教育，在各民族教育上实行“一视同仁”的政策。由于东北乡村地区聚居着各民族人民，东北地方当局遵从兴学诏书，发展民族教育就成了地方当局推广新式教育的重要内容之一。这时期，东北地区的少数民族地区相继建立了一些新式学校，从而在一定程度上推动了东北地区民族教育的发展。民国政府建立后，教育总长蔡元培十分重视在边疆少数民族地区推行新式教育。在他的倡议下成立了蒙藏司，专门负责少数民族教育事宜。正是在中央政府的倡导和支持下，东北地方当局遵从部章要求采取各种措施在东北边疆地区，尤其是在黑龙江地区大力兴办少数民族的新式教育，从而在东北地区掀起了一场发展少数民族教育的热潮。

满清王朝统治确立后，统治者十分重视本民族的教育工作。早在清初时期，东北地区就出现了早期满族教育机构。清康熙三十二年（1693 年），东北地区就出现了一所由官兵义捐建立的吉林左右翼官学，专教八旗子弟满文和骑射，这应该是有清一代东北地区最早的一所少数民族学校。以岫岩地区为例，

1905 年，岫岩设立一所官立师范小学堂，招收学生 25 人；官立高等小学堂一所，学生 34 人；官立初等小学堂一所，学生 44 人。1907 年，设立私立初等小学堂一所，学生 123 人。当时“在满族学龄儿童男三千零九十八人、女二千三百五十八人，蒙古旗人男二百八十四人、女三百八十二人，汉军旗人男一千五百七十六人、女一千零四十五人，全部为男性，占学龄儿童总数的百分之十一点四”①。光绪三十四年（1908 年）五月，在吉林市巴虎门内成立吉林十旗两等小学堂，宗旨是“造就吉林省旗人子弟为致身治生之基础”，招收省城内十旗两营子弟 100 名，不收学膳各费；外镇旗人及汉人（客籍额）60 名，不收学费，只纳膳费及操衣、书籍、纸笔等费用。至宣统二年（1910 年），吉林省满族学校小学堂 7 所，学生 773 人，教职人员 50 人；中学堂 1 所，学生 147 人，教职人员 15 人。② 1907 年，黑龙江宁古塔地区兴办满族两等小学堂一所，设初、高级各 1 班。光绪三十四年（1908 年），宁古塔左右翼官学改为旗务学堂，其他各地的官学也陆续改为小学堂，停授满文。民国建立后，民国政府和北洋军阀政府对满族实行了歧视的民族政策，作为满族贵族特权之一的宗室学校失去了存在的意义，满族学校的关闭结束了满族教育的历史使命。

朝鲜族教育方面。光绪三十二年（1906 年），反日民族志士李相莴在龙井设立“瑞甸书塾”，这是朝鲜族创立新学教育的开端。光绪三十四年（1908 年），李成裕、吴相根在延吉县局子街（今延吉市郊）卧龙洞设立昌东书塾，金立在延吉县小营子建立光成书塾，朴茂林、金学渊在和龙县大砬子成立明东书塾，姜百奎、俞汉年在和龙县子洞屯设立正东书塾。光绪三十四年（1908 年），李同春将和龙县光峪（今龙井县）创办的私立养正学堂改为垦民官立学校，这是朝鲜族第一所新式学堂。此后，朝鲜族各地的新式学堂相继成立。据初步统计，宣统二年（1910 年）朝鲜族兴办学校 40 所，学生 3405 人，教员 167 人。民国元年（1912 年），东北地方当局执行国民政府制定的《划一垦民教育》的规定，开始采取措施对原有旧式书堂进行改良。为了更好地管理各地私立朝鲜族学校，1915 年，延吉道尹陶彬制订《划一垦民教育办法》，对私立学校及书堂的立案、课程、课时、教材、教学语言及学额等作了统一规定，吉林地区的私立朝鲜族学校纷纷设立。从 1920 年，吉林地区相继出现了了私

---

① 《满洲地方志草稿》，转引自张其卓编《满族在岫岩》，辽宁人民出版社，1984 年版，第 174 页。

② 吉林省地方志编纂委员会编：《吉林省志・教育志》，吉林人民出版社，1992 年 8 月版，第 401 页。

立恩真中学校、明信女学校（后改为明信女子中学）、龙井永新中学（基督教堂办）、大成中学（朴在厦创办）、东兴中学（林启学创设）、东明学校（韩敬熙在柳河县设立）、新昌学校（李圭东在永吉县新安村成立，后改称吉昌学校）、桦盛义塾（桦甸县设立）。此外，在大砬子、二道沟、三道沟和局子街等地也开设了一些中学校。

在蒙古族教育方面，光绪三十年（1904 年），喀喇沁左翼旗在建昌创办了财神庙高等小学堂。第二年，在建昌县相继设立 80 多所初等小学堂。① 光绪三十三年（1907 年），土默特左翼旗设置蒙古教育机构，大力提倡兴办新式学堂，奖励私学的制度，以推广蒙旗新式教育。阜新县在红帽子、沙海、务欢驰等处分别创办高等小学堂数所，光绪三十四年（1908 年），在旗府所在地创办维新学堂一所，宣统三年（1911 年），在县府所在地设立高等小学堂 1 所。② 最早光绪三十三年（1907 年）5 月，吉林地方当局创设吉林蒙文学堂。翌年八月，开设了官立满蒙中学堂，学额暂定 40 名。9 月，将满蒙二官学归并为满蒙高等小学堂。同年，为培养精通满蒙学问的边事交涉人材，专门开办吉省专设蒙文学堂一所。至宣统二年（1910 年），吉林省旗务处直辖满蒙学堂 4 所，学生 307 人，教职人员 3 人。光绪三十四年（1908 年），黑龙江省城齐齐哈尔设立了满蒙师范学堂和满蒙初等小学堂，招收西南各蒙旗和西北各城蒙古、达斡尔、鄂伦春、鄂温克族各族粗通汉文子弟者入学。宣统三年（1911），《黑龙江省各学堂一览表》（第七次）载，蒙古旗新式学堂 4 所，学生 184 人，教职人员 18 人。③ 民国初年，蒙古官仕纷纷办学，热心民族教育。当时有条件的苏木和艾里均开办了私塾或学馆。有关资料表明，策古贞当时有名的七十一个蒙古部落均设立了私塾及学馆。有的是季节性的短期班，有的是常年的，时间长短不等。④ 1915 年，统领依绍先利用全旗义仓积谷的积粮办了义仓小学。此外，在民间继续办蒙文私塾的同时，蒙古族的豪绅们开始办学汉文的私塾。20 年代末期，张学良先生鉴于内蒙古地区的政治形势，尊重、采

---

① 喀喇沁左翼蒙古族自治县志编纂委员会：《喀喇沁左翼蒙古族自治县志》，辽宁人民出版社，1998 年版，转引自宝玉柱《清代蒙古族社会转型及语言教育》，民族出版社，2003 年 6 月版，第 252 页。

② 阜新蒙古族自治县地方志编纂委员会：《阜新蒙古族自治县志》，辽宁民族出版社，1998 年版，转引自宝玉柱《清代蒙古族社会转型及语言教育》，民族出版社，2003 年 6 月版，第 252 页。

③ 黑龙江省地方志编纂委员会编：《黑龙江省志·教育志》，黑龙江人民出版社，1996 年 12 月版，第 271 页。

④ 项福生：《蒙古贞民族教育史话》，《阜新文史资料》，第 7 辑，第 108 页。

纳达斡尔族人郭道甫的政治见解，创办了奉天蒙旗师范学校，张学良自任董事长、任命郭道甫为校长。学制三年，课程设置同普通师范一样，加设蒙语。还设有一个专科班。这所内蒙古各盟旗最高学府，学生来源于内蒙古东部地区的各旗。据吴化民老先生回忆：那时蒙旗师范学生的待遇很高，学生伙食实行供给制，每月伙食标准是银元九元，比东北大学的伙食高一元。由吐默特左旗胡统领决定：每月每人发给津贴费银元八元。还保送热河讲武堂的仁亲好日老等三人，培养军政官员。受过中等教育的有数十人，其中有乌思吉雅图，是王府维新学堂的负责人，冯国庆当过旗教育科长。他们共有二十余人，是蒙古贞的老一代“巴格西纳日”（老师们）①。这些优秀人才的培养，对于推动当地经济文化事业的发展起到了重要的作用。

在回族教育方面，光绪十四年（1888 年），九台县秀才张亮坤在蜂蜜营村创设回族私塾，这是吉林回族教育之始。光绪三十四年（1908 年），回祥瑞、丁文成等人，在新城府（今扶余县城）创办回民学堂，招收 20 余名回族学生，是为吉林省回族第一所新式学堂。至清末，吉林地区回族新式学堂纷纷建立，相继建立新式学堂 7 所，学生 210 人，教师 8 人。光绪三十三年（1907 年），黑龙江地区回族政界人士马六舟，按新式学制，创办齐齐哈尔清真小学。至宣统元年（1909 年）成立的私立清真学校有：绥化的绥清初等小学，巴彦的巴清初等小学，呼兰的兰清初等小学，瑷珲的清真初等小学，木兰的清真初等小学。是年，龙江县还创办了东北地区第一所清真女子初等小学校。②奉天地区的回族教育也有所发展。宣统元年，回族知识分子张兆麟在营口设立清真公立高等小学堂，学制初小四年，高小三年，免费招收回族和汉族儿童入堂学习。1911 年，铁岭清真小学成立，地址在南关大街东面清真寺附近，招收回族和汉族儿童入学，共招收四个班，学生 160 人。民国初期，东北地区的回族教育进一步发展。1912 年，吉林省永吉县岔路河设立清真小学，有学生 32 名，教员 1 名。1916 年，三家子乡土门子村建立回族小学，有学生 15 名，教员 1 名。为了更好地规范东北地区回族教育的发展，1918 年，吉林省教育厅训令：“清真国民学校课程表中列西文（指伊斯兰文）一门，应即删除，以

---

① 白遇阳：《我对阜新蒙古族教育的回顾与构想》，《阜新文史资料》，第 7 辑，第 82 页。

② 吉林省地方志编纂委员会编：《吉林省志·教育志》，吉林人民出版社，1992 年 8 月版，第 404 页。

符部章，以宗教关系，必须教授宜课外授之。”① 从此，吉林地区的回族小学取消了伊斯兰文课。1918 年 9 月，双阳县成立大营子村小学（现双营子回族乡回族中心小学前身），有学生 20 名，教员 1 名。1919 年 4 月，在九台县其塔木镇西山前槐村设立山前槐私塾，有草房校舍 5 间，学生 20 余名。1926 年 3 月，在临江县城（现浑江市临江镇）文城街建立回民小学，有学生 48 名（后因经费困难停办）。同年，张志朴、刘子恒等人在海龙县（今梅河口市）山城镇回回营设立区立小学（后因经费支绌，改由县办）。同年，吉林市郊成立虎牛沟小学（现船营区回族小学前身），有 4 个教学班，学生近 200 名。

达斡尔族教育迅速发展，将其民族文化推向一个新的层次。早在 1904 年（光绪三十年），达斡尔族大户，受汉族文化影响举办私塾，聘请满族或汉族人充当教师，以学习满文为主，兼教汉字，以备学童成人后为朝廷供职，这是达斡尔族兴办教育的开始。光绪三十二年（1906 年），布特哈东路总管陈福龄，在东布特哈衙署驻地博尔多站（今讷河县长青镇）创办东布特哈蒙养学堂，专门招收达斡尔族儿童入学。1906 年，东布特哈总管署所在地博尔多站、齐齐哈尔梅里斯卧牛吐和后平屯也各设初等小学堂一所。1908 年，布特哈、摩尔根、瑷珲、呼伦贝尔等地开办的小学堂已有 11 所，在学的达斡尔族子弟 402 名。② 宣统二年（1910 年），劝学所总董佛尔清额、骑校荣福等人分别在达斡尔族聚居的阿哈浅（今讷河县二克浅乡）、多金屯（今属嫩江县）、奎勒浅屯（今讷河县学田乡幸福村）建立了初等小学堂。1911 年，经晓骑校德宏操持在莫力屯（今讷河县龙河镇保安村）建立了达斡尔初等小学堂。至此，讷河全县有民族初级师范预备科 1 所，学生 30 余名，民族初等小学堂 4 所，学生 150 余名。③ 民国时期，达斡尔族小学教育日渐普及，民族教育已颇具规模。民国初年，在嫩江左岸清和屯、博库浅、博尔气相继建立初等小学。1917 年，在讷河县开阔浅屯创办私立小学一所，专门招收本屯达斡尔子弟入学，成为达斡尔族建立的第一所近代私立小学校；1918 年至 1919 年，达斡尔族著名教育家郭道甫先后在海拉尔创立了私立蒙旗小学（呼伦贝尔）和莫和尔图私立小学（该校曾有女学之称，是达斡尔族第一所女子学校）；1920 年，恢复的

---

① 《吉林公报》，1918 年第 8 期，吉林省档案馆民国时期档案，转引自吉林省地方志编纂委员会编《吉林省志·教育志》，吉林人民出版社，1992 年 8 月版，第 404～405 页。

② 满都尔图著：《达斡尔族》，民族出版社，1991 年版，第 102 页。

③ 黑龙江档案馆编：《档案史料选编·黑龙江少数民族》，黑龙江省民族研究所，1985 年 5 月版，第 177 页。

海拉尔官学改为呼伦贝尔蒙旗中学，招收各旗的蒙古、达斡尔、鄂温克、鄂伦春等族子弟入学，在校学生达 200 人。1922 年，东北实行新学制后，黑龙江地区的敖宝屯、全和台、梅里斯、杜尔门沁、音沁、文图达等村相继建立一些小学堂。1923 年秋，达斡尔族著名教育家金耀洲在梅里斯村创办了梅里斯私立学校，主要招收招收适龄达斡尔族儿童入学。同年，西布特哈在尼尔基镇设完全小学一所——布西初高两级小学校。在阿荣、绰尔哈勒等屯设初级小学 6 所。1925 年，布西设治局管内 7 所官办小学，其中大部分为达斡尔族子弟。1928 年 8 月，在达斡尔族聚集区的齐齐哈尔开办了齐齐哈尔蒙旗师范学校，学校有汉、蒙、达斡尔等族的教师 20 余人。因此，这所中等师范学校的教学质量较好。该校建立后，几年来培养出了一大批优秀的知识分子，甚至还有一些优秀青年出国留学继续深造。由于这时期东北地区达斡尔族教育事业的发展，一些高级小学毕业后的达斡尔族学子纷纷“升入黑龙江省满蒙师范学堂，黑龙江省第一师范学校，东北蒙旗师范学校，北平师范大学，南京中央政治学校，北平俄文法文学院，上海美术专科学校，北平蒙藏学校”①。可见，这时期达斡尔族的教育在清末民初东北地区少数民族新式教育发展中的成绩是令人瞩目的。

清初鄂伦春族教育发展缓慢，直到清末时期还是一种“非唯通悉汉文者，百不得一，即稍识之无能道汉语者亦十无二三”的局面。② 在边疆危机日益严重的形势下，东北地方当局为防止俄国对鄂伦春族的利诱及苏联的“赤化”政策的影响，以达到“坚心内向”、“以固边陲”的目的，将振兴鄂伦春民族教育与国防大计联系在一起，大力推行“弃猎归农”政策，倡导兴办新式教育。光绪三十一年（1905 年），东北地方当局相继在瑷珲、黑河、墨尔根（现嫩江）等地建立几所新式学堂，专门招收鄂伦春族子弟就近入学读书。光绪三十四年（1908 年）兴东道毕拉尔路协领庆山，筹办鄂伦春族的毕拉尔路蒙养小学堂，学校在宣统二年（1910 年）二月开学。校址设于协领公署所在地的车陆（现逊克车陆乡），有懂满汉文字和语言的教员 1 名，学生 20 名，教员薪水及学生的书籍文具费由提学使司支付，学生的伙食费自备，由省拔给一千两白银作为三年经费，这是鄂伦春族的第一所小学。1912 年，决定在库玛

---

① 《达斡尔族简史》编写组编：《达斡尔族简史》，内蒙古人民出版社，1986 年版，第 118 页。

② 徐世昌等编纂：《东三省政略·旗务·黑龙江省》（下），吉林文史出版社，1989 年版，第 1375 页。

尔路、毕拉尔路、阿里多普库尔路每路都创立一所省立鄂伦春小学，共三所。1920 年 1 月在原省立第三鄂伦春学校基础上改建高、初级完全小学，即省立第一鄂伦春高等小学。1921 年将省立第一、二校毕业生合组，组建第二鄂伦春高等小学。1920 年又成立 4 所公立国民小学。每个学校只招收 30 名，四校共计有学生 120 人，后又增设几所学校。至 1921 年省公立鄂伦春学校已有 8 所，学生共 230 余名。这对一个人口只有 4000 余人的少数民族来说教育普及的成绩可谓是十分可观。通过大力兴办新式教育，鄂伦春族的数百名儿童有机会接受新式教育的熏陶，从而为鄂伦春族培养了一批优秀的人才，对于推动鄂伦春社会的发展起到了一定的积极作用。

鄂温克族的主要聚居区分布在讷河一带，由于人数很少，常与达斡尔、鄂伦春等族杂居一处。鄂温克族是一个有语言无文字的民族，主要使用蒙语和满语两种语言。在清末新政的推动下，鄂温克族开明人士积极筹措发展新式教育事宜。1906 年 4 月 24 日，鄂温克族的开明绅士福龄创建了布特哈初等小学堂（即蒙养学堂），成为当时鄂温克族地区最早按照新学制创办的新式学校。在他的带领下，一些鄂温克、达斡尔八旗官员纷纷投身新式教育事业，相继在占育、拉哈、喀木尼喀等旗屯设立数所新式学堂。还有一些从蒙养学堂先期毕业的学生，如佐领佛尔清额、骁骑校荣福和德宏等人也都回到各自旗屯致力于新式教育事业，先后在多金、奎勒浅、阿拉哈浅等旗屯办起了初小学堂，从而成为当时鄂温克族新式教育的积极倡办者。① 此外，呼伦贝尔的贵福、成吉、达门达和西布特哈的萨音绰克托等人也都热衷并致力于新式教育事业。如 1910 年，呼伦贝尔八旗索伦左翼镶黄旗开明士绅贵福、成吉等人率领鄂温克、达斡尔族群众，在莫和尔图村以石为料修建了一所新式学校（即石屋学堂），该校由曾任副都统衙门笔帖式的鄂温克人贵福主持教务，讲授满文课程，后在他提议下加授汉语文，聘请西布特哈达斡尔学者贺希布主授，开始渐次增设新学课程。② 正是在这些社会开明人士的带动下，新式教育事业逐渐被鄂温克族群众所接受、响应和支持，于是各种类型的新式学校如雨后春笋遍设于鄂温克族地区，形成一股颇为壮观的兴办新式教育的潮流。民国建立后，在教育部兴办新学的诸多举措推动下，鄂温克族的教育事业进一步发展，其主要表现在小学教

① 丁墨林：《清代讷河教育的地方特色》，《黑龙江史志》，1995 年版，第 2 期，第 33 页。

② 《布特哈东路初等小学堂调查表》（光绪三十三年六月二十二日），载黑龙江省档案馆、黑龙江省民族研究所编《档案史料选编·黑龙江少数民族》，哈尔滨 1985 年内部版，第 488 页。

育和汉语文教学的日趋普及两个方面。1914 年，鄂温克人就通过改建、扩建或创办等方式设立了吉木伦屯阿伦、墨尔丁屯谟鼎、绰哈尔屯卓尔、乌尔科屯乌珠、霍日里屯和礼、登特科屯特科、博伦屯博能、哈力沁屯履新等 8 所初等小学堂。1922 年，在今鄂温克旗莫和尔图苏木开办莫和尔图小学，当时招生 20 名，以汉语文教学为主，开设国文、算术、音乐、体育、美术、俄语、蒙古文等课程。1926 年 6 月，讷河县在嘎布卡建立了鄂温克第三初级小学校，招收学生 26 名。该校学制规定为 3 年，采用复式教学的方式，教学内容基本与汉族学校相同。同年，在今鄂温克旗辉苏木创办洪克苏热小学，招生 16 名，开设国文、算术、音乐、满文、蒙古文等课程；1927 年，在今鄂温克旗锡尼河苏木创办锡尼河小学，招生 20 余名，开设国文、算术、蒙古文、俄语等课程；1929 年，又在鄂温克旗南屯创办南屯私立小学，招生 30 余人，用蒙古文、汉文进行双语教学。① 可见，从 1912 年到 1931 年，鄂温克族地区通过改建、扩建和创办的方式建立了一大批新式小学，于是，在鄂温克族较为聚居的地方几乎都设有正规的新式小学。这些学校都已采用了新学制，以汉语文教学为主，讲授部定新学课程，少数学校也有兼授满蒙文的。② 该校毕业的一些优秀学生先后升入齐齐哈尔八旗满蒙师范学堂、东布特哈初级师范学堂继续深造。从此，鄂温克族新式教育事业步入一个新的发展阶段。

赫哲族是我国人数较少的民族之一，主要分布在黑龙江、松花江和乌苏里江交汇处，是一个以渔猎为生的民族。这个民族有语言没有文字，赫哲族人早期学习满文。雍正十一年（1733 年），清政府“于三姓地方设教习二员，教八旗赫哲人丁”③，是为清朝在赫哲族居住区设学之始。光绪年间，赫哲族人才开始学习汉文。在晚清时期大兴新式教育热潮影响下，这时期赫哲族居住地区也出现了一些新式学堂。1907 年，创办了赫哲族第一所新式小学。民国时期，在赫哲族聚居的苏苏屯、街津口等地设立一些学校，由于赫哲族子弟生活贫困，大多无力就学，因此，在多数学校中都存在生源不足的问题。1924 年，街津口小学校，归并到同江学校。当然，这时期赫哲族新式教育的发展程度不高，办学效果也有限。但是对于当时不足 2000 人的赫哲族来说，这时期推广

---

① 索能苏荣：《索伦旗教育发展概况》，《鄂温克族自治旗文史资料》，第 1 辑，第 52 ~ 54 页。

② 黑龙江省档案馆、黑龙江省民族研究所编：《档案史料选编·黑龙江少数民族》，哈尔滨 1985 年内部版，第 364 ~ 366 页。

③ 黑龙江省地方志编纂委员会编：《黑龙江省志·教育志》，黑龙江人民出版社，1996 年 12 月版，第 286 页。

新式教育事业所取得的成绩还是应该肯定的。

二、清末民初少数民族教育发展特点分析

自古以来，东北地区就是一个多民族聚居的地区。清末民初时期东北地区兴起来的少数民族的新式教育是一个有别于传统旗学教育的新事物，并以一种前所未有的规模迅速发展，并最终完成了从传统旗学教育向新式教育的转型。由于所处地理位置和社会环境的差异，这时期东北地区少数民族的新式教育在其发展过程中逐渐形成了一些自身的特点。

（1）发展程度上不平衡。清末民初时期，在社会各界人士的努力下，东北地区创办了一批新式学校，但这些新式教育在发展程度上存在着明显的不平衡性。首先，从新式学校的分布来看，新式学校主要分布在经济文化相对比较发达的杂居地区，诸如沈阳县、永吉县、齐齐哈尔、摩尔根、东布特哈等地区，民族主要有回族、达斡尔族、鄂温克族、鄂伦春族等，这些民族长期与满汉民族杂居，较早地接触到满汉民族的文化，因此新式教育事业发展的水平比较高，不仅建立了一些初高级小学校，还建立了一些蒙旗中学或师范学校等中等教育，还有一些优秀人才到国外学校深造。相比而言，在一些边远地区及广大乡村地区少数民族新式教育处于一种规模小、层次低的初始阶段。例如西部特哈、呼伦贝尔等地的达斡尔族及鄂温克族虽然建立了一些新式学校，然而，教师多为原来旗学教员或旗校毕业生担任，教材也是《三字经》《百家姓》《圣谕广训》《吏治辑要》等传统的满文课本。① 实际上，这些学校的教学形式和方法几乎与旗学无异。其次，从教学的内容来看，这时期的新式学堂主要可以分为三类：一是以旗学为主，辅以新学内容；一是以新学为主，辅以旗学内容；一是完全的新学内容。这时期，由于合适教员的缺乏，新式学堂的教员多为旗学或懂满语的人士担任，这样无疑更加重了新式学堂的旗学色彩。例如，光绪三十三年（1907 年）创办的赫哲族第一所新式小学堂，最初就是以满语为主要的语言工具，直到民国中期该校才改为学习汉语文。最后，从学堂发展的层次来看，这时期的新式学堂基本上是小学堂，中等教育机构寥寥无几。由于少数民族地区的文化水平较低，在兴学初期广泛建立这种具有启蒙教育性质的小学堂是十分必要的，直到民国时期东北地区的民族教育仍然处在初级阶段的层面上。由此而论，尽管这时期东北地区民族的新式教育发展迅速，

① 参看刘世海主编：《内蒙古民族教育发展战略》，内蒙古人民出版社，1992 年版，第 26 页。

但就整体发展状况而言，其发展程度并非很高，发展水平参差不齐，呈现了一种极大的不平衡性。

（2）办学方式以团体和私人办学为主。在兴学之初，少数民族地区新式学堂的创办主要由团体或私人创办为主。例如，1911 年，奉天回族阿訇铁荣久倡办沈阳清真女子学堂，最初只招女生，后因入校人数渐增，开始招男生，改名为沈阳清真学堂，经费来自牛羊屠宰捐，由牛羊公会（回族群众性组织）从屠户中按每头牛五角征收。① 此外，丹东、辽阳等地也先后建立了几所类似的清真小学。吉林地区满族学堂的办学经费主要以满旗人捐赠的土地、碱甸、柳及三座砖窑的出租收入为来源。可见，正是这样一大批热心新学的有识之士的倡导和赞助，直接推动了一大批新式民族学校的创建。然而，这些学校属于私人办学性质，往往因为师资、经费等问题没有保障而难以得到长期的正常发展，不是存在办学质量低下的问题，就是难以为继，被迫停办。例如，1922 年由郭道甫、福明泰捐资创办的鄂温克莫和尔图小学，就是由于师资、经费问题的困扰而最后不得不归于停办的厄运。② 为了统一管理东北少数民族地区新式学校和更好地在民族地区推广新式教育，东北地区一些开明民族人士发起和成立一些教育团体。1929 年 9 月，在齐齐哈尔以蒙古族为代表，包括鄂温克、达斡尔族的上层人士共同发起成立了“黑龙江蒙旗教育委员会”，并制定了《黑龙江蒙旗教育委员会章程》。章程总则规定：“本委员会由札、杜、郭、依四蒙旗及呼伦贝尔、东西布特哈、附郭各蒙旗委员共同组织之，专为创办及促进黑龙江境内蒙旗教育事业”。章程第三章则详细规定了该委员会的具体职权：“遵照教育部颁行教育方案，商承教育厅规定学校课程及考核办法”；“监督并指导蒙旗公立、私立各学校之进行及改善”；“创设各种学校以及其他文化事业”；“尽先筹建蒙旗公立师范学校，以资培养师资”等等。③ 委员会总会成立后，黑龙江各蒙旗还相继成立了各自的分会。这些以创办和管理新式教育为宗旨的教育团体的设立，在一定程度上改变了原来那种互不统属的分散办学状况，逐步向有组织、有系统的公立官办方向发展。

（3）保留浓厚的旧式教育色彩。清末民初时期，东北地区新式民族教育还具有一定的民族色彩。在学堂的课程设置方面，这些学校的教学内容还存在

---

① 胡玉海主编、郭建平著：《奉系教育》，辽海出版社，2000 年 6 月版，第 160 页。

② 黑龙江史志编纂委员会：《鄂温克族自治旗文史资料》，第 1 辑，1988 年，第 53 页。

③ 黑龙江档案馆编：《档案史料选编·黑龙江少数民族》，哈尔滨 1985 年内部发行，第 371 ~ 374 页。

旗学或经文的教课内容。总体来说，这时期学校的课程设置基本上依据《奏定章程》中的相关规定办理，设立修身、读经讲经、图文、历史、地理、格致、算术、体操等科目，但还增加一些语言（主要为本民族语言或满族类）和经学的内容。达斡尔族学堂就以传统的《蒙学读本》《孟子》《圣谕广训》《吏治辑要》为课本。对于一些宗教团体创办的新式学堂，也会增加一些宗教的内容。回族团体兴办的新式学堂的课程按学部章程开设，用汉语文授课，加授伊斯兰文，讲授克兰经典，进行教义、教律的教育。宣统二年（1910 年），和龙县地区由宗教团体创办的学校除了开设部章规定的课程外，还加设一门圣经课程。① 还有一个突出表现就是学校采取的双语教学形式。由于东北地区的一些民族尚处于一种有语言无文字的状况，所以只能通过双语教学的形式来教授。在一些新式学堂的教学中常见到这种以满语（蒙语）为教学语言，兼以满（蒙）汉双语教学的现象。还有一些地区的民族采取的是多语教学模式。民国时期，由于达斡尔族有自己的语言，在文字上又与蒙文联系紧密。因此，在新式学堂的教学中就采取一种“达—汉—蒙”多语教育模式，并为本民族培养出一批精通多语的人才。② 正是由于大多数学生“仅识满洲文字，不识汉文”，在教师的选聘上往往要大费周折，甚至在学校中附设满文一科，恳请地方当局“添派熟悉汉、满文字副教习一员”任教③，以实现由满语教学向汉语教学的过渡。当然，少数民族教育守旧色彩的保留，一方面与民族地区新式教育起步较晚，发展程度较低有关，另一方面也是由于各民族文化水平较低所致。清末以来，随着各地新式教育的推广和各民族文化水平的逐步提高，东北地区少数民族的新式教育逐步步入了正轨，在少数民族地区初步实现了从传统教育向近代教育的过渡。

---

① 吉林省地方志编纂委员会编：《吉林省志·教育志》，吉林人民出版社，1992 年 8 月版，第 383 页。

② 孙东方：《论民国时期东北地区达斡尔族的双语教育》，《武汉科技学院学报》，第 19 卷，第 7 期，2006 年 7 月，第 95 页。

③ 黑龙江省教育史编纂委员会：《黑龙江省教育史资料选编》（上），黑龙江教育出版社，1988 年版，第 1068 页。

第七节　清末民初东北乡村女子教育的发展

一、东北地区女子教育发展概况

在传统教育中，女子教育并不为社会所重视。1903 年，学部颁布的《奏定学堂章程》虽然在一定程度上改变了中国原有传统的教育体制，并为现代学校教育的发展和普及提供了一种制度上的保证。然而，在“癸卯学制”中还保留着浓厚的“男尊女卑”传统教育色彩，认为“中国此时情形，若设女学，期间流弊甚多，断不相宜”，“故女子只可于家庭教之，或受母教，或受媬姆之教，令其能识应用之文字，通解家庭应用之书算物理，及妇职应尽之道。女工应为之事，是以持家教子而已”。① 1907 年，清政府修订了“癸卯学制”，颁布了《女子小学堂章程》和《女子师范学堂章程》。其中，《女子小学堂章程》规定“女子小学堂与男子小学堂分别设立不得混合”。女子小学堂分为初等小学堂、高等小学堂及两等并设的女子小学堂。女子初等小学堂学制四年，高等小学堂学制三年。至此，女子教育正式纳入中国学校教育的发展轨迹之中。

在《女子学堂章程》颁布之前，东北地区就出现了少量的女子学堂。1905 年，奉天在省城设立官立女子师范学堂 1 所，设立 2 个班，学生 76 人，开东北女子教育之先河。同年，海城县设立了女子师范学校 1 所。1906 年，奉天地区的女子教育有了进一步的发展。是年，奉天省立女子师范附属小学开始招收女生，是为奉天举办女子小学之先河。7 月，又成立了省立第一女子高级中学。据统计，1906 年奉天地区共设立官立女子学堂 4 所，公立女子学堂 2 所，私立女子学堂 1 所，在校学生达 377 人。② 这时期，黑龙江地区女子教育事业开始起步。1906 年冬，黑龙江在省城齐齐哈尔设立黑龙江省第一幼女初等小学堂 1 所，初招生仅 18 人，租赁 3 间茅舍作为教室。1907 年，学生增至 60 人，修建新式校舍，扩大学校规模。随着女子教育在学制上地位的正式确立，东北地方当局遵循部章积极推行女子教育事业，东北地区的女子教育事业逐渐得到了推广。

---

① 舒新城编：《中国近代教育史资料》（中册），人民教育出版社，1981 年版，第 383 ~ 384 页。

② 数据参看《附奉省学堂历年增减比较表》和《附奉省学堂学生历年增减比较表》的相关统计，载［清］徐世昌撰、李澍田点校，《东三省政略》，吉林文史出版社，1989 年版，第 1394 ~ 1395 页。

奉天地区随着省城女子教育的发展，乡村地区的女子教育得到了一定的推广。清光绪三十二年（1906 年）四月，海城知县管凤和在县城创办的一所女子小学，是为海城县女子学校之嚆失。在城内花园胡同租赁民房为校舍，聘李女士（名字不详）为教员。初招女子初等小学一班。次年学校改为两等小学，添设高等小学一班。刘世淑女士为教员。宣统二年（1910 年），该校改名为女子师范学校，聘岁贡生范懋祺为校长，生员田树人为学监。① 1909 年 5 月，义县设立“义州初等女学堂”。1910 年增加高小班，改称“义州官立两等女学堂”。1910 年，“义州女子初级师范学校”成立，改修大佛寺东宫并新建平房为校舍。该校为五年制，招收相当于六、七年文化的女学生，前二年为预科，后三年为本科。至一九一四年，有二十七名学生毕业。② 据统计：1907 年，奉天地区设立官立女子学堂 8 所，公立女子学堂 2 所，私立女子学堂 1 所，在堂学生 773 人；1908 年，奉天地区设立官立女子学堂 15 所，公立女子学堂 2 所，私立女子学堂 1 所，在校学生 1238 人；③ 1910 年，义县设立女子师范讲习所一处，1911 年，辽阳、昌图又各设立女子师范学校一处。这时期，奉天地区的女子学堂已达 20 多所。

吉林地区女子教育事业起步较晚。光绪三十四年（1908 年）7 月，吉林省地方当局在省城新开门成立省立女子师范学堂一处，并附属女子两等小学堂一所。两等学堂设初、高等各 1 班，每班学生 50 名，职教人员由女师教职员兼任，办学经费由女师拨给，这是吉林省兴办女子教育事业的开端。同年，陈翰卿在省城西关新街西头路南创办的私立第一女子初等小学堂，租房两间作为校舍，招收年龄在 7 ~ 13 岁之间的学生 20 名。农安县邑绅左兆鼎在自家宅内创办了一所农安县私立女子小学堂，招收学生 20 名。这两所私立女学堂是吉林省私立女子小学堂的先躯，推动了吉林地区私立女子教育事业的发展。据统计：1909 年，吉林地区共有女子学堂 3 所，学生 158 人。其中，省城有 2 所，学生 140 人，农安县 1 所，学生 18 人。④ 1910 年 4 月，头道沟开明绅士武树

---

① 徐壮尤：《海城女子学校之兴起》，《海城文史资料》，第 2 辑，第 32 页。

② 张鼎元：《建国前义县城区学校的演化》，《义县文史资料》，第 2 辑，第 31 页。

③ 数据参看《附奉省学堂历年增减比较表》和《附奉省学堂学生历年增减比较表》的相关统计，转载徐世昌编、李澍田等点校《东三省政略》，卷九，学务，吉林文史出版社，1989 年版，第 1394 ~ 1395 页。

④ 数据参看《附吉省各级学堂统计表》（宣统元年二月）和《附吉省各级学堂学生统计表》的相关统计，载徐世昌编、李澍田等点校《东三省政略》，卷九，学务，吉林文史出版社，1989 年版，第 1414 ~ 1415 页。

勋提倡并捐资创办了头道沟女子小学校。1910 年 11 月，陶彬倡议在帽儿山前创办了延吉第二初等女子小学校。清宣统二年（1910 年）12 月，县城西北区建立了新城府四年制女子学堂，招生 1 个班，40 名学生，是扶余官办女学之始。1911 年，长春地区“自女学堂设立以来，风气日即开通，而女学生亦日渐众多，故特添设女子师范及高等女学各一班，曾志前报。兹闻细三道街慈善会院内之女学校又招考新生，报名者异常踊跃。长郡女学之发达，即此已概见一般矣”①。宣统三年（1911 年）上半年，吉林地区女子小学堂数量有所增多，下面是清末时期吉林各县女学发展的概况。

延吉　女高小生，曾经毕业，又招新生。将来分设女师范，以迪国民，不让强邻。

珲春　民国六年学生仅十五名，今又递增。

长春　女子职业学校，已有兴业工厂机器，学织爱国布、毛袜并缝纫。

伊通　女师范讲习所，成立较早，伊丹、乐山镇、二十家子、四台、二台，皆有女学。

双城　曾设县立女师已并，高小整齐，国民十校专教女子，比他县为最多。

滨江　虽设女子高等小学，然比之俄侨女子中学远甚，宜预筹第二女子中学。

磐石　女子高等学校既成，特设男女合校之国民学校，以为模范。②

黑龙江地区的女子教育发展比较迅速。光绪三十三年（1907 年），呼兰、巴彦、兰西等县相继设立第二、第三、第四幼女学堂。此后，海伦、青冈、安达等地女子学堂也纷纷设立。光绪三十四年（1908 年），黑龙江地区共有女子学堂 7 所，职员 5 人，教员 12 人，学生 244 人。③ 为了解决师资问题，1911 年，黑龙江省女子师范学堂成立，还设一所附属小学，共有教职员 2 人，招收学生 50 名。据统计：宣统元年，黑龙江地区女子学校 16 所。清朝灭亡前夕，

---

① 《女学日渐发达》，《盛京时报》，1911 年 10 月 4 日，第 5 版，转载长春社会科学院编辑、杨洪友编校《〈盛京时报〉长春资料选编》清朝宣统卷（1909～1911），下册，长春出版社，2005 年版，第 778 页。

② 李澍田主编：长白丛书五集《吉林纪略》，吉林文史出版社，1993 年 12 月版，第 367 页。

③ 数据参看《附江省学务统计总表》（光绪三十四年分），载徐世昌编、李澍田等点校《东三省政略》，卷九，学务，吉林文史出版社，1989 年版，第 1425 页。

黑龙江地区女子学校达29所，教职员50人，学生876人。① 可见，当时黑龙江地区女子教育的发展十分迅速。

民国政府成立后，西方资产阶级所提倡的“天赋人权，男女本非悬殊”②思想在社会上得到了广泛传播。教育部也积极秉承“教育既兴，然后男女可望平权，男女平权，然后可成此共和民国”的教育宗旨，把“自应以提倡女子教育为最要之事”③ 当做主要工作来抓。1912年中华民国成立，颁布了一个反映资产阶级要求的“壬子癸丑学制”。在发展女子教育方面规定，初等小学可以男女同校；女子小学、女子师范与男子小学、男子师范的修业年限相等；女子高小以上，可设立女子中学、女子师范及女子高等师范；且规定女子学校不另立系统，特设立女学校章程，暂时照旧。新学制基本上废除了教育权利上的两性差别，反映了资产阶级男女平等的思想。特别是1915年兴起的新文化运动极力倡导男女平等，主张男女可以同校，以“民主”、“科学”为武器，对旧道德、旧文化、旧思想、旧礼俗展开了前所未有的冲击，从而推动了女子教育事业的进步。在民国政府提倡女学运动的推动下，东北社会上形成了一股倡兴女学的社会风尚，辽宁、吉林和黑龙江地区的女子教育事业得到了迅速的发展，女子入学率显著提高。

辽宁地区的女子教育发展迅速。民国时期奉天地区女子教育的发展表现在两个方面，一是女子教育事业在原有的基础上继续向前发展，一是新建一些女子学校，以满足女童入学读书的需要。义县地区的女子教育事业就是在原有的基础上有了较大的发展。1914年，义州女子初级师范学校（1910年成立）仅毕业27名学生。1916年改为三年制的师范讲习科，毕业学生的人数显著增加。1928年先后毕业学生总计119人。1910年，原义州初等女学堂（1909年设立）增加了高小班，改称“义州官立两等女学堂”。1915年改为国民学校，1924年又改为初级小学。至1929年，该校先后毕业高小计141人，初小计184人。“九·一八”时，该校女高小两个班，女初小四个班，在校学生共140人。④ 海城县除女子教育在原有基础上继续发展外，还新建了一批女子学校。清光绪三十二年（1909年）四月，海城县女子学堂仅有海城知县管风和

① 黑龙江省地方志编纂委员会编：《黑龙江省志·教育志》，黑龙江人民出版社，1996年12月版，第100页。

② 《孙中山全集》，第2卷，中华书局，1982年版，第52页。

③ 李华兴：《民国教育史》，上海教育出版社，1997年版，第719页。

④ 张鼎元：《建国前义县城区学校的演化》，《义县文史资料》，第2辑，第31～32页。

创办的女子小学一所。宣统二年（1910年），该校改为女子师范学校，进一步扩大办学规模。民国初年，社会风气逐渐开放，海城地区女子求学者络绎不绝，学校的办学规模也逐渐扩大。至民国十二年（1923年），全校教职员达13人。其中校长1人，职员兼学监2人，教员9人，雇员1人（杂役）。学校增设女师范1个班、女高小3个班、女高小4个班。全校共有学生286人，其中师范生1级，学生30人；高小生3级，学生73人；初小生4级，学生183人。① 此外，海城地区还建立一批女子学校。其中女子师范学校1所（附女高等小学校），女子初等小学校23所，教职员46人，34个班级，学生1570人。② 可见当时奉天地区女子教育的发展状况之一斑。1929年统计，县立小学女子学生为15792人，初级小学女生为44962人，县立高级小学女生为3281人，县立中学女生人数为789人。③ 可见，民国时期，奉天地区的女子教育事业得到了迅速的发展。

吉林地区的女子教育发展较快。1920年10月11日统计（按当时行政区划），全省有女子小学80所，女生为6353名。④《第五次教育统计图表统计》，公立国民女子学校42所，学生4101人；私立国民女子小学3所，学生107人；女子高等小学16所，学生554人；其它类女子学堂1所，学生24人，女子师范学校3所，学生200人。⑤ 扶余地区在民国初期建立了扶余县立第一女子小学，最初招生一个班，学生50名，后来每年招生2个班，学生人数也逐渐增加。⑥ 1913年，延吉第一女子初等小学校重新修建数间校舍，增招了30名女学生，学生仍分为甲乙两班教授课程。1914年，学校的学生已增加到86名。在当时的延边，它是规模最大的女子小学校。到了1925年，有学生176名，分初高级班教授。⑦ 1931年统计：省立（省城以外）完全小学女生261

---

① 徐壮尤：《海城女子学校之兴起》，《海城文史资料》，第2辑，第32页。

② 徐壮尤：《海城女子学校之兴起》，《海城文史资料》，第2辑，第33～34页。

③ 文中关于辽宁地区小学和中学的统计数据，主要参看王鸿宾、向南、孙孝恩主编《东北教育通史》，辽宁教育出版社，1992年8月版，见第401～407页，第424～425页。

④ 吉林省地方志编纂委员会编：《吉林省志·教育志》，吉林人民出版社，1992年8月版，第44页。

⑤ 参看《吉林省学务统计表》，教育部总务厅文书科编《中华民国第五次教育统计图表》，第69～70页。

⑥ 邱景云：《昔日扶余城区女子学校概况》，《扶余文史资料》，第11辑，第68页。

⑦ 李无畏：《延吉县立第一女子初等小学校》，《延吉文史资料》，第1辑，第91～92页。

人，县立完全小学女生5732人，初级小学女生为5875人。①

黑龙江地区的女子教育事业发展迅速。1912年至1914年三年间，祝宗梁女士偕同仁一起在省城创办了女子职业学校、省立女子中学、女教员讲习所等教育机构。1914年，刘盛（林传甲之母）创办黑龙江省立女子教养院，并亲任院长，主要招收孤儿，不仅教学生习字，还教他们谋生手段。至此，黑龙江省女子教育基本形成了完整的体系，女子教育事业的发展水平跃居全国各省的首位。据统计，1916年，黑龙江省女子师范学校、女子职业学校、女子中学各一所，女子高等小学13所，女子国民学校（初等小学校）41所。《第五次教育统计图表》：公立女子国民学校59所，学生3516人；私立女子国民学校4所，学生112人；女子高等小学14所，学生384人；私立女子高等小学1所，学生19人；工业学校1所，学生70人；中学1所，学生42人；师范1所，学生166人；其他类学校1所，学生26人。② 1926年东省特区将收回的丛德女子中学改为东省特区第一女子中学，招收初高中女生入学。1929年，东省特区创立特区第二女子中学（初中）一处。1929年统计，黑龙江省初级小学女生人数4052人，高级小学女生人数338人，两级小学女生人数为4018人。③ 据1930年统计，特区一中设初高中10个班，有学生370人；特区二中设3个班，学生133人。④

在课程设置方面，东北地方当局基本遵照部章要求办理。晚清时期，黑龙江女子师范学堂招收女子高等小学堂毕业生入学，修业年限为四年。开设修身、教育、国文、历史、地理、算学、格致、图画、家事、裁缝、手艺、音乐、体操等十三门学科。⑤ 下面的这段资料记录了延吉县立第一女子初等小学的教学情况：

清宣统二年六月（一九一〇年），延吉地区正式成立延吉县立第一女子初

---

① 文中关于吉林地区小学和中学的统计数据，主要参看王鸿宾、向南、孙孝恩主编《东北教育通史》，辽宁教育出版社，1992年8月版，第409~410页，

② 参看《黑龙江省学务统计表》，教育部总务厅文书科编《中华民国第五次教育统计图表》，第89~90页。

③ 文中关于黑龙江地区小学和中学的统计数据，主要参看王鸿宾、向南、孙孝恩主编《东北教育通史》，辽宁教育出版社，1992年8月版，第414页，

④ 主要参考《1930年东省特别区中学一览表》统计数据，载黑龙江省地方志编纂委员会编《黑龙江省志·教育志》，黑龙江人民出版社，1996年12月版，第168页。

⑤ 黑龙江省地方志编纂委员会编：《黑龙江省志·教育志》，黑龙江人民出版社，1996年12月版，第429页。

等小学校。在建校之初，学校共招收了26名女学生，分甲、乙两班分别教授。这些学生大多是当地一些官商富豪家的子女，而地方社会下层民众子女为数甚少。学校的教师全是女性，都是在内地女子师范学校毕业招聘而来。教师的薪金和教学费用均由设在延吉的办学机关劝学所供给。其课程设置最初还有四书五经，以及《女儿经》之类的东西。随着新学运动的兴起，学校还增设了国文、体操、修身、算术等科目。①

民国时期敦化女校主要“讲授修身、算术、手工、图画、体操、唱歌六门课程”②。为了加强对校务的管理，海城女子学校秉承“小学生导引于正当之规律；师范及高小生注重自治，以养成自治之性格，以实现本校校训‘诚、敬、勤、朴及自编的训育要目为实施之标准’”的办学宗旨，在学校设立了政务股、图书股、庶务股、成绩股、训育股、体育股、卫生股、揭示股、园役股、商务股、斋务股，并设有教学研究会、教科内容研究会及校务会。学校的教学用品也比较齐全，主要有博物图五十张、修身挂图三十五张、女子礼仪图二十张、理化仪器六十余种、化学药品百余种、参考书五十余种、体操器械五种、游戏器械数种、风琴二架、杂具等数种。③ 此外，女子学校还十分注重家政教育。对于家政一科的教学，则教授如下的内容：A. 校内添设作法室，俾学生分组练习日常礼仪；B. 实习园艺、烹饪；C. 缝纫一科，择切于日常服用者制作之，凡华丽品，无当于实用，悉行革除；D. 珠算、簿记或由校中设立售品处，或就日用伙食之计算，令女生自行经理，以资练习；E. 扫除浣濯等事，督令学生操作。④ 通过家政科目的教授，逐渐培养了女学生学习日常礼仪和操持家务的能力。

说到近代东北地区的女子教育，不能不提及一下这时期东北地区的女子留学状况。实际上，中国最早的留日女生一般都与政府无关，只是作为留学人员的家属随父兄、丈夫远赴国外教育机关学习的。地处中国边陲的东北地区女子留学事业与中原地区有所不同，不仅留学运动的起步较晚，也是中央和东北地方政府兴学运动的产物。光绪三十一年（1905年），奉天农工商务局总办熊希龄在赴日视察教育后与日本实践女校校长下田歌子约定每年送15名学生赴实

---

① 李无畏：《延吉县立第一女子初等小学校》，《延吉文史资料》，第1辑，第91页。

② 李建树：《敦化女校创办始末》，《敦化文史资料》，第8辑，第11页。

③ 徐壮尤：《海城女子学校之兴起》，《海城文史资料》，第2辑，第32~33页。

④ 《奉天公报》，第2006号，转引自胡玉海主编、郭建平著《奉系教育》，辽海出版社，2000年6月版，第242页。

践女校学习，该校“以便利方法，于短时日中，为中国留学女生授以女子教养之道”①。光绪三十三年（1907 年）春，奉天地方当局“遴选女师范学堂生三十七人，赴日本实践女校肄业，而女学子自费留学者亦接踵而起”②。而据日本实践女子学校的记载：1907 年春，奉天女子师范学堂的 23 名学生到校学习。③ 这时期，吉林、黑龙江地区的女子留学生较少。光绪三十一年（1905 年），吉林提学使曹广桢“补助留日自费生三名，女学生一名，以鼓励之”④。黑龙江地区留学生全为男生，还没有女子留学生的身影。

民国时期，东北地方当局十分重视留学教育，女子留学教育得到了一定的发展。这时期，东北地区的女子留学生主要集中在女子大学校、东京高等蚕丝学校、东洋音乐学校、日本美术学校等专门学校。由于缺乏详细的统计资料，笔者只能根据一些零散的统计资料进行相应的分析。长春市档案馆馆藏资料记载：1913 年，吉林省日本私费留学生 5 人，其中女子 1 人。⑤ 留日学生监督处《民国五年度留日学生各项统计表》中记载：1917 年，在官费留日女子学生中，吉林地区 2 人，奉天和黑龙江地区均未派遣；在自费留日女子学生中，奉天 1 名，吉林、黑龙江地区均无自费留日女生。⑥ 下表是 1925 年东北地区留学生性别和费别的一个统计，从中对当时东北地区女子留学有一个大概的了解。

① 《日本实践女学校附属中国女子留学生师范·工艺速成科规则》，《东方杂志》，第 2 卷，第 6 期，1905 年。

② 徐世昌编、李澍田等点校：《东三省政略》，卷九，学务，吉林，吉林文史出版社，1989 年版，第 1399 页。

③ 《实践女子学园八十年史》，第 110 ~ 111 页，转引自周一川《近代中国女性日本留学史（1872 ~ 1945 年）》，社会科学文献出版社，2007 年 6 月版，第 42 ~ 43 页。

④ 徐世昌编、李澍田等点校：《东三省政略》，卷九，学务，吉林，吉林文史出版社，1989 年版，第 1419 页。

⑤ 清末民初档案，长春市档案馆资料，卷宗号 00180，转引自刘振生《“满洲国”日本留学史研究》，吉林大学出版社，2004 年 5 月版，第 19 页。

⑥ 林子勋：《中国留学教育史（1847 ~ 1975）》，（台北）青冈出版有限公司，中华民国六十五年（1977）元月二十日出版，第 404 页，第 406 页。

表 2.9　1925 年东北地方日本留学男女别费别①

省别	官费		私费		计		合计
	男	女	男	女	男	女	
奉天	41	0	31	0	72	0	72
吉林	9	1	10	2	19	3	22
黑龙江	4	0	11	1	15	1	16

我们还可以通过日本学校的一些统计进行分析，在《东京女子高等师范学校中国人留学生名簿》中记载：辽宁地区有旅顺高女金显珊（1921 年 4 月入学，1921 年度退学）、旅顺师的傅喜珍（1927 年 4 月入学）、旅顺师的王金英（1928 年 4 月入学）、辽宁女文中的骆恩玉（1930 年 4 月入学，1931 年度退学）、辽宁女文中的倪桂馥（1931 年 4 月入学）等 5 人。吉林有初若琳 1 人（出身不详，1916 年 4 月入学，1917 年度退学），黑龙江有黑龙江省立第一女师的崔肃（1927 年 4 月入学，1929 年度退学）。② 在《东京女医学校 · 东京女子医学专门学校中国人留学生名簿 · 1908 ~ 1942 年》中记载：1928 ~ 1930 年，辽宁地区共有 3 名女子留学生。分别是 1928 年入学的辽宁省金州的于凤云；1929 年入学的辽宁省海龙县的綦因低；1930 年辽宁省旅大市的于桂云。③ 下表是 1903 ~ 1931 年日本私立女子美术学校的相关统计，从中可以了解这时期东北地区女子留学教育的发展概况。

表 2.10　私立女子美术学校东北留学生统计表（1903 ~ 1931 年）④　单位：人

年度＼出身地	黑龙江	奉天	吉林	锦州	合计
1918	1				1
1919		1			1
1921		1			1
1924		1			1

① 满蒙文化协会编：《满蒙年鉴》，1925 年版，第 594 页。

② 参看《东京女子高等师范学校中国人留学生名簿》，载周一川《近代中国女性日本留学史（1872 ~ 1945 年）》，社会科学文献出版社，2007 年 6 月版，第 320 ~ 322 页。

③ 参看《东京女医学校 · 东京女子医学专门学校中国人留学生名簿 · 1908 ~ 1942 年》，载周一川《近代中国女性日本留学史（1872 ~ 1945 年）》，社会科学文献出版社，2007 年 6 月版，第 328 页。

④ 私立女子美术学校（女子美术学校、女子美术专门学校）《学籍簿》，转自周一川《近代中国女性日本留学史（1872 ~ 1945 年）》，社会科学文献出版社，2007 年 6 月版，第 175 ~ 176 页。

续表

年度＼出身地	黑龙江	奉天	吉林	锦州	合计
1927		1	1		2
1928		1			1
1930	1		2		3
合计	2	5	3		10

这些女性留学生学习的科目包括师范、理科、美术、音乐、家事、文科等内容，以便回国后从事教学工作或其它社会工作。下面是日本私立女子美术学校中东北地区女子留学生的统计情况，从中可以看出当时东北地区女子留学的一个概况。

表 2.11　私立女子美术学校中东北地区留日生的统计①

氏名	出身省	出身学校	年龄	入学年月日	专攻学科	毕业退学年月日
鲍首芳	黑龙江省		20 岁	1918. 6. 1	造花科速成科	1918. 7 退学（除名）
丛舜英	奉天省海龙府		18 岁	1919. 9. 29	西洋画科选科	
张云连	吉林省宁安县	宁安县立女子高等小学校毕业	23 岁	1921. 10. 26	刺绣科速成班	1922. 3. 24 毕业
吴毓芬	吉林省吉林县	吉林省立女子师范	22 岁	1921. 11. 1	造花科速成班	1922. 3. 24 毕业
徐樱芬	吉林省	民国高等女子学校	26 岁	1922. 4. 9	刺绣科速成班	1922. 10. 15 毕业
赵光璧	奉天省辽阳县	辽阳女子师范	20 岁	1924. 4. 9	造花科选科	1936. 3. 25 毕业
王淑筠	旅顺市	京都同志社女学校毕业	20 岁	1925. 4. 9	刺绣科高等科	1926. 3. 25 毕业
龚岫瑛	吉林省榆树县	县立国民小学初级中学校毕业	22 岁	1927. 4. 9	编物科速成班	1927. 10. 15 毕业
张学贞	奉天省辽阳县	奉天省立女子师范毕业	25 岁	1927. 4. 9	造花科速成班	1927. 10. 15 毕业

① 本表根据周一川《近代中国女性日本留学史（1872～1945 年）》（社会科学文献出版社，2007 年 6 月）中的相关表格制成，详见该书，第 135～167 页，第 319～323 页。

续表

氏名	出身省	出身学校	年龄	入学年月日	专攻学科	毕业退学年月日
马秀君	奉天省辽阳县		20岁	1928.10.19	造花科速成班	1929.3.25毕业
杨桂儒	黑龙江省哈尔滨	哈尔滨女子中学毕业	18岁	1930.4.9	日本画科高等师范科	1931.3.25毕业
刘梦仙	吉林省宝县	哈尔滨东省特别区立女子中学校毕业	20岁	1930.4.9	一年制专修科刺绣部	1931.5.25毕业
刘月庵	吉林省永吉县	吉林省立女子师范学校毕业	20岁	1930.4.9	一年制专修科刺绣部	1930.11.7退学（除名）

注：笔者在基本尊重表格容基础上略加改动。“年龄”一栏原为“出生年月”，包括“年龄”和“出生年月”两种表述方式。为了使表格内容表达得更加清晰，作者对此栏略加调整，统一改用“年龄”方式表述。

到“九·一八”事变前夕，东北地区的女子留学人数有了一定的增长。据十八年度统计，吉林教育厅决定派遣男女合计8人赴日留学；黑龙江地区留日官自费生55人，其中女生8人。其中，官费生1人，学习师范科；自费生7人，学习工科、商科、医科、师范科、美术科、研究科和预备各1人。① 热河地区没有官费生的派遣，至于自费学生共有男生6人，女生1人。其中留学日本者5人，留学德、法各1人。②

从上面相关统计来看，清末民初时期，东北地区的女子留学教育发展的进程缓慢，取得的成效也十分有限：一方面是留学人数稀少，尚未形成一定的规模；另一方面是留学国别以日本为主，欧美国家较少。这种现象出现的原因与东北地区女子教育发展程度较低和社会风气落后有直接的关系。虽然，这时期东北地区留学女性的数量十分有限，但是她们回国后的言行对于推动女子教育事业、提高近代蚕丝技术和改变东北地区男尊女卑的传统观念都具有重要作用。

总之，清末民初时期，东北地区的女子教育事业得到了迅速的发展，逐渐形成了具有初步规模的女子教育体系。正如刘盛在《龙江女学文范》中评价当时的黑龙江省女学教育情况时写到：“边地如吉林、甘肃、新疆，是时尚无女学。内地如山东、河南、安徽，女生尚不如龙江之多。观学部第一次教育统

① 刘振生：《“满洲国”日本留学史研究》，吉林大学出版社，2004年5月版，第28~29页。

② 东北文化社编：《东北年鉴》，东北印刷局出版，1931版，第783页，第790页。

计表，龙江女学添在六省之前，愧在十五省之后，未尝不可并驱中原也。为中国各省模范也可，为世界各国女学模范亦无不可。"① 但是，因受当时东北地区经济文化发展水平和社会风气的限制，当时入学读书的只是城里极少数的女孩子。

二、女子教育的特点分析

在清末民初全国大兴女子教育的浪潮中，东北地区相继出现了百余所女子学校，在东北地区形成了兴办女子教育的一个高潮。在几十年断断续续的发展过程中，东北地区的女子教育形成了本地区的独特性。具体说来，主要有以下几个方面的内容。

（1）初步确立女子教育的体系性。清末民初时期，在社会各界人士的努力下，东北乡村地区的女子教育事业得到了一定的发展，初步建立了比较完善的从幼儿教育、小学教育、中学教育到职业教育（含中等师范教育）的女子教育体系。当然，这种教育体系还很不完善，在教育结构上也不合理。这时期的女子教育基本上以小学教育为主，中学、职业和师范类学校的数量较少，就办学条件而言，由于办学经费有限，这时期除了省城地区的几所学校办学条件较好外，其它县城地区的学校办学条件比较差。尽管如此，女子学校在东北地区的出现本身就是一件破天荒的事情，它标志着传统社会所宣传的"女子无才便是德"谎言的破产，对于促进广大妇女阶层国民意识的觉醒具有重要作用。

（2）教育内容的全面性。东北地方当局注重提高女子学生的综合素质。为了提高妇女的素质，教育家刘盛提出培养"健全之国民、自立之国民、优美之国民"的女学教育目标。② 为此，在女学的课程设置中，不仅开设了习算、识字、国文、修身、历史、地理、格致、音乐、体育、图画等课程，还开设了家政、裁缝、珠算、女工等实用性较强的课程，既开拓了学生的知识眼界，又教会学生一技之长。对于优美教育方面，刘盛指出"音乐唱歌，自有天籁，谱入风琴，涵养天真。习字图画以分期陈列，比较竞进，俾以美感教育"。③ 因此，东北地区的女子学校注重对学生进行音乐、美术方面才能的培

① 刘盛：《龙江女学文苑》，转引自黑龙江省教委史志办单雪丽《黑龙江女学教育溯源》，《教育探索》，1996 年第 6 期，第 57 页。

② 刘盛：《黑龙江省立女子教养院成立状况》，《齐齐哈尔文史资料》，1986 年 34 合期，第 25 页。

③ 刘盛：《黑龙江省立女子教养院成立状况》，《齐齐哈尔文史资料》，1986 年 34 合期，第 25 页。

养和教育。随着学校教育的发展，东北地区实现了男女合校的壮举，近代女子教育完成了她的历史使命。

（3）发展的不平衡性。这时期东北地区女子教育事业得到了一定程度的发展，但是女子教育事业的发展存在着明显的不平衡性。一方面是地域分布上的不均衡。总体来说，这时期奉天和黑龙江地区的女子教育事业发展较快，吉林地区发展的速度相对而言就缓慢了一些。1907 年，东北地区女子学堂相关统计如下：奉天地区有女子学堂 12 所，教职员 77 人，学生 694 人；黑龙江地区有学堂 2 所，教职员 5 人，学生 90 人；吉林地区并没有相关的统计。① 经过几十年的发展，东北地区的女子教育显然得到了迅速的发展。东北地区实行男女合校政策后，我们可以通过学校中女学生的人数加以分析。1929 年，东北三省女学生数量如下，辽宁地区有学校 9707 所，女生 68276 人；吉林地区有学校 727 所，女生 11661 人；黑龙江地区有学校 564 所，女生 8408 人。② 可见，民国时期，这种女学分布不平衡的现象虽然得到了一定的改善，但仍然没有得到更好的解决。

总之，清末民初时期，东北地区的女子教育事业经历了一个从无到有的发展过程。女子教育的发展引发了东北地区女性社会角色的深刻变化。随着一批批女性学生从新式学堂走出来，东北社会上就出现了敢于冲破封建礼教束缚、大胆创办女子教育的新女性，如呼兰地区著名的女作家萧红女士就率先冲破传统包办婚姻的枷锁，为了争取自己的幸福进行了拒婚、求学、逃婚等一系列反抗斗争，最终成为近代东北地区一位著名女作家。还有齐齐哈尔的刘王箴女士、农安县的阎慕昭女士都是近代以来东北地区兴办女学的杰出代表。正是在这些热衷女学人士的努力下，一批批女性能够进入新学堂，接受新文化和新思想的熏陶，随之而来的是越来越多的女性逐渐认识到女性独立人格的重要性和女性应该享有的社会地位和权利，从而推动了东北地区妇女解放运动的发展。

---

① 《光绪三十三年（1907）全国女子学堂统计表》，载林林《清末民初四川女子教育——以女子学堂（校）为中心》，《四川师范大学学报》（社会科学版）增刊，2005 年 5 月，第 152 页。

② 这些数据是笔者根据《东北教育通史》中的相关统计表格计算所得，参见王鸿宾、向南、孙孝恩主编《东北教育通史》，辽宁教育出版社，1992 年 8 月版，第 402 ~ 414 页。

第八节　清末民初东北乡村的私塾改良运动

一、东北乡村私塾改良运动概观

私塾是我国传统社会中盛行的一种附设于家庭、宗族或乡村内部的民间传统教育机构。对于私塾的类别，依据不同的标准有两种划分方式。按其发展层次可以分为“蒙馆”和“经馆”两种。蒙馆对儿童进行启蒙教育，主要教授初学儿童识字、句读和背诵等持家立业所需的少数应用文字和知识等内容；经馆则主要教授具有一定文化积累的士子经解、经义、做八股文与试贴诗等应付科考的内容。① 按其设置方式可分为三种：第一种是“家塾”，富贵人家延聘塾师到家课读本家子弟者（有时还搭配同宗子弟陪读）；第二种是“散馆”，塾师召收临近人家的子弟在家或借助祠堂、庙宇教读的情况；第三种是“义塾”，即由官商出面兴办，以奖后进，施惠一方，或由族中绅董在宗族祠堂公办的，为族中无力读书的俊秀子弟或族中所有的适龄少儿免费提供教育机会的教育场所。② 在数千年的发展中，私塾教育逐渐与传统的科举选官制度结合在一起，并适应了广大城乡地区的社会发展需要，为广大乡村地区的莘莘学子提供了一个通向富贵之门的途径。尤其是在经济文化水平比较落后的乡村地区，极受当地下层民众的欢迎和支持。此外，这种初级教育机构还具有规模小、经费少、办学方式多样、教授时间灵活等特点，已经基本适应了乡村地区的社会现实。因而，私塾在乡村地区具有极强的生命力，几乎存在于广大城乡地区的每一个角落。作为传统社会的一种初级教育方式，私塾也遍布于东北的广大城乡地区。据统计，光绪三十一年（1905），仅关西县和呼兰府城就有改良私塾110多处。③ 1907年，关东州地区的私塾竟有561处，学生达11807人。④ 清宣统元年（1909年），木兰县共有私塾50处，学童600余人。民国元年统计全县尚有私塾27处（城区及乡村部分地区已有学校）。民国六年统计私塾还有21处，主要在边远山区。⑤ 可见，私塾在东北乡村地区分布是十分广泛的，

---

① 陈枫：《近代福建私塾的现代化》，福建师范大学，2005年版，第11页。

② 贾国静：《清末民初改良私塾述略》，四川大学2002年版，第6~7页。

③ 《续报江省推广小学情形折》，徐世昌《退耕堂政书》卷13，第702页。

④ 《满洲教育史》，转引自齐洪深主编《日本侵华教育史》，人民教育出版社，2004年版，第356页。

⑤ 赵廷福：《木兰县私塾教育》，《木兰文史资料》，第5辑，第2页。

其在乡村地区的社会影响力是不容低估的。下面这首成文于清末的《村学赋》，可以说是晚清东北兴学之初乡村地区私塾教育繁盛的一个真实写照。

村学赋

状如牧犊，声类鸣蛙。百般笑柄，终岁磨牙。短短长长，尽村庄之子弟；茅茅草草，列学校于桑麻。荒原破庙之旁，谁为西席；愚夫庸妇之辈，半是东家。

当其初议馆也，询问街坊，商量姑舅。钱论锱铢，米分升斗。主则互形其吝，以寒舍相谦；师则自表其能，以甘言为诱。算盘带学，管教快似莺流；价值从权，恐怕事归乌有。

于是各论玩童，共称盛事。桌椅安排，衣裳予试。套环变作仿圈；倮匣竟成书笥。会合修葺房屋，单门景况真单；定期拜礼圣人，二月良辰初二。

稽其送学之人，厥唯村叟。亦步亦趋，或前或后。与其进也，难分贵贱出身；不亦乐乎，齐向先生叩首。列众名于片纸，洒扫分班；写吉语于香升，金银满斗。

则见夫砚台列案，杂字盈箱。既无诗赋，更少文章。打仿影则描红描黑；贴号签则有紫有黄。姓本百家，先念赵钱孙李；文传千字，后温老少异粮。

时而春也。欲请先生，家无美味。强作周旋，情多委曲。菜乾四样，用一火而作成；水酒半壶，遍四邻以行乞。函丈闻风之下，果已垂涎；令人来请之时，假云："我不"。

时而夏也。蝇声震耳，黑点盈墙；但闻汗臭，那觉书香。纸窗无风热复热；瓦罐抬水凉又凉。正值苗青，乡老齐言办会；求题告白，先生也得应当。

时而秋也。农忙又到，告假齐来。书斋甚静，场圃全开。或拣秫秸于垅畔；火拾豆于山隗。并无同类之朋，谈谈心腹；莫如回家替妇，抱抱婴孩。

时而冬也。共买灯油，均摊窗纸。本是村童，俨然学士。三字经朗吟于口；四书注熟烂于胸。有时开讲，不知所以。忙里抽闲，分房分地文书；余课加功，写写春联对子。

迨夫时逢岁暮，共把年忙。儿童散去，书室荒凉。独对孤灯，四季之煎熬已过；回思群弟，几家之酒席未尝。幸罪满于这番，得归故里；祝馆成于下次，屡媚灶王。①

---

① 阎左、周克让著：《三不畏斋随笔》，载李澍田主编《吉林纪略》，吉林文史出版社，1990年版，第382～383页。

一般来说，传统私塾实行的是蒙、经二段式教育结构，在教学内容上，一般从最基本的识字读书开始，课本有《千字文》《百家姓》《三字经》等，学生年龄稍长则学习四书五经等儒家经典。对于传统私塾的教学形式与内容，宋超先生对自己童年的私塾学习生涯作了回忆。

我八岁那年，民国十一年（1922 年）在五排头（通泉乡）读私塾。

私塾的设备很简陋。教室是租赁的三间民房。室内的南北两铺炕上，摆放着十几张书桌。书桌是长条形，有三个书膛，每张桌可坐三个学生。两铺炕上一共坐了我们三十几个学生。

教材是《百家姓》、《三字经》、《千字文》、《庄农杂字》、《大学》、《中庸》、《上论语》、《下论语》、《上孟子》、《下孟子》。学生不分年级，读完这几本书就算私塾毕业。私塾里还有个灵活性，学生愿意念什么书，老师就教什么书。有个叶孙林的同学念“药”书，另一个叫宋振甲的念“卦”书。念“药”书的想当医生，念“卦”书的想当算卦先生。后来孙林果然成了医生，宋振甲是否当了算卦先生，我就记不得了。塾师对学生开始时是只教念，不给讲，直到学生把规定的几本书全念完而且会背诵，才开讲。每天早晨学生一上学，老师根据学生的接受程度给每个学生“号”书（就是在书上作个记号）。老师“号”在什么地方，学生就念到什么地方。上午读“生”书，下午读“熟”书。到需要背书的时候，老师把戒尺往桌子上一拍，室内立刻鸦雀无声。学生把书呈上，然后背向老师开始背诵。背会的，回原地坐好，背不会的，那就不能轻易放过，会抽烟的老师就拿烟袋锅子冲着你的脑袋刨几下子，不抽烟的老师就用戒尺打板子。如果老师不想打，就把书往地下一扔，叫你跪着。①

随着时代的发展和社会形势的变化，传统私塾教育原有的教育体制、教学内容、教学方法、教学设备诸方面都很难适应近代社会发展的需求，特别是在东北各地新式教育的推广过程中，在很大程度上受到了来自传统私塾的阻力和抵制。东北当局的一些主政者也认识到了私塾教育存在的各种弊端。于是，东三省总督徐世昌率先提出“为达教育普及，必从改造私塾开始”的观点。为了促进新式学堂教育的发展，东北地方当局决定对传统私塾机构实行改良。

首先，地方当局相继颁布一些私塾改良章程。兴学之初，吉林提学使吴鲁

① 宋超：《回忆我读私塾的时候》，《明水文史资料》，第 1 辑，第 63 ~ 65 页。

就亲自制印私塾改良章程，分发劝导，以利于私塾改良运动的逐步推广。1913年4月，吉林省教育厅相继颁布了《划一各属改良私塾暂行办法》13条、《规定各县塾师传习所划一办法》7条和《塾师传习所教科书规程办法》4条等文件。这些文件的主要内容为“改良私塾由劝学所办理，各县劝学所应附设私塾改良会，研究全境私塾事宜”，“各县劝学所应在境内设立塾师传习所一处或数处”，“私塾学生在30人以上，经费筹有款项者，准许作为私立初等小学”。① 1915年3月，吉林省又颁布《吉林省取缔私塾暂行办法》13条对私塾设立的地点、塾师的资格、教授的课程、教学方法及私塾教学的监督和管理进行了详细的规定。② 1923年初，奉天教育厅针对各地私塾广泛存在的现实拟定了一个《管理学塾规则》，在《规则》中规定：“学塾只限于穷乡僻壤设立；学塾必须用本省新编之教科书及分编之孔孟，课程定为经学、国文、算术、游艺四门；塾师须文理明通，讲解清楚；各书均须讲解，不得专主背诵；地方官、县视学、劝学所应定期对私塾进行考验，以国文明通，略知算术者为合格。合格者发给凭证，不合格者令其改业；学塾应定期向劝学所造报清册；寒暑假各县应举办塾师补习所；各县开教育讲习会时，塾师亦应列席；学塾学生在30人以上，教授、训练、设备确属优良者，可请改为私立或区立小学，如地方财政充裕，可酌给津贴；学塾能免费招收贫寒子弟入学在10人以上，县酌予奖励；30人以上，厅酌给奖励；如塾师违章时，即勒令缴销凭证。如有不良嗜好或行为不谨，或干涉地方词讼者，一律办理。”③ 1930年1月15日，吉林省教育厅发出《吉林省取缔私塾暂行办法》的训令，规定：“只在未设立学校或不能尽量收容适龄儿童入学的区域，可设立私塾。私塾经县督学或教育委员会视察认为管教合法，且确有成绩者准称为改良私塾。改良私塾，如设备、训练、教学、养护均能合法，且学额在30名以上者，由教育厅酌予津贴，改为代用国民学校。”④ 1931年黑龙江颁发《黑龙江省各县局改良私塾简章》，

---

① 付百臣、刘信君主编：《吉林建省百年纪事（1907～2007）》（东北史地研究丛书），吉林人民出版社，2007年12月版，第39～40页。

② 付百臣、刘信君主编：《吉林建省百年纪事（1907～2007）》（东北史地研究丛书），吉林人民出版社，2007年12月版，第41页。

③ 《奉天公报》，第3837号，载胡玉海主编、郭建平著《奉系教育》，辽海出版社，2000年6月版，第116页。

④ 吉林省地方志编纂委员会编：《吉林省志·教育志》，吉林人民出版社，1992年8月版，第23页。

通行各县遵章办理。① 热河地区的教育发展程度较为落后，各地存在的私塾数量也较多。

其次，设立私塾管理的机构，开展私塾改良工作。为了顺利开展私塾改良工作，东北地方当局采取从私塾改良逐渐过渡到取缔的办法。光绪三十四年（1907），吉林府劝学所试办私塾改良会。改良会分派劝学员多名分赴城乡各处考察私塾情况，并将私塾、塾师、学生人数登记在册。1908 年 2 月，私塾改良会先后召集塾师命题考试，考试合格后给予凭证，准予开馆办学。否则，塾师就会被勒令改行，不能再继续从事教育事业。② 在吉林的新城、五常、农安等处也先后成立私塾改良会，进行改良塾师的工作，“亦均著有成绩云”③。1926（民国 15 年）年底，黑龙江各县局组织私塾检定委员会，凡塾师必须遵章检定才能任教。1929 年冬，奉天各地在寒暑假举办塾师讲习班，通令各县私塾塾师前来学习。④ 随着各地私塾改良机构的相继设立，东北地区的私塾改良机构相继展开塾师改良活动。辽阳县在启化学堂添设塾师夜课，传习各种教授法。在学习三个月后，由劝学所命题考试，并将考试的结果“详定甲乙，榜示周知，所有不合格者均勒令改务他业”⑤。黑龙江宾州地区的《宾州府政书》也有相关的记载：1909 年宾州选私塾教员 160 名入师范学堂，为之讲习师范必要学科。学习教育、算学、体操、格致 4 科。⑥ 1923 年 4 月 15 日，奉天地区举行了第二次塾师考试。经正式考试可继续充任塾师，发给证书，按等第规定任职年限，暂准试充塾师者，需经一段考验，以决去留。考试后，拟办塾师讲习班，充实考试合格和免试塾师的新知识。⑦ 下面一段资料记录了民国前期营口县私塾塾师培训的情况，从中可以了解民国时期东北地区塾师改良的一个概况。

---

① 谢岚，李作桓：《黑龙江省教育史资料选编》，黑龙江教育出版社，1988 年版，第 822 页。

② 徐世昌编、李澍田等点校：《东三省政略》，卷九，学务，吉林，吉林文史出版社，1989 年版，第 1413 页。

③ 徐世昌编、李澍田等点校：《东三省政略》，卷九，学务，吉林，吉林文史出版社，1989 年版，第 1413 页。

④ 东北年鉴编印处：《东北年鉴》，东北文化社，1931 年 5 月初版，第 794 页。

⑤ 《考试塾师揭晓》，《盛京时报》，宣统元年（1909 年）正月十五日。

⑥ 《宾州府政书》，转引自黑龙江省地方志编纂委员会编《黑龙江省志·教育志》，黑龙江人民出版社，1996 年 12 月版，第 103 页。

⑦ 辽宁省档案馆：《奉系军阀档案史料汇编》第 4 册，江苏古籍出版社、香港地平线出版社，1990 年 8 月版，第 194 页。

1912年（民国元年）3月末，营口县行政公署传集营埠各私塾塾师考验，录取于瑞兰等23名。同年4月12日的一次考验，由于有些人报名较晚有些人观望，应考者寥寥，又于5月20日补考，录取李瑞生等12名。1914年8月考验，录取宋学源等29名，准其在距学校较远村屯设立简易识字学校（不再称改良私塾）。1916年，县行政公署遵照省限制私塾精神，于11月5日考验城内私塾（以后再考四乡塾师），录取刘慕周等10名，准其私塾改组称为私立国民学校；包竹亭等31人可暂充塾师，但须入塾师研究所（按：传习所之改称）；另两名令其改业，解散私塾，学生拨入改组的国民学校。其后情况，仅能查到1923年塾师讲习所的入所人数、课程安排的资料。①

最后，严令取缔各地私塾的教育机构。在地方当局的倡导下，东北地区的一些县份积极开展私塾取缔的工作。伊通县鉴于“各乡私塾林立”的局面，“现已通令各警团协助学务委员切实调查，凡在学校二里以内之私塾，一律解散，勒令学生入校肄业，至距离稍远之处，视其塾师之程度如何改为私立学校。凡系家庭教育不准添招外姓学生，一姓之中亦不得过五人，学龄则以十岁为限。似此限制，学校或有推广之日”。② 1924年，延吉道尹公署鉴于私塾于国民教育的不利因素和私塾机构逐渐增多的趋势，立即采取相应举措逐步取缔私塾。③ 双阳县专门制定了《双阳县取缔塾师暂行简章》，对于本地私塾的取缔工作进行指导和规范。这个《暂行简章》上报教育厅后需要进行一些细节的修改工作，我们仍然可以从中了解内容的梗概。

双阳县取缔塾师暂行简章

第一条　应改为本章“以改良私塾藉补小学之不足”为宗旨

第二条　应将私塾二字去掉

第三条　适用教授法应改为简章教学法

第四条　应改为塾师试验合格，由劝学所呈请县署发给许可状，准在县立或区立小学之里外设塾

第五条　应以照第九条原文惟首句应改为塾师试验及格后

第六条　塾师如有不服取缔者，劝学所呈请县知事传谕解散云

① 营口市地方志编纂委员会办公室：《营口市志·第五卷》，远方出版社，1999年1月版，第194页。

② 《取缔乡间私塾》，《盛京时报》，1918年5月24日。

③ 延吉市市志编委会编著：《延吉市志》，新华出版社，1994年10月版，第390页。

第七条　私塾儿童数在三十人以上，编制管教均合法者由劝学所呈请县知事酌予补助费，以资改为私立小学校

第八条　报告试验等日期及地点均由劝学所酌定公布之

第九条　本简章自呈准之日施行①

对于那些办学条件较差，新式学校教育事业推广艰难的地区，地方当局因地制宜地将各地私塾改建为私立小学。东北地方当局颁布的相关章程中明确规定：对塾师学业大半低劣的私塾，即行解散；对塾师资格尚合，学龄儿童又充足的私塾“改为村立或私立学校”②。在政府的号召下，东北各地的私塾机构逐渐改建为私立学校。1914 年，扶余县将全县学生超过 30 人的改良私塾 10 所，分别改为第一、第二、第三、第四、第五公立初等小学校，将学生编成班次，并于 9 月 15 日开学授课。1916 年延吉县有改良私塾 12 所，学生 242 名。到 1917 年 10 月，有 7 所改良私塾改为私立学校，计学生 90 名，只剩下 5 所改良私塾，152 名学生。③ 其它地区如永吉、长春、农安、扶余、珲春、敦化等 14 个县有私塾 814 处，塾生 15589 名。④ 黑龙江地区从城镇扩展到乡村，有步骤地进行改良私塾的工作。以木兰县为例，从 1928 年（民国 17 年）至 1930 年（民国 19 年），该县 3 年间先后改良的私塾有 12 所，改良后的私塾定名为第几私立小学校。⑤

二、东北乡村私塾改良运动评析

东北地方当局制定了一系列法令对各地的私塾改良活动进行规范和管理，然而，在一些实际的执行过程中，这些法令犹如一纸空文，并未彻底地贯彻执行，从而造成了东北地区私塾改良活动的广度和深度极为有限。但是，从私塾教育的发展历程来看，这时期东北地区的私塾改良教育具有重要的意义。首先，改良后的新式私塾在一定程度上缩短了与新式学堂教育的差距，并成为衔

---

① 《考试塾师办法简章》应改为《双阳县取缔塾师暂行简章，载吉林教育厅编辑《吉林教育公报》，第七年第七十六期，吉林图书馆发行，同行印刷局出版，中华民国十三年四月二十六日出版，命令，第 24～25 页。

② 佟冬：《中国东北史》，第 6 卷，吉林文史出版社，2006 年 1 月版，第 276 页。

③ 付百臣、刘信君主编：《吉林建省百年纪事（1907～2007）》（东北史地研究丛书），吉林人民出版社，2007 年 12 月版，第 41～42 页。

④ 吉林省地方志编纂委员会编：《吉林省志·教育志》，吉林人民出版社，1992 年 8 月版，第 23 页。

⑤ 徐日明：《民国时期木兰县的改良私塾》，《木兰文史资料》，第 5 辑，第 10 页。

接新式中等、高等教育的中间环节，为现代学校教育制度的建立提供了一定的物质条件。其次，通过对传统私塾进行改良的方式，政府加强了对私塾机构的指导和规范。为了更好地在东北地区推行新式教育，对于遍布广大乡村地区的私塾。或通过塾师培训的方式，或通过教学内容和方法进行改良的方式，从而在一定程度上加速了私塾教育近代化的过程。最后，为现代学校教育提供了宝贵的精神资源。传统的私塾教育经过两千年的积淀，形成了许多值得现代学校教育借鉴的经验。如道德教育寓于教学活动之中，加强对学生的教化和控制；在教学过程中实施因材施教的教学方式；独特的作文写作培训方式等等。总之，清末民初时期，东北地区的私塾改良活动迈出了私塾教育近代化的第一步，对传统私塾向新式小学的转化起到了重要的作用，为以后政府对私塾的彻底改良奠定了基础。

从清末兴学开始，东北地区的私塾改良活动在历经半个世纪的发展后，既有全国私塾改良活动的共性，也有东北地区私塾改良活动的独特性。首先，东北地区的私塾改良活动主要是官方行为。东北地区的私塾改良运动自始至终都是一种政府的行为，缺乏来自民间的社会力量的支持。对于这种“自上而下”的私塾改良方式，导致民间力量一直处于被动的地位，并未形成一种自觉的行动，官民之间缺乏“双向对流和共振”，这样就极大地限制了私塾改良活动推行的深度和广度。① 其次，东北乡村地区的私塾改良活动进展较慢，取得的成效也是十分有限的。由于经济文化环境的落后，与内地的私塾改良活动相比，东北地区的私塾改良活动的速度十分缓慢。发展缓慢的原因主要有两个方面：一方面是缺乏民间力量的支持，使得官方的改良举措的成效大打折扣；另一方面是社会风气比较保守，私塾改良的过程中遭受来自社会各界的阻力和束缚。在各种条件的限制下，清末民初时期东北地区私塾改良活动简直达到了举步维艰的地步。

综上，清末民初两个时期，东北地方当局循序渐进地对遍布广大乡村地区的传统私塾机构开展一系列的改良活动。至民国末期，东北地区的私塾数量和在塾学生数量有所减少。然而，由于近代东北地区特殊社会环境和社会风气的影响，这种改良活动并没有取得预期的效果，在所存留的传统私塾中大多未进行改良，一直或明或暗地在广大乡村地区存在。据《满洲帝国文教部第二次年鉴》记载：直至满洲国初期，吉林省一市十七县一旗，共有私塾八百三十

① 李华兴主编：《民国教育史》，上海教育出版社，1997 年版，第 577 页。

三处，生徒一万八千零五十七名，塾师八百三十六名。① 黑龙江地区的情况更为严重，仅以黑龙江地区部分县份的私塾情况为例：龙江县有私塾76处，塾师76人，塾生1110名；富裕县有私塾8处，塾师8名，塾生241名；讷河县有私塾30处，塾师30人，塾生420名；嫩江县有私塾10处，塾师11人，塾生188名；克东县有私塾30处，塾师30名，塾生420名；克山县有私塾74处，塾师74人，塾生1402名；明水县有私塾21处，塾师21人，塾生359名；林甸县有私塾22处，塾师23人，塾生407人；泰来县有私塾57处，塾师57人，塾生1100名；镇东县有私塾35处，塾师35人，塾生564名；大赉县有私塾9处，塾师9人，塾生264名；洮安县有私塾44处，塾师44人，塾生524名；洮南县有私塾16处，塾师16人，塾生438名。② 因此，对于这时期东北地区私塾改良活动的成效不应过分的夸大。对于传统私塾在东北乡村地区广泛存在的原因，笔者认为主要有以下三个方面。一是私塾在广大乡村地区存在着十分牢固的社会基础。由于这种教育体制在广大乡村地区长期广泛存在，广大乡民在内心深处已经深深地接受了这种教育理念和教育方式，这种思维习惯也在短时间内是很难改变的。二是由于各种条件的限制，东北地区新式学校的数量还是十分的有限，还不能完全覆盖东北广大乡村地区，没有足够的能力去代替延续千余年的传统私塾。在那些学校触角尚未触及的地区，儿童只能依靠传统私塾的教育方式进行启蒙。三是当时的乡民对传统私塾教育的危害性缺乏足够的认识，新式教育的优势也没有立刻凸显出来。东北乡村地区尤其是偏远地区的民众对于孩子接受教育的要求只是能够认几个字而已，并没有什么太高的奢求。因此，许多民众对于私塾怀有一种眷恋的情绪，而对于新式学堂则是顾虑重重，甚至是怀有敌意。总之，近代以来，私塾这种教育方式虽然在总体上呈现出一种逐渐缩小的趋势，但直到新中国建立后，这种传统的教育方式才最终退出历史舞台。

---

① 国务院文教部编纂：《满洲帝国文教部第二次年鉴》，国务院文教部，康德元年出版，第233页。

② 国务院文教部编纂：《满洲帝国文教部第二次年鉴》，国务院文教部，康德元年出版，第151～152页。

第三章

管理与运作：清末民初东北乡村学校的运作体系

随着大量新式学堂的相继出现，如何对新式学堂进行管理显得尤为的重要。为了更好地管理各地相继出现的新式学堂，东北地方当局遵从中央政府的意旨相继建立了各级教育管理机构，制定和颁布了大量学堂管理法令和条例。这些管理法令和条例涉及范围十分广泛，诸如学堂的运作、学生的管理、课程的设置、教学计划的编订、教科书的编审、考试形式与内容等等都在其内。正是由于这些新式教育管理机构的设置和教育章程、条例的相继颁布，东北乡村学校的运作与管理逐渐步入正轨。

第一节　现代学校管理机构的设立

科举制废除后，清政府在教育管理体制方面进行了相应的调整。清初地方教育管理体制基本上是沿袭明朝旧制，在各省设立提学道，办理全省的科举事务。清中叶以后，面对全国各地蜂拥而起的新式学堂如何进行管理，旧有的管理体制已经显得有些力不从心。1905 年，晚清政府正式设立学部，专门负责全国新式教育事宜。然而，当时各省地方教育管理机构仍然不统一，处于一种新旧杂糅的过渡阶段。1906 年 4 月，学部与政务处联合会奏："各省地方辽阔，将来官立、公立、私立之学堂，日新月盛"，而"学政旧制，自宜设法变通"，建议"裁撤学政，各省改设提学使司……统辖全省地方学务，归督抚节制"。① 清政府采纳了这一建议，颁旨全国遵照办理。于是，提学使司成为了各地省级教育的管理机构。

随着全国各地新的省级教育行政体系的建立，东三省也先后裁撤旧的教育管理机构，相继设立了省级教育行政机构——提学使司。光绪三十一年

① 陈学恂编：《中国近代教育史教学参考资料》，上册，人民教育出版社，1986 年版，第 584 页。

（1905年），奉天设立学务处，成为全省教育行政机关。十一月，学政李家驹分设教务、书记、庶务、编辑、调查、会计、收掌、游学等八科，学务也逐渐得以扩充。光绪三十二年（1906年），奉天学务处改为提学使司。光绪三十年（1904年）十二月，在崇文书院旧址，吉林地区设立学务处，“是为吉林教育行政之始”。学务处的职能是禀承吉林将军筹划全省教育事宜，其内设总办，下设监督、教务提调、文案、会计、检察、杂务、图书、仪器、卫生等官职①。光绪三十二年（1906年）四月，吉林撤销学务处，改为提学使司。黑龙江地区一直没有教育管理机构。直到光绪五年（1879年）才在呼兰设立学政一职，这是黑龙江省设立学官的开始。光绪三十二年（1906年），学政一职开始独立，并以分巡道总理一切事务，是为江省有学务总汇之始。② 光绪三十三年（1907年），黑龙江始设提学使一职，江省乃得以与各省比，渐渐谋教育行政事务矣③。

为了更好地管理地方学务，1906年，学部侍郎严修把直隶创办劝学所制度的经验推向全国，劝学所由此成为全国各地地方教育行政机关。1906年5月，学部颁布了《劝学所章程》，规定：“各厅州县，应各于本城择地特设公所一处，为全境学务之总汇”，“凡本所一切事宜，由地方官监督之”。④ 劝学所设常务总董1名，由县视学兼任，总理各区学务。所辖境内划分若干学区，每区约三四千家，设劝学员1名，掌理学区劝学事宜。随后，全国各地先后成立劝学所，同时一些县还设立了教育讲习科，研究学校管理法、教育学、奏定小学堂章程、管理通则等，以期提高教育行政人员的管理水平。

东北地区遵从学部旨令，在各地先后设立劝学所。光绪三十三年（1906年），奉天提学使张鹤龄“通饬各属，照章设立劝学所。并令各地方官选举乡望素著通晓学务之士绅一人，送省考验，开会研究一日，分别礼派回籍，充任总董。于是各属申送各绅，研究期满，分赴各处”。在提学使司的倡导下，全境各地纷纷成立劝学所，除“洮南一府，蒙荒甫开，声请缓办外，其余各属

① 徐世昌编、李澍田等点校：《东三省政略》，卷九，学务，吉林文史出版社，1989年版，第1410页。

② 徐世昌编、李澍田等点校：《东三省政略》，卷九，学务，吉林文史出版社，1989年版，第1423页。

③ 徐世昌编、李澍田等点校：《东三省政略》，卷九，学务，吉林文史出版社，1989年版，第1423页。

④ 朱有瓛等编：《中国近代教育史资料汇编·教育行政机构及教育团体》，上海教育出版社，1993年12月版，第60页。

均于是年一律设齐”①。宣统元年（1909 年），遵照部章，将总董改为劝学员长，其余职务仍遵旧制。光绪三十四年（1907 年）吉林正式建立了主管全省学务的机关——学务公所，并令各府、厅、州、县将学署改为劝学所，所内设立总董 1 员，劝学员若干名，负责全境的学务工作。据统计，宣统三年（1911 年），吉林省全境先后设立劝学所共 17 处。② 1911 年 4 月，吉林省遵照部章将劝学所总董改为劝学员长。光绪三十三年（1907 年），黑龙江地方当局将学务处改为提学使司，并在各府、州、厅、县先后建立了各种新式的教育管理机构，统称劝学所。宣统三年（1911 年），黑龙江各属先后成立劝学所 18 处。

总之，清末东北地区教育管理体制的变革是顺应时代发展的要求，同时也是东北地区教育近代化进程中不可或缺的一个环节。此前，东北地区长期以来一直没有专门的教育管理体制，期间虽然也设立了若干管理职位，然而，这些机构基本上是各级政府机构的附庸，或只是由一些政府官员兼管，始终没有建立一套较为完整的管理体系。清末，随着东北各地提学使司和劝学所相继设立，基本上形成了从省到县的一套较为完备的教育管理体系，开创了东北教育管理体制近代化的先河。同时，在教育管理机构中还设立了专门的调查机构和研究人员。如提学使司专门设立的省视学和查学员、教育研究会及其分支机构、教育官练习所、小学总查所等等，都为东北地区教育事业的发展提供了便利的条件。当然，由于尚属初创时期，近代教育管理体制还存在着机构重叠、职能不分、办事效率低下等弊端，但东北地区毕竟出现了近代教育管理机构，这在东北教育史上具有深远的意义。

第二节　乡村学校的管理与运作

一、关于学堂学生的管理

学堂对于学生行为的管理主要从两个方面进行，首先制定严厉的校规校纪，塑造良好的校风和学风。吉林地方当局对于本地的校风问题进行了专门的整顿，规定“学生平日在校之言行举止，应由管理员随时认真查察，切实训

① 徐世昌编、李澍田等点校：《东三省政略》，卷九，学务，吉林文史出版社，1989 年版，第 1391 页。

② 吉林省教育志编纂委员会教育大事记编写组编：《吉林省教育大事记》，第一卷（1957～1949），吉林教育出版社，1989 年版，第 10 页。

导，遇有劣等及性行不纯学生尤应特加注意，每学年或学期终时，各生操行评定评定，如操行过劣，应即退学。招新班或插班生时应注意考察，如品性不良或冒犯校规应不予收录”①。辽中县“第七区刘堡模范学校校长刘俊升对于教授事宜振刷精神，尽善尽美。在校住宿各生平素不准托故赴街，如有正事非经查实不准请假，每值星期虽准出外，惟不准吃喝以及不正当行为以资崇节俭，如敢故违有犯必斥是校风颇为严肃云”②。开通地区“学务监督李宝言君近查各属学校学生竞尚奢华，虽屡经告诫而恶习如故，不严行取缔实非学界之福。特令该校校长王卓五将新订之校风规定宣布周知：（一）戒外出冶游；（二）戒赌博；（三）戒奢华；（四）戒吸纸烟。闻已通知各校遵照矣”③。对于学生行为的规范，还在一些学校的校规校纪内容中有所反映。下面这段资料是民国时期黑山县立第六高级小学的校规、校纪和校风，从中可以看出学校对于学生行为的约束之严。

校纪：其一是遵守入校时间，进入校门不许随意外出，有事请老师许可，必要外出向老师请假；二是课堂严禁旷课，有事不上课者，小事可由同学代为请假，大事要有假条，三天以上必须由家长请假、送上学；三是不许吸烟、喝酒；四是不许打架、骂人；五是不许在校内吃零食、带东西吃；六是不许损坏公共物品；七是不许与女生打骂、戏耍、挑闹，提倡男女生平等互助新风气。校纪七条对全校学生从严教育，无人敢违犯，从而振兴了校风。④

校风：尊师爱生闻名全城，老师关心学生学习成绩，注意校内外学习生活。老师对学生谆谆教诲而不厌，克尽职责精诚奋勉而无怨言，在讲堂上口干舌燥不喝上一口水，肢体疲劳也不坐下来休息。学生要尊敬老师，校外见面行鞠躬礼，上课行见面礼，下课行再见礼（默默中有老师你辛苦了，一切为了我们）。⑤

校训：“诚朴”木制横匾厚2寸宽3尺长5尺，白铅油地黑字正楷，悬于校庭讲台后正房中间校厅上门槛，匾面闪闪发光，全校师生出入校处随目可

---

① 《吉省整顿学风八条规则》，《盛京时报》，1931年2月26日。

② 《校规严肃》，《盛京时报》，1928年4月29日。

③ 《整顿学风》，《盛京时报》，1923年1月16日。

④ 张连：《黑山县立第六高级小学校（一九二四～一九四五年）》，《黑山文史资料》，第10辑，第74页。

⑤ 张连：《黑山县立第六高级小学校（一九二四～一九四五年）》，《黑山文史资料》，第10辑，第74～75页。

见，集会时正好匾面、人面相对，时刻映入眼帘，促令神往、训示吾教益匪浅，实乃座右铭。①

其次，是通过训育加强对学生日常行为的管理。为了加强对学生思想和行动的约束，在学生的课程中增加了修身、三民主义等课程，教育官员和校领导还经常以训话的方式进行劝诫。在各科学堂中，一般设立一个专门的训育机构，即训育处，负责学堂学生的训育工作。1922 年，营口地区各级各类学校逐步实行训育制度，在校长之下中学设训育处，置训育主任，小学设训导员。东北易帜后，东北地区实行党化教育，营口地区的各类学堂的训育处直接负责党化教育，每周星期一召开周会一次，即“总理纪念周”②。训育的形式和内容十分繁杂，涉及的范围比较广泛。绥化地区的学校极其注重道德教育，内容包括（一）敦崇实践；（二）联络教材；（三）统一校风；（四）注重训练；（五）崇尚仪式；（六）实施训话等方面。③ 1828 年 5 月，复县教育公所王所长“日昨到瓦埠学校招集学生齐集院中演说四事：（一）不准在街闲游；（二）不准怠慢师长；（三）不准欺凌同学；（四）不准课外生事”④。对于日益高涨的学潮，东北地方当局也采取各种措施进行严格限制。吉林教育厅颁布法令称：“查近年来，我国学校学生时常以学校团体，或学生自治会等名义干涉一切校政及国家治体，殊属有碍学校治体，不但贻误学业，切与学风攸关。现为整饬计，嗣后学生如有对学校中事务拟改革时，或设置不当，或撤销时，均得拟具相当办法，呈请校长采纳，不得擅自越级呈请，或集队游行等。”⑤ 延吉道尹公署也颁布严禁学潮的训令：“略谓查近来各县学校对于滨江学校学生之风潮并吉会铁路之路权颇为注意，死力挽回种种举动情形皆系爱国热忱，但关于国际交涉事有当局，勿用各校学生等为此旷课废学以误青年，希即布告周知云云。”⑥

再次，就是加强对学生学籍的管理。为了加强对学堂学生的管理，东北地方当局通过加强对学生学籍管理的办法，对学生的入学、毕业、升学、退学和

① 张连：《黑山县立第六高级小学校（一九二四～一九四五年）》，《黑山文史资料》，第 10 辑，第 77 页。

② 营口市地方志编纂委员会编：《营口市志》，中国书籍出版社出版，1992 年版，第 322 页。

③ 《注重道德教育》，《盛京时报》，1919 年 3 月 18 日。

④ 《告诫学生》，《盛京时报》，1928 年 5 月 9 日，

⑤ 《禁学生干政，教厅转令各校》，《盛京时报》，1931 年 8 月 26 日。

⑥ 《禁止学生干涉国事》，《盛京时报》，1928 年 12 月 1 日。

转学进行严格的限制。光绪三十三年（1907 年）11 月，奉天提学使司就规定各学堂在考取学生时“应取具绅商保结”，“务今该生将姓名、籍贯、三代、现住地址详晰填注”，“邀同该绅商到堂三面认明，签押盖章”。例如，1910 年营口官立两等小学在上报学生名单中多出高等生王兰馥一人，奉天提学使在一件批呈中指出，“去岁下学期一览表中并无此人，想系随后插班，应将入堂年月改注”。营口直隶厅同知迅即呈复；王兰馥系本年正月由山东高等小学转入，“委系插班”①。

东北地方当局对于学生转学也有严格的规定。民国时期的相关章程规定，凡修完一个学期或学年课程，成绩及格的学生才能因故转学。学生通过向学校递交转学申请，由学校核准后发给转学证书。转入的学校验证后经过编班考试编入适当的年级就读。下面是吉林省立第一中学学生王志的转学证书②，从中可以了解当时学生转学的概况。

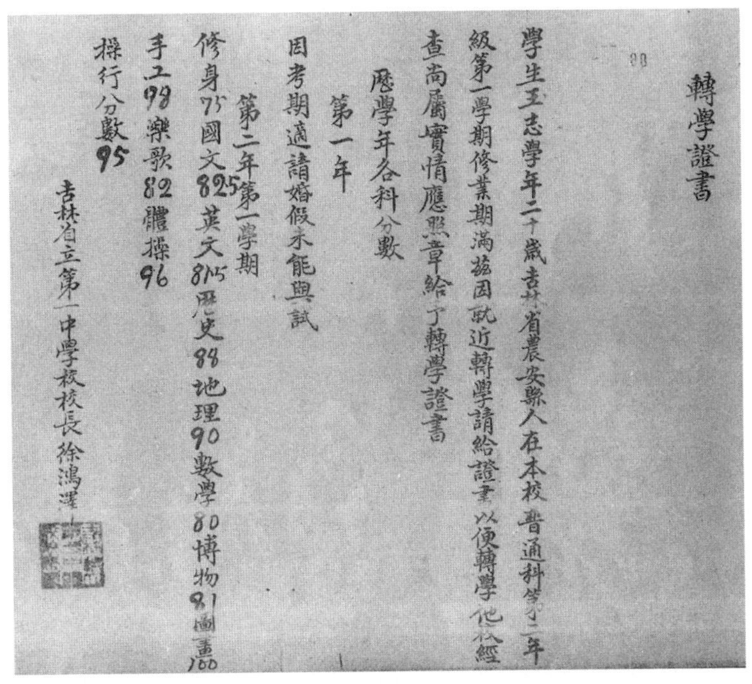

轉學證書

學生王志學年二十歲吉林省農安縣人在本校普通科第二年級第一學期修業期滿茲因就近轉學請給證書以便轉學他校經查尚屬實情應照章給予轉學證書

歷學年各科分數

第一年

因考期適請婚假未能與試

第二年第一學期

修身75 國文82.5 英文81.5 歷史88 地理90 數學80 博物81 圖畫100

手工98 樂歌82 體操96

操行分數95

吉林省立第一中學校校長徐鴻澤

图 3.1　吉林省立第一中学学生王志转学证书

① 营口市地方志编纂委员会编：《营口市志》，中国书籍出版社出版，1992 年版，第 332 页。

② 《吉林省立第四师范学校各学期各科教授起讫一览表及转学证书》，吉林省档案馆藏，全宗号：J110，卷盘号：3～7，卷宗号：804。

东北地方当局对于毕业文凭的填写内容也是十分重视。1909 年，清政府学部颁布文件规定学堂毕业生的修业文凭填写三代，“女学未嫁者填母家，已嫁者填夫家，未嫁时得修业文凭后出阁者，填夫家三代并填母家三代”①。对于学生的毕业证书，一般学年考试及格者就可以顺利毕业，卒业考试合格者只能获得卒业证书。对于无故旷课半月以上，学期考试两次不及格或屡犯校规者开除学籍。民国时期，民国政府颁布了《学生操行成绩考查规程》和《学生学业成绩考查规程》，对于学生升留级制度和转退学及复学制度作了严格的规定。凡是操行成绩不及格、体育成绩不及格、学科成绩三科以上不及格或缺课超过授课时数 1/3 的不能升学或毕业。对于学生的毕业证书，各校也要遵行规定的式样办理。下表是吉林省中学堂学生吴庆远的毕业证明书。②

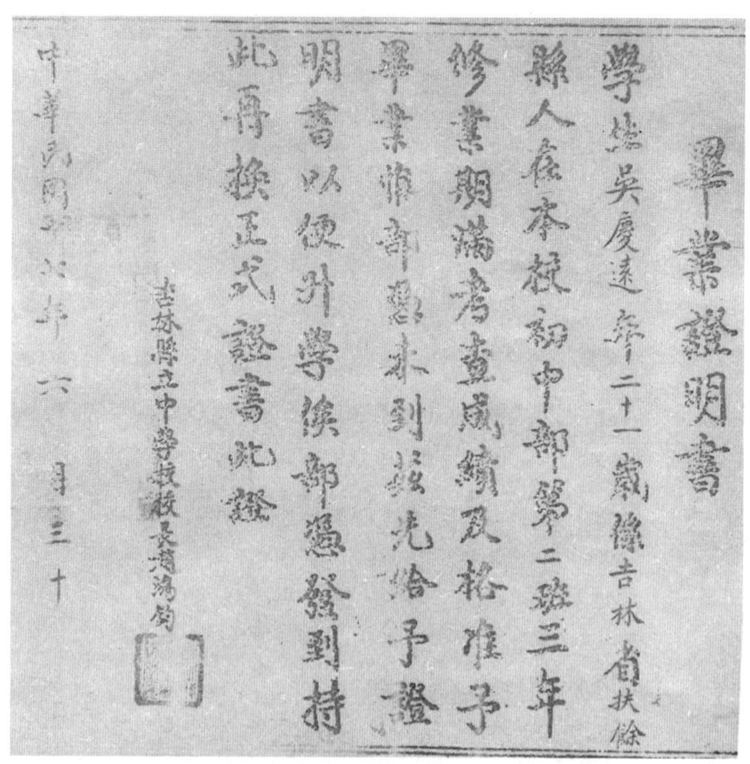
畢業證明書
學生吳慶遠年二十一歲係吉林省扶餘縣人在本校初中部第二班三年修業期滿考查成績及格准予畢業惟部發未到茲先給予證明書以便升學俟部發到持此再換正式證書此證
吉林縣立中學校校長湯鴻鈞
中華民國[illegible]年六月三十

图 3.2　吉林省中学堂学生吴庆远的毕业证明书

① 营口市地方志编纂委员会编：《营口市志》，中国书籍出版社，1992 年版，第 332 页。

② 吉林省档案馆藏：《吉林县立中学学生吴庆远毕业证》，全宗号：J110，卷盘号：3～12，卷宗号：0973。

此外，地方当局对于学堂学生的衣着服饰和结婚年龄也作出了相关的规定。吉林教育厅王世选莅任之初，就对男女学校的各种事务加以改革。“日前该厅长在女子师范学校演说，示各女生不得服裙过短，以壮观瞻。不意各生均未照办，该厅长昨日又到该校，对女生演说，以我前所说，不得服用短裙，怎么不听，是何情形？我今天再警告你们一次，如再不听时别说我教你们另作再花金钱等语。”① 营口地区鉴于女学生“尚沿旧习，相率缠足”，营口县行政公署于1919年12月除发布告外，训令劝学所传知各校，“及早禁除，力为劝止”。1920年10月再次训令劝学所，“各校女生仍多缠足”，令各校长对未缠足者不准再缠，已缠有“限期三个月，勒令一律放足”，“倘有抗延……听候核力”。② 绥化县署还颁布了禁止学生浓妆艳抹的训令：“谓教育部以学生之制服原有定章，近来各处女子学校教员学生多趋之乎华，不但为取侮之由，尤为教育之玷。特令各埠教育主管官厅严加禁止，以维风气”，绥化当即由教育局转知各级女学校一律遵照办理。③ 对于学堂学生的结婚现象，东北地方当局也颁布了禁止早婚的训令。为此，吉林省教育厅就曾作出如下的训令。

吾国仅限制女生而于中等学校男生在学时期结婚与否不加限制，常此办理害及青年实非浅鲜……男女中等学生入学年龄大概相等，女子方面无限制结婚，男子方面反听其自便，如此则女子求学完了时期，欲则年龄相当之男生订婚实不易得。此对于女子待遇不平等之害也。至男子本身方面，由中学而专门而大学毕业，以后回顾以前中学时代之眼光当然不同，于是欲满足一时之希望或恐有重婚、离婚之类，此对于青年将来之害也。吾国一般男子体格较国外素弱，其原因大概由于身心发育未成时期即行结婚，有以致之。此对青年身心发育之害也。综此数端，不特于男女学生将来幸福多所妨碍，且于我国民族进化前途有莫大之关系。④

东北地方当局试图通过各种措施加强对学生行为的约束，从而减少东北地区学生出现的“标新立异”和出轨行动。然而，有些措施却获得了适得其反的效果，一些学生逐渐突破了地方政府和校方的各种限制，成为了近代东北社会上追求文明和进步的急先锋。

---

① 《裙不得过短：整顿校风学生忙的王厅长对女师生之训示》，《盛京时报》，1931年5月31日。

② 营口市地方志编纂委员会办公室编：《营口市志》，中国书籍出版社，1992年12月版，第332页。

③ 《禁止女学生艳妆》，《盛京时报》，1925年8月4日。

④ 《限制中学生早婚》，《盛京时报》，1922年5月12日。

二、学堂的课程设置

清末时期，东北地区新式学堂教育尚属草创，各地教育的发展水平不一。因此，这时期东北地区并没有统一的学制和教学计划，一般都是各地教育当局根据本地的实际情况因地制宜地变通办理。以黑龙江地区两等学堂的课程设置为例，仅在省城和呼兰府、绥化府、巴彦州等文化比较发达地区的两等小学堂按照奏章规定完全科目进行授课，其它地区另定初等小学堂简易科，科目有6科：（1）修身、讲经合为一科。（2）中国文字、历史合为一科。（3）算术。（4）体操。（5）地理、格致合为一科。（6）农、工、商业各科，或专习一科，或兼习数科，视学生程度随时加入，高等小学亦然。① 这时期，东北地区的蒙养院、中学堂、高等学堂的课程设置基本上按照部章的规定设置，只是各地根据实际情况开设的课程和课时数的多寡不一而已。下表1906年吉林新城府初高两等小学堂的课程设置和教学计划情况：

表3.1　光绪三十二年（1906年）新城府初高两等小学堂各学年各科每周授课时间表②

甲、初等小学堂　　　　时数单位：课时

学年	合计	修身	读经讲经	中国文字	算术	历史	地理	格致	体操
一年	30	2	12	4	6	1	1	1	3
二年	30	2	12	4	6	1	1	1	3
三年	30	2	12	4	6	1	1	1	3
四年	30	2	12	4	6	1	1	1	3
五年	30	2	12	4	6	1	1	1	3

注：图画、唱歌为随意科目。

乙、高等小学堂

学年	合计	修身	读经讲经	中国文学	算术	中国历史	中国地理	格致	体操	图画
一年	36	2	12	8	3	2	2	2	3	2
二年	36	2	12	8	3	2	2	2	3	2
三年	36	2	12	8	3	2	2	2	3	2
四年	36	2	12	8	3	2	2	2	3	2

① 黑龙江省地方志编纂委员会编：《黑龙江省志·教育志》，黑龙江人民出版社，1996年12月版，第125页。

② 吉林省地方志编纂委员会编：《吉林省志·教育志》，吉林人民出版社，1992年8月版，第58～59页。

在官立女子初等小学堂除三、四年级加设女红、图画课外，修业年限、开设课程与男子初等小学堂相同。私立女子初等小学堂只设读经、识字、解字3门课程。外设随意一科。半日学堂修业期限3年，每周授课30小时者，酌情缩短年限，开设修身、国文、算术、体操4科。①

对于中等教育的课程设置和教学计划来说，东北地方当局基本上遵循奏定章程办理。下表是光绪二十九年（1903年）《奏定中学堂章程》中规定的中学堂的教学计划情况：

表3.2　光绪二十九年（1903年）中学堂教学计划表②　　单位：课时

学科	第一年级	第二年级	第三年级	第四年级	第五年级	共计
修身	1	1	1	1	1	5
读经讲经	9	9	9	9	9	45
中国文学	4	4	5	3	3	19
外国语	8	8	8	6	6	36
历史	3	2	2	2	2	11
地理	2	3	2	2	2	11
算学	4	4	4	4	4	20
博物	2	2	2	2		8
理化				4	4	8
图画	1	1	1	1		4
法制、理财					3	3
体操	2	2	2	2	2	10
合计	36	36	36	36	36	180

1909年，清政府推行中学教育文实分科的制度。从课程设置方面来看，文科以读经讲经、中国文学、历史、地理为主科，以修身、算术、博物、理化、图画、体操、法制及理财为通习科；实科以外国语，算术、博物、理化、化学为主科，以修身、读经讲经、国文、历史、地理、图画、手工、体操、法制及理财为通习科。文实两科每星期的授课时数均为36学时。当时，黑龙江地区省中学堂和宾州中学堂就实行了这种文实分科的教学形式。

在师范教育方面，东北地区的师范学堂的课程设置和教学计划基本遵循部

---

① 《半日学堂规程》，吉林省档案馆藏，《吉林省长公署档案》，全宗号：J110，卷宗号：187。

② 辽宁省地方志编纂委员会编：《辽宁省志·教育志》，辽宁大学出版社，2001年11月版，第290页。

章办理。1905年，奉天地区创办了师范传习所和简易师范科。学制多则一二年，少则几个月。简易师范课程设置修身、教育、中国文学、历史、地理、算术、图画、体操等。1906年夏，奉天地区初级师范选科学制五年，课程设置为国文、英语（日文）、数学（包括算术、代数、几何、三角）、修身、经学、教育（心理学、伦理学、教育学、教育史、教授法、实习）、化学、物理、历史、地理、博物、法制经济概要、兵学、体操、武术、图画、手工、音乐等。师范简易科的内容设置基本上与初级本科相同，只是内容比较精简。清末，吉林地区师范学堂根据《奏定学堂章程》规定，开设修身、经史、算术、舆地、体操、习字、图绘、音乐、生理卫生、格致、教育等课程。1907年，黑龙江将军衙门学务处拟定的《初级师范学堂简易科暂行章程》规定：初级师范简易科设修身、教育、中国文学、历史、地理、算学、格致、图画、音乐、体育十科。黑龙江省女子师范学堂根据《奏定女子师范学堂章程》规定，设立修身、教育、国文、历史、地理、算学、格致、图画、家事、裁缝、手艺、音乐、体操共13科。每年授课45周，每周授课34小时。①

清末时期，东北地区的职业学校无统一教学计划，各校根据部章规定了学堂的课程设置和每周授课时间。奉天地区中等商业学堂设本科和预科；中等农业学堂设农业本科、农业预科、蚕桑速成班、蚕桑完全班及补习班；中等森林学堂设森林本科、预科及速成班。艺徒学堂所设科目有织科、本科、漆科、缝纫科、染科等。工艺传习所科目有：缝纫、雕刻、油漆、刺绣、印染、印刷、玻璃、金工、木工等。女工传习所科目有：纺织、刺绣、造花、织物、缝纫、育蚕等。② 吉林地区职业教育的课程设置基本按照部章办理，以吉林省实业学堂为例，光绪三十三年（1907年）本科一年农业种植班，课程设置和每周课时为：修身1学时、国文3学时、英文2学时、代数2学时、几何1学时、物理2学时、化学2学时、博物2学时、农具2学时、土壤2学时、肥料2学时、作物2学时、畜产2学时、体操2学时、实习9学时。③ 黑龙江地区的中等农业学堂农业科的普通科目有8门：修身、中国文学、算学、物理、化学、

① 黑龙江省地方志编纂委员会编：《黑龙江省志·教育志》，黑龙江人民出版社，1996年12月版，第429页。

② 辽宁省地方志编纂委员会编：《辽宁省志·教育志》，辽宁大学出版社，2001年11月版，第409～410页。

③ 辽宁省地方志编纂委员会编：《辽宁省志·教育志》，辽宁大学出版社，2001年11月版，第413～414页。

博物、农业理财大意、体操。实习科目有10门：土壤、肥料、作物、园艺、农产制造、养蚕、虫害、气候、林业大意、兽医学大意、水产学大意、实习。①

民国时期，东北地区各类学堂的课程设置和教学计划逐渐系统化。民国元年（1912年），奉天地区小学堂的教授科目为修身、图文、算术、手工、图画、唱歌、体操。女子加缝纫课。高等小学教授科目为修身、国文、算术、本国历史、地理、理科、手工、图画、唱歌、体操。男子加农业课，女子加缝纫课，并视情形，农业可暂缺，或改为商业，并可加设英语，手工、唱歌亦可暂缺。英语可改为别种外国语。吉林地区的男子师范设修身、读经、教育、国文、外国语、历史、数学、博物、理化、法制经济、图画、手工、农业、乐歌、体操。女子师范不开农业，代之以家事、园艺、缝纫。1914年，在锦县创办省立第二中学校的课程设置为：修身、国文、英文、算术、历史、地理、博物、图画、音乐、体操等10科。② 民国10年（1921年）7月，奉天省教育厅重新制发《高等小学课程标准表》，将英文一科由随意科变为必修科。高等小学校缺英文一科者不得毕业。除此，《高等小学课程标准表》还取消了“读经讲经”，改格致为理科，增加唱歌一科。③ 民国初期，吉林省行政公署也明文规定：初等小学为义务教育，以修身、国文、算术、体操为必修课程。经济发达地区的小学，将图画、手工、唱歌列为正式课程，经济不甚充裕地区的小学，可暂缓执行。各府根据行政公署规定，拟订初、高等小学校教学计划。以长春府初、高等小学教学科目及每周授课时数为例。

表3.3　1914长春府初、高等小学校各学年各科每周授课时间表④

甲、初等小学校　　　　时数单位：课时

学年	合计	修身	国文	算术	手工	图画	缝纫	唱歌	体操
一年	22	2	10	5	1	—	—	1	3
二年	26	2	12	6	1	1	—	1	3
三年	26（27）	2	12	6	1	1	（1）	1	3
四年	26（28）	2	10	6	2	1	（2）	2	3

① 黑龙江省地方志编纂委员会编：《黑龙江省志·教育志》，黑龙江人民出版社，1996年12月版，第323页。

② 辽宁省地方志编纂委员会编：《辽宁省志·教育志》，辽宁大学出版社，2001年11月版，第291页。

③ 辽宁省地方志编纂委员会编：《辽宁省志·教育志》，辽宁大学出版社，2001年11月版，第197~198页。

④ 吉林省地方志编纂委员会编：《吉林省志·教育志》，吉林人民出版社，1992年8月版，第62页。

1922 年，东北地区开始推行新学制。1923 年（民国 12 年）1 月，奉天省教育厅颁发的《小学校暂行规程》规定，小学校教授科目为修身、国文、算术、图画、唱歌、体操、英语，手工、缝纫，定为随意科。1924 年（民国 13 年）起，吉林和黑龙江地区开始试行教育部颁布的《小学新学制课程标准》，将国文科改为国语科；图画科改为形象艺术科；手工科改为工用艺术科；修身科改为公民科；初级小学增设社会、自然两科。高级小学增设卫生科，停开外国语。每周授课时数以分数计算，初级小学一二年级至少 1080 分，三四年级至少 1260 分，高级小学至少 1440 分。初、高级小学课程设置比重，按百分比计算。1929 年（民国 18 年），黑龙江地区执行教育部颁布的《小学课程暂行标准》，各年级增设党义科和工作科，地理、卫生两科合为社会科，工用艺术、形象艺术合为美术科，园艺、自然合为自然科。1931 年（民国 20 年）工作科改为劳作科。

民国时期，东北地区中学教育的课程设置和教学计划发生了一定的变化。下面是长春商埠初级中学的教学计划，从中可以看出当时东北地区中学教学计划的实施情况。

表 3.4　1924 年长春商埠初级中学教学计划①

甲、必修科目　　　　单位：每周次数：次　　学分：分

			合计	公民	国文	英文	数学	历史	地理	理科	体育	乐歌
一年	上学期	每周次数	28	1	7	5	5	—	3	3	3	1
		学分	27	0.5	7	5	5	—	3	3	3	0.5
	下学期	每周次数	28	1	7	5	5	—	3	3	3	1
		学分	27	0.5	7	5	5	—	3	3	3	0.5
二年	上学期	每周次数	27	1	6	6	5	3	—	4	2	—
		学分	26.5	0.5	6	6	5	3	—	4	2	—
	下学期	每周次数	27	1	6	6	5	3	—	4	2	—
		学分	26.5	0.5	6	6	5	3	—	4	2	—
三年	上学期	每周次数	26	1	5	7	5	—	4	2	2	—
		学分	25.5	0.5	5	7	5	—	4	2	2	—
	上学期	每周次数	25	1	5	7	5	3	—	2	2	—
		学分	24.5	0.5	5	7	5	3	—	2	2	—

注：理科每周次数是一年上、下学期生理卫生 1 次，植物 2 次；二年上、下学期理化 2 次，动物 2 次；三年上、下学期理化 2 次。

---

① 吉林省地方志编纂委员会编：《吉林省志·教育志》，吉林人民出版社，1992 年 8 月版，第 144 页。

1925 年，东北地区的中学实行文实分科制度，出现了文科中学和理科中学分设的现象。这种文实分科的现象，反映在课程设置方面就是学堂对文科和理科侧重。下表是 1925 年奉天省文科和实科中学的教学计划①，从中我们可以看出当时文实分科中学在课程设置方面的差别。

表 3.5　民国 14 年（1925 年）奉天省文科高级中学教学计划表　单位：课时

年级	国文	外国语	史地	社会学	政治经济	哲学及心理学	科学概论	数学	自然科学	艺术	体育	合计
第一学年	6	6	5	2		2	1	2	2	3	2	31
第二学年	7	6	4		2	2		3	3	2	2	31
第三学年	7	6	4		2	4		1	3	1	2	30
合计	20	18	13	2	4	8	1	6	8	6	6	92

表 3.6　民国 14 年（1925 年）奉天省理科高级中学教学计划表　单位：课时

年级	国文	外国语	社会科学	科学概论	数学	物理	化学	博物	用器画	艺术	体育	合计
第 1、2 学期	5	6	4	1	6	4		2		2	2	32
第 3 学期	4	6	2		6	3	5		2	2	2	32
第 4 学期	4	6	2		6	3	5		2	2	2	32
第 5 学期	4	6	2		4	2	6	2	2	1	2	31
第 6 学期	4	6	2		8	2	2	2	2	1	2	31
合计	21	30	12	1	30	14	18	6	8	8	10	158

晚清时期，东北地区的职业学校并无统一教学计划，各校只有课程设置和每周的授课时间。民国初期，奉天甲种农业学校设农业预科和本科，其中本科设农学科、林学科和蚕学别科。奉天甲种商业学校设商业预科和本科。民国 11 年（1922 年）学制改革后，奉天省的职业学校主要分为农科、工科、商科三类。到民国 18 年（1929 年），辽宁省职业学校的专业设置主要有金工、制革、园艺、印刷、缝纫、编织、刺绣、商科、林科、蚕科、木工、林艺、农

① 辽宁省地方志编纂委员会编：《辽宁省志·教育志》，辽宁大学出版社，2001 年 11 月版，第 292 页。

艺、医科、家事等。① 1922年，吉林省立职业学校章程规定三年制金工、木工的教授科目为：（1）通习科有公民须知、国文、算术、理化、体操、英文。（2）金工科有工作法、制图、机械原件学、应用力学、应用化学、工厂管理法、实习。（3）木工科有工作法、制图、应用力学、工厂管理法、实习。每周授课22学时，实习24学时，必要时在休假时间内安排实习。② 这时期，黑龙江地区的中等职业学校有了较大的发展，形成了以农、工、商为主体的职业教育规模。以乙种职业学校为例，通习科目有修身、国文、数学、博物、理化大意、体操、实习，并可酌加地理、历史、经济、图画等科目。农学科的科目有：土壤学、肥料学、作物学、园艺学、病虫害学、养蚕学、家畜学、农产制造学、气象学、林学大意等。乙种工业学校的通习科目有修身、国文、数学、理化大意、图画、体操、实习，并得酌加历史、地理等科。各科还有一定的实习时间。乙种商业学校的科目有修身、国文、数学、地理、簿记、商事要项、体育，并得酌加其他科目。③

总之，这时期东北地区各类学堂的课程设置和教学计划呈现出如下几个特点。一，坚持总体遵循部章要求和局部进行调整的方针。东北地区学堂在课程设置和教学计划方面基本上都是遵照学部和教育部的相关章程办理，在具体的实施中也考虑到本地的实际情况进行相应的调整。在中学、师范和职业教育中就通过缩短学制、增减课程和调整学时的办法来适应各地的实际情况。二，遵循文科课程为主、实科课程为辅的方针。由于经济文化水平的限制，东北地区的课程设置文科的比例较重，其中国文、修身、中国文学、历史、地理等科目的学时较多；而数学、物理、化学、体育、图画、音乐等科目所占的比例较少。这与当时政府政策的侧重点有关，也与东北地区师资力量的缺乏密切相关。三，注重动手能力的培养。在课程设置中，东北地方当局也注重学生的劳动教育。如在学堂的课程表中的理科、手工、图画、农业、缝纫等科富有劳动教育意义。民国3年（1914年）奉天巡按使公署下发的《调查省辖各学校报告书》中强调注重实用主义，小学校主要授予学生生活上必需之知识与技能，

---

① 辽宁省地方志编纂委员会编：《辽宁省志·教育志》，辽宁大学出版社，2001年11月版，第410页。

② 吉林省地方志编纂委员会编：《吉林省志·教育志》，吉林人民出版社，1992年8月版，第211页。

③ 黑龙江省地方志编纂委员会编：《黑龙江省志·教育志》，黑龙江人民出版社，1996年12月版，第324～325页。

使学生所学知识、技能皆能通过勤劳达到应用自如。[①] 四，缺乏一定的乡土性。这时期东北地区出现了一些根据东北地区乡村实际建立的林学和农学学校，但是这些学校由于条件有限，办学的程度不高，还不能满足东北地区社会经济发展的迫切需要。其它各类学堂的教学活动基本上在“都市教育”的轨迹上前行，并没有认识到城乡教育的差别和因地制宜地发展乡村教育的重要性。

第三节　教科书的运用

一、教科书的应用

对于教科书的使用，学部颁布的《奏定学堂章程》和《学务纲要》都有明确的规定。以初等小学堂为例，“初等小学堂教科所用图书，当就官设编书局所编纂及学务大臣所审定者采用，且须按学堂所在之情形选定”[②]。1906年，学部下设的图书局还专门编辑了一部分图书以供各地参考。民国政府成立后，教育部立即着手教科书的编审工作。1912 年 5 月，教育部公布《审定教科图书暂行章程》，对小学校教师、学生用书以及中学校学生用书的使用作了相关的规定。[③] 1929 年 1 月，教育部又公布《教科图书审查规程》，订定《暂行教科图书审查办法》《审查教科图书共同标准》，加大对教科书的规范工作。从这些文件中，我们可以看出中央政府对于教科书问题的重视程度。

清末民初时期，东北地区新式学堂对于教科书使用情况很复杂，既有部章规定的教科书，也有地方当局编定的教科书；既有从外地购买的教科书，也有教员自己编写的教科书。从总体上来看，新式教科书的使用情况较为普遍，仅在一些边远和落后地区学堂中还存在使用自编讲义和传统书目进行教学的情况。

（1）沿用传统的一些书目。晚清时期，由于学堂教材的缺乏，一些学堂就沿用传统教育机构中的一些书目进行讲授，特别是一些学堂中设置的国文、修身、文学等文科类的课程较为常见。这种情况在经济文化较为落后的黑龙江

① 辽宁省地方志编纂委员会编：《辽宁省志·教育志》，辽宁大学出版社，2001 年 11 月版，第 252 页。

② 舒新城编：《中国近代教育史资料》，人民教育出版社，1981 年版，第 2 卷，第 422 页。

③ 《教育部颁布审定教科图书暂行章程》（1912 年 5 月），转引自李桂林等编《中国近代教育史资料汇编·普通教育》，上海教育出版社，1995 年版，第 456 页。

地区比较显著。晚清时期，黑龙江地区的一些师范类学校就有直接以现成古书为教材的，如修身科摘讲陈宏谋的《五种遗规》《养正遗规》《训俗遗规》《教女遗规》《从政遗规》《在官法戒录》；读经科以《春秋左氏传》《周礼》为教材，并规定《左传》应用武英殿读本，《周礼》应用通行的《周官精义》；中国文学则规定“经史子集及近人文集皆可”。① 黑龙江地区的部分中学堂修身课采用陈宏谋的《五种遗规》，《左传》采用《武英殿读本》，《周礼》采用《周官精义》。中国文学课采用《经史子集》《近人文集》《御选古文渊鉴》等作为教材讲授。② 此外，在一些少数民族的学堂中，使用传统书目进行讲学的现象也比较普遍。在一些少数民族学校的教学中，学生一般先要学习译成满族语言的一些传统的书目进行识字训练。如达斡尔族的学校教育是“在早期学校中讲授满文译成的《三字经》、《千字文》、《名贤集》、《圣谕广训》等通俗易懂的、读起来上口的文字作品”。③ 民国时期，由于地方当局加强了对教科书使用方面的限制，使用传统书目进行教学的现象逐渐减少，东北地区的新式学堂基本上能够使用新式教科书进行教学。

（2）部章审定的新式教科书。当时东北地区的印书机构较少，一些新式教科书必须去省城或外地购买。当时，东北地区的教育管理人员和学堂的教职员经常到省城地区，甚至远赴京沪一带购买学堂所需的教科书，如：“西安教育所长王晋之以初级小学校均已开课，应用之教科书于事前应购置妥帖以资应用。前者特令教育所事务员赵子耕前往省中各大书局购置各小学所用之教科书，强半为商务印书馆新撰本，赵事务员已将各校所用之书购到外，图书馆发行售卖云。”④《黑龙江省志·教育志》中也有相关的记载：“由于初建学堂，学生人数少，原黑龙江省和原吉林省都无力印刷本省所需中学教材，多是派人赴京、沪、沈等地购买。”⑤ 这样东北地区的一些学堂开始使用新式教科书授课。1909 年，黑龙江地区小学堂开始使用学部编成的课本，有《部颁初等修

---

① 黑龙江省地方志编纂委员会编：《黑龙江省志·教育志》，黑龙江人民出版社，1996 年 12 月版，第 436 页。

② 黑龙江省地方志编纂委员会编：《黑龙江省志·教育志》，黑龙江人民出版社，1996 年 12 月版，第 198 页。

③ 刘金明、曾小玲：《论达斡尔族学校教育的特征及作用》，《黑龙江民族丛刊》（季刊），1998 年第 1 期，总 52 期，第 106 页。

④ 《教育所购列书籍》，《盛京时报》，1928 年 2 月 22 日。

⑤ 黑龙江省地方志编纂委员会编：《黑龙江省志·教育志》，黑龙江人民出版社，1996 年 12 月版，第 198 页。

身教科书》(1～4 册)、《部颁初等国文教科书》(1～4 册)、《部颁初等算术教科书》(1～4 册)。[①] 民国时期，东北地区各类学堂基本上使用部章规定的教科书授课。吉林师范学校采用严深城编著的《物理学》(商务印书馆出版)、藩武编著的《历史》(中华书局出版社) 等教材授课。[②] 吉林省职业学校理工科教材一般是采用日本同类学校教材的译本，文科和普通课采用普通中学课本。[③] 营口地区各类学堂也先后使用新版的教科书，"本埠各学校所用之教科书均系前清学部所审定者，实与民国大义诸多刺谬。现在教育部已订有各种教课书，现已出版，故劝学所派专人赴省城购办，□转发各学堂一律更换云"[④]。我们还可以以营口县立商科高级中学为例，据调查，1929 年营口县立商科高级中学的教科书情况如下：课程有经学（论孟合编。括号内为课本，下同）、商业道德（讲义）、英文（沙氏乐府）、代数、平面三角、经济（经济学原理）、商事要项（讲义）、财政（财政学）、货币（货币论）、保险（保险学）、统计（统计学）、贸易（国际贸易）、商业簿记、银行簿记（实用银行簿记）、汇兑（国外汇兑）、商业算术（商业算术）、会计（会计学）、商史（商业历史）、商地（商业地理）、民法（讲义）、商法（商法要论）、三民主义，其中除几何、三角、国际贸易为中华书局出版，其它均为商务印书馆出版。[⑤] 在这些教科书中，除了商业道德、商事要项和民法三项是讲义外，其它的课程都是中华书局或商务印书馆出版的新式教科书。

(3) 教员自编讲义。为了解决教材缺乏的问题，东北地区一些学堂的教员还自编讲义。晚清时期，由于各种条件的限制，东北地区各类学堂使用讲义授课的情况相对较多一些，特别是在一些私立学堂或一些边远地区的学堂这种情况更为普遍。1910 年，清末贡生乔德秀曾在营城子创办一所金州私立西小磨子公育两等小学校。由于师资力量有限，他不仅肩负校长的重任悉心筹划学校的日常工作，还要兼任教员一职亲自为学生授课。为了解决学校授课所需的教科书问题，他"搜罗古今史书，调查远迩之见闻"，为课堂教学编纂相应的

---

① 黑龙江省地方志编纂委员会编：《黑龙江省志 · 教育志》，黑龙江人民出版社，1996 年 12 月版，第 139 页。

② 吉林省地方志编纂委员会编：《吉林省志 · 教育志》，吉林人民出版社，1992 年 8 月版，第 250 页。

③ 吉林省地方志编纂委员会编：《吉林省志 · 教育志》，吉林人民出版社，1992 年 8 月版，第 219～220 页。

④ 《各学堂改用新教科书》，《盛京时报》，1917 年 9 月 7 日。

⑤ 营口市地方志编纂委员会办公室编：《营口市志》，中国书籍出版社，1992 年 12 月版，第 269 页。

乡土教材。他以金州、大连、旅顺的政治、历史、文学、人物、山川河流为基本内容编纂而成的《南金乡土志》一书，不仅介绍了大连地区的政治、经济、文化和风土人情，还向学生宣传一种“爱家必先爱身，爱国必先爱乡”的道理。他教育学生说所谓“租借”者，是“两国交涉之新名词”，“往古无之”，“然曰租借，则在我犹有主持之权，在人自有归还之义”。① 这足见其用心之真诚，用意之深远。民国初年，黑龙江省一些地区的小学还没有统一的教材。为了解决教科书缺乏这一难题，著名的教育家林传甲亲自编写各种教科书，经过努力“编写小学语文、史地、格致 3 科乡土教材，各 80 课”。为了解决女子学堂的教科书问题，林传甲的妻子“祝宗梁曾编写《龙江女学文范》百余篇。这些教材编印成书，供省内官立、民立、幼女学校、改良私塾、简易识字学塾 1.7 万余名学生使用，受到教育部的赞扬”②。我们还可以在一些学校关于教科书的统计中发现一些教员使用讲义教学。如上文引用 1929 年营口县立商科高级中学的课程设置情况时，其中教员在讲授商业道德、商事要项和民法三门课程还是使用讲义授课的。此外，在一些少数民族的学堂中也存在自编教材的现象。如清末时期，吉林地区垦民官立学堂使用学部审定的教科书，私立学校没有统一规定。宣统元年（1909 年），延吉道局子街垦民教育会聘请桂奉禹、尹河洙等学者编纂《朝鲜语》等教材，供延吉道各地私立朝鲜族学校使用。1916 年 12 月，延吉道尹公署组织编辑《国语》教科书，经省长公署审定，报请教育部批准后，发给垦民学校试用。③

（4）多语种教科书。东北地区是一个多民族的聚居区，不同的民族有着各自的语言或文字。因此，在推广新式教育的过程中，编译满、蒙、回、朝等文字的教科书就显得格外重要。宣统元年（1909 年）7 月，锡良和程德全派荣德把学部审定的初等小学堂教科书择要译成满文、蒙古文，编辑出版一种满蒙汉三文合璧教科书。宣统二年（1910 年）2 月，石印教科书前 4 册共 2 万册以及劝学文 5 千册，向奉天、吉林、黑龙江三省蒙古旗发行。④ 各地发行的

---

① 郭铁桩、关捷主编：《日本殖民统治大连四十年史》，下册，社会科学文献出版社，2008 年 5 月版，第 649 页。

② 黑龙江省地方志编纂委员会编：《黑龙江省志·教育志》，黑龙江人民出版社，1996 年 12 月版，第 140 页。

③ 吉林省地方志编纂委员会编：《吉林省志·教育志》，吉林人民出版社，1992 年 8 月版，第 389 页。

④ 锡良：《东三省总督锡良奉天巡抚程德全发行教科书札》，辽宁省档案馆藏，1910 年，转引自宝玉柱《清代蒙古族社会转型及语言教育》，民族出版社，2003 年 6 月版，第 259 页。

数量如下表：

表 3.7　东三省多语种教科书各地的发行数①

地区及学堂	每种教科书数	计	劝学文
前郭尔罗斯 1 旗	300	1200	300
土谢图及其他 9 旗	260	1040×9	260×9
小计		1056	2640
奉天蒙文学堂	200	800	200
新设满蒙文中学堂	150	600	150
维城小学堂	150	600	150
满洲小学堂	80	320	80
蒙古小学堂	40	160	40
汉军小学堂	80	320	80
内务府	40	160	40
小计		3160	790
吉林省满蒙文中学堂	100	400	100
黑龙江满蒙文中学堂	100	400	100
小计		800	200
总计		14520	3630

从表中可以看出，这种教科书在少数民族地区比较受欢迎。当然，这些教科书也适用于一些使用满语或满文作为交流工具的少数民族。在那些具有本民族语言和文字的民族新式学堂中，如回族、达斡尔族、朝鲜族等多是运用双语或多语教学的教学模式。当然，随着新式教育事业的发展，东北地区学校教育在教科书选择上新版教科书的比例越来越大，自编教材和讲义的比例逐渐缩小。在辽宁省档案馆馆藏有一些民国时期东北地区学校的使用情况的资料，下表是 1922 年热河省阜新县高等小学校第二班学生的教科书目起止表，从中可以看出当时东北地区部分新式学堂教科书的使用情况。

① 宝玉柱：《清代蒙古族社会转型及语言教育》，民族出版社，2003 年 6 月版，第 260 页。

表 3.8　热河阜新县立高小学校民国十一年六月造送本年度第九班学生毕业教科书目起止表①

共和国新修身教科书	起自第一册第一课道德止于第六册第二十二课中华民国	包公毅 沈颐	商务印书馆
共和国新国文教科书	起自第一册第一课国体与国政止于第六册第三十四课大国民	庄愈 沈颐	商务印书馆
共和国新算术教科书	起自第一册第一课命数法止于第六册第十八课日用薄论三个月收付一览表	骆师曾	商务印书馆
共和国新历史教科书	起自第一册第一课太古止于第六册第十课人文地理概要	庄愈	商务印书馆
共和国新地理教科书	起自第一册第一课中华民国止于第六册第七课人文地理概要	庄愈	商务印书馆
共和国新理科教科书	起自第一册第一课春之庭园止于第六册第二十三课地球之变迁	杜亚泉 樊炳清 杜就田	商务印书馆
高等小教科书学手工	起自第一册第一课折纸止于木工终	商务印书馆编译	商务印书馆
共和国图画	起自第一册第一课直线平线止于第六册第十图儿童游戏	王家明	商务印书馆
共和国民唱歌集	择授	胡君复	商务印书馆
英文	华英初阶授毕，英文法程授至第二十课		
论语	起自学而时习之第一章止于乡党篇终		
体操	授兵式操		

从某种意义上来说，学校教科书中各种新旧教材的使用比例在一定程度上直观反映了该地区学校教育发展的水平高低。从阜新县立高小的教科书使用情况的统计来看，这时期东北地区的大部分新式学堂的教科书基本上以教育部颁布的官方教科书为主，辅助一些古籍书目和教员自编讲义。当然，在一些落后地区的学校中古籍和讲义教材所占的比例会大一些，但是官方教科书的广泛普及已经是一个不争的事实。

二、教科书的内容

清末民初时期，东北地区的各类学堂使用教科书的主要用意是为了向学生

① 《热河阜新县立高小学校民国十一年六月造送本年度第九班学生毕业教科书目起止表》，辽宁省档案馆藏，热河省公署，全宗号：J149，卷宗号：781。

传授文化知识，培养社会发展所需要的各类人材。因此，在初级教育机构的学堂中，教科书的内容注重的是向学生灌输忠君爱国的思想和传授一定的文化知识，这一点在中小学校的教科书内容中有明显的体现。

晚清时期，由于东北地区办学条件十分有限，学堂教科书的使用不能完全满足部章的要求，不仅一些理科、英语、体育、图画等课程采用讲义讲解，就是一些文科类的教材也用讲义进行授课。为了反映这时期学堂讲义的具体内容，下面就以黑龙江地区新式学堂中普遍使用的《黑龙江乡土志》一书的内容为例加以说明。

黑龙江乡土志，分历史、地理、格物三编，各八十课。盖十年前初等小学课程。有乡土科，俾儿童先求切近以应实用。盖本诸德意志之学制深合乎教育原理。非张广雅所能臆造也。黑龙江学务处出版教科书实自兹编，始师范生五十人，转相授受。三年之间，印行六千余部。嗣后学校课程，不设乡土志，板片交省立图书馆保存，以为地方之掌故。①

可见，在《乡土志》一书中，作者主要从历史、地理和格致三个板块对黑龙江地区的历史沿革、地理环境、物产、风俗等内容进行简要的介绍，向学生传授“爱国”、“爱家”的思想。下面是“历史编”中对于清末民初黑龙江省的介绍，从中可以看出教科书内容的大略。

第七十七课　初行新政

庚子之役，程德全有保全边境功，叠擢副总统将军巡抚，初创垦务善后，设治十三，兴办学堂巡警各新政。

第七十八课　行省之制

东三省总督徐世昌，巡阅江省，奏设民政司，善后居为度支司，以提学司兼办劝业，乃设行省公署，同署办理。

第七十九课　添设道府厅县

光绪戊申，奏设爱珲、呼伦两道，黑河、胪滨。嫩江、佛山四府，升龙江、海伦二府，并设室韦等厅及林、甸等县，施行自治，设咨议局。

第八十课　民国新制

民国元年，改行阳历，改巡抚为都督，军民分治，设行政公署，民政长所

① 闽侯林传甲：《黑龙江乡土志·序》，私立奎垣学校出版，上海商务印书馆，中华民国二年二月修正再版，第1页。

属，分内务、财政、教育、实业四司，以咨议局改组省议会，设各级审检厅。三权鼎立焉。①

在“地理编”内容中，作者更是十分重视乡土知识的传授。如对黑龙江地区的地理、气候、山川、河流、风俗、宗教等内容都有简要明了的介绍。

第一课 位置

地球有五洲，我在亚细亚洲之东中华民国。黑龙江省为中华民国省城维度，在赤道北四十七度一十四分，经度偏东七度九分。

第二课 气候

黑龙江分为廿二省之一，在中华民国东北境。春日不暖，四月草始绿。八月见霜，九月积雪，冬令冰坚如铁，今大寒节正午时，犹解冻也。

第七十六课 学校

省立法政、师范、中学、甲种农业、工业、女子师范、女子中学在省城，呼兰、绥化拟设师范，巴彦、海伦拟设中学，县立高等小学五十校，初等小学三百校。②

在“格致编”内容中，除了介绍植物、资源、作物、特产和工矿企业等内容外，还在相关课文中增添爱国教育的内容，以期向学生传递一种爱国思想。

第七十八课 国货宜宝爱

京师工艺局制景德蓝杯盘、烟袋扣、带码头镫、江浙之丝绸、湖湘之茶叶、江西之瓷器流行寒外者，令人生爱国之心焉。

第八十课 振兴实业以图自立

江省经营实业者，有造纸公司、惠通造就公司未能获利，惟电灯、电话两局厂颇能获利。呼兰亦仿设电灯公司，文明气象，与日俱进焉。③

当然，在一些发达地区或办学条件较好的学堂，在部颁新式教科书的使用方面比较广泛。阜新地区新式学堂的教科书基本上是统一使用学部颁布的教科书。下面一段资料，反映了宣统二年（1910 年）六月阜新地区初等小学所使

---

① 闽侯林传甲：《黑龙江乡土志·历史编》，私立奎垣学校出版，上海商务印书馆，中华民国二年二月修正再版，第 18～19 页。

② 闽侯林传甲：《黑龙江乡土志·地理编》，私立奎垣学校出版，上海商务印书馆，中华民国二年二月修正再版，第 19～20 页，第 37 页。

③ 闽侯林传甲：《黑龙江乡土志·格致编》，私立奎垣学校出版，上海商务印书馆，中华民国二年二月修正再版，第 56 页。

用的《修身》和《中国文学》两本教科书的部分内容。

初等小学“修身”教科书第一册目录为：学堂、敬仰、容体、整洁、恪守时刻、勤学、讲堂与体操场、游戏、父母、孝顺、兄弟、家庭之乐、交友、戒争论、戒讳过、戒恶言、礼仪、戒搅扰入等18课。

小学二、三年级的“中国文学”课，其内容除讲“积字成句”之法外，还配以白话文，颇有寓义。现摘录几课如下：

“有一棵藤箩，缠绕在树上生长，后来树叫风刮倒了，藤箩也随着一块儿枯干了。”

“金、银、铜、铁、锡五种，通叫作五金。这五金里头就数著（着）铁最贱，可是铁的用处极多。”

“小孩爱骑马，大将也爱骑马。大将小的时候也是小孩，小孩长大了学成了武备学问可就成大将了。”

“牛马的力量比人大，可是人使牛耕地，使马拉车，因为牛马的知识不及人的缘故啊”

“没有志向的人就像水里浮萍一样，在水里头不能主。水往东流，他就往东，水往西流，他就往西。”①

民国时期，教育部先后颁布了一系列新式学堂教科书。在这些教科书中已经剔除了晚清教科书中的那些陈旧的传统说教，增加了一些宣传“共和”、“平等”、“民权”的新内容。如1912年出版的《共和国教科书新国文》（第四册）第一课课文题目是《我国》，全文都是向学生介绍我们的国家：“中华，我国之国名也。溯自远祖以来，居于是，衣于是，食于是，世世相传，以及于我。我为中华之人，岂可不爱我国哉”②。在许多教科书第一课为“上学”彩图，学校大门上迎风飞舞的是五色旗和校旗。1924年一种为新学制编定的国语教科书中，就有《国旗》一课，课文如下：“啊——美丽的五色旗！我爱你——我敬你，我叫你姐姐，你叫我弟弟。天天早晨上学的时候，我对你行个鞠躬礼。国旗——国旗！我爱你这美丽的五色旗！”③

---

① 姜振卿：《十九世纪中叶以来的阜新教育》，《阜新文史资料》，第7辑，第3~4页。

② 庄俞、沈颐编纂，高凤谦、张元济校订：《共和国教科书新国文》，第四册，商务印书馆，1912年初版。

③ 黎锦辉、陆费逵编辑，戴克敦等校：《新小学教科书国语读本》，初级第二册，中华书局，1924年版，第42页，第三十一课《国旗》。

这时期，东北地区各类新式学堂教科书的使用情况更为规范，除了一些办学条件较差的地区外，大部分的新式学堂都使用部颁教科书授课。如在民国时期，黑山地区的小学堂使用部章规定的教科书进行教授。对于教科书中的内容，有过亲身经历的杨澄华仍记忆犹新：

新学制以前，教材内容为文言由浅入深，如商务印书馆出版的小学国文教科书初小二册第一课内容是："燕子汝又来乎，旧巢破，不可居，衔泥衔草，重筑新巢，燕子，吾待汝巢成，吾当贺汝。"新学制施行后，教材改为白话，如中华书局出版的新式国语是："人手足刀尺，人口耳刀弓"、"山水田、狗牛羊"等。①

由于办学条件十分有限，在一些学堂中教员使用讲义进行授课的现象十分普遍。在吉林省档案馆馆藏资料中，笔者还发现一本关于涉及"统计图"教学内容的代数科讲义。这本讲义并不是铅字印刷本，完全是一种手写的讲义，书中也不乏增删涂改之处。编者把统计图分为线图和地图两类，并进行详细的讲解。在讲义的边缘空白地区还有编者的一些注释，对每一段或几段的内容进行总体的概括。如在《讲义》三十三章"统计图"的第一段内容上边就有"统计图必要之理由"的标注，其它还有"统计图有两种"、"盖字者无声之议论，统计者社会之肖像"、"直线图"、"平面图"、"地图之优点"等等标注。当然，书中一些教学内容的讲解也是十分详细。例如，对于学习统计图之必要性，在本章开头作者就开宗明义地写道：

统计之有图，盖以示统计的事，实使之容易了解而又使便于素无统计的识者之嗜好也。盖统计之事，实以统计图市之，虽不及数字之表章及文字之论述，然统计者于不言不语之间说服人民之状态。由外观之则竟干燥而无意味，故非有高等之脑力或能解统计趣味之人往往厌弃之。为今日学者及素人之常态，故于统计表之外，必用种种统计图以诱导启发世人为必要，故不待言。先哲有云：左图右书，博物家阿卡斯氏之言曰：显微镜者，犹人之第二眼，图画者，犹人之第三眼。由是可知，图画之为必要必不可阙。余则以为统计图者，犹统计家之第二眼，然对于世人不啻为第一眼矣。审是则统计图岂可忽乎？②

① 杨澄华：《解放前的黑山教育概述》，《黑山文史资料》，第2辑，第31～32页。

② 《各校报教科书目、讲授提纲、讲义及教育厅指令》，吉林省档案馆藏：全宗名称：教育厅，全宗号：J110，卷宗号：5～18。

此外，在讲义中，作者还绘有大量的统计图和表格，以便于在教学过程中学生的接受和理解。下图是笔者选取的《讲义》中的编者讲解“线图”中的“短册图”而绘制的两个表格，从中可以看出教员制图的功底。

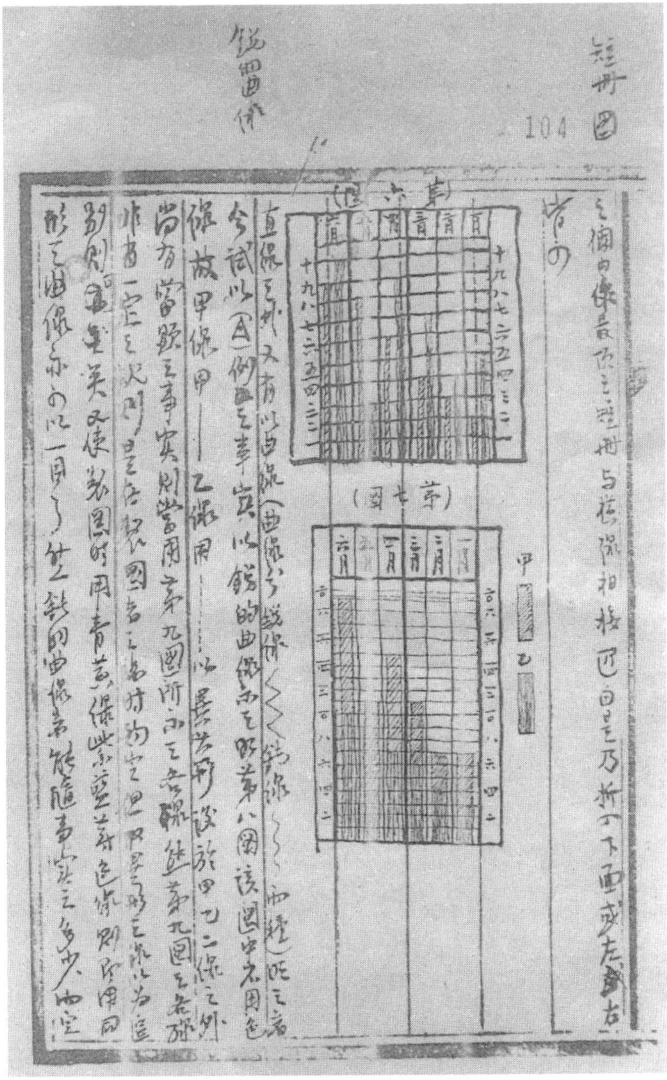

图 3.3　吉林省档案馆藏《讲义》内容节选图

在吉林省档案馆还馆藏一本《吉林法政学堂别科历史讲义》。在《讲义》的第四章专门论述了世界史上著名的“法国七月革命”。在讲义中，编者先对法国七月革命事件的背景、起因和事件的过程进行细致的分析，然后对这场革命进行了评价。

一千八百三十（1830年）七月革命之结果，法兰西以外各国之不平党被其影响，争谋改革，如比利时、应吉立、德意志、意大利、波兰、瑞士诸国皆大起骚动，兹摘录其概要于左：

……

由是观之，七月革命无论欧洲何地，皆被其影响。要是一扫之不平，为满足之解决者，惟比利时耳。意大利、德意志及瑞士，是时虽无有势力，然经多年之纷扰，始大成其自由统一主义。独波兰一国，竟纯然划为俄之属土，永为无独立之期，可慨也已。①

可见，这些教科书比较注重知识性与趣味性的统一，以达到吸引学生兴趣和提高学生学习效率的目的。此外，在这些教科书中还融入了一些乡土知识。例如黑山地区小学堂三年级的地理课程，除了讲中国地理之大概外，还向学生讲述本县本府本省之地理山水，就是我们今天所说的“乡土”教育。② 当然，晚清时期的部分教科书还保留着传统的君主政治色彩。如在修身教科书中反复强调“臣民之义务”；历史教科书中极力讴歌“大清盛运”、“本朝史”；地理教科书还以传统的“瀛寰全志”的眼光看待世界。

五四运动以后，教科书的内容发生了一个变化，即转向以排日反日为主的内容。这种现象的出现是因为当时社会上兴起了一股反日排日的运动。近代以来，中国频遭欧美列强和日本帝国主义的侵略。在甲午战争后，中华民族的民族意识逐渐觉醒。特别是五四运动以后，社会上下兴起了一股反日排日和收回教育权运动的思潮。这时期，在日本帝国主义列强的步步紧逼下，国民政府对日态度也由原来的消极转向积极。这种形势的变化很快就反映到教育领域，相继出版了一批富含反日排日内容的教科书。下面一段资料是齐红深先生整理的当时各类教材中关于反日排日内容的一个概况。

吊戚将军

戚将军，你看如今的世时是甚么样子了！倭奴这样的横行，侵占我们的土地，杀戮我们的人民，并订立了许多不平等条件，岂不比当年更痛心！你倘然

① 《各校报教科书目、讲授提纲、讲义及教育厅指令》，吉林省档案馆藏：全宗名称：教育厅，全宗号：J110，卷宗号：5～18。

② 杨澄华：《解放前的黑山教育概述》，《黑山文史资料》，第2辑，第32页。

有知，你是怎样的愤恨！我想你不单恨人家强暴，你更恨我们自家不能振作精神。戚将军，这话是不是？只要自家能够振作，哪怕他倭奴横行！

（《新时代国语教科书》第 6 册第 48 课）

狡恶的邻儿

我的弟弟有个皮球。球上漆着美丽的花。他很喜欢，常常拿到一片空地上去玩。

有一天，东邻有个小孩子，也跑到空地上来，要求我的弟弟把这个球和他同玩。弟弟就允许了，他玩了好久。这个小孩子又进一步的要求把这个球当做两人公共的玩具，不准我的弟弟带回。我的弟弟正要和他争论，他早一脚踢来，把我的弟弟吓退了。

诸君，这个小孩子并不是这样把我弟弟的球夺去的。他还想出一个诡计来，和我的弟弟说："我固不让你把球带回去，我也不要把这球据为己有的。"说罢，随手把球抛到自己的屋上去。这时，我的弟弟只得饮恨吞声地回家了。不多几天，我的弟弟又遇到东邻的小孩子，眼见他手中拿着一个球——就是那天抛在屋上的球。

（《国耻读本》第 1 册第 9 课）

报仇

五三五三，谁人来抢我济南，杀我同胞几千口，此仇不报做人难！

五九五九，"二十一条"谁开口，大家被欺大家丑，不报此仇不罢手！

（《民智国语读本》第 2 册第 41 课）

日本兵力可以亡中国

可以用兵力亡中国的是日本。他们的陆军平时可出一百万，战时可以加到三百万。他们在中国满洲便有三万多兵。海军也是很强的，几乎可以和英美相比。他们随时可以制我们的死命。日本运兵到中国，最多不过十天。日本兵力可以亡中国。

（《三民主义千字课》第 1 册第 17 课）

两个要紧的算题

这是两个要紧的算题啊！中华民国的国民人人必须算一遍的。

第一，有一个打败仗的，要赔四万万五千万两银子给八个打胜仗的，平均分 39 年赔清，试问每年要赔多少？每个打胜仗的平均得去多少？

第二，有一家人家，每年被强盗抢去 12 万万元。如果没法阻拦，便越抢越多，十年以后，要增加到两倍半。那时候这家每年被抢多少呢？

（《民智国语读本》第5册第17课）

可怜的老妪

小孩子跑在街上，看见一个老妪坐在地上啜泣。小孩子问她："你哭什么？"

老妪说："好孩子，听我告诉你，我有孪生的两个孩子，一叫履舜，一叫达廉（与旅顺、大连谐音——引者）。他们已经长大了，不料一天出外，被暴徒抢了当苦工去。暴徒虽说过了25年就会送还，但是后来又转到另一个暴徒处去做工了那个暴徒听说要过99年才肯送回来呢！

小孩子听了，对老妪说："老太太，你莫哭，等我学成的日子，我必帮助你，救出你的亲爱的儿女，并且寻到你的弟弟，设法叫他回来。"

（《国耻读本》第3册第8课）①

民国时期，在东北延边地区的学堂中，特别是一些反日民族学校极为重视学生的国耻教育。在课堂教学过程中，校方不仅经常向"学生讲授朝鲜历史、朝鲜地理、朝鲜语和朝鲜文学，以提高学生的反日民族思想觉悟。譬如他们使用的历史教材不仅有《最新东国史》、《初等东国史略》、《东洋史》、《越南亡国史》等，还有《李舜臣传》、《安重根传》等民族英雄传记。自编的《国语》教材，选用了描绘了反倭寇斗争的《壬辰录》以及《知己知友》、《故乡》、《兵器之演变》等课文，用以培养青少年的反日民族情感。在《故乡》一文中有'遗骨何处埋，男儿处处有青山'等诗句；《兵器之演变》一文中没有简单地叙述兵器的发展过程，而是借题发挥，详细回顾了朝鲜人民历次反侵略斗争中所使用兵器的演变。各地朝鲜族学校私立学校以唱歌教学唤起青少年的反日思想。学校编写油印歌唱集，收录具有浓厚的反日民族情感的歌曲。例如《少年男子歌》、《童心歌》、《运动歌》、《血诚队歌》、《学徒歌》、《劝学歌》、《学生挺进歌》等。《运动歌》的歌词大意是：'铁筋钢骨奇男儿，尽力拼搏逞韩魂。紧迫不舍英雄汉，少年功名社稷闻。一抵万寇举九鼎，绝代英豪练就功。'"② 教科书内容中流露出强烈的排日反日的思想。

---

① 东亚经济调查局编：《支那排日教材集》，东京，1929年（昭和四年）。第12页，第15~16页，第88页，第108页，第130~131页，引自齐红深《日本侵华教育史》，人民教育出版社，2002年8月版，第411~412页。

② 《宗教·教育斗争》（朝鲜文），汉城民族文库刊行会，1982年版，第214~215页，转自朴文灿《延边朝鲜族教育史稿》，吉林教育出版社，1989年1月版，第25~26页。

总之，当时东北地区学堂使用的教科书经历了一个渐进的变化过程。由最初的使用自编教材、古书替代到民国时期的全面使用新式教科书。从某种意义上来说，这也正是东北地区教育事业发展进步的一个表现。教科书作为教师向学生传授文化知识的工具，对于学生的教育具有重要的意义。毕苑就认为："在某种程度上可以说绝大部分知识，甚至包括人生观、世界观等观念的获得，都发源于教科书。当我们是孩童时，我们从教科书中获得成为社会人所必需的起步知识和观念；教科书的编纂人员，总是按照一定的观念、标准编写教科书，教科书永远充当着传输常规知识的工具。教科书综合了当时社会各个领域的知识，表现着社会发展的程度和特色；在经济、政治、教育、文化以及伦理道德等任何一个领域发生变化或'革命'时，社会文化的变迁必然要求重写或部分重写教科书。可见，教科书与社会文化的密切关系。"① 正是这些教科书，不仅使东北地区广大学生学到了文化知识，开阔了眼界，甚至还影响到了近代东北社会的前途和命运。

三、关于学堂的教学方法

教学方法是教师和学生为了实现共同的教学目标，完成共同的教学任务，在教学过程中运用的方式与手段的总称。一般是指在教学中所采取的具体教学方法，包括教师教授法和学生学习方法两大方面，是教授方法与学习方法的统一。

光绪二十九年（1903 年）《奏定初等小学堂章程》规定："凡教授儿童须尽其循循善诱之法，不宜操之过急以伤其身体，尤须晓以知耻之义"；"凡教授之法，以讲解为最要，讲解则领悟易"；学童万不可体罚，有过只可"罚以直立、禁假、禁出游，罚去体面诸事亦足示儆"。② 《奏定师范学堂章程》中规定：在教学过程中，要求讲说以简明为主，勿令学生苦其繁难，说明皆应正大精赅，不流偏倚；讲授务当择其最要之大义谨遵阐发，不可好新务奇，致启驳杂支离之弊。此外，其它类学堂的教学方法大同小异。这时期，由于新式学堂在教学工作方面刚刚起步，东北地区新式学堂在教学中所采取的方法仍延续传统教学中"填鸭式"注入的教学方法，强调的是讲解、背诵、回讲、默写，运用近代教学方法教授的学堂比较少见。有人明确指出，清末时期的教育内容

---

① 毕苑：《中国近代教科书研究》，北京师范大学博士学位论文，2004 年，绪言，第 1 页。

② 日本《小学校令》，《教育世界》，第一、二册，转引自钱曼倩、金林祥主编《中国近代学制比较研究》，广东教育出版社，1996 年 11 月，第 109 页。

和方法带有明显的封建色彩。教知识采取注入式、死记硬背的方法，并施行打手心、罚站、罚跪等体罚手段。① 在《黑龙江省志·教育志》中有关于教学方法内容的记载：1906 年（光绪三十二年）至 1911 年（宣统三年），初等小学堂采用注入式教学方法，以教员讲解为主要形式，先生讲，学生听。修身科边读边讲，“就日用起居，择其浅近易行者教诲之”；读经讲经科，强调讲解、背诵、回讲、默写四者缺一不可；中国文学科采用讲述法；算术科先教心算，再教笔算、珠算；历史科采用陈述法；地理、格致科采用讲述、直观法。②

当然，这时期东北地区的一些新式学堂也试行一些近代教学方法。宣统年间，有的学校曾试行预备、教授、应用“三段教学法”。1909 年（宣统元年），吉林省提学使司推广三段教学方法。（1）预备，引起动机。先研究知识来源、后设法引出新知识，以唤起学生探求新知识的愿望。（2）教授。教员授以新知识，运用提示、比较、总结三种方法，使学生易于接受。（3）应用。通过各种方法使学生把新学知识与原有知识融合贯通，能发表于文辞或应用于实际。当时只有少数受过师范专业训练的教员试用“三段教法”，实施者寥寥无几。吉林地区的蒙养院设游戏、歌谣、谈话、手技等保教科目。每日授课不超过 4 小时。采用渐次启发儿童易懂、易喜好的方法。③ 奉天地区的府、县中学堂各学科教学方法基本采用讲堂授课讲授法，要求讲解简明，避免繁琐，择其要者重点阐发，物理、化学除理论讲授外，还开始进行实验教学。④

民国时期，随着新式教育的发展，东北地方当局逐渐认识到改变原有的旧式教学方法，实行新式的教学方法的重要性，在各地学堂中积极推行新式教学方法。民国时期，1914 年《吉林省各学校教员暂行服务规则》规定：教员讲课，应先作好准备，斟酌采用近代“开发主义”、“练习主义”等学说，循循善诱，使全体学生对所学知识都能领会、运用；教员讲课时，不得涉及教材以外的事项。⑤ 1921 年，省教育厅在《改正吉林省小学教授的意见》中也要求

① 黑龙江省地方志编纂委员会编：《黑龙江省志·教育志》，黑龙江人民出版社，1996 年 12 月版，第 85 页。

② 黑龙江省地方志编纂委员会编：《黑龙江省志·教育志》，黑龙江人民出版社，1996 年 12 月版，第 141 ~142 页。

③ 吉林省地方志编纂委员会编：《吉林省志·教育志》，吉林人民出版社，1992 年 8 月版，第 35 页。

④ 辽宁省地方志编纂委员会编：《辽宁省志·教育志》，辽宁大学出版社，2001 年 11 月版，第 325 页。

⑤ 吉林省地方志编纂委员会编：《吉林省志·教育志》，吉林人民出版社，1992 年 8 月版，第 164 页。

各校教员改进教授方法：教授国语要采用表演、问答、谈话、辩论等方法，使学生得以练习语言。1922 年 11 月拟定的《奉省改定教育系统纲要》更明确指出：国民学校在注意儿童身心之发达，以实践实用的方法养成国民必需的道德知识技能。《改革奉省学制意见书》中也指出：国民学校教学要以直观教授为主。贯彻这些指示精神，各地小学注意研究改进教学方法。① 在地方当局的推动和教员的努力下，东北地区学堂的教学方法也发生了一些变化。概括来说，这时期东北地区主要出现了以下几种新式的教学方法。

其一，三段教学法。民国时期小学校基本采用注入式教学法，1921 年，吉林省教育厅在《改正吉林省小学教授的意见》中提出："目前的教学，只由教员讲授，对文章分段大意也要连讲数遍或写于牌上令学生照抄，此种教学纯属旧时注入式"。《意见》要求改进教授方法，实行三段教学法。教授国文课要采用表演、问答、谈话、辩论等方法，使学生得以练习语言。教学要讲、读、写交互使用，使学生口、耳、手都能得到练习。教员要指导学生初读初讲、试读试讲，对学生所知所能者，由学生自由发表，学生未知未能之处，由教员加以指点，使教员与学生共同动作。注音字母教学要指导发音口式，教以发音方法，先教注音，再板书汉字，依音通读。作文教学讲求字句安排，文章层次，应用格式等。三段教学法在黑龙江地区中小学里，有了较大范围的传播。各师范学校的教学法专科教师和他们所教的师范生，是"三段教学法"的传播者。② 1912 年，齐齐哈尔省立女子中学校和双城中学校曾试行"三段教学法"（预备、教授、应用三个阶段）。③

其二，五段教学法。1916 年以后，奉天地区的学校采用京、津、江、浙等地研究的"启发式教学法"，即按照引起动机、决定目的、讲解课文、分析内容、概括应用的五段法进行。其具体作法：由教授者指引，使学生发生一种求知、求能之渴望，然后，教授者则迎机而利导之。俾学生依顺序之途径，以自底于知，自底于能也。其结果能使学生思想活泼、观念顽固，而所得之知识、技能既正确而又切于实际。④ 在五段法中，引起动机、决定目的两个环节

---

① 辽宁省地方志编纂委员会编：《辽宁省志·教育志》，辽宁大学出版社，2001 年 11 月版，第 219 页。

② 黑龙江省地方志编纂委员会编：《黑龙江省志·教育志》，黑龙江人民出版社，1996 年 12 月版，第 142 页。

③ 黑龙江省地方志编纂委员会编：《黑龙江省志·教育志》，黑龙江人民出版社，1996 年 12 月版，第 201 页。

④ 胡玉海主编、郭建平著：《奉系教育》，辽海出版社，2000 年 6 月版，第 271～272 页。

是最为关键的环节，就是教师如何运用正确的发问来带动学生完成一个思考的过程，从而调动学生的积极性，提高其认识事物的能力。我们以小学国文课文《火的功用》一课为例加以分析。

在引起动机时，教师问：我们打算烧一壶水，怎样把水烧开呢？学生答：用火。问：我们把冷的东西弄熟、弄热，怎么办呢？答：也用火。问：那么火的功用大不大呢？答：大。接下来便进入第二段，教师宣布学习这一课的目的便是，讨论火的功用（板书“火的功用”）。然后可利用一些搜集来的资料进一步证明火的功用。如：用火的起源、发展的过程，来说明火给人类带来的文明。用其他科目（如常识课）中的知识，扩展对火的功用的认识，火还可以烧茶、取暖、点灯。用火既有功又有害的双重性来教育学生如何存其功而去其害，正确地利用火。经此五个阶段，教师带领学生完成了一个从感性认识到理性认识的思考过程，使学生在产生兴趣的前提下，获得了关于“火”的全面的知识，而且正确、扎实。①

接下来的“讲解”阶段对教师也有着较高的要求。在这一阶段中的讲解要以明白晓畅为主，选择一些学生心中熟悉的事物和明白的道理加以解释，切忌在教学中出现含混、阻碍、牵强、贪多的现象，影响到学生接受的效果。我们仍以小学国文教学为例加以分析。

如讲“喜”字则曰“人欢喜的喜”，不可讲“喜怒的喜”。如讲“斗”字则曰“量米量豆的那个斗”，不可讲“北斗的斗”。这样讲解，学生则更容易明白。

如讲“利义”二字时直解颇难，则应以做一件事来打比方，应做的你必定去做便是“义”，若与自己有好处才肯去做便是“利”。总之以浅显之理使学生听之能自会悟为要。

如讲道路之“道”，不可与道德之“道”相混；讲言行之“行”，不可与行为、行走之“行”相混。使学生听之胸中各有分别，无含混之弊。②

这种教学方法在东北地区的一些学堂应用得较为普遍。1920 年，双城中学校在执行《教员暂行服务规则》时，要求教师讲课时应先备好课，斟酌采用近代“开发主义”、“练习主义”等学说，循循善诱，提倡启发式，反对注

① 胡玉海主编、郭建平著：《奉系教育》，辽海出版社，2000 年 6 月版，第 272 页。

② 胡玉海主编、郭建平著：《奉系教育》，辽海出版社，2000 年 6 月版，第 274 页。

入式，以培养学生的自治能力。① 黑山地区学堂的教学方法也“由过去的注入式改为启发式，教学效果比注入式教学提高数倍”②。这种启发式的教学方法有利于调动学生学习的积极性和主动性，培养和提高学生学习的自主能力，通过学生与教师的相互配合共同完成教学任务，在教学中取得的效果也比较理想。

其三，自学辅导法。五四运动后，受新文化思想的影响及外国自学辅导主义等学说的输入，一些城市少数学校开始试验由教师讲授转为学生自学、教师辅导的教学方法。黑山地区学堂教学中“逐渐出现比较更新的教学方法，即‘动的教学法’，该法始创于奉天省立第一师范学校附属小学教师王洪林，以后传入外县。‘动的教学法’是在课堂上师生共同活动，而以学生活动为主，教师处于辅导地位。这种教学法冷眼看来，教师似乎轻闲无事，其实不然，如果教师对教材内容没有充分准备，学生提出的问题就会答不上来。所以教师若没有很高的教学素养，不敢尝试，仅少数教师试行，未得到推广”③。新宾地区学堂教学的方法“也重视自学辅导和直观教学。修身科注意级训而施以实践之方法，国文科注意读法、话法及姿势，算术科注意实际生活，历史科注意年代处所，地理科注意国耻，以增学生敌忾同仇、爱国强种之观念，理科注意自然界知识之统一，图画科注意用具整理、观察问答，手工科注意次第及标本范作之指导，唱歌科注意歌曲次第、歌词意义及卫生之方法，体育注重军国民主义教育，除开设体育课外，每日也开展体操”④。1926 年以后，西方儿童本位思想传入吉林，各校在附属小学进行自学辅导法、道尔顿制等实验。一些学校在教学中采取学分制。对学生的成绩考核实行百分制，每学期评定一次，80 分以上为甲等，70 分以上为乙等，60 分以上为丙等，不满 60 分为丁等。每学期各科成绩列丙等以上为及格，给予学分；列丁等者给予补考一次，补考后仍不及格者留级。⑤ 吉林地区也“有个别学校自 20 年代后期开始，提倡教学民主，反对注入式，强调课堂启发，反对填鸭式。在全部教学过程中教师积极诱

① 黑龙江省地方志编纂委员会编：《黑龙江省志·教育志》，黑龙江人民出版社，1996 年 12 月版，第 201 页。

② 杨澄华：《解放前的黑山教育概述》，《黑山文史资料》，第 2 辑，第 31 页。

③ 杨澄华：《解放前的黑山教育》，载中国人民政治协商会议黑山县委员会文史资料研究委员会编《黑山文史资料》（教育专辑），第 10 辑，黑山县委机关印刷厂，1997 年 9 月第 1 版，第 47 页。

④ 房守志：《新宾教育概略》，《抚顺文史资料》，第 7 辑，第 165 页。

⑤ 吉林省地方志编纂委员会编：《吉林省志·教育志》，吉林人民出版社，1992 年 8 月版，第 253 页。

导，学生主动提问，互相研究，深入探讨，教师最后再做详细讲解或作言简意赅的结论，在教学方法上探讨改进”①。

此外，东北地区还出现了单元教学法和谢嗣升中等学校实施公民教育之方法。单元教授法主要运用在幼稚园的教学中，从 1929 年（民国十八年）起，黑龙江地区的幼稚园教学遵循教育部颁发的《幼稚园课程暂行标准》。在教学中采用单元教学法，设计教学法；提倡幼儿自由活动，主动做力所能及的事情。② 黑龙江各地的幼稚园和幼稚班开始注意改进教育方法，增加保育内容，采取较为先进的单元教学法和设计教学法，进行教育教学活动。③ 谢嗣升中等学校实施公民教育之方法主要应用于实施公民教育的过程中。1928 年，宁安、依兰、双城、宾县、五常、桦川等 6 所初级中学试行过“谢嗣升中等学校实施公民教育之方法”。该法在课内教学方面有六法：演讲（用故事体叙述，少用注入的训话法）、问题（引起学生对本问题的旧观念）、讨论（将各种公民事实的精义与解决方法逐一讨论）、阅读（扩充读物）、阅报、联络其他科教学。该法在课外陶冶方面有四法：组织公民会、引导学生参观、参加公共活动、增加课外活动。④

当然，在一些边远落后地区的学堂中不乏依旧沿用旧式教学方法的现象。如民国十三年（1924 年）八月，黑龙江省视学陈庆英在视查明水学务的报告中指出：“第一初高两级小学校初小一年级教员潘南教授‘女’字拼音声母发音太重，故难拼成。又手执教鞭，常立于讲台中间，有碍学生观看黑板上字迹。且此时既然共同练习拼读，当以黑板字迹为中心，即不用学生各出书籍，再分扰其注意力。初小二年级教员宋瑞麟教演算乘法练习题，少巡视订正。且未令学生在黑板上演算，共同订正。初小三年级国文教员孙志诚教《说自卫》一课，一味讲演，纯粹注入，教法不合。”⑤ 但是，从总体趋势上来看，各种近代的教学方法开始出现在大部分课堂的教学活动中。特别是 20 年代后，在

---

① 吉林省地方志编纂委员会编：《吉林省志·教育志》，吉林人民出版社，1992 年 8 月版，第 325 页。

② 黑龙江省地方志编纂委员会编：《黑龙江省志·教育志》，黑龙江人民出版社，1996 年 12 月版，第 85 页。

③ 黑龙江省地方志编纂委员会编：《黑龙江省志·教育志》，黑龙江人民出版社，1996 年 12 月版，第 85 页。

④ 黑龙江省地方志编纂委员会编：《黑龙江省志·教育志》，黑龙江人民出版社，1996 年 12 月版，第 201 页。

⑤ 张云鹏：《满清及民国时期明水县的文教卫生与体育概况》，《明水文史资料》，第 1 辑，第 71 页。

西方教育思想影响和东北教育界人士的努力下，新式学堂教育的内容和方法才逐渐丰富起来，出现了一些诸如三段教学法、五段教学法、单元教学法、道尔顿教学法等较为先进的教学方法，从而推动了东北地区新式教育的发展和进步。

第四节 考试形式与成绩评定标准

一、各类学堂的考试制度

对于各类学堂的考试制度，清政府颁布的《奏定学堂章程》有专门的规定。关于考试，《各级学校管理规程》规定有5种，除毕业考试外，还有临时考试、学期考试、年终考试、升学考试。临时考试无定期。学期、年终、毕业考试分数，与平日分数平均计数。年考及格者升一级，不及格者留原级补习。下届再试仍不及格者退学。评定分数以100分为满格，80分以上为最优等，60分以上为优等，40分以上为中等，20分以上为下等，谓之及格，20分以下为最下等应出学。毕业考试最重，视学堂程度由所在地方官长会同监督教员亲临考场。①

晚清时期，东北地区各类学堂的考试方式基本上遵循部章规定办理。总体上说，东北地区考试方式大致分为五种，即升学考试、临时考试、学期考试、学年考试和毕业考试，每学期内学堂共举行临时考试3次，还定期举行学期、学年和升学考试。长春中关官立高、初两等小学堂宣统元年（1909年）5月举行一次月考，"九十分以上者为最优等；七十分以上者为优等；五十分以上者为中等；不及五十分者为不及格。分科考试，平均分数，以别等第。后到堂未经考试者，俟下月再加考验。如品行不端，不加勤勉及屡戒不悛者，即行开除，以为不学者戒云云。至所列等第，详录于下。高等班：优等五十名，中等六名，下等五名。初等班：优等三名，中等二名，下等六名，最下等六名。蒙学班：下等六名，最下等十名。到堂未考者九名；开除十名"②。对于各地学堂考试中存在的一些例如夹带、替考等作弊现象，东北地方当局严令各地学堂

---

① 辽宁省地方志编纂委员会编：《辽宁省志·教育志》，辽宁大学出版社，2001年11月版，第222页。

② 《中关官立高、初两等小学堂月考示照录》，《盛京时报》，1909年5月15日，第5版，载长春社会科学院编辑、杨洪友编校《〈盛京时报〉长春资料选编》，清朝光绪卷（1906～1908），长春出版社，2005年版，第125页。

极力整顿。如“长春中学堂各生每逢季考、月考之时，怀夹书籍已成习惯。日昨该堂又届月考，而监督与监学力为整顿、临考时将各生先行搜检，迨至入卷而后，又复严密稽查。闻尚有某某等三生夹带。该监督遂立即将三生开除，以示炯戒，嗣经各生竭力恳求从宽，各记过一次，以观其后云”①。长春府模范小学堂每学期的考试方式分为临时考试3次，此外有学期、学年、升学考试。学生的评定分数以百分为满格，80分以上者为优等，60分以上者为中等，60分以下者为下等，50分以下者为最下等。不及20分者出学。对旷课百小时者于学期总平均分数中扣去5分。②

民国初期，东北地区的学堂考试制度在遵循部章规定的方式外，基本上是沿袭清末时期推行的考试方法。民国时期，东北地区主要执行教育部颁布的《学生学业成绩考查规程》，还设立了“学生试验委员会”或“学生成绩考查委员会”等机构，专门负责学生学习成绩的考查与管理工作。如1915年，奉天教育厅正式设立“奉天学生试验委员会”，并颁布了《奉天学生试验委员会规程施行细则》。1927年5月，吉林省教育厅设立了“吉林中等学校毕业成绩考查委员会”，专门负责考查毕业生的学习成绩问题。在考试形式上，东北地区各类学堂的考试方式基本上沿袭晚清时期东北地区各类学堂所采取的考试形式，只有部分学校考试成绩的评定方式有所变化。奉天地区的中学校的成绩评定办法改百分制为甲、乙、丙、丁四等。80分以上评为甲等，70分以上评为乙等，60分以上评为丙等，不满60分评为丁等。丁等为不及格，及格的学生允许升级和毕业，不及格的留级，留级两次仍不及格的令其退学。学生因特殊情况不能参加学期或学年考试，须请求补试，或以平时成绩评定学生成绩，免其补试，但分数须减3/10。学生缺席时间超过授课时间1/3者留级，不得参与学期或学年试验。③ 吉林地区各类学校考试成绩的评定办法基本与奉天地区的形式相同。黑龙江地区中学校考试方式分为操行成绩评定和学业成绩考核两种。操行成绩评定实行甲、乙、丙、丁四等级制，丙等以上者为及格；学业成绩考核分四种：日常考查、临时试验，学期考试、毕业考试。学业成绩按四个

---

① 《中学堂整顿考试》，《盛京时报》，1909年5月15日，第5版，载自长春社会科学院编辑、杨洪友编校《〈盛京时报〉长春资料选编》，清朝光绪卷（1906~1908），长春出版社，2005年版，第523页。

② 《长春府模范小学堂章程》（省档案馆藏），转引自吉林省地方志编纂委员会编：《吉林省志·教育志》，吉林人民出版社，1992年8月版，第88页。

③ 辽宁省地方志编纂委员会编：《辽宁省志·教育志》，辽宁大学出版社，2001年11月版，第327~328页。

等级处理：80 分以上者为甲等，70～79 分者为乙等，60～69 分者为丙等，59～0 分者为丁等。丙等以上者为及格，丁等者为不及格。凡操行成绩不及格、体育成绩（包括童子军成绩）不及格、学科成绩三科以上不及格、缺课超过授课时数 1/3 者，只要满足其中某一项者一律不准升级或毕业。学科成绩中，凡是初中的国文、英语、数学、劳作四科中的任何两科成绩不及格或在高中的国文、英语、数学、物理、化学五科中的任何两科成绩不及格均应留级一学期，连续留级以两次为限①。

此外，在偏僻的东北乡村地区的学校里还实行一种会考制度。这种会考制度可分为两类：学期考试和毕业考试。学期会考，即每学期终了之前一日，聚区内之学校于适中地点，会考一次，以考察学生的学习情况。监视、命题、评判由教育公所、教育会、区公所共同组织会考委员会，分任各项责任。毕业会考，在学校毕业考试之后，择一适当日期，在县城或一适中地点，齐集所有毕业生会考一次，以定优劣。会考工作除由教育公所、教育会、区公所组织外，县长可派员进行监督，共同办理。② 在《铁岭县志续志·艺文志》中就记载了教育会组织的会考考试经过："本年十月教育会会长郑禄、副会长周纯仁发起在教育会会场举行各校学生会考。师范、中学及高小学生各分各组，以免轩轾。试题三项，一为国文，一为日语，一为数学。延聘校外通儒分级阅卷，避嫌疑也。又聘多人覆阅昭慎重也。取录优等者，亦给奖金鼓励之中实备观摩之具。"③ 1929 年，望奎县更是别开生面地组织了一次暑期考试成绩观摩大会，"地址在望奎公园，以草坪为考场，学生自带小凳和写字板，当场发国文和算术油墨印考卷。由教育局出题，县长亲临监考。全县城乡 1700 余学生参加考试。半月后，举行发奖大会，分为甲、乙、丙三级，甲级 10 名，乙级 50 名，丙级 100 名"④。

二、各类学堂的考试内容

对于清末学堂考试的试卷和成绩单，笔者并没有搜集到相关的资料。笔者就根据在一些报刊资料和档案资料中搜集和整理到的民国时期考试试卷和成绩

---

① 黑龙江省地方志编纂委员会编：《黑龙江省志·教育志》，黑龙江人民出版社，1996 年 12 月版，第 239 页。

② 胡玉海主编、郭建平著：《奉系教育》，辽海出版社，2000 年 6 月版，第 276～277 页。

③ （民国）杨宇齐修、张嗣良纂：《铁岭县续志》，卷十一，艺文，民国二十二年铅印本，成文出版社有限公司，中华民国六十三年（1974 年）影印版，第 228 页。

④ 望奎县地方志编纂委员会编：《望奎县志》，望奎县人民政府 1989 年 11 月，第 547 页。

单进行分析。这时期有资料记载的考试试题主要有两类，一类是入学或升学考试试题，一类是毕业考试试题。

第一类考试的主要是各类学校在每学期开学前为满足学额的需要而进行的招生考试。下面的一段资料是1923年1月17日奉天专门学堂招生考试的试题，具体内容如下。

化学科试题：（一）何谓间接重量分析？试举例以明之；（二）试述炭顿制法之概要；（三）何谓保护膠体？试详言之；（四）试述分开镍与钴之种种办法；

法律科试题：（一）破产法上之抵销有何异同；（二）试述左列三者意义及其发生之原因：中断、中止、休止；（三）说明执罚之意义及程序；（四）试述领事馆之时权；

文学科试题：（一）试论孟荀二家性善性恶二说之优劣；（二）试畅言历代衰次总集刊病；（三）自然哲学有元、二元、唯心、唯物诸学说，试分述其概略；（四）试略述意志结合之种类；

机械科学试题：（一）试论各种齿轮及其用处；（二）析蒸汽机仅能变少量热力为机械力，甚不经济，近世为机械师用以增进其经济之法甚多，试论述之。（三）试述论衡动蒸汽叶轮机与反动蒸汽叶轮机之不同；（四）蒸气力、瓦斯力、水力为发电用之三种原动力，试任择三者之一而述论其发力场之设备；

采冶科试题：（一）矿品之位置及地质与矿之蓄量及性质，关于采金属之工作上的成败若何？试详言之；（二）题系英文从略；（三）风雨侵蚀作用对于砂金银锡等矿之生成有何关系；（四）用綠素冶尽之法应用何种学理？详言之；

林学试题：（一）试言除伐（陈疏）、束伐及伐枝之大意；（二）东省森林素称丰富，其保护及管理法应如何，试述己见分别论之；（三）中国树种林根之差异状态应判分几带，并举每带所属之省分及所有最著之树种；（四）试将森林直接、间接效用分论之；

农学试题：（一）试言中国气候对于农业之概况；（二）种植小麦、荳子、稻子、玉蜀、黍，以何种气候及土质为最适宜，并言其耕种法；（三）试列举东省主要农产并言其改良方法应如何；（四）将来东省农业之发展应如何，试述己见略说明之；

医学试题：（一）详述背髓痨之诊断与其类症鑑别；（二）黄疸之原因及

其疗法；（三）盲肠炎与盲肠周围炎之症状及其外科的疗法；（四）前膊骨折之诊断及其疗法如何；

经济试题：（一）银行为金融主要之机关，然必如何经营其基础得以巩固，资金得以调节，试撮要言之；（二）一国正货流出时影响经济界甚大，其救国之策如何，尽举所知以对；（三）题从略；（四）试论统计学在经济上之价值；

政治试题：（一）财政为一国政治之根本，财政不良，将政治永无建设之望，我国财务纷乱至今已极，究应如何整理，试详言之；（二）列强每对吾国盛唱开放门户之调，大战后威尔塞由会议日本会提撤废人种差别待遇之题，近则美国坎拿大均严格制限色种移民，其消长是非可得闻歟；（三）中国海外发展应向何方注意，并应如何进行；（四）试筹治理开发蒙藏之策。①

从这些试题的内容可以看出，当时法政学堂的考试内容比较全面，内容涵盖化学、法律、文学、机械、采冶、林学、医学、农学、经济、政治等科目。从试题的角度来看也具有一定的难度，对于那些没有学习或不了解近代文化知识的考生只能是望卷兴叹，很难走入法政学堂的校门。

1924 年 4 月 20 日，盖平师范学校为了招生进行了专门的入学考试，考试的试题包括国文、算术、历史、地理、理科等内容。当时学校所举行的考试试题如下。国文题，试说明师范生应尽之职务；算术题，四则杂问四道科学题；历史题，试述皇帝之武功；地理题，问盖平境内山岭、平原、海参各地皆有何种物产，东三省之铁路有几，皆建自何国，主权属于何人；理科题，夏日降雨时气候何以觉凉，冬日降雪时气候何以觉暖，试言其故。② 可见，当时考试的范围十分广泛，试题也具有一定的难度，在一定程度上反映了学校对于所招学生有一定的近代文化知识方面要求。

从入学考试来看，考试的内容主要是文科类的内容，如文学、史学、自然、地理、法学等方面的知识，对于理科方面的内容还很少涉及。这是因为当时传统教育机构中理科教育内容的严重缺失，社会上懂得近代理科知识的人才少之又少。出于对当时社会实际的考虑，各类学堂在招生考试时不得不进行因地制宜的变通处理。

第二类考试是学校举行的毕业考试。毕业考试是对学堂学生在校期间学习

---

① 《专门第三场试题》，《盛京时报》，1923 年 1 月 17 日。

② 《师范生考试揭晓》，《盛京时报》，1924 年 4 月 20 日。

情况的一次大检验，考试的内容比较全面，基本上覆盖了所学各类科目。下面这段资料是辽宁省档案馆馆藏的热河省立中学校初级预备班考试的七份试题，从中我们可以看出当时新式学校考试的试题类型和难易程度。

预备班国文试题

（1）业精于勤说

初级预备班数学试题

1. 有兵营 10 营，每营 475 名，发饷一回，每名饷银 6 元，问共多少饷银。

2. $276-(55\times4-96)+(45\times5+6)=$

3. 甲有田 5 顷，80 亩，229 方步，乙所有的是甲的 7 倍，问乙有田多少。

4. 甲乙丙丁四人常往某客栈，甲 5 日一到，乙 10 日一到，丙 15 日一到，丁 20 日一到，今于某日四人同至某客栈，问以后多少日四人再同会于某客栈。

预备班三民主义试题

（1）什么是三民主义

（2）民族灭亡之原因

（3）中国固有的道德是什么

预备班历史试题（任选二题）

（一）唐代藩镇之祸如何？

（二）隋炀帝开运河之功罪如何？

（三）宋受异族之压迫原因何在？

预备班地理试题（任选二题）

（一）浙江省有何名胜？试简述之。

（二）简述武汉之交通如何？

（三）湖南有何重要河流试举其名？

预备班理科试题

一、霍乱赤痢之病原及预防法

二、营养品之种类及功用

三、肠寄生虫之种类及预防法

四、血浆及赤血球之功用

English　预备班英文

1. Express the following Chinese words in English.

棍，女孩，小，白，长，读，谁的，一，喜爱，二者……皆，可以，

比如。

2. Translate the following into English.

(a) 你将给我一个球否？

(b) 你能同我在田地里间走否？

(c) 你的黑狗走在何处？

(d) 你的狗和我的猫在公园里玩耍

(e) 你能跑的像这小孩一样快么？

(f) 我不能跑像他那样快。

(仅译五句)

3. Write out the English meanings to the following.

我是么？你是么？他是么？

我去么？你去么？他来么？

他看我。我们在看他。这是我的书。这书是我的。

4. Fill up the blank：

(a) Which ____ the two horses ____ you want, this blank one ____ that red one?

(b) I want ____ blank ____ .

(c) What will you do ____ it.

(d) I ____ ride the black horse.

(e) ____ us play ____ your friend's house.

(f) Will ____ friend ____ with us?

(g) He ____ not come with us?

5. Translate the sentences in question (4) with Chinese.

(N. B. 择答四题)①

从上面的考试试题来分析，当时学校毕业考试的内容较全面，基本上涉及了当时学堂开设的所有科目。其中，数学、理科、英语考试科目的增加，凸显了当时学堂教学中重视文理科比重的教学思想。当然，这些考试的试题难度有限，一般都是比较简单的问题，对于学生来说也比较容易回答。下面一组试题是辽宁省档案馆馆藏的热河省立中学校第五班三学年一学期的考题，笔者选取

① 《热河省立中学校呈送学生考试试卷及成绩并省政府教育厅令》，辽宁省档案馆藏《奉天省长公署档案》，全宗号：JC23，卷宗号：28740。

具有一定代表性的代数、理化和英语三科试卷进行比较。通过与预备班考试试题进行比较，可以看出不同学年段学生考试试题的难易程度。

代数试题

（1）The report of an explosion traveled 1103 feet per second against the wind and 1175 feet per second with the wind. Find the velocity of the sound in still air and the velocity of the wind.

（2）Find the lower limit of the values of x，if $5x-4>3x+2$

（3）Extract the square root of $9a^6-24a^5+46a^4-40a^3+25a^2$

（4）Find the result of the following expressions：

（5）（a）$\sqrt{162}-\sqrt{98}+\sqrt{72}$　（b）$\sqrt{75}\times\sqrt[3]{81}$　（c）$\frac{\sqrt{192}}{\sqrt{128}}$

（6）Solve $3x^2-6x-45=0$

（任做四题）

理化试题

试述氯气及二氧化硫漂白之原理？

完全下列诸方程式：

$NaCl+MnO_2+2H_2SO_4====$

$2NaCl+H_2SO_4====$

$NaBn+MnO_2+H_2SO_4====$

$3Cu+8HNO_3====$

碳之种类有几试各述之？

安全火柴之制法若何？

试述硫磺之流动性及色相与温度之关系？

（择作四题为完卷）

英文试题

1. Write sentences containing objectives，adjectives and adverbial elements of the first，second and third classes.

2. （a）Correct the errors：

I have many got do

I went to school that I may learn

All men honor wisdom of the Confucius

All of the students should help each other

（b） sonogram the following sentences

（1） Mr. Zhang, the teacher, has given me a book

（2） William, the Conqueror was the first Norman king of England.

3. Translate any five of the following sentences into English.

（a） 约二千年前在罗马生一伟人名为 Jabirus Garson

（b） 伊知如何使人爱两采长之

（c） 在法国及意大利之间有两山名为 Alpo

（d） 当时人民以为六万之大军越此无路可通之 Alpo 山乃非易事

（e） Napoleon 云“人若立志求功不可云‘办不到’”

（f） 一少年人名为 Phials 曾作某事为暴君 Dionysian 所不喜者

4. Construct sentences with the following phrases.

broke his words; kept his promise; by and by; as firm as even; to say goodbye to……; in dread; with great speed

（N. B. answer five sentences only）

5. （a） Write appropriate adjective to complete the following:

The me ____. To speak lie to ____. He dreams ____. Ice is ____.

（b） Fill in appropriate words in the pl left blank.

（1） I am glad that I have ____ time.

（2） Keep ____ with the man a ____ longer, and betrayer with ____ yours.

（3） Laugh ____ you will, he has reason ____ proud.

（4） At last the day came, and then the ____ holiday.

（5） Bionyorino ordered the jailor to keep ____ watch ____ Damon.①

通过上述这些试题，我们可以看出热河省立中学初级班的考试试题还是有一定深度的。此外，对于学堂的毕业生，东北地区也有临时测验的形式。如营口“教育会长李赓飏昨在乙种商业学校考试高等二年、三年两级毕业生，应场考试者共四十余人。试题有二：（一）班超平西域论；（二）勾践誓雪国耻论。各生等均于午后四钟完卷”②。这种考试形式比较灵活，由主考官随机出

① 《热河省立中学校呈送学生考试试卷及成绩并省政府教育厅令》，辽宁省档案馆藏《奉天省长公署档案》，全宗号：JC23，卷宗号：28740。

② 《考试乙种商校生》，《盛京时报》，1916 年 12 月 8 日。

题测试，更能检验出学生学习的真实水平。

在学堂的考试中，学生的答卷情况如何呢？由于这方面的资料十分有限，还很难进行系统的分析。笔者在辽宁省档案馆查到了补习班第一学期期考国际公法的答卷，下面笔者就以两位考生宋文俊和岳建中的答卷为例来进行分析。①

补习班第一学期考试　平时国际公法　宋文俊　80分

（一）试言国际法与国内法性质之区别及其要点

国际法与国内法不同。是国际法对一切国内法而言，国内法者何？规定两国家之组织及国家与人民关系之法律也。国际法何？规定两国以上国家间关系之法律也。国际法于是得区别之要点如下。一国家有主权者，而国际法则国家以上更无主权者。二国内法有强行者，而国际法则无强行者。三国内法主关于由国内所起之事件而设规定。

（二）求国际上之平等须确实改良国内法，其理由安在

国家之设法律愿以保全公共安宁秩序。而实行于国内人民之间也。现今各国均采用属地主义。凡外国人至内，国际有治外法权者外，皆得服从国内法律。外国法律亦不得行于国内。此理各国均同。所以重主权也。何今列强对于我国竟不若是。其人民来我国内行动自由，凡有关于民利诸诉讼事件，均不以我国法律制裁，而从各国领事自行裁判也。至于我国之在各国，不但不能享此权利，而且受各国主权直接管辖。耻此之故也。各国即视我国法律不良于国际上为不平等也，当今之世，我国司法独立。始有法律切实改良之议起。极力所究甚为激昂。其将来之程度能否与各国等量齐观犹未可知也，其至我国于外交上关系恒多矣。失败迫不及待。更为重要，盖我国法律不能实行改良，各国领事裁判取消无期。即国际私法无所为用也。不能适用国际司法者，即国际上主权实令保存也。

（三）国际河流之要件及其性质如何

河流者，有属于一国两国之关系。属于一国者，则为私河。属于两国者，则国际河也。但国际河尤不可不深研究之。凡两国交界之河，能航行者，以水深处为界，不能航行者，以距离两岸平均点为界。若一河为数国所公共者，无论何国船舶均可通过。否则不能任意出入。此种河流，名为国际河流。要件有

① 《奉天省长公署国际公法试卷（二本）：补习班第一学期期考》，辽宁省档案馆藏，全宗号：JC10，全宗名称：奉天省长公署，案卷号：30382，卷轴号：不详，保管期限：永久。

三分述于右。一自国之河为国际河者。对于基河不失主权，各国亦不得侵犯沿岸国之权利。二对于世界各国之船舶，皆许自由航行，不得仅限一国或数国。又不得征收租税。但因航行损坏河流。须纳修缮费用者不在此限。三凡关于国际河有种种决议之时。须开列国委员会。

（四）试述国际公法成立之原因

国际公法之成立，约分二端。一则根于条约，一则原于习惯。不过彼此两利成为公法而已。此所谓成立之原因也。

补习班第一学期试验　平时国际公法　岳建中　100 分

（一）试言国际法与国内法性质之区别及其要点

法律所处之地位不同，二法律所规定之性质亦异。盖国际法者，对于一切国内法而言之，乃在两国以上之国家间相关系之法律。此拟定国际法之性质也。国内法者，即指国内一切法而言之，乃规定国内国家之组织及国家与人民，人民与人民相关系之法律也，此拟定国内法之性质也。其性质之区别，既已判然不混。而其要点试分言于下：（一）国家有主权者，而国际法则国家以上更无主权者。（二）国内法有强行者，而国内法则无强行者。（三）国内法主关于国内所起之事件而设规定，国际法则专关于国家间之关系而规定者也。据此三者，国际法与国内法之差点可知，而其性质之区别，亦于其中显然矣。

（二）试述国际公法成立之原因

国际法之成立，其原本属不一，有谓根于条约者，有谓原于习惯者。根于条约无论此国与彼国缔结，不过彼此两利而已。原于习惯，其初本属习惯，终即成为国法，其成立之原因，无非人与我处于对等之地位。甲国不能侵占乙国之权利，乙国不能剥夺甲国之权利，世界愈进化，法律愈完全。各国争先恐后，极力设备，以保其利权，惟虑示人以弱，而受鱼肉砧俎之害也。然欲彼此相关，相互联络，以保世界和平之利者，惟公法是已，其成立之原因即基于此。

（三）求国际上之平等须确实改良国内法，其理由安在

国际法者，原即所谓平等之法也。现今各强国对于我国则大有不然者。外国人民来我国者，凡有民事、刑事诉讼案件，概不服从我国法律，不受我国主权，直由该国领事自行裁判。至我国人民之在各国，则绝对不能享此权利。此于国际上实为不平等，而其理由即藉口。我国法律不能改故耳，然举凡我国以内，无论政府志士，朝野上下，极力研究法律，切实改良主持能达于司法独立

之地步，不仅能挽回裁判权，与各文明国同等，且于国际法上之主权犹能保存完全而已。

（四）国际河流之要件及其性质如何

国际河流之要件有三。（一）自国之河为国际河者，对于其河不失主权，各国亦不得侵犯沿岸国之权利。（二）对于世界各国之船舶，皆许自由航行，不得仅限制一国或数国，又不得征收税租，但因航行损坏河流须纳修缮费用者，不在此限。（三）凡关于国际河，有种种决议之时，须开列国委员会。国际河之要件如是，而国际河仍有中立之性质焉。若公认为国际公立河者，非特军舰不得在其河交战，而且不得筑炮台。惟一河为数国所公共者，无论何国船舶均可通过。否则不能任其出入也，此则即为国际河流之性质。

从这两份试卷的对比来看，两位考生对问题的回答都是比较全面的，其区别主要在于两点：一是相比较而言，岳建中的答题更显得条理清晰，论述得体而又详细，特别是在“国际公法成立之原因”的答题中更为全面；另一方面，笔者在阅读缩微胶片上的答卷时发现岳建中的答卷字迹工整，卷面整洁，并无涂改之处，而宋文俊的答卷就显得字迹潦草，且有多处勾抹涂改的地方，这也应该是二人考试成绩有所差异的一个原因。

三、学生的学习成绩

在清末民初时期，东北地区各类学堂对于学生学习成绩不仅关注课堂学习成绩，还关注平时成绩和实习成绩。因此，这时期学堂学习成绩主要包括操行成绩、毕业成绩和实习成绩三部分的内容。

对于学生的日常行为和思想活动，东北地方当局和校方领导十分关注，不仅在各类学堂设立了训育处专门负责学生的教化工作，还经常采取领导训话、开周会和领导人纪念日等活动强化和训育，在学生毕业成绩中增加了操行成绩一栏。操行成绩包括“心性”和“行为”两个方面，具体来说涉及气质、智力、感情、意志、容仪、动作、言语等项目，然后算出平均分，即为操行成绩。操行成绩对于学生总成绩总体的评判十分重要，如果学生的操行成绩不及格，毕业或升学都要受到一定影响。下表是庄河县立中学第四学级第三学年学生的操行成绩表，从中可以看出该校学生当时操行成绩的一个概况。

表 3.9　奉天省庄河县立中学第四学级第三学年操行成绩表①（中华民国八年七月）

项目 姓名	关于心性者				关于行为者			总分数	平均数
	气质	智力	感情	意志	容仪	动作	言语		
徐成章	94	90	93	95	95	91	94	652	93.1
林贵家	90	90	89	93	91	92	92	637	91
乐得胜	90	84	90	90	88	93	90	625	89.3
杨开成	80	90	90	90	90	88	89	617	88.1
姜　忱	91	90	86	95	80	93	80	615	87.9
高　全	90	90	85	92	90	80	86	613	87.5
王家齐	86	88	91	93	90	80	80	608	86.8
李继善	80	80	90	80	87	85	83	585	83.6
吴　江	86	82	90	84	81	84	86	583	83.3
梁国瑞	84	85	81	86	80	82	83	581	83
李作舟	85	80	81	82	80	81	84	573	81.8
李德裕	80	85	84	80	80	76	78	563	80.4
孙桂林	78	78	81	83	80	80	78	558	79.7
徐振润	80	78	80	80	78	80	78	554	79.1
李天倬	80	80	80	78	76	80	80	554	79.1
黄殿斌	76	78	86	81	70	80	81	552	78.8
孙仲华	82	85	80	70	80	80	75	552	78.8
张亿龄	78	76	74	78	74	75	78	533	76.1
李作章	75	65	75	76	86	76	78	531	75.8
卢泉钧	75	76	73	78	76	75	77	530	75.5
娄安让	70	78	78	75	78	76	75	530	75.5
迟天元	69	82	70	80	81	70	75	527	75.3
杨维青	95	71	76	71	75	78	78	524	74.8
马椿芳	65	75	76	76	74	78	78	522	74.6
藏志迪	75	60	75	78	78	76	76	518	74
王同铭	70	70	71	60	85	81	80	517	73.8
刘贞雪	75	70	76	75	71	74	72	513	73.3

① 辽宁省档案馆馆藏档案缩微卷片：《奉天省庄河县立中学小第四学级第三学年操行成绩表》，全宗号：JC10，全宗名称：奉天省长公署，案卷号：30220，卷轴号：2123，保管期限：永久。

续表

项目 姓名	关于心性者				关于行为者			总分数	平均数
	气质	智力	感情	意志	容仪	动作	言语		
胡维东	65	70	78	68	76	70	76	503	71.8
于连仲	70	72	73	70	71	72	71	499	71.3
武儒林	70	70	76	75	70	68	68	497	71
黄士聖	66	63	68	68	78	70	71	484	69.1
李如仁	60	65	68	65	71	70	68	467	66.7
逢有信	65	60	65	60	70	65	70	455	65
李作相	60	60	70	60	70	70	60	450	64.3
王鳞堦	70	60	60	60	60	65	64	439	62.7
赵希唐	60	50	65	65	60	60	68	428	61.1

毕业成绩对学生来说十分重要，不仅是在校学习成果的一个总结，还对学生的升学或就业产生一定影响。清末民初时期，东北地区各类学堂的学习成绩统计形式分为三种形式，一种是学生成绩统计的总汇表，即把学堂所有学生的成绩总汇于一表之内，便于对全体学生学习成绩的了解和相互之间的比较。另一种是学生个人的学习成绩表，包括所有学年的成绩及平均成绩的汇总。下表是通化县县立第一小学校第二十二级学生毕业分数的统计。

表 3.10　通化县立第一小学校造送第二十二级学生毕业分数表①

（中华民国十四年十二月）

姓名	年纪	籍贯	入校年月	毕业年月	毕业总平均分数	备注
鞠开发	十五	通化县	民国十二年二月	民国十四年十二月	九十一分五厘	
孙炳寰	十七	通化县	民国十二年二月	民国十四年十二月	九十分二厘	
韩同甲	十六	通化县	民国十二年二月	民国十四年十二月	八十分九厘	
于坤龄	十六	通化县	民国十二年二月	民国十四年十二月	八十七分五厘	
阎世俊	十七	通化县	民国十二年二月	民国十四年十二月	八十七分一厘	
张恩禄	十五	通化县	民国十二年二月	民国十四年十二月	八十五分一厘	

① 辽宁省档案馆馆藏档案缩微卷片：《奉天省通化县立第一小学校造送第二十二级学生毕业分数表》，全宗号：JC10，全宗名称：奉天省长公署，案卷号：不详，卷轴号：不详，保管期限：永久。

续表

姓名	年纪	籍贯	入校年月	毕业年月	毕业总平均分数	备注
于　淳	十六	通化县	民国十二年二月	民国十四年十二月	八十四分七厘	
侯嘉榆	十六	通化县	民国十三年八月	民国十四年十二月	八十四分	县立第三小学校转来转入本学校
刘世豪	十五	通化县	民国十二年二月	民国十四年十二月	八十三分九厘	
史维金	十六	临江县	民国十二年二月	民国十四年十二月	八十三分六厘	
杜宪礼	十四	通化县	民国十二年二月	民国十四年十二月	八十二分八厘	
尹惠泉	十五	通化县	民国十二年二月	民国十四年十二月	八十二分七厘	
李汉臣	十七	通化县	民国十二年二月	民国十四年十二月	八十二分三厘	二十一级降级生
孙振远	十七	通化县	民国十二年二月	民国十四年十二月	八十一分	
孙长清	十六	通化县	民国十二年二月	民国十四年十二月	八十分	
赵万选	十四	通化县	民国十二年二月	民国十四年十二月	七十九分五厘	
宋玉嶽	十四	通化县	民国十二年二月	民国十四年十二月	七十六分	
杨永文	十六	通化县	民国十二年二月	民国十四年十二月	七十五分五厘	二十一级降级生
吴锡恩	十五	通化县	民国十二年二月	民国十四年十二月	七十五分	
宋玉泰	十六	通化县	民国十二年二月	民国十四年十二月	七十五分	
孙大成	十六	通化县	民国十二年二月	民国十四年十二月	七十二分三厘	二十一级降级生
王振洲	十六	通化县	民国十二年二月	民国十四年十二月	七十一分八厘	
苏绳祖	十六	通化县	民国十二年二月	民国十四年十二月	七十一分一厘	

注：查二十二级生除降级及插班生外系皆因程度低劣全体留级一年，由十三年二月起至本年十二月止为二年制毕业。

另一种统计形式是对学生成绩的单独统计，在统计中列出学生所有学年的学习成绩，然后计算出该生学年的总成绩和平均分，再算上加分或扣分的数字，得出的总平均分作为该生毕业的成绩。下表是民国九年通化县立第一小学学生李德润三学年学习成绩的总汇表①，从中可以看出该生在校期间的学习情况。

① 辽宁省档案馆馆藏档案缩微卷片：《奉天省通化县立第一小学校造送第二十二级学生毕业分数表》，全宗号：JC10，全宗名称：奉天省长公署，案卷号：不详，卷轴号：不详，保管期限：永久。

表 3.11 民国九年通化县立第一小学学生李德润三学年学习成绩的总汇表

丙等 李德润	科目 学年	国文	修身	算数	历史	地理	理科	英文	手工	图画	音乐	体操	农学	学年总分数	总平均分数	扣分	实得学年总平均分数
奉天省通化县人 民国六年八月入校 年十二岁 于民国九年七月毕业 年十五岁 曾祖 德祖 永清 父 广顯	第一学年	37.5	53.5	51.3	60	45	52.5	78.5	52.5	67.5	84	83		665.3	60.5	0	60.5
	第二学年	50	72.2	72.5	65.5	51	59	73	53.5	69.5	77.5	72	69.8	785.5	65.5	0	65.5
	第三学年	90	83	83	95	74	95	70	87	60	80	90	89	966	80.5	0	80.5
	第四学年																
	三学年相加分数	147.5	208.7	206.8	206.5	170	206.5	221.5	193	197	241.5	245	158				
	各学科毕业成绩分数	49.2	69.6	68.9	68.8	56.7	68.8	73.8	64.3	65.7	80.5	81.7	79				
	各学科毕业总分	八百三十一分七厘															
	总平均分数	六十九分三厘															
	三学年扣分数																
	实得毕业总平均数	六十九分三厘															

还有一种成绩的统计，就是师范生或实业学校学生的实习成绩的考核。由于实习成绩作为学堂课程或学生毕业成绩的一个部分，东北地方当局对于学生的学习成绩十分的重视，对于实习成绩考核十分的严格，具体的情况详见下表。

表 3.12　教生陈万仁实习成绩计算表　实习主任　汪度（印）

<table>
<tr><td colspan="2">教生姓名</td><td colspan="2">陈万仁</td><td>评语</td><td>分数</td><td>备注</td></tr>
<tr><td colspan="2" rowspan="3">五月八日国民第一二三年级</td><td rowspan="3">教授</td><td>教授前之准备</td><td>教业均欠斟酌其余颇可</td><td>10</td><td rowspan="3"></td></tr>
<tr><td>教授时之实际</td><td>修国先黑后不多算丙书教缺
身文令板未合未术太信态乏
儿甲阅教订乙加甲偏讲动语
童授书授正丙矫乙枯解作言
毫生讲两甲字正讲　不板重
无字解作乙笔　解　清滞复①
兴不近漏复误　欠　　精
味应于行亦甚　详　　神</td><td>9</td></tr>
<tr><td>教授后之处理</td><td>缺点甚多</td><td>8</td></tr>
<tr><td>时间</td><td>科目</td><td rowspan="3">训练</td><td>学级</td><td>不得法</td><td>8</td><td rowspan="6">说明
一本表每名每日用一纸
一准备实际处理事务中之学级四项均以十六分为满分训练
中之学级各人及校务三项均以十二分为满分
一修身体操唱歌均无处理其分数并入上两项例修身科则准
备实际项各作二十四分算
一读法无处理者照修身科例
一每项至少分数须给十分之四</td></tr>
<tr><td>第一时</td><td>修身</td><td rowspan="2">个人</td><td rowspan="2">偏于抑制</td><td rowspan="2">9</td></tr>
<tr><td>第二时</td><td>国文</td></tr>
<tr><td>第三时</td><td>国文</td><td rowspan="3">事务</td><td>学级</td><td>疏忽</td><td>8</td></tr>
<tr><td>第四时</td><td>算术</td><td rowspan="2">校务</td><td rowspan="2">常</td><td rowspan="2">8</td></tr>
<tr><td>第五时</td><td>书信</td></tr>
<tr><td colspan="2">校长</td><td colspan="2">张振海</td><td>合计</td><td>60</td><td></td></tr>
</table>

从上面表格中的统计可以看出，校方对于学生的实习成绩的考评比较详细，不仅包括授课前的准备、讲授情况和讲授后的处理情况都有评语，还对课

① 修身：儿童毫无兴味。国文：甲授生字不应先令阅书，讲解近于黑板教授，两作漏行后未订正；甲乙复亦不合，乙丙字笔误甚多，未加矫正。算术：甲乙讲解欠详，丙太偏枯。书信：讲解不清，教态动作板滞，精神缺乏，语言重复。

堂秩序、学生训练和处理校务的能力进行考评。这种对实习成绩的考核，不仅有利于锻炼和提高学生的授课水平和处理学堂事务的能力，还为这些学生毕业后较快地胜任教师工作岗位奠定了基础。

当时，还有一种毕业成绩的统计方式，即采取甲、乙、丙、丁的方式进行统计。下表是双城县立女子师范学校第二班学生毕业名次统计。

表 3.13　双城县立女子师范学校第二班学生毕业名次表①

姓名	孙桂荣	张瑞兰	于仲兰	邹贵珍	关玉棠	王金玉	吴相淑	张瑞芝	王慧清	邹玉兰	丛凤云	王文秀	赵蕴芳	那静贞
籍贯	本县	同	同	同	同	同	同	同	同	同	同	同	同	同
等第	甲	甲	甲	甲	甲	甲	甲	甲	甲	甲	乙	乙	乙	丙
姓名	王素云	关秀贞	关玉贞	邹玉蓉	徐耀东	傅亚正	王钦明	孙玉清	吴相贤	关淑纯	冷梅芬	薛淑贞	白素谨	葛莲舫
籍贯	同	同	同	同	同	同	同	同	同	同	同	同	同	同
等第	甲	甲	甲	甲	甲	甲	甲	甲	甲	乙	乙	乙	丙	丙

通过以上几个表格中学生考试成绩的统计情况来看，清末民初东北地区学堂学生学习成绩的统计方法，既有考试成绩分数的计算方法，也有运用甲、乙、丙、丁等来统计。在考试成绩统计形式来看，既有全部学生的成绩汇总表，也有每一个学生的成绩总汇。从学生学习的成绩来看，学生考试的卷面成绩还都比较理想，不及格学生的人数所占的比例极小。当然，这可能与考试试题的难易程度和教师的判卷习惯有关，从另一个侧面反映出东北地区学堂教学的情况良好。

---

① （民国）高文垣修，张鼐铭纂：《双城县志》（全二册），成文出版社有限公司据民国十五年铅印本影印，中华民国六十二年（1973 年）台一版，第 286 ~ 287 页。

第四章

区域特色：清末民初东北乡村兴学的特点分析

清末民初时期，东北乡村地区新式教育的发展除了具有全国各地新式教育发展的普遍性特征，还具有东北乡村地区办学的独特性。由于东北地区地处祖国的北疆，独特的地理位置和自然环境孕育出一种特点鲜明的“关东文化”，再加上动荡的社会环境和复杂的国际局势，这都给清末民初时期东北乡村地区的这场兴学运动增添了独特的地域色彩。

一、发展的不平衡性

由于各地政治、经济、文化、教育发展程度不一，地域广袤的东北地区差异性较大。这样，各地教育经费的投入多寡不一，各地教育发展的程度高低不同，从而造成了东北地区教育发展的不平衡性。这种不平衡主要表现在两个方面，首先是教育机构在地域分布上的不平衡。学堂主要集中在省城及较发达的府厅州县，而比较边远落后的乡村及一些少数民族居住区的发展程度较低。1908 年奉天乡村地区的小学堂的普及率比较高，承德县建立普通学堂达 350 余处，学生 12880 人；海城县的普通学堂有 353 所，学生 11894 人；其它如盖平县、辽阳州、开原县、铁岭厅的学堂数量也都是 100 多所。在一些边远地区新式学堂的数量就十分的有限。如博多勒噶和靖安县设立 2 所普通学堂，安庆县、辑安县、临江县、洮南府、开通县、安广县、同江直隶厅等地仅有 1 处小学堂。① 吉林和黑龙江地区的情况更为严重，一些边远和落后的县份还没有建立任何新式的教育机构。如在吉林省的临江厅、宾江厅、延吉厅、绥芬厅、大通县、宾州县和黑龙江省的兴东道、黑水厅、汤原县等地区，在相关的统计表格中就没有关于设立初等学堂的统计数字。② 民国时期，随着东北乡村地区教

① 文中数字主要参看《清末奉天省各类学堂及学生数目表（1908 年度）》，载王鸿宾、向南、孙孝恩主编《东北教育通史》，辽宁教育出版社，1992 年 8 月版，第 328 ~ 330 页。

② 主要参看《清末吉林省各级学堂及学生统计表（1909）》，载王鸿宾、向南、孙孝恩主编《东北教育通史》，辽宁教育出版社，1992 年 8 月版，第 335 页；《附江省普通学堂统计表》（光绪三十四年分），载徐世昌编、李澍田等点校《东三省政略》，卷九，学务，吉林文史出版社，1989 年版，第 1429 ~ 1430 页。

育事业的逐步发展，这种学堂数量上的悬殊差距得到了一定程度的改善，但是各地学堂的地域分布仍然存在较大差距。以吉林省各县初等小学为例，在1931年吉林省1市41县1局的统计中，在一些靠近省城地区或经济文化比较发达的县份建立初等学堂的数量比较多，如永吉县有学校88所，双城县有学校50所，长春县有学校46所，榆树县有学校43所，滨江县有学校40所；而在一些边远、经济文化欠发达的地区初等小学堂的数量较少，如磐石县、华川县、方正县、饶河县仅有1所初等小学堂，而苇河县、伊通县、和龙县、宝清县、乾安设治局都仅有1所完全小学，没有一所初等小学校。① 这种学堂数量分布的不平衡带来的是“城间之学堂益多，乡间之学堂日益少；城间之子弟有权利，乡间之子弟有义务而无权利。城乡之界限既分，贤愚之程度遂判，而市民非市民之阶级，永难消弭”②。这种城乡之间教育发展水平的差距必然会严重阻碍东北地区教育事业的整体发展。其次是发展程度上的不平衡。这一时期东北地区教育虽然得到了一定程度的发展，但这种发展只是以教育发展的失衡来换取学堂在数量上的片面发展，并导致整个教育体系的严重失衡。在东北地区的教育体系中，以小学为主的初等教育得到了较快的发展，而中等教育、高等教育、留学教育、少数民族教育的发展程度十分的有限。为了更好地说明这个问题，笔者选取了1929年辽宁地区的部分县份教育统计数据来加以说明。

表4.1　民国18年（1929年）辽宁省部分县份各类学校、学生分地区统计表③

单位：所·人

地区	校数							学生数						
	初小	高小	完小	初中	高中	师范	职业	初小	高小	完小	初中	高中	师范	职业
辽阳县	496	47	47	9	2	2	2	32917	4470	9759	1506	262	282	124
沈阳县	478	53		5		2		28212	4089		706		180	
海城县	432	5	19	3		3		19440	988	4541	422		266	
复　县	410	1	16	1		2		17066	221	2375	155		143	

续表

① ［日］福富八郎著：《满洲年鉴》，满洲日日新闻社，昭和十九年（1944年）版，第591~592页。

② 《省视学鄙视乡间子弟》，《教育杂志》，第1年，第5期，1909年。

③ 《民国18年（1929年）辽宁省部分县分各类学校、学生分地区统计表》，载辽宁省地方志编纂委员会编《辽宁省志·教育志》，辽宁大学出版社，2001年11月版，第881~882页。

地区	校数							学生数						
	初小	高小	完小	初中	高中	师范	职业	初小	高小	完小	初中	高中	师范	职业
新民县	398		35	3		2	1	17730		6606	411		247	54
长白县	12		5	1				389		499	22			
突泉县	12		4			1		797		685			22	
金川县	12	4		1		1		936	202		44		43	1
抚松县	9		3			1		567		610			30	
安图县	7		3	1				275		383	23			
总计	9147	455	494	99	23	98	45	473176	31609	101705	16028	6562	7841	2741

表中所选取的是1929年辽宁省各县教育统计中的前五位和后五位的县份，表中的相关统计数字的对比可以直观地显现出当时东北地区教育发展的不平衡性。这时期东北地区的新式教育主要以初等小学校为主，而中学、职业、师范和民族学堂的数量十分有限。然而，即使是这些数量庞大的初等小学校，还存在一些学堂只是原有的旧式私塾的改头换面而已，在教学方法和课程设置方面也存在因循守旧，敷衍了事的现象。可见，清末民初东北乡村地区的新式教育的发展状况存在着明显的不平衡性。当然，这种教育发展水平的不平衡性是东北地区政治经济文化的差异性所造成的，也与地方当局对于教育事业重视程度的高低有关。这种教育发展程度上的不平衡性，对于其后教育发展的历程必然会造成一定的消极影响。

二、新旧教育并存的二元性

清末民初时期，在中央和地方各级政府的大力提倡下，东北乡村地区新式教育得到了迅速的发展。然而，由于传统私塾教育毕竟在华夏大地上已经存在了数百年之久，在乡村地区教育领域中的地位可谓是根深蒂固。因此，这种传统的教育方式不可能在短时期内退出历史舞台，于是形成了清末民初时期新式学堂与私塾并存的二元格局，这也是这一时期全国各地教育改革中的一个普遍特点。东北地区与中原地区相比文化基础更为落后，传统私塾几乎遍布东北地区的每一村庄。以宣统元年为例，1909年（宣统元年）吉林省小学堂与私塾数量对比如下，小学堂248处，学生9953人；私塾1482处，塾生26913人（其中改良私塾397处，学生6961人，未改良私塾1092处，学生19952人）。

可见，当时吉林地区的塾生人数约为小学生的三倍之多。① 以辽宁地区新式教育比较发达的辽阳地区为例，据县教育会调查，1909 年（宣统元年）辽阳地区“仅止城关即有私塾四十余处之多”②。黑龙江地区的教育状况更为落后，以瑷珲地区为例，清末“官立小学堂 3 所，私塾 28 处”③。民国时期，在各级政府和社会各界人士的努力下，东北乡村地区的新式学校教育事业有了一个长足的发展，但是东北乡村地区这种新旧教育机构对立的二元格局仍然没有得到改变。据统计，1913 年，黑龙江地区共有私塾、改良私塾 707 处，塾生 14240 人。④ 1917 年（民国 6 年），额穆县共有私塾 22 所，塾师 16 人，学生 158 人。⑤ 下表是 1925 年“关东州”地区普通学堂和私塾教育的对比情况，从中可以看出当时东北地区新旧教育二元对立格局的一个对比概况。

表 4.2　1925 年关东州普通学堂与私塾教育对比表⑥

<table>
<tr><th colspan="3">地区
项目</th><th>旅顺</th><th>大连</th><th>金州</th><th>普兰店</th><th>貔子窝</th><th>合计</th></tr>
<tr><td rowspan="2">机构数量</td><td colspan="2">新式学堂</td><td>19</td><td>13</td><td>15</td><td>35</td><td>25</td><td>107</td></tr>
<tr><td colspan="2">私塾</td><td>30</td><td>20</td><td>40</td><td>50</td><td>67</td><td>207</td></tr>
<tr><td rowspan="2">教员数量</td><td colspan="2">新式学堂</td><td>117</td><td>69</td><td>63</td><td>110</td><td>86</td><td>445</td></tr>
<tr><td colspan="2">私塾</td><td>30</td><td>20</td><td>40</td><td>50</td><td>67</td><td>207</td></tr>
<tr><td rowspan="6">儿童数量</td><td rowspan="3">新式学堂</td><td>男</td><td>3628</td><td>2262</td><td>2501</td><td>4067</td><td>3094</td><td>15552</td></tr>
<tr><td>女</td><td>654</td><td>567</td><td>398</td><td>994</td><td>584</td><td>3197</td></tr>
<tr><td>合计</td><td>4282</td><td>2829</td><td>2899</td><td>5061</td><td>3678</td><td>18749</td></tr>
<tr><td rowspan="3">私塾</td><td>男</td><td>457</td><td>324</td><td>599</td><td>677</td><td>1188</td><td>3245</td></tr>
<tr><td>女</td><td>15</td><td>25</td><td>5</td><td>8</td><td>27</td><td>80</td></tr>
<tr><td>合计</td><td>472</td><td>349</td><td>604</td><td>685</td><td>1215</td><td>3325</td></tr>
</table>

从上面的统计数字来看，直至民国时期东北地区教育发展上的二元格局仍

① 吉林省地方志编纂委员会编：《吉林省志·教育志》，吉林人民出版社，1992 年 8 月版，第 41 页。

② 《私塾尚多》，《盛京时报》，宣统元年（1909 年）二月二十七日。

③ 张向凌主编：《黑龙江历史编年》，黑龙江人民出版社，1989 年版，第 327 页。

④ 黑龙江省地方志编纂委员会编：《黑龙江省志·教育志》，黑龙江人民出版社，1996 年 12 月版，第 107 页。

⑤ 董维权、闻实整理：《蛟河的私塾》，《蛟河文史资料》，第 4 辑，第 44 页。

⑥ 本表根据《关东州普通学堂概况》《关东州私塾概况》（大正 14 年 5 月 1 日，昭和 3 年 5 月 1 日）中相关数字制成，详见［日］满史会编著《满洲开发四十年史》（下卷），东北沦陷史辽宁编写组译，辽宁省营口县商标印刷厂 1988 年 1 月版，第 441 ~ 442 页。

然存在。对于这种现象，美国学者樊德雯指出：东北地方当局通过有条不紊地取缔和改良私塾活动，无疑为那些没有机会进入新式学堂读书的学生，尤其是女学生，提供了可行的受教育的机会。实质上，这也标志着由两个层次构成的基础教育体系正式形成。第一个层次主要是由按照官方法规制定的兴学计划而建立的新式学校构成，这些学校是地方政府正式承认的，并且在官府的眼里，学生进入这种学校进行学习是可取的。然而，政府意识到在一些还没有能力建立新式学校的乡村地区允许改良私塾的存在远比筹建新式学堂更为可行。因此，改良私塾逐渐成为了新式教育体系的一个辅助或非正式的层次，正式取缔的旧式私塾和新式学堂并存的局面就长期存在了。① 当然，这种二元对立格局形势的出现具有多方面原因。首先，私塾与学堂相比具有稳定的生源。各地私塾的塾师一般都由当地比较有名望的或者有传统功名的秀才、贡生、举人甚至一些新式学堂毕业人员担任。在当地人看来，他们是有文化、有名望的读书人。这种出于对塾师的尊敬与信任使其愿将子弟送入私塾学习。同时，乡村各地的私塾机构星罗棋布，每个村子都设立一处甚至几处私塾教育机构，这样十分便于学生就读；而新式学堂往往集中在经济文化比较发达的城镇、县城和村庄，而在贫穷落后的乡村地区是寥寥无几的。对于这种新式学堂分布不合理的现象，有人士就指出，各地新式学堂的分布“往往一区内数校毗连，他区无之，而私塾则星罗棋布，儿童就学便，焉能禁其不入私塾”②。一些塾师更是“顽固不化，墨守成规，于新学科门茫然罔觉，且诽谤学校为异途，愚民易为所惑”，于“学校前途障碍良多”。③ 其次，传统观念使民众更容易认同于私塾而不认同于学堂。学堂学生的趋新言行，常与传统伦理发生冲突，而为固守传统观念者所不能接受。奉天省抚民府的公立和私立学堂甚至“目前未审何故两学大起冲突”④。某些办事人员徇私舞弊则更使学堂状况雪上加霜。有的将办学经费中饱私囊，加上许多学校只求形式，不重实效，有些学堂甚至是“存私塾之实，冒学堂之名”⑤。这些新式学堂的弊端都极大地降低了学堂在民众心目中的形象，反过来在一定程度上增加了私塾的生源，加剧了学堂与私塾

① Elizabeth Ruth Vander Ven：Educational reform and village society in early twentieth—century northeast china，Haicheng county，1905～1931［J］，University of the California，，Los Angeles，2003，pp951.

② 庄俞：《论小学教育》，《教育杂志》，第1年，第2期，1909年。

③ 《取缔乡间私塾》，《盛京时报》，1918年5月24日。

④ 《抚民府公私立学堂之冲突》，《盛京时报》，1909年2月25日。

⑤ 《省视学鄙视乡间子弟》，《教育杂志》，第1年，第5期，1909年。

并存的二元格局。再次，一些私塾通过改良或采用新式教学方法在一定程度上改变了过去那种教学模式，从而获得了部分学生和家长的认可。由于东北地区文教事业比较落后，东北地方当局从本地乡村私塾盛行的实际出发采取了从私塾改良过渡到新式学堂的兴学策略。然而，由于各地政府推行的力度不一，一些新式学堂除教学内容、教学方式吸收了一点新式东西外，校舍、教具、师资力量并无多大改观，再加上一些守旧塾师和乡民的故意拖延阻挠，百端毁谤，极大地阻碍了新式学堂教育在各地的发展。总之，清末民初时期在东北乡村地区教育发展中所呈现出的这种二元格局是当时东北乡村地区经济文化发展水平不平衡的产物，对于当时乃至以后东北乡村地区教育事业的发展都产生了消极的影响。

三、寓忧患意识于学堂的教学之中

近代以来，随着帝国主义列强的纷纷入侵，帝国主义和中华民族的矛盾、封建主义和人民大众的矛盾逐渐成为中国社会的两大主要矛盾。当然，由于全国各地的实际情况不同，这两大矛盾在各地所处的地位也有所不同。就东北地区而言，鸦片战争以来，东北地区地处日、俄两大强邻之间，其边疆危机愈演愈烈。对于东北地区的这种危局，一位美国学者指出："在一系列的正式和非正式的事件之后，南满地区地处长期租借辽东半岛地区，陆地部分又被日本的殖民铁路公司所控制。日本通过南满铁路，也就是日本所称的满铁几乎控制了南满的大部分区域。对于这些占领的区域，日本通过一个正式的殖民机构直接的控制。对于剩余的区域，日本则通过与中国地方当局的关系、经济市场的操控和驻防部队的持续威胁施加间接的影响。"① 在这种内忧外患的背景下兴起的新学运动，无疑应该蕴含着一种强烈的爱国主义和忧患意识思想。身处边陲的东北地区对于这种边疆危机有一种切肤之痛的真切感受，有些开明人士就指出："综观现状，时局险危，边事日棘，设再听其流离散漫无收，难免不无沦亡之虞。际此事机危迫，万不可缓之理。"② "今欲慎重国防，维持边局，则收拢鄂伦春人，万不可视为缓图。边氓外向之患小，强邻内侵之患大。一旦中俄有事，则操俄语持俄械，乌知有祖国。远取库藏，近鉴胪滨。亟当未雨绸缪，

---

① Louise Young: Japan's Total Empire-Manchuria and The Culture of Wartime Imperialism, University of California Press 1998, pp3.

② 黑龙江省档案馆、黑龙江省民族研究所编:《档案资料选编·黑龙江少数民族》，哈尔滨 1985 年内部版，第 235 页。

补牢蓄艾。"① 在这种"俄据于北而日据于南"的危机形势下②，"是故学战之在今日，为不可缓之图"③。一些忧国忧民之士也殷切期望通过发展新式教育事业达到"人文日盛"，"以敷文教而固边圉"的目的。④ 在东北教育发展过程中，实业教育、军事教育、民众教育发展的速度较快，在留学生中军事留学所占比例也很大，这种教育发展的格局与东北地区日益严重的民族危机有着密切关系。晚清时期，在一些学堂的课程设置中增加乡土教育的内容。在金州私立小磨子公育两等小学堂的教学过程中，其创办人金州地区贡生乔德秀认为国人爱国意识的淡薄是由于"失于教育之故"，特亲自编写《南金乡土志》作为学校的乡土教材，教导学生热爱自己的家乡和祖国，以唤起小学生的民族意识和国家观念。⑤ 1930 年（民国 19 年）四洮铁路局立四平衔北站扶轮小学沿用"暮鼓晨钟"的做法。

从"耻钟"铸成之日起，扶轮小学每天朝会便多了一项内容，学生们排列整齐的队伍巍然肃立。体育教师刘兆斌指令学生尚久红开始敲钟问耻。每敲三下问一句，敲九下问三句。尚久红击钟三下一问："廿一条"是不是最大的国耻？学生齐答："是"；二问："廿一条"是什么条约？齐答：卖国条约；三问：怎样洗刷国耻？齐答：取消不平等条约，爱国、救国、强国是我们的终身义务。这三句问答虽是套语，每次朝会还可以灵活运用，非固定不变。⑥

这种充满爱国主义的教学内容，对于向学生进行民族情感和爱国精神的教育起到了重要作用。特别是实业人才和军事人才的培养，也在一定程度上增强了东北地区的经济实力和军事实力，因而对于巩固边防、抵制列强侵略起到了积极的作用。

四、注重实用性

在东北地区兴办的新式教育中，还有注重实用性这样一个特点。东北地区

① 黑龙江省档案馆、黑龙江省民族研究所编：《档案资料选编·黑龙江少数民族》，哈尔滨 1985 年内部版，第 204 页。

② 黑龙江省档案馆档案，56~01~422，转引自赵玉杰、谭美君《清末新政时期的东北文化教育改革》，《学习与探索》（哈），2003 年第 1 期，第 127 页。

③ 王季平编：《吉林省编年纪事》，吉林人民出版社，1989 年版，第 235 页。

④ 万福麟监修、张伯英总纂、崔重庆等整理：黑水丛书第二集《黑龙江志稿》，卷 24，中册，黑龙江人民出版社，1992 年版，第 1091 页。

⑤ 齐洪深：《日本侵华教育史》，人民教育出版社，2002 年 8 月版，第 145 页。

⑥ 孙荫轩：《敲钟问耻》，《四平文史资料》，第 1 辑，第 62~63 页。

地处祖国的东北边陲，由于特殊的地理位置形成了东北地区地域辽阔和资源丰富的特点。在这种形势下，东北地方当局兴办的新式教育中十分重视实用性。1916 年十月二十七日，奉天省长公署颁发省教育会决议《各校宜添授职业教育案》，指出："中国欲行富强，必以职业为基础，各校添设职业教育，实为当务之急。"① 1919 年 6 月 24 日，奉天省长公署训令各道尹，批准省议会注重实业教育案，以振兴全省实业，指出："国家之贫富视实业之兴废为转移，实业兴则国家富，实业废则国家贫"，其认为当前，亟应广设实业学校，预储人才，"以为异日经营实业之计"。② 1923 年 1 月 17 日，奉天当局特意制定出《奉天省职业学校暂行规程》13 条，规定："职业学校，收高级小学毕业生，以养成国民独立生活或合力经营必需之技能。并发展地方人工天产，供世界之利用为本旨。"③ 在这种思想的指导下，东北地方当局大力发展以农林业为主的职业教育，广泛建立各种职业学校。清末民初时期，东北乡村地区的职业教育发展十分迅速，相继设立农科、蚕科、工科、制革科、印刷科、园艺科、商科以及刺绣、缝纫、交通、船政等各类学堂数所。据 1929 年统计，辽宁省设立省立职业学校 13 所（其中农林科 3 校，商科 4 校，工科 5 校，水产科 1 校），县立职业学校 38 所（其中包括女校 8 所）。④ 另外，在其它类学堂教育中也十分重视职业教育内容的讲授。奉系军阀在东北的统治基本稳固后，张氏父子十分重视职业教育，并在各类学堂教育中增加职业教育的内容。1917 年 12 月 2 日，奉天省长公署训令中指出："现当提倡职业教育之际，所有中小男女各校，对于国画、手工、算术各课程，毋徒专求美观及普通学理，务当注重实用主义，以为职业教育之预备，增长个人生活之技能。"⑤ 在东北乡村地区的师范教育中，东北地方当局十分注重实用主义。在女子师范学堂的教育中增加了园艺、烹饪、缝纫、珠算、簿记或由校中设立售品处，或就日用伙食之计

① 《奉天公报》，第 1664 号。转引自胡玉海主编、郭建平著：《奉系教育》，辽海出版社，2000 年 6 月版，第 264 页。

② 《奉天公报》，第 2624 号。转引自胡玉海主编、郭建平著：《奉系教育》，辽海出版社，2000 年 6 月版，第 264 页。

③ 奉天省教育厅辑印：《教育法令汇存续编》，下册，转引自胡玉海主编、郭建平著《奉系教育》，辽海出版社，2000 年 6 月版，第 264 页。

④ 王树楠等编：《奉天通志》，东北文史丛书编辑委员会，1983 年版，第 3529 页。

⑤ 《奉天公报》，第 2061 号，转引自胡玉海主编、郭建平著《奉系教育》，辽海出版社，2000 年 6 月版，第 264 页

算，令女生自行经理，以资练习。① 此外，在留学教育中，地方当局十分重视实业留学生的派遣工作。李献廷首先选送实业学生留日，学习日本的技术和方法。李献廷进一步主张“设法推广额数”、“选送留美实业学生”，并建议拟定游学贷金规程，补助自费留学生，以“期实业人才之益加多”。东三省乃至全国实业的发展实在以培养实业人才为国基。② 在一些通俗讲演所讲演的内容中也有关于职业教育方面的内容。如1929年，奉天地区的一些讲演所里讲演的内容不仅包括政治、法律、道德、常识、体育、卫生等各个领域的科学知识，还积极宣传注重实业教育的思想。如宣传女子宜有职业、讲述植树的好处、中国蚕丝亟当改良等内容。③

五、民族教育愈加突出

清末民初时期，沙俄政府不断侵占和蚕食中国领土，屡屡发生东北边疆危机。为了挽救边疆危机，达到御边保土的目的，清政府采取积极措施在东北边疆地区推行新式教育。东北地区是一个多民族聚居的地区，特别是在边疆地区居住的主要是一些少数民族。因此，在这些少数民族地区中如何发展新式民族教育成为办学人员兴办教育的一个重点，这同时也是这时期东北地区兴办新式教育的一个重要特点。长期以来，东北地区少数民族的教育事业十分落后，长期过着一种“缺学少教”的生活。为了发展东北地区的民族教育事业，东北地方当局采取相应措施调拨各种人力、物力和财力加强边疆地区民族教育事业的建设。在社会各界人士的努力下，东北地区相继出现了一些民族教育的新式学校，一些少数民族儿童得到了接受新式教育的机会。这时期东北地区出现的民族学校，总体来说可以分为公立和私立学校两类。其中，公立学校占据绝对的优势，基本上形成了以官办学校为主，私立学校为辅的教育格局。这时期东北地区少数民族教育的发展还有另一个特点，就是一些地区少数民族的教育事业蕴含于其它教育方式之中。当然，由于各省的具体情况不同，东北各地的民族教育事业发展的侧重点也有所不同。由于辽宁地区少数民族的汉化程度较高，这些少数民族的子弟可以直接接受普通学堂的教育。因此，这种民族教育基本上可以融入到其它类型的教育方式之中。吉林和黑龙江地区少数民族的文化基础比较薄弱，在学堂教学中只能采取双语甚至是多语的教学模式进行授

---

① 胡玉海主编、郭建平著：《奉系教育》，辽海出版社，2000年6月版，第243页。

② 胡玉海主编、郭建平著：《奉系教育》，辽海出版社，2000年6月版，第327页。

③ 胡玉海主编、郭建平著：《奉系教育》，辽海出版社，2000年6月版，第264～265页。

课。为了发展少数民族地区的教育，东北地方当局除了兴办各种民族教育学校外，还把这种少数民族的教育方式融入到其它教育方式之中。如吉林地区的民众教育就十分重视一些少数民族的教育。在吉林省地方当局颁发的《吉林省民众教育实施办法》《创设学校办法大纲》等章程中都有关于发展本地朝鲜族教育的相关内容。黑龙江地区由于少数民族比较多，地方当局对于少数民族教育的内容更是格外重视。在各类学校教育中都包含着民族教育的内容，如一些初等、中等学校教育就负责鄂伦春族、蒙古族、朝鲜族、回族和达斡尔族学龄儿童和成人的教育工作。总之，清末民初时期东北地区民族教育在内忧外患中兴起，通过社会各界人士的努力取得了一定的效果，使一些少数民族的儿童和民众能够得到接受新式文化教育的机会，这对于推动东北地区少数民族文化教育事业的进步，对于维护边疆地区的稳定都起到了一定的积极作用。

第五章

乡村社会转型：乡村兴学与近代东北乡村社会的变迁

清末民初时期东北乡村兴学运动的兴起和发展顺应了近代东北社会变革的趋势，适应了历史前进的潮流，为近代东北乡村社会的转型创造了必要条件。近代东北乡村兴学运动的发展过程既是一个新式学堂逐渐取代书院和私塾的教育现代化过程，也是传统士绅逐渐转化、近代知识分子群体逐渐形成并日益趋向革命化的过程。随着乡村兴学运动的发展，一大批接受新式教育的知识分子群体登上东北社会的历史舞台，活跃在乡村社会的政治、经济、文化、教育等领域，从而推动了近代东北乡村的政治、经济、文化、教育和风俗的变革，加速了近代东北乡村社会的转型。

第一节　乡村兴学与近代东北乡村政治的变迁

随着东北乡村地区兴学运动的形成和发展，逐渐形成了一支规模庞大的新型知识分子群体——近代学生群体。这一新式知识群体的产生及其在政治领域的积极活动，对近代东北乡村社会的政治结构产生了巨大而又深远的影响。

一、改善乡村社会的治理结构

传统乡村社会一般情况下呈现的是一种“无为而治”的状态，国家政权很少干涉乡村社会的具体事务。虽然乡村地区也出现过一些类似社甲、乡约等基层管理机构，这些机构的管理职务多由当地的乡绅来担任。在传统乡村社会的治理中，中央政权通过科举考试将乡村地区的优秀人才吸纳到官僚体系中来，从而形成了一种遍及城乡的人才选拔网络。① 传统的东北乡村社会的治理，基本上也是依靠当地的乡绅来维系。东北的村屯组织是以传统家族制为基础，根据一脉相承的血缘和集团生活的同乡关系自然形成的部落生活共同体。部落有村民中选举产生的部落代表，称村长或屯长，从事对外联络和接待，并

① 张鸣：《乡村社会权力和文化结构的变迁（1903～1953）》，陕西人民出版社，2005年5月版，第42页。

负责村落共同事业和诉讼等。对外敌之入侵多以组成自卫团的方式自救，为了防备天灾还储备谷物以为义仓。① 清末民初东北乡村兴学运动兴起以后，一些具有维新思想或接受过新式教育的知识分子纷纷进入乡村政权，逐渐改变了传统的乡村治理结构。这些新式知识分子不仅进入到条件相对较好的县级政权，如县政府、自治会、警察局、地方法院等机构，就连乡、镇、村一级的政权中也吸纳了一些新式知识分子。

其一，新式知识分子进入县级政权，改善了县级政权的人才结构。随着一些新式知识分子的加入，乡村政权的职员构成也发生了相应的变化。原来那些有传统功名、或读过几年私塾的旧式知识分子减少了，增加了接受新式教育、具有一些新观念的知识分子的比例。下面是民国时期安图县县级政权中新式知识分子的人员构成情况，通过这个表格的统计，我们可以看出当时新式知识分子阶层深入乡村政权的情况。

表 5.1　民国时期安图县政府现任职官一览表②

职别	姓名	次章③	籍贯	出身
县长	马空群	踪阳	辽阳	北京大学法律科修业
第一科长	吴庆麟	趾仁	辽阳	奉天法政专门学校毕业
第二科长	白云山	峻岩	辽阳	北京国立法政大学毕业
承审员	谢自新	镜铭	辽阳	北京国立法政专门学校毕业
第一科科员	吴显忠	耀宗	辽阳	辽阳第一民立中学校毕业
第二科科员	宋　岳	丘山	辽阳	辽阳第一民立中学校毕业
司法书记员	丁湧泉	□清④	沈阳	辽阳县师范学校毕业
征收主任	吴永清	靖寰	安图	奉天殖边学堂毕业
会计主任	韩大夔	秉钧	辽阳	辽阳第一民立小学毕业
书记长	李长发	育五	安图	辉南县立小学毕业
卫队长	何宝贵	宪亭	凤城	军官教育班毕业
看守所长	颜之仁	心□	辽阳	警察教练所毕业
税捐局课长	马福绵	介眉	辽阳	税务讲习所毕业
税捐局课员	曲敏	紫舒	梨树	本县师范学校毕业
雇员	刘炳夷	秉懿	辽阳	本县高等小学毕业
雇员	崔连元	联源	开原	本县高等小学毕业

① 李淑娟：《日伪统治下的东北农村（1931～1945）》，当代中国出版社，2005年8月版，第2页。

② ［民国］陈国钧修，孔广泉纂：《安图县志》（全册），民国十八年铅印本，成文出版社有限公司印行，中华民国六十三年（1974年）出版，第161～162页。

③ 次章，姓名之外的另一种名字形式。一般由本人决定，或由他人提议后经本人同意而作为本名使用，后同。

④ “□”表示原文件文字不清，后同。

可见，部分县级地方政权吸纳了一部分新式知识分子，在一定程度上改善了县级政权的治理结构。这些接受过新式教育的人才进入县级政权，有助于改善县域内管理层的知识结构构成，对于指导县内各种公益事业、加强对乡村社会治理等方面具有十分重要的作用。

其二，还有一部分新式知识分子进入乡、镇、村一级的政权，改善了乡村政权的结构。清末时期，由于传统乡绅集团的分裂和蜕变，一些劣绅和恶棍霸占着乡村政权，极大地影响了乡村政权的正常运作和办事效率。清末民初时期，一些接受新式教育或具有维新思想的人士进入乡村政权，为较为封闭落后的乡村社会带来一些鲜活的朝气。如多年担任海城县北甘泉乡双台村村长的王殿甲就是一位具有维新思想的新式知识分子。据《大连文史资料》记载：王殿甲先生"是个庄稼人，念过私塾，略知诗文，思想倾向维新。推翻帝制后，他在乡里带头剪发，倡办女学，并提供房舍，热心公益事业，深受乡里敬重。被举为村长多年，好为乡民排忧解难，济苦扶贫，以致任内散尽家产"①。

民国时期，东北乡村地区实行一种区村制度。为了改善传统乡村社会的治理结构，东北地方当局专门规定了村长的资格。延吉县就明确规定了村长、副村长的资格：（一）候选公务员考试、普通考试、高等考试及格者；（二）曾在中华民国服务者；（三）曾在国民政府属之机关充委任官者；（四）曾任小学职教员，或在中学毕业者；（五）曾办地方公益事务，著有成绩者；（六）乡镇公民年满二十五岁以上者。② 黑龙江地方当局颁布的《黑龙江省乡镇间邻长推举应暂行办法》，规定：乡镇居民年在二十五岁以上，具有左列资格之一者，得推为乡长、副乡长、镇长、副镇长。甲、家道殷实办事素称公正者；乙、热心公益为民众所信仰者；丙、曾办地方自治满一年以上者；丁、在高小学校以上或与有同等程度之学校毕业者。③ 从这些关于村正副、乡镇间邻长的任职资格可以看出，民国时期对于乡村地区基层政权的办公人员，接受新式教育成为必备条件之一。这样，一些接受新式教育的新式人才得以借机跻身于乡村政权的管理层。下表是民国时期东北部分地区的侦缉队、警察局、保甲所中一些新式知识分子统计概况，从表中的统计我们可以了解民国时期新式知识分子深入东北乡村基层政权的情况。

---

① 王黎：《东北爱国诗人王一叶》，《大连文史资料》，第6辑，第1页。

② 《规定村长副资格》，《盛京时报》，1930年3月15日。

③ 《黑龙江省乡镇间邻长推举应暂行办法》，《黑龙江省政府公报》，185号，1929年10月28日。

表 5.2　东北部分地区乡村政权新式人才人员构成一览表①

类别	职务	姓名	次章	籍贯	资格	备注
安东警察厅	侦缉队长	王汉臣	汉臣	奉天锦县	锦县警察教练所毕业	
辽河水上警警察局	总务兼行政科长	姜纯厚	萃亭	奉天复县	复县简易师范学校毕业	
	法司兼卫生科长	栾宝昌	维三	奉天复县	复县师范学校毕业	
	第三分局长	王俊峰	云樵	奉天昌图县	洮辽镇守使军官团毕业	
安奉铁路警察局	第八分局长	陆荫森	春亭	奉天盘山县	辽河水警补习所毕业	
辽沈道沈阳县	县警察局局长	金德三	象乾			
辽沈道锦县	县警察局局长	刘鸿谟	敬典	奉天沈阳县	巡警教练所毕业	三年十月
辽沈道辽阳县	县警察局局长	王继伦	子岐	奉天海城县	高等巡警学堂毕业	十二年十月到差
辽沈道海城县	县警察局局长	衣学让	俊升	奉天庄河县	高等巡警学堂毕业	十二年十月到差
辽沈道盖平县	县警察局局长	陈繡文	彩章	奉天开原县	警察传习所毕业	十三年一月
辽沈道锦西县	县警察局局长	阎文彬	雅廷	奉天锦西县	警察教练所毕业	十四年九月到差
洮昌道辽源县	县警察所所长	萧治岐	辅廷	奉天辽中县	辽阳警务学堂毕业	十三年七月到差
北镇县	保甲所长	佟晋古段	铸忱	奉天北镇县	初级师范毕业	十二年二月到差
辉南县	保甲所长	王毓璋	润璞	奉天辉南县	警察教练所毕业	十二年一月到差
桓仁县	保甲所长	张景超		奉天桓仁县	巡警教练所毕业	十二年二月到差
柳河县	保甲所长	宋殿魁	元忱	奉天柳河县	警察教练所毕业	十二年十一月到差
安广县	保甲所长	杨万川	作舟	奉天安广县	自治研究所毕业	十二年二月到差
突泉县	保甲所长	孟宪国		奉天突泉县	洮安简易师范毕业	十四年六月到差

综上，随着近代东北地区乡村兴学运动的发展，一些受新式教育的新式知识分子逐步进入乡村政权。他们或跻身县级政权，或出任地方办事机构的职员，积极参与乡村社会的治理工作。由于他们接受过近代文化知识的熏陶，具有一定的近代乡村社会管理的能力和知识，对于改善乡村政权的办事效率和积

① 参看《奉天全省各县警察所长籍贯资格一览表》《奉天省各县保甲所长籍贯资格一览表》，载黄耀凤等编辑《奉天省警甲报告书》，沈阳作新印刷局，1925 年版，第三篇，图表。

极有效地开展乡村地区的各项事务具有一定的积极意义。

二、引发乡村地区的社会变动

新式知识分子群体产生后，广泛吸取近代西方的各种思潮，积极参与近代社会的政治运动，直接引发了东北乡村地区的社会变动。这种社会变动主要包括两个方面：一是推动了乡村社会的立宪运动，二是引发了乡村社会的革命运动。这两种政治运动在广大乡村地区的波动，带来了乡村地区思想上和结构上的社会变动。

其一，推动了乡村社会的立宪运动。1906 年，清政府颁布立宪诏书，宣布实行预备立宪。各省谘议局议员资格的规定是必须具有新式学堂毕业或举贡监生出身的条件。选举人的资格是：有本省籍贯年满二十五岁男子，并具下列条件之一：（一）在本省地方办理学务及其它公益事务满三年著有成绩者；（二）在中外中等以上学堂毕业得有文凭者；（三）举员生员以上出身者；（四）曾任实缺职官文七品、武五品以上未被参革者；（五）在本省拥有五千元以上营业资本或不动产者。① 此外，被选举人必须是本省籍贯或寄居本省十年以上男子，年龄三十岁以上者。虽然在选举人资格中，妇女、普通民众、小学教师和一些学生被排斥在外，但也为一些接受新式教育的知识分子进入咨议局和地方自治机构提供了条件。有的学者就指出，当时谘议局的议员“大多数都是立宪派或与立宪派有联系的人”②。当时，东北地区立宪派的力量虽然较弱，但仍有一部分由传统士绅转化而来的资产阶级知识分子被选进谘议局。据尚小明考证，清末全国谘议局议员出身中，奉天 4 人，吉林 1 人。③ 而奉天谘议局 53 名议员里，曾到过日本留学或从事考察的人有 6 名。在国内受过新式教育的有 9 名，两者合计，约占议席的 28% 左右。④ 东北谘议局相继成立，这为资产阶级上层人物提供了一个议论时政、指陈得失的政治平台。虽然谘议局还不能完全发挥“一省之舆论，莫不待谘议局为主持；一省之民权，莫不待谘议局而伸张”的作用，但为资产阶级上层人物提供了聚集力量、联合行动的合法机会，对于各省的事务还是发挥了一定的舆论作用。东北三省的谘议

---

① 《奉天全省谘议局呈准试办选举章程》，《盛京时报》，光绪三十四年（1908 年），正月十五日、正月十八日、正月十九日、正月廿日。

② 中国人民政治协商会议全国委员会文史资料研究委员会编：《辛亥革命回忆录》（三），中华书局，1962 年版，第 151 页。

③ 王小明等：《戊戌维新与清末新政》，北京大学出版社，1998 年版，第 161 页。

④ 王魁喜：《近代东北史》，黑龙江人民出版社，1986 年版，第 365 页。

局成立的三个月内，讨论一些关于兴学、垦荒之类的议案。在宣统二年（1910年）公布的《谘议局专报》中，奉天谘议局讨论了34个议案，这些议案涉及教育类3项、司法类3项、自治类4项、捐税类5项、官制改革类4项、工商业类8项、警务类2项、航运1项、边垦1项、禁烟1项、救济1项。[①] 这些议案的提出和讨论说明东北谘议局已经能够运用谘议局的权力积极参与东北地区各项事务的处理工作。

当然，清朝统治者并不希望实行真正的立宪，对立宪派的主张采取一味的拖延、敷衍和搪塞的办法。随着"预备立宪"虚假性的逐渐暴露，东北各地的立宪派发起了"速开国会"的请愿运动。1910年资政院成立时，东三省旅京学生赵振清、牛广生割臂血书"请开国会"几个大字，以是呼吁速开国会的决心。资政院开会期间，吉林省谘议局以"代表全体人民"的名义泣血上书，称"所有东省危亡，悬于眉睫，吁请即开国会，以期号召人心，挽回大局"[②]。1910年11月上旬，奉天谘议局邀集绅、商、学自治各界的代表召开会议，讨论召开国会的共同期限问题。在议会选举代表赴京发起的第四次国会请愿运动中，辽阳学生金毓黻断指血书，"至诚感人，承德学生李法权更是持刀割股，以血书写'请速开国会'几个大字"[③]。17日，在谘议局的呼吁下，奉天各界代表万余人齐至督署门前请求锡良代奏请愿书。请愿书上签名的有谘议局代表60人，教育会代表430人，农务总会代表1280人，商务总会代表4851人；惠工公司代表220人，承德自治会代表70人，清真教育代表120人，奉天请愿即开国会同志会代表500人，海城、辽阳等46个州县代表3000多人。[④] 可见，在这次请愿运动中参与群体十分广泛，因此，这场请愿运动具有一定的社会基础。正是在这种舆论的压力下，清政府被迫成立责任内阁。然而"皇族内阁"一经出台，立即遭到了全国舆论的严厉的谴责。一些立宪派人士的思想逐渐发生了转变，最终认清了清政府假立宪的真面目，转而投身到革命的队伍之中。

清末立宪运动虽然失败了，但在立宪派和爱国学生的呼吁和示威游行活动的熏染下，立宪思想在广大乡村地区得到了一定的传播，广大民众耳濡目染地

---

① 焦润明等著：《近代东北社会诸问题研究》，中国社会科学出版社，2004年11月版，第46页。

② 吉林省档案馆、吉林省社会科学院历史所编：《清代吉林档案史料选编·辛亥革命》，吉林人民出版社，1981年版，第103页。

③ 《第四次国会请愿之先声》，《盛京时报》，1910年11月3日。

④ 《奉天全省人民请锡督代奏明年即开国会呈稿》，《盛京时报》，1910年11月7日。

对于立宪改革运动也有所了解。特别是一些具有新知识和新思想的人才进入谘议局和地方自治机关，积极参与地方事务的策划和管理工作，对于发展地方经济、兴办地方公益事业都起到了一定的作用。

其二，引发了近代东北乡村社会的革命运动。东北乡村兴学运动兴起后，一些思想激进的新式知识分子日益革命化。这些新式知识分子大多是在新式学堂汲取较多新知识或出洋留学的学生。他们受到传统守旧思想的影响较弱，从初等教育到高等教育接受的都是系统的新式教育，因而在思想上较为开放，易于接受一些新的思想和观念，对现实社会也存在不满，在一些进步人士的引导下易于走上革命的道路。

早在武昌起义前，一些进步报刊和革命思想就传播到东北地区。诸如《民报》《汉帜》《复报》《革命军》《警世钟》《云南》《浙江潮》等革命书籍在一些学堂里秘密传播。通过阅读这些进步报刊，不少学生受到了“还我学生以主人之精神”的革命教育①。东北地区的一些有志青年学生还积极创办报纸，宣传革命思想。1906 年冬天，留日学生朱霁青等人集资在奉天创办了《刍报》，以期达到“唤醒国人，以朝鲜将亡为借鉴，引出奋发革命的决心”。吉林省中学堂学生编印一部唱本鼓词《英雄泪国事悲》，书分为四小册，前有图像人物，叙述波兰和朝鲜的惨痛史，以唤醒国人的危亡意识。② 该书出版后迅速散布，对于唤醒东北民众保家卫国意识起到了重要的作用。在日益高涨的革命思潮的影响下，中国同盟会在东北成立了东北支部。同盟会远东支部成立后，首要的“发展对象首先是教育界”③。因此，东北各地的学生也纷纷加入同盟会，积极进行各种革命活动。这些具有革命思想的青年学生以学堂为活动中心，经常召开会员会议，讨论时政。1911 年 10 月 10 日，武昌起义爆发，东北地区的商震、张榕等发起的“和平革命”因顽固势力的反对而流产。不久，东北各地掀起了一系列武装起义。在各地武装起义队伍中到处可见青年学子奋不顾身的身影。在辽阳高丽门起义的队伍中，除了有陆军小学学生外，还有师范学堂的学生张芝兰、尚奉先、李会芳、印永颐等人。在战斗中，他们有的脱了险；有的与敌人徒手肉搏，壮烈成仁；有的临刑不屈，慷慨就义。11 月，

① 愚公：《二十年之中国民》，《振兴五日大事记》，第 6 期，1907 年 5 月 11 日。

② 中国人民政治协商会议全国委员会文史资料研究委员会编：《辛亥革命回忆录》（五），文史资料出版社，1981 年 8 月版，第 578 页。

③ 中国人民政治协商会议全国委员会文史资料研究委员会编：《辛亥革命回忆录》（五），文史资料出版社，1981 年 8 月版，第 537 页。

党人赵中鹄谋在海城起义，以大石桥药王山为根据地，密遣学生数十人潜伏县城，届时起为内应。不意事机泄露，县吏先发制人，调兵进击，中鹄命王焕章率学生军百余迎战，为清军所败，伤亡十余人。同时，潜伏城内之学生亦被捕下狱。[①] 徐景清发动边墙子村起义，一些青年学生自动剪去发辫，积极参加起义。

奉系军阀的统治时期，东北人民生活在水深火热之中。为了反抗军阀统治和帝国主义的侵略，东北地区发起了一次又一次以教育界（主要是爱国师生）为先锋的爱国运动。

1915 年 5 月，袁世凯与日本签订“二十一条”的消息传来，东北乡村地区的各大中小城市的学生、市民、商人等群众纷纷召集会议，举行示威游行，开展抵制日货、提倡国货的爱国活动。1918 年 7 月，学生和工商团体，掀起反对北洋军阀政府与日本签订《吉黑两省金矿及森林借款合同》的斗争。学生们通过召开联合会议，向军阀当局发出反对通电，捣毁参与此项借款官员的住宅，开展抵制日货运动等，运动一直坚持了两个多月；1918 年夏，东北的留日学生联合关内留日学生一起，掀起了反对段祺瑞与日本签订《中日共同防敌协定》的斗争。在斗争中留日学生纷纷回国，在东北各地通过集会、结社、游行示威、发通电、抵制日货等方式，开展爱国反日反封建军阀的斗争。据记载，当时留日学生在沈阳等地成立的有“铁血团”、“殉国团”等革命团体。[②] 五四运动发生后，东北的青年学生纷纷起而响应，“在中国的政治斗争中扮演着领导者的角色”[③]。吉林、长春、哈尔滨、齐齐哈尔等各大中小城市的青年学生纷纷投入了这场爱国运动的洪流之中。5 月 24 日，吉林省立二师和二中两校学生召开会议，列队游行，散发传单，并在公园、街口等处聚众演说，反对“巴黎和约”，主张“振兴国货，挽救灭亡”。[④] 5 月 27 日，省立二师、二中两校学生，身着白衣，联合召开“救国大会”。会后手执“提倡国货，挽救灭亡”的白旗，高呼口号，举行示威游行，一直持续到 28 日，这场

---

① 中国史学会主：《辛亥革命》（七），上海人民出版社，1957 年 7 月版，第 391 页。

② 佟冬主编：《中国东北史》，第六卷，吉林文史出版社，1998 年 8 月版，第 3 ~ 4 页。

③ John Isreac：Student Nationalism in China 1927 ~ 1937. Published for the Hoover Institution on war, Revolution, and peace by Stanford University Press, Sanford, California 1966, pp2.

④ 中共长春市委党史研究室编：《中国共产党在长春活动大事记》（上），中共长春市委党史研究室，第 1 页。

学生运动才逐渐平息。①

1921年中国共产党成立后，东北学界在中国共产党的领导下，反帝反封建的斗争进入到了一个新阶段。“五卅运动”发生后，在进步教师和学生的领导下，东北各校的学生纷纷冲出校门，走上街头，抗议列强的侵略罪行。下面一段资料记录了当时宽甸中学师生发起的爱国反帝示威游行概况。

1925年，震惊中外的“五卅惨案”发生后，宽甸中学的进步教师栾敬如、关慧心等，经常为学生读报纸，宣讲“五卅惨案”实况，向学生进行爱国教育。鼓励学生组织起来，上街游行，以唤醒民众，掀起反帝怒潮，打倒帝国主义。

农历五月×日清晨，400余名学生在总指挥韩贻铭（学生干部）的带领下，打着上书“困兽犹斗”大字的大旗（教师曹静尘书写），手持五彩小旗和“睡狮猛醒”“打倒帝国主义”“为死难者报仇”“抵制日货、爱护国货”等标语，高呼“打倒帝国主义”“释放上海工人和学生”等口号，唱着“……身虽死而名不死，骨虽朽而名不朽……”（教师洪翰书作词）等歌曲，敲锣打鼓，到大街上游行。

学生们的行动，吸引来很多城镇居民，学生们便利用这个机会，向群众进行爱国主义教育，进行抵制日货等方面的宣传和“五卅惨案”真实情况的演讲。群众越聚越多，纷纷表示“再不买日本货了”，有些人还随着游行队伍走。

学生们还在校外、街面、商店门口和胡同口等显眼的地方，张贴标语和漫画，派人检查，说服店主销毁日货，对不听劝告者，捣毁无论。共捣毁价值百余元的日货化妆品和一个卖日货的小床子。商界20余名青年在学生的影响下，不顾掌柜反对，也砸碎了一些日货。此后街面商店在较长一段时间内不敢贩卖日货。

游行进行了整整一天。第二天，学生们准备继续游行。但遭到县长、警察和校长的强行阻止。

这次游行，是宽甸历史上第一次学生公开起来反抗帝国主义侵略的游行，它揭露了帝国主义者屠杀中国人民的罪行，显示了青年学生在反帝斗争中的伟大力量。②

---

① 中共长春市委党史研究室编：《中国共产党在长春活动大事记》（上），中共长春市委党史研究室，第2页。

② 据中共宽甸县委地方党史编委会办公室1961年12月27日《综合报告材料》缩写），转引自丹东市地方志办公室《丹东市志》(9)，辽宁科学技术出版社，1991年11月版，第128～129页。

此外，辽阳、营口、大连、长春、哈尔滨、齐齐哈尔、新宾、呼兰等地学生也纷纷组织队伍，走上街头举行游行示威，积极捐款捐物，全力支援沪案，在东北地区形成了一股声援“五卅”运动的学生运动潮。

1931年，日本帝国主义策动了“万宝山事件”，呼兰特支及时组织了反对帝国主义制造“万宝山惨案”的示威游行。游行队伍在大街上不断高呼“打倒日本帝国主义”、“打倒日本鬼子”等口号。一些学生还在呼兰大十字街和西岗公园进行讲演，有个学生激动地说：“今天日本鬼子在万宝山挖河，我们不起来和鬼子干，他们就会一步步挖到我们呼兰河来。我们决不能以为，天塌有大汉，过河有矬子，好像和我们无关，不是的！老乡们，国家兴亡，匹夫有责啊!”讲演者慷慨激昂，不少群众慨然落泪。游行后，学生们又进行了抵制日货的活动。①

总之，随着边疆危机的日益加剧，东北乡村地区的进步师生纷纷行动起来，掀起了一场又一场反帝反封的爱国运动。随着中国共产党的成立，一些共产党员走进校园，对学生的爱国运动加以指导和帮助，无疑扩大了这些学生运动的规模和影响力，在一定程度上提高了学生运动的社会效果。在学生运动潮流中，一些工商各界人士也积极参与，下层民众或投身运动之中，或给予极大的关注。可见，这些学生运动在一定程度上促进了下层民众觉悟的提高。总之，通过进步师生的宣传和学生运动的洗礼，保家卫国、反抗列强等民族意识和革命思想开始在东北乡村地区传播开来，对于东北乡村地区革命运动的发生和发展起到了重要的推动作用。

第二节　乡村兴学与近代东北乡村经济的变迁

清末东北乡村兴学运动兴起后，特别是实业教育的发展，逐渐培养出了一大批新式的实业人才。这些经济人才毕业后有一部分人流入东北乡村社会，他们或进入经济管理层，或加入研究机构，或投身实业教育，或下海经商，尽心尽力地为推动东北乡村经济的发展服务。

其一，进入经济管理机构，参与谋划和制定东北乡村地区经济发展的良策。清末东北新政时期，为了管理和推动东北地区民族资本主义经济的发展，东北当局成立了一些专门的经济管理机构。在农业方面，东三省相继设立了农

---

① 姜世忠：《呼兰史话》，黑龙江人民出版社，1990年12月版，第149页。

务总会，并在洮南府、东平县、铁岭县、开原县、康平县、怀仁县以及市镇八面城等地创办分所，该会“以演说有关农事各种新理、新法，提倡改良以及振兴农业为宗旨”①，积极推广与传播农业经验、农学教育，力求达到农业试验、教育、调查的全面进步。东北地区还设立了吉林林业总局、吉林长岭县天利农林蚕牧有限公司、黑龙江瑞丰农务公司等机构。在工业方面，东北地方当局通过设立专门的工艺试办机构，创办各种不同类型的工厂。另外，还设立专门的矿政管理机构——矿政调查总局，专门负责矿政事务。在商业方面，东北地区设立了商会及各地分会。仅奉天地区就成立商会50多处。当时奉天、营口、安东三地设立总会，其余各地设立38处分会，16处分所。商会以调查商业之盛衰、研究商学之新理、改良商品以推广销场和协商情以调息商讼为宗旨，积极推动东北地区商业的发展。民国时期，东北地区的经济管理机构进一步发展。以农业为例，东北地区除了原有农会组织外，1917年，吉林省已设立农会的县份有敦化、扶余、阿城、延吉、浑春、密山、伊通、农安、东宁、长蛤、依兰、宾县、长春、方正、宁安、榆树、穆棱、双城、双阳、德惠、同宾、富锦、磐石等23个，还有拉林镇、乌拉镇、尚礼镇、密山西南乡等4处乡镇农会。这些经济管理机构需要吸纳一批具有专业知识和管理才能的新型人才。而近代东北地区实业教育的发展和扩大，为这些机构提供了越来越多的实业人才。这些人才不仅从小接受系统的实业教育，还有些是出国深造归来的人才。如留日归国的张忠芳（吉林长白），历任滨江税捐总局长、长春商埠局长、吉林全省煤油特捐总局长等职②；毕业于早稻田大学经济科的丁鉴修（奉天）回国后，充任邮传部七品京官，历任奉天师范学堂法律、陆军和警察等各科教习③；毕业于奉天法政学堂的刘尚清（奉天海城人）宣统年间任奉天度支司及财政厅科员④。这些人才一经进入生产和管理领域，必然会极大的提高工作效率，促进东北地区经济的发展。

其二，进入农业试验机构和农业研究机构，积极改善经济发展的条件，提高经济发展水平。在农业试验机构方面，除了奉天、吉林、黑龙江三地设立农业试验场外，还在锦州、新民、农安、宾州、嫩江、大赉、瑷珲、木兰等地设

① 《附农事演说会章程》，载（清）徐世昌编、李澍田等点校《东三省政略》，卷十一，吉林文史出版社，1989年版，第1549页。

② 《东北人物大辞典》编委会：《东北人物大辞典》，辽宁人民出版社，1992年版，第409页。

③ 《东北人物大辞典》编委会：《东北人物大辞典》，辽宁人民出版社，1992年版，第660页。

④ 《东北人物大辞典》编委会：《东北人物大辞典》，辽宁人民出版社，1992年版，第724页。

立了试验场分场。这些机构专门从事东北地区农业生产的研究工作，在种植技术的改进、新品种的引进、新式农业机械的应用及先进农业技术的推广等方面起到了重要的作用。这时，东北乡村地区也出现了一些农业研究机构。如光绪三十三年（1907 年），奉天地区设立的植物研究所，就研究棉花、蔬菜、水果、花木的种植和养护，然后向东北各府、州、县地区推广。宣统元年（1910 年），附设于吉林、松花江两岸农事试验场内的农学研究会成立，进行土质化验、培养林木、研究农学等工作，并在各府、州、县设立分会。宣统二年（1910 年），宾州农林试验场开办农林讲习所，“招选农民十六岁以上、三十岁以下，粗通文义者四十人入所讲习，并实地练习，学期为六个月，毕业生除派充本场助手外，其余令各回本地区教育农民，并办理农会及充当农业宣习所讲员等”。① 1930 年 11 月，留美农科大学硕士张鸿钧曾称：“东三省近年来农民均购欧美垦犁、圆耙、铁磙等具，以资开垦。调查哈尔滨万国农具公司，每年所售农具款项不下哈洋数百万元之多。兴安屯垦区购买其他洋行之农具为数亦复甚夥。同年张鸿钧试制成功了车式一次两成上垅播种机、一次两垅下拢播种机和禽式锄地机等改良马拉农业机械，成效显著。”② 并向东北当局提出维新农政建议，为东北农业近代化事业做出了贡献。

其三，进入实业教育机构，为东北地区经济的发展培养人才。晚清时期，东北地方当局为了培养经济人才先后创办森林大学堂、农业学堂、商业学堂等几所实业教育机构。光绪三十二年（1906 年）七月，在安东设立奉天森林大学堂，并在松花江、嫩江临近地区划出五十里林木山地作为森林大学堂试种林木的场地。学堂初招六十名学生，以后逐年续招，以招满三百人为限，学习年限五年。聘请几名日本林学专家，分科讲授相关课程。光绪三十二年（1906 年）九月，奉天农业试验场开始招生。改为农业学堂后，农场技师兼任教习。光绪三十四年（1908 年）增设预科及本科教学内容，改名为奉天官立中等农业学堂。光绪三十四年（1908 年），奉天成立专门宣传农业知识和经验的农事演说会，分派农学、林学毕业生担任演说员，轮班讲解关于农林、养蚕、放牧、园艺、肥料、害虫、兽医以及农产制造、农业经济等内容，务求达到开通农智、振兴农业的目的，并把当时的演说内容刊印成白话文官报，广为散布。

---

① 吉林行省档案，J（6～1），转自石方著《黑龙江区域社会史研究 1644～1911》，黑龙江人民出版社，2002 年 4 月版，第 539 页。

② 奉天省公署档案，捐 4481 号，转引自衣保中《东北农学研究：中国东北农业史》（长白丛书），吉林文史出版社，1995 年 12 月版，第 466 页。

吉林省在农事试验场内附设农事传习所，后改为农业学堂，招选聪颖子弟入学，学习作物学、畜产学、蚕桑学、农业经济学、农政学、森林学、肥料学、农艺气象学、理化学、园艺学、土壤学、矿物学、气象观测法、动物学、植物学、算学、国文、体操等科目。学生毕业考试合格后发给文凭，多数回原籍以各种形式传授农业知识，宣传农事思想；黑龙江地区农工商各实业学堂，都因为款项支绌而未能很好地切实创办。虽然后来在一些初等小学添购各种仪器标本，增加教授实业的内容，不过各个小学堂所侧重的实业内容有所不同，发展程度也十分有限。

民国时期，东北当局十分重视实业教育，不仅设立了一些专门的实业教育机构，在中等教育中也增加了实业教育的内容。黑龙江省拜泉县1909年在三道镇初等小学校内附设初等农业小学校。1914年迁居县城两等小学校内，改为乙种农业学校，翌年因学生甚少，归并于县立高等小学校。青冈县乙种农业学校，设于1910年，翌年因无款停办，1914年重新组织，附设于两等学校院内，有教员1名，学生20名。一些接受实业教育的新式人才投身于实业教育机构，担负起培养实业人才的重任。下面一组数据是吉林省实业人才投身实业教育的资料。

李作舟　吉林县人　日本东京帝国大学部林科毕业

孙乃英　双阳县人　日本东京帝国大学部林科毕业

安庆澜　双城县人　日本北海道帝国大学农科毕业

陈景新　双阳县人　日本东京帝国大学农学部农科毕业生，曾充吉林省农事试验场农业学校校长

郎定远　依兰县人　北京农业专门学校农学本科毕业曾充吉林农业学校教员现充教育厅科员。

何祖昌　双阳县人　北京农业专门学校林学本科毕业，曾充吉林农业学校教员

何世昌　双阳县人　北京农业专门学校林学本科毕业，曾充吉林农业学校教员，实业厅技术员，现充省农会编辑员

陶师桓　延吉县人　北京农业专门学校林学本科毕业，曾充吉林农业学校教员

赵子清　长春县人　北京农业专门学校毕业，曾充吉林农业学堂教员

刘祚荣　榆树县人　北京农业专门学校毕业，曾充实业厅科员①

可见，由于当局主政者对于实业教育的重视，东北地区相继出现了一批实业教育机构。一些国内外的实业人才纷纷投身于东北地区的实业教育机构，积极培养实业人才，在一定程度上推动了东北地区经济的发展。

其四，积极投身实业，推动东北乡村地区经济的发展。随着新式教育的发展，一批批接受新式实业教育的人才纷纷投身实业，推动了东北乡村社会经济的发展。下面一段资料是 1921 年营口商业学堂学生毕业的去向统计。

第五次毕业学生吴麟等二十四名：徐瑞麟　大连新正洋行；陈俊声　大连日本棉花会社；夏尊贤　大连久保洋行；任香圃　奉天东洋拓殖会社；李安、唐耀宗　奉天信托会社；翟景茂、蔡玉成　塍寸会社；王福海　营口满产公司；殷鸣償、金凤鸣　营口正隆银行；唐恩敬　长春铃木商店；陈振友、马德成、田乃珍、李鸿、李长林、尹桂林、巴文贵、邱圣域、刘荫田以上九名　抚顺炭坑公司；宁金荣、于丕经欲考入上海同文书院一考取最优等第一名学生吴麟。②

一些学习实业的留学生归国后也积极投身实业。“我国瓷业泥于古法而不知进取，于是略货输入，利权坐失。倾闻外洋高等实业学堂窑瓷科毕业生姚金华者在西门外创办瓷器厂，一切制造均用新法，刻正筹划基础招集股本，日内即呈请实业司立案云。”③ 不仅如此，就连一些女学生也做出了表率。“西安县师范讲习科附设初小学校级任教员王慧洁女士系前之奉天省立女子师范完全科毕业，在西安县男女各校充任教员已逾六载，教授成绩满经各省视学嘉奖在案。王女士因提倡实业起见，于去岁冬初纠集各学校男女教员合资创立一七实业社，其社址暂设北门里，今春开幕所有学校用品以及一般普通人应用之物品无不俱备，经众股东公推前充初级中学校会计员李化春为该社经理，曾在东北大学肄业之孙淑远为副经理。兼造牙粉、肥皂等货品。自开幕于今，营业异常发达，而原发起人之一即有王慧洁女士，因欲经营商业起见，于月之四日转向师中校长张毅然辞却教员之职，并说明去校就商，注重实业，以身作则之宗旨。闻该一七实业社（按该社系于十七年发起故曰一七）经理等近正另觅宽

① 《吉林农业人才统计》，载吉林教育编辑《吉林教育公报》第六年第六十八期，吉林图书馆发行，同行印刷局出版，中华民国十二年八月二十六日出版。

② 《实业生分途就职》，《盛京时报》，1921 年 4 月 12 日。

③ 《创办瓷器厂》，《盛京时报》，1914 年 2 月 24 日。

阔房间作为社址，以便将营业大加扩充，藉为经营实业者之倡云。”① 这些实业人才有感于东北地区实业发展水平的落后，积极投身于振兴东北实业的运动中，对于在社会上倡导重商兴商的社会风气和推动东北地区经济的发展起到了重要的作用。

20 世纪初期，东北乡村地区的经济得到了较快的发展。当然，这与西方近代科学技术和生产设备的传入和地方当局颁布兴商举措及当时社会实业救国思潮运动的推动作用是分不开的。同时，我们也应该看到，它与这时期东北乡村地区实业教育发展的促进作用也是密不可分的。新式教育的发展不仅宣传了重商、兴商的观念，还为东北地区经济的发展培养了各类人才。正是在这些新式经济人才的积极努力和参与下，东北乡村地区经济得以迅速发展，社会生产力水平得以提高。

第三节　乡村兴学与近代东北乡村文化教育事业的变迁

清末民初时期，在社会各界人士的努力下，东北乡村地区的教育事业得到了迅速的发展，不仅建立了一套比较完备的教育管理系统，也形成了比较完备的从初等教育到高等教育的教育体系，特别是随着大批新式学堂的毕业生走上教育工作岗位，极大地推动了东北乡村地区文化教育事业的发展。

首先，东北兴学后，东北地区的教育管理体系逐渐系统化。不仅建立了一整套从省级的提学使司到各府州厅县的劝学所的近代教育管理机构，还建立了小学总查所、教育会、视学机构、宣讲所、阅报社等辅助机构。随着这些新式教育机构的相继设立，一些接受过新式教育的知识分子逐渐跻身于教育管理领域。下表是辉南县教育机构中新式知识分子的统计，从中可以看出新式人才在教育管理机构中的地位。

---

① 《王女士弃学就商》，《盛京时报》，1929 年 6 月 9 日。

表 5.3　奉天省辉南县教育管理人员情况调查表（康德元年）①

单位名称	职称	姓名	别号	籍贯	年龄	出身	略历	备考
辉南县公署	教育股股长	孙兆馨	光波	辉南	35	辉南县立师范讲习科毕业	曾任小学校长教育局课长	
辉南县公署	教育科员	刘永清	静波	义县	28	义县县立师范讲习科毕业	曾任小学教员，教育局课员	
辉南县公署	教育科员	石秉衡	子殊	辉南	31	奉天省立第五师范毕业	曾任小学教员，教育员，教育委员	
教育分会	会长	高景荣	桂森	辉南	42	海龙县立初级师范毕业	曾任师中学校校长	
教育分会	副会长	张恩	润民	辉南	42	海龙县立初级师范毕业	曾任女师学校校长	
图书馆	馆长	高景荣						县立第一小学校长兼带

可见，一些地区的教育管理机构吸纳了一些新式知识分子。这些新式知识分子接受过系统的新式教育，对于新式教育的教学和管理工作有所了解。因此，对于制定和颁布适合东北乡村地区实际情况的政策和推广乡村地区的学务具有一定的积极作用。

其次，推动了东北乡村地区教育事业的发展。一方面，东北乡村地区初步建立了门类比较齐全的教育体系。清末民初时期，东北乡村地区的学前教育、普通教育、师范教育、实业教育、成人教育、少数民族教育、高等教育都得到了很大的发展。尤其是学前教育、实业教育、师范教育、留学教育、少数民族教育基本上都是从无到有，从少到多，反映了东北乡村地区教育事业的近代化趋势。另一方面，学堂管理、课程设置和教学方法等方面的进步。随着一些书院和私塾相继改良为“兼习中西”的新式学堂和大量新式学堂的相继建立，东北乡村地区各类学堂的课程设置、教学内容和教学方法都发生很大的变化。在课程设置和教学内容方面增加了一些近代化的知识和技能。如小学堂开设算学、格致、舆地、图画、体操等课程；中学堂开设外文、历史、地理、算学、博物、理化、法制、理财、图画、体操等课程；高等学堂课程设置方面出现了“艺科”和“政科”。师范和实业学校不仅重视课堂学习，还开设了一些实习

① 吉林省辉南县县志编委会编：《辉南县志·教育志》，吉林人民初版社，2000 年 9 月，第 59 页。

课，以达到理论与实际的有机结合。这就在很大程度上改变了过去传统教育中存在的重文轻理、注入式教学、学生综合能力不强等缺陷，有助于培养一些有实际能力的符合社会发展需要的新式人才。

再次，为东北乡村地区教育事业的发展培养了一大批合格教员。清末时期，东北当局为了培养合格的教员，一方面通过广泛设立师范传习所和师范学堂进行培养；另一方面通过从外部招聘和派遣国内外留学的方式培养。如奉天的周从政，毕业于国立北京大学哲学系，获得文学学士学位，先后在省立第一师范学校、甲种商业学校、文学专门学校等校任教。① 随着东北乡村地区师范类学堂的广泛建立，一批又一批的毕业学生纷纷涌向教育行业，极大地改善了东北乡村地区的学堂教学的质量。随着新式教育事业的迅速发展，一批批接受新式教育的学生相继走上教师的岗位，东北乡村地区的教员质量得到了明显的改善，以望奎县的师资力量的变化为例。

设治时，全县有官办教师23人，私立学校教师23人，塾师87人，计138人。县立官办小学教师，多为受过中等教育的毕业生。私立小学教师多为读过《五经》、《四书》的旧式门生，少数入过新学堂。而私塾学馆塾师一塾一师，以经书授学。废除科举后，形成新旧学结合的教师队伍。

民国17（1928），全县有县立中学教师8人，师范教师6人，小学教师79人。乡立小学教师115人，塾师73人，教师队伍扩大到281人。县立中、小学教员一般水平较高，教书认真，多数是受过官办中等教育的知识分子。其中：有3人为大学程度，余为中学或专科，还有102人为望奎师范毕业生或讲习所毕业的，教师队伍的新成分有所增加。②

由此可见，随着近代东北乡村兴学运动的发展，乡村学校的师资力量得到了一定的补充，教育质量也得到了一定程度的提高，从而进一步推动了东北乡村兴学运动的发展。

最后，推动了近代东北乡村地区的文化事业的发展。东北地处边陲，地广人稀，又是一个战乱频发的地区。因此，东北地区的文化事业的发展水平一直很不发达。洋务运动时期洋务思潮和戊戌维新时期的维新思潮也都或多或少地波及到东北地区，社会上也出现了一些呼吁实业救国和变革维新的微弱呼声。

① 《东北人物大辞典》编委会：《东北人物大辞典》，辽宁人民出版社，1992年版，第409页

② 望奎县地方志编纂委员会编：《望奎县志》，望奎县人民政府，1989年11月版，第542页。

然而，在当时传统文化根深蒂固的氛围中，这些先进文化对于东北乡村地区影响之弱是可以想象得到的。因此，近代东北文化的转型应当是在清末民初时期。晚清时期，东北地区推出了"废科举"、"兴学堂"等一系列举措，是一项具有"文化转型"意义的历史事件。特别是科举制度的废除不仅标志着中国传统社会的封建文化体系遭到了近代西方文明的有力冲击，也标志着传统儒学体系不再成为晚清社会指导人生的至高无上的唯一标准。因此，可以说"广兴文化教育"成为近代东北社会文化转型的重要标志之一。随着东北兴学运动的兴起，一些不同于传统文化知识体系和方法手段的思想文化观念在东北大地上蔓延开来。特别是一些接受过新式教育的知识阶层进入文化领域，直接或间接地推动了东北地区的文化事业的发展。具体来说，乡村兴学运动推动东北地区文化事业发展主要表现在以下几个方面。

其一，在校师生参与或者发行了一些文学作品，宣传了一些近代的文化思想观念。如在一些地方志的编纂过程中，就有新式学堂师生的广泛参与。以《长寿县乡土志》为例，下面是《长寿县乡土志》的参编人员一览表。

监修

在任以同知遇缺尽先即补实授长寿县知县　刘清书

长寿县训导　于凤鸣

难荫县主簿长寿县典史　谭　澄

编辑

长寿县劝学员兼宣讲员附生　王炳辰

长寿县两等官小学堂校长兼劝学员附生　张文衡

候选府经历长寿县劝学员　李荫墀

长寿县劝学员附生　李桂一

花翎同知衔长寿县劝学员　张炳南

编辑兼绘图

长寿县高等官小学堂教员直隶琛州传习毕业优廪生　刘希唐

缮写

文童　赵辅臣

文童　张殿升

文童　王术惠

高等官小学堂学生　孙玉山①

从资料中可以看出，在《长寿县乡土志》的编纂过程中，一些新式学堂的师生或接收新式教育的乡绅积极参与其中。在其它一些方志的编写中，都不乏接受新式教育人才的参与。这些方志资料是关于本地政治、经济、文化、风俗的概括与总结，这种文化载体不仅有助于后人了解和认识本地的社会状况，还在一定程度上推动了当地文化事业的发展。

东北兴学运动兴起后，一些教育机构和进步师生创办了校刊校报和文学杂志。"五四"新文化运动的兴起，可以说是东北地区第一次真正意义上的思想文化启蒙运动。这场新文化运动对于冲击东北乡村地区旧有的封建思想文化体系，转变下层民众的思想观念，改造东北地区固有的社会文化构成，促进东北地域文化的进步，都具有划时代的意义。早在"五四"前夕，关内一些进步杂志如《新青年》《湘江评论》《民主丛刊》等在东北地区迅速传播。在这种力量的推动下，东北地区出现了一些用白话文编写，积极宣传新文化的刊物，如《一中周刊》《毓文周刊》《春鸟秋虫》等，还出现了发行出售进步书刊的"春雨书店"，它们作为宣传新文化的阵地，在当时发挥了重要作用。② 还有一些学生筹办报纸，宣传新思想。"东洋留学生毕某日昨在东关高等小学堂演说，大旨谓开通民智，必须多设报馆。今某以纠集同人，拟创办长春民报一处，其经费由招股凑集，每股十元，以鼓舞人民爱国自强为宗旨，特请各界人民量为资助云。"③ 一些留日学生还积极地创办各种刊物，向国人宣传在日本所学到的先进思想，"容君晋阶名升者，为林凤子岐司马之哲嗣，博学多才，为吉林名下士，曾充奉天中学华文教习，现留学日本法政大学，君热心祖国，以开通民智为任，据在东创办东三省杂志，刻以刊行其起记，以申明宗旨"④。这些新式刊物纷纷发表文章号召民众解放思想，冲破固有的封建思想意识的束缚，以现实的变化不断修正自己的价值观念，体现了"五四"新文化运动所倡导和弘扬的自由、独立和科学的启蒙精神。

其二，新式学堂部分毕业生进入文化行业，从事文化宣传和创作事业。五

① 《长寿县乡土志·编修人员》，载柳成栋《清代黑龙江孤本方志四种》，黑龙江人民出版社，1989 年 12 月版，第 465 页。

② 刘国平：《历史·地域·现代化——以吉林文化为中心》，吉林文史出版社，2006 年 12 月版，第 90 页。

③ 《留学生拟创办民报》，《盛京时报》，1911 年 5 月 25 日。

④ 《留学之热心祖国》，《盛京时报》，1907 年 2 月 17 日。

四运动前后，王卓然、梅佛光、吴竹邨、卞宗孟等一批东北地区的知识分子以其作品大力提倡新文化运动。其中，杨晦创作的独幕剧《谁之罪》、四幕话剧《来客》、任国桢翻译的《苏俄文艺论战》、穆儒考在《盛经时报》上连载的长篇白话小说《香粉夜叉》等作品在社会上尤为轰动。这些作品“都以现实生活为题材，或表现对现实社会的憎恶，或对封建礼教的愤懑，对科学理想的追求，为‘万马齐喑’的社会氛围添了一股生气”①。东北地区一些留学“同人等负笈他邦，输入文明，义不容辞”②。他们回国后翻译了法律、文学、社会科学以及自然科学等方面的书籍，还根据留学笔记编写了一些新式学堂的讲义和教案。因此，一些日本词汇也随着传入，并渐渐地溶入到汉语词汇中。据实藤惠秀的《中国人留学日本史》所载，共有人生观、工业、反映、方式等784个词汇都是通过留日学生的译著而进入到汉语词汇当中。1923年1月，高崇民、赵锄非、苏子元、梅佛光、吴竹邨等人在奉天成立“启明书社”，创办《启明旬刊》，在社会上积极宣传新文学运动。1923年8月，吉林市出现了东北早期重要的新文学团体“白杨社”，初有郭桐轩、何霭人等社员14人，后陆续发展至20余人。其刊物《白杨文坛》上多次刊载追求婚姻自由和强调个性解放的文章，在传播新文学，宣传新文化等方面具有重要的作用。③ 1928年，沈阳成立“关外社”，出版《关外》杂志，宣传和提倡无产阶级文学思想；楚图南在哈尔滨建立文学团体“灿星社”，创办《灿星》半月刊。杂志上刊载的作品大多是批判封建制度和封建道德，描写知识分子，特别是青年知识分子的命运，宣传十月革命，翻译苏联文学作品，成为社会各界进步人士宣传进步思想的舆论阵地。④ 还有一些新式知识分子进入报界，在一定程度上推动了东北地区文化事业的发展。1927年，海城县立中学毕业生王一叶先后出任《新亚日报》、《民众日报》的记者，承担编辑工作。由于阅读广泛，文笔出色，擅长新旧多种文体的创作，他创作的《征俄将士碑》和《上张学良将军书》被社会各界广为传诵。他还团结一批青年文艺工作者组织了“东北新文学研究会”，创作了大量的新诗、散文、小说和时论文章，对新文学发展起到较好的作用。他也因此成为“九·一八”前夕在东北文学和新闻界很有影响

---

① 徐兴荣：《1840～1990辽宁文学概述》，春风文艺出版社，1993年7月版，第3页。

② 王晓秋：《近代中日文化交流史》，中华书局，2000年版，第406页。

③ 蒋颂贤：《近代吉林人民革命斗争史》，吉林文史出版社，1992年1月版，第148～149页。

④ 佟冬：《中国东北史》，第六卷，吉林文史出版社，1998年8月版，第315页。

力的青年诗人和作家。① 我们还可以从一些报刊的办报人员履历中了解一些信息。下面一段资料是《松江日报》人员履历，从中可以看出新式人才在报界中的作用。附件二：《松江日报》人员履历。

郭大鸣，年二十九，奉天沈阳县人，国立北京大学法科法律门毕业，历充北京国民大学教授，北京中央新闻社总编辑，黑龙江督军署军法课一等课员课长，镇威军骑兵集团司令部军法处长，路警处技士，东省铁路督办公所咨议，现任本报发行人。

杨楷，年三十七岁，奉天铁岭县人，奉天方言学校毕业，历充前《远东报》编辑长，铁路管理局书记，现充本报编辑长。

王丕承，年二十五岁，奉天铁岭县人，奉天省立第二中学毕业，历充商办抚顺瓢尔屯煤矿公司坑务主任，暂编奉天陆军第六混成旅司令部副官，哈尔滨《大北新报》编辑，现充本报编辑。

洪声，年三十一岁，奉天西丰县人，国立北京大学法科法律门毕业，历充北京中央新闻社编辑，承审书记官科长，现任本报编辑。

崔成韶，年仅二十八岁，奉天沈阳县人，奉天省立第二中学校毕业，历充北京中央新闻社印刷主任，奉天《醒时报》印刷主任，现充本报印刷主任。②

可见，清末民初时期，一些接受新式教育的知识分子积极投身于文化领域，通过办报、结社和参与文化事业等活动积极谋划发展东北地区的文化事业。这些文化界的人才不畏权贵，敢于以笔为武器抨击社会的现实和积极宣传新思想，对于推动东北地区文化的发展起到了重要的作用。

第四节　乡村兴学与近代东北社会风俗习惯的变迁

社会风俗是社会意识形式之一，是一种社会文化现象，主要包括风俗习惯（一个民族或一定地域的人们在物质生活和文化生活方面长期形成的共同习惯，包括衣着、饮食、居住、生产、婚姻、丧葬、节庆、礼仪等方面的规则、好尚、信仰和禁忌）和社会风气（一定时期人们在日常生活中形成的思想言行方面带有普遍性的倾向）。③ 社会风俗作为一种文化现象世代传承，相沿成

① 王黎：《东北爱国诗人王一叶》，《大连文史资料》，第6辑，第1~3页。

② 黑龙江省档案馆：《黑龙江报刊》，黑龙江民族研究所，1985年版，第262页。

③ 严昌鸿：《中国近代社会风俗史》，湖南出版社，1991年版，第10页。

风，相习成俗，具有一定的地域性、民族性和传承性。在历史发展的长河中，人们逐渐习惯了遵循固有的社会习俗，习惯了模仿前辈的举动，又具有极强的从众心理。因此，任何社会进行移风易俗都是一件不容易的事情。当然，社会风俗不是一成不变的，它会随着时代的变迁、社会环境的变化及思想观念的更新而发生相应的变化。清末民初以来，由于民族资本主义经济的发展，政治民主化进程的加速，尤其是乡村兴学运动兴起以后，在一些具有近代知识的社会群体的提倡和示范下，近代西方资产阶级的价值观和风俗礼仪逐渐开始传播，加速了东北乡村地区社会风俗变迁的进程。在这一转变过程中，接受新式教育的师生群体往往起到了开风气之先的作用。

一、推动近代东北乡村社会婚俗的变化

婚俗是一个地区社会风俗的重要组成部分，也是人类繁衍后代和家族延续的重要途径。近代以前，由于当时社会经济文化发展水平所限，东北地区与中原地区的婚俗差别并不是十分的明显。下面一段资料是呼兰府地区关于传统婚姻的的记载。

> 民籍婚礼凭媒妁重相攸，先相男后相女，相女既妥，男家留钱或布疋首饰，名曰定亲礼，择日偕媒妁同赴女家询明亲家姓名，并男女年庚行名各书一柬，交换收支。是日馈布数疋、金银、首饰数事，是谓过小礼，又曰写媒柬，亦曰掛缀。书柬之后，再过大礼，俗名压衣裳，布疋首饰咸具，朡之以金钱，名曰羊钱或谓养钱之误，或谓应馈羊，而代以钱也。迎娶之礼与汉军略同，合□后，夫妇同谒庭前参拜先祖，谱以当庙，见礼毕，拜见翁故及家中老少，亦有次日拜见者，是日亲友携钱往贺，谓之随礼。主人均请入青庐，命新夫妇依次叩拜，名曰上拜宴客。多至数十筵，少亦十余筵，酒泉肉林觥筹交错，故先期预请邻里支应宾客，搬运家具，谓之乐忙。民籍婚姻论财多者二三千吊，少者亦七八百吊，以故贫乏者因财礼不备，往往渝盟赖婚不能，如旗籍之尚守旧礼，至于俗重早婚，男未及岁而即娶，女逾岁而后嫁，则其弊同也。①

从上面的资料中我们可以看出清初东北乡村地区婚俗状况的总体特征如下。一，早婚早育。东北地区的婚俗崇尚早婚，特别是“满洲之早婚，在全国可居第一”②。据《柳边纪略》记载，宁古塔地区“结婚多在十岁内，过则

① 《杂俎：呼兰府礼俗志》，《黑龙江官报》，第19期，第1~3页。

② 胡朴安：《中华全国风俗志》（下编），河北人民出版社，1986年版，第60页。

以为晚”，汉族的结婚年龄也基本停留在 17～21 岁之间。[①] 甚至到了民国时期，东北乡村地区还存在着十五六岁订婚，十七八岁结婚的现象。[②] 二，婚礼多是父母包办和媒妁之言，婚礼仪式繁琐而冗长。在传统家长制一言堂的局面下，子女的婚姻多是父母包办。桓仁地区的婚俗“受封建制度约束，婚俗基本在封建主义范畴内运用”。“男女婚聘嫁娶繁俗礼仪较多，有些伴以迷信色彩，严重地影响妇女的解放”。[③] 此外，当时婚礼形式十分繁杂。如在辽宁安东县，新郎迎娶新娘时，从“走轿”“开脸”“抱轿”“送亲”“拜天地”“揭盖头”“坐床”“喝合婚酒”“踏红”“开箱”一直要持续三天，“殊属靡费”。[④] 三，东北地区的婚俗还存在一些收继婚、童养媳、表亲婚、多妻制等比较守旧的婚姻方式。赫哲族直到清末还存在这种“弟妻兄嫂，兄妻弟媳、甚至翁媳相配”的落后社会习俗。[⑤]

随着近代学校教育的兴起，那些毕业于新式学校的知识分子群体在思想中接受了近代自由恋爱、文明婚礼的观念，对于新式婚姻十分迷恋，而对于传统婚姻中的父母包办、童养媳、早婚等陋习提出了质疑和抨击。还有一些人为了争取生活的幸福不惜采取各种方式与传统婚俗相对抗，在社会上掀起了一股新旧婚俗之间的抗争。

其一，一部分新式知识分子以各种方式积极宣传和倡导自由恋爱、文明婚礼的思想。在当时的新式学堂教学中，一些接受过近代文明的教师经常把一些近代西方的文明在课堂上灌输到学生的头脑中去。这样，一些关于近代文明婚俗的观念慢慢地开始在学生的头脑中滋生。下面一段资料是吉林省立第三中学学生所撰写关于改良婚俗的文章，从中可以看出新式学校学生对于传统婚俗的摒弃和对于新式婚俗的欢迎。

请看家庭专制和早婚的结果　何景珊

我的学友金祥，是很聪明很富于美感的一个人，他前年底在高等毕业以后，因为春季中学不招生，他就在家闲住著。他一天听说家人要给他娶妻的，他就向他父亲说道：“父亲呀？我岁数太年轻，不能完婚，且是我也实在不愿

① （清）杨宾：《柳边纪略》（辽海丛书本），辽沈书社，1985 年影印本，第 4 卷，第 258 页。

② 关荣珍：《回忆我结婚时的情景》，载孙邦《吉林满族》，吉林人民出版社，1991 年版，第 242 页。

③ 桓仁县地方志编纂委员会编：《桓仁县志》，方志出版社，1996 年 10 月版，第 793 页。

④ 丁世良：《中国地方志民俗资料汇编》（东北卷），书目文献出版社，1989 年版，第 15 页。

⑤ 从佩远、赵鸣岐编：《曹廷杰集》，上册，中华书局，1985 年 11 月版，第 119 页。

意与那不相识的女子来做夫妇，求父亲快些同那女家解除婚约吧!”他父亲答道：“儿啊！你有什么不愿意呢？你年纪已竟十六岁了，年纪也不小啦。这时结婚实在不早，你看隔壁老王家的孩子，他父亲去年替他讨了一个老婆，今年就生个孩子，你不愿意那样吗？至于说的第二个问题你岳父是一个县知事，有势力，又有银钱，有何不好呢？你不用说了，好容易寻了这一门好亲戚，且是吉日仅剩了一星期啦，你新衣服也做成了。你又胡闹什么呢?”金祥说：“那有十余岁就结婚呢？不合乎生理，身体不能强健，且是县知事的势力，我也不羡慕他。”他父亲大怒说道：“什么理由我也不听，你总是以服从父母的命令为是。”金祥吓的要死，只得忍气吞声的照办了。金祥将亲娶了仅过一年，就生了一个很孱弱的孩子，但是从此以后，金祥也孱弱的了不得，常常有病。未过半年，金祥病死了。他生那孱弱不堪的小孩子也死了。你们看这个势力婚姻！你们看这个父亲的权威！你们看这个早婚的结果！你们想想我们中国的婚姻制度是不是仅此一家?①

上面这段资料鲜明地反映出作者对于旧式婚俗的痛恨和对于新式婚俗的欢迎。在文中，作者并没有抽象地大谈特谈旧式婚俗有哪些哪些危害，而是从讲述自己同学的真实案例入手，通过对自己同学亲身遭遇的讲述，旧式早婚的恶果十分自然地彰显出来，最后以“你们想想我们中国的婚姻制度是不是仅此一家”引起读者的共鸣和反思，较好地表达了作者内心那种对于旧式婚俗厌恶的态度。在吉林毓文中学，学生们自编自演了新剧《洋车夫的婚姻》，在此影响下，吉林市东局子农工学校、省立第一师范学校等校的教职员工、学生以及吉林市基督教青年会所属的“青年新剧社”纷纷编演话剧，揭露社会的黑暗，批判旧礼教的残酷，提倡新的道德观念。② 可见，在当时东北社会上，一批新式学堂的学生已经接受了近代婚俗观念。他们不仅在课堂上和同学间经常讨论社会婚俗问题，还能在学校创办的刊物中奋笔疾书，表达作者心中对于这两种婚俗制度的真实感受，他们毕业流入社会后必定会在倡导东北社会风俗变革运动中有所作为。

其二，以身作则，以资表率。清末民初时期，东北地区的传统婚俗的还具

① 何景珊：《请看家庭专制和早婚的结果》，吉林省立第三中学校学生自治会月刊编《吉林省立第三中学校》，吉林双城县西大街路北精益印书局印刷，中华民国十二年十一月出版，第七八两期合刊，第 32~33 页。

② 吉林市地方志编纂委员会编：《吉林市志·文化志》，吉林人民出版社，2001 年 8 月版，第 114 页。

有很大的影响力，所以新式婚俗的普及和推广工作十分艰难。为了倡导新式文明婚俗，一些新式知识分子更是以身作则，举行新式婚礼以资倡导。“现在文明日启，婚制亦颇改良，城镇士绅及学界多有采取最新文明结婚仪式者，然乡间则犹沿旧习也。”① 奉天大南关的老福顺堂的少财东与某女士就举行了一场新式婚礼，可谓开启了东北地区提倡近代文明婚俗的先河。② 1913 年 3 月 2 日，营口地区国民党党员许士贵之子与宦姓女举行婚礼，一切仪式遵照新式婚礼进行。③ 这时期，学界中也出现了一些举办新式婚礼的现象。学界的文明婚礼首先在东三省的省会城市和一些距离省会较近，社会风气比较开放的地区出现，一些思想比较开明的教员往往起到表率作用。1913 年 5 月 18 日，安东审判厅厅长萧渥均（毕业于早稻田政法大学）与女子师范学校教员韩女士（女子师范最优等第一卒业）在奉天省城大南关军械厂胡同寓所举行了一场别开生面的文明婚礼。“首由证婚人莫君贵恒读婚书，次新人互相签押，再□两送之主婚人签押。由女来宾崔女士可言（南关女模范教习）演说文明结婚之理由，并女子须专重道德，言词激昂，颇有学理。又次女子师范学校预科毕业生聂女士春祥演说女子出嫁有分教授之精神，然又迫于父母之命，不得不□引经据典，意旨高尚，并有北关模范学校学生前往奏乐，一时杯盘交错，至旁午始散云。”④ 在绅商界和开明教师的带动下，东北地区一些学堂学生积极倡导和举行新式婚礼。如在铁岭地区就出现了学生举办的近代文明婚礼。据记载，某校学生石砥臣于三月三十一号娶女士张葆芬为室，悉遵新式文明结婚礼式办理，为铁邑开风气之先云。⑤ 民国三年“十一月三号，邑内男婚女嫁者不下数十家，率皆相沿古礼，惟高等学生李百川、女子师范学生林毓珍于是日行文明结婚礼，男女来宾甚夥，一切礼式颇有秩序，观者颇及一时之盛”⑥。为了追求人生的幸福，一些学生还积极废除由父母包办的婚约。民国四年，长春地区的女学生王玉春对于父母包办婚姻的态度十分强硬，“誓死不归夫家，兹闻有娄文会等多人出面调处，退还祖万才聘礼两千七百吊，当众订定离婚书，永无

---

① 丁世良、赵方：《中国地方志民俗资料汇编》（东北卷），北京图书馆出版社，1989 年版，第 278 页。

② 《过渡时代之婚礼》，《盛京时报》，1912 年 10 月 1 日。

③ 《文明结婚之仪注》，《盛京时报》，1913 年 3 月 6 日。

④ 《文明结婚之热闹观》，《盛京时报》，1913 年 5 月 20 日。

⑤ 《文明结婚》，《盛京时报》，1913 年 4 月 2 日。

⑥ 《文明结婚》，《盛京时报》，1914 年 11 月 6 日。

瓜葛，而王玉春即改嫁高台子屯徐某”①。在商界和学界人士的倡导和推行下，东北地区的婚俗出现了一种由传统逐渐向近代转化的趋势。

其三，学生采取拒婚、逃婚甚至以死抗婚的方式来抵制传统婚俗。在自由恋爱和结婚的学界群体中主要是那些处于求学阶段或刚刚走上工作岗位的年轻教师，这些人在经济上尚不能自立，自然还不能操纵自己的恋爱和婚姻。由于当时学生入学的年龄较大，这样就带来了学制与传统风俗中的婚龄的冲突。新式学堂的学生在接受新式教育后，思想比较开放，在生活上追求自由恋爱和婚姻自主。在双方互不退让的情况下，就产生了新旧婚俗的冲突。面对一些无法改变的局面，部分学生勇敢地选择了拒婚、离婚和以死抗婚的方式进行抗争。新民警察四区辖界达子营村住户韩文魁的妹妹韩素玉早年经媒人仲三许配给常升为妻。韩素玉考入新民女子学校学习，毕业后韩素玉佯称等候文凭在邑街租赁房屋居住，与何某密结不解之缘。当岫韩氏闻知来县询问，不料韩素玉竟然恋情难割，以媒人抗债为借口赖婚。② 延吉县街住户刘福的女儿刘淑媛，曾在该县女子学校卒业，年方二八，容貌秀美，幼年曾许配给本街孙姓为妻。在上月孙家纳彩迎取时，刘淑媛窥见孙某面貌丑陋，而且流露出一种粗俗之气。孙郎还污称刘女并非处女，非要查看。刘女一气之下夺门而出，并禀告其父速作退婚决定。原来刘女未嫁时曾与某公子有啮臂盟。第二天，孙家前往法庭呈诉未准，后又投诉于观察署。陶观察通过详询后认定女子已有自由权，令刘家将聘礼退还，并判给孙家白银二百两，令其另娶。于是，刘女士遂归某公子，孙某亦以此银另娶一孀妇，遂各无异言云。③ 学生抗婚的另一个表现就是在离婚案件中学生群体所占的比例逐渐增多。当时，有些学生其实在入校之前已经由父母作主完婚。这些学生在学校学习过程中思想方面发生了些微的变化，在恋爱观和婚姻观方面向往着自由恋爱和婚姻自主。然而在当时社会各地风俗中无故离婚为社会所不容许，这样就出现了一些关于男女学生关于离婚的讼诉案件。奉天省城“大东边门外迤北郭家菜园子有女名秋铃者，貌中资，早年肄业女校，染有自由结婚之恶习，遂以父母幼时许字窦某大不满意，以为家贫无足重轻，而郎君貌丑不愿同眠，恒起离婚之念。商之双亲弗许，伊遂名目张胆与白某奸好，热度增高。白乃与果妮子提起离婚诉讼于法厅，未蒙判允，犹冀

① 《女生改嫁》，《盛京时报》，1915 年 2 月 7 日。

② 《女生赖婚》，《盛京时报》，1915 年 6 月 17 日。

③ 《自由之罪恶》，《盛京时报》，1913 年 11 月 15 日。

上诉云”①。“近年来吉垣离婚案件不可胜数，近闻又有在省某校肄业之女学生某系长春人，以自由离婚起诉地方厅，经判决后双方上诉于高等审判厅。日前，由厅特出传票，传饬到厅对质。未识其判决之结果何如云。”② 虽然这些离婚案件的最终结果还不太清楚，但在当时守旧风气盛行的时代，青年学子们敢于把离婚一事诉讼法律这其实就是一种进步的表现。还有一些学生在无法改变局面的情况下毅然选择了以死抗婚的方式。奉天省城“城南莫城子村刘姓女三年前来城入某女校肄业，家居于南关其姑母处，该女固才貌兼全，常自思择一如意郎以成美满姻缘，不料秋初其父已为其许一农人子，定期纳聘经该女闻知以志不得，遂生不如死，遂于日前在姑母备处仰药自毙，昨日其父母来城为之棺葬埋云”③。下面一段资料讲述了一个凄美的爱情故事，故事的主人公是一对青梅竹马的恋人，他们的恋爱却遭到了双方家长的极力反对。在自由恋爱的愿望不能实现的情况下，二人被迫选择了一种彻底的解脱方式。

依依的杨柳，渐渐的吐绿，潺潺的河水，涓涓的流动。百灵儿，唱那可爱的小曲，桃花儿，发那浓厚的香味，倒是令人魂销啊！如那燕子双双，飞来飞去，好似串梭一般，绿鸭对对，浮左浮右，恰像小舟模样。当这个时候，有一对愁容的男女，坐在河岸一棵老树底下，继而那女子哭道：“唉！说什么及时行乐？我是无时可乐了！……”那少年手抚着她的头说道：“你何苦这样子的悲伤？你的心事，我难道就不（知）道吗？然而这也是无可如啊！我前天听说，陈家已经择妥日子了！你还是要往光明的路上走罢！”她听了这一段话，早已哭的不成声了。

你道怎么一回事？我若不说明，恐怕这个闷葫芦，终不得解啊！阅者诸君，请往下看，那就明白了。

慧珍她是某城日校的高材生，天质颖慧，体态娟秀，真可称作美女子，她有个表兄，名叫文超。他小的时候也时常的到慧珍家里玩，因为慧珍家里，仅有父母等三人，加上慧珍这才四口人，所以慧珍的家很是清淡。文超每到慧珍家的时候，他俩便在一起玩，骑竹马啦，打竹仗啦，有时候还在庭前看花啦，弄泥啦，倒使慧珍的母亲开心……后来慧珍和文超都长大了，慧珍的母亲便把慧珍和文超送在一个附近的小学里念书。此后他俩携手上学，连肩还家，形影

① 《离婚未遂》，《盛京时报》，1914 年 11 年 14 日。

② 《离婚案何多》，《盛京时报》，1914 年 11 月 22 日。

③ 《不自由毋宁死》，《盛京时报》，1922 年 9 月 26 日。

不离，又过了几年，慧珍升入某城的女子中学堂里念书，文超却入A城B校读书了。他俩隔百里之遥，因为两城都有火车通着，所以每到礼拜日，某城或B城东公园里，便有他们二人的艳影。

一年的春天，慧珍忽然接到一封电报，摧她速速的退学，(令)女与陈姓结婚。她接了这个信，她好像失魂的一般哭着。你道因为什么呢？原来陈翁和慧珍的父亲，是最要好的朋友，所以慧珍的父亲想要和陈姓结亲。正好慧珍的母亲和陈老太太都有了孕了，所以他们两姓便议定为亲——指肚为亲，即视生男生女而定。如他姓生男，此姓生女，婚姻便告成功。如皆生男或女，则两姓的亲事，作为罢论。——后来陈姓举一男，慧珍的母亲举一女——慧珍。所以慧珍的亲事便结成了。哪曾想陈姓的儿，后来却成了傻子，虽经慧珍的极力反对，然而处在旧家庭的专制之下，她也无可如何了。

如今慧珍接着与陈姓结婚的电报，在她的心中不异受了死刑的宣判！她哭了一回便晕过一次。她忽然想起她的表哥尚没有结婚，我何不和他商量善后呢？于是急急的写了一封信给文超，果然第二天文超到来了。她和文超便走到河边旁大树下坐下了！

这时那依依的柳杨，在她看去好像替她伤心似的，一阵阵的默认。桃花儿随风一片一片的舞着，她以为是红泪，一个春天的美景，她却以为人间的地狱！他们默坐了一会，慧珍手抚着文超的肩哭道："超兄！唉！提什么及时行乐？我是无时行乐了！唉！莫若一死，了却一且烦恼，较为痛快！"文超很凄惨的答道："你何苦这样的丧心！你的心事我难道不知道吗？然而这也是无可奈何啊！我前天听说，陈家已经择妥日子了！你将要享那甜蜜的生活，正是可乐的事，你又何必悲痛呢？"她听了这一番话，她那两眼似雨的掉下眼泪，徐徐泣道："超哥！超哥！你真不……不……爱……爱我了吗？……我……我……我早也和你说……说过，我誓不……不嫁陈姓……唉！……你不忍心了！我莫如一死谢你罢！"她说着，她就起身走了！文超本来是试试她的心。哪认得她起了坏心呢？所以文超紧紧的跟着她走，忽然前处乒乓的一声，原来慧珍跳河了！他急了！他不顾一切，急急的也跳下去救她。而水势很大，他那能救呢？他在水里浮上浮下的转个不住，随即哭道："亲爱的珍妹，我害你了！我随你去了！"他的声亟毕，他的影也灭了。大概慧珍和文超在泽国里结婚了罢！

（一八·九·二 脱稿于辽阳大成屯）①

在包括青年学生在内的社会有识之士的呼吁和倡导下，东北乡村地区的婚俗发生了两点变化。一是社会上比较繁琐的传统婚姻仪式逐渐简约化，各地出现了一些文明婚礼。东北地区的《辽阳县志》《安东县志》《辑安县志》《怀德县志》《安达县志》等20余部民国时期地方文献都有相关文明结婚礼的记载。同时《营口县志》《铁岭县志》《安达县采辑通志资料》等又具体记载婚礼的程式，现以义县文明婚礼为例。一，司礼人入席。二，奏乐。三，男女宾入席。四，男女主婚人入席，面外立。五，证婚人、介绍人入席，左右对立。六，新人入席，面内立。七，奏乐。八，证婚人读证书。九，证婚人用印。十，介绍人用印。十一，新郎、新妇用印。十二，证婚人为新郎、新妇交换饰物。十三，新郎、新妇对立，行三鞠躬礼。十四，新人致谢证婚人、介绍人，行三鞠躬礼。十五，奏乐。十六，新人向男女族尊长行三鞠躬礼。十七，新人向男女宾致谢，行一鞠躬礼。十八，男女宾致贺，行一鞠躬礼。十九，新人退。二十、奏乐。二十一，男女宾退。二十二，司仪员退，礼毕。② 另一变化是社会上自由恋爱、拒婚和离婚的现象比较普遍。在“（奉天）城东刘堡子郭家有一女，年方及笄，貌既艳丽，性复慧敏。父母以爱故选配良苛。其邻村胡老凤者家道富有，五十丧偶，商之于女，该女坚执不允。女父母利其多金，遂许之。定于是月二十日迎娶。该女遂于昨十二日自缢而死”③。还有一些女性拿起法律的武器来维护自己的合法权益。“（奉天）地方审判厅二十四日有孙胡氏者与其夫孙登三到厅呈请离婚。当经宣判令孙某并无不是，着仍领回安度。该妇以未允所请，当即将所怀利刃抽出，将自己腹部剖开，立时晕倒，不省人事。嗣经该厅饬人送至医院疗治，未识能否保全性命耳。”④ 虽然，孙胡氏没有如愿以偿，但这也反映出当时一些女性已经意识到拿起法律的武器来维护自己的合法权益。

总之，在清末民初时期，一批批接受新式学堂教育的学生群体步入社会，他们对于新式婚俗的执着追求给传统保守的社会风气注入一股清新的空气。当然，这时期东北地区传统婚俗的变化离不开政府的大力倡导，特别是与各级政

① 岳铮：《“旧家庭的压迫”》，《盛京时报》，1929年11月12日。

② 参看赵兴德等修，王鹤龄纂：《义县志·民事志》，民国二十年（1931）铅印本。

③ 《临嫁自缢》，《盛京时报》，1916年12月8日。

④ 《离婚不允自剖其腹》，《盛京时报》，1914年3月26日。

府对于社会婚俗不遗余力的变革是密不可分的。然而，走在社会婚俗变革最前头的正是这些曾接受过新式教育的学界人士。他们不遗余力的呼吁和倡导，起到了一种开启风气之先的作用。

二、促进近代东北乡村生活习俗的变化

就社会生活习俗而言，它应该包括人们在长期的历史积淀中逐渐形成的包括衣、食、住、行在内的风俗习惯。清末民初时期，学生群体与东北社会生活习俗方面的变革主要体现在服饰、发饰、节日仪式和破处迷信方面。现在就新式学生群体在这些习俗变革等方面的作为进行一下学术的梳理。

在服饰方面，东北“村落中除少数大地主及缙绅之家外，若中下之小农及农业劳动者，其生活之困苦，较都市之劳工弗如远甚。村落民家，衣服均极朴质，色尚深蓝，质多大布，服之三五年犹不更易，节俭相尚，难能可贵”①。《满蒙全书》记载：东北地区的工商阶级的服饰极为质朴，仅以包裹住身体为目的。少数上层农民则喜欢穿机制的花旗布，大尺布的棉布服饰，如大袍子（上衣）、裙子、褂子（上衣）、汗褟（襦袢）等棉服或单衣。其它帽子、袜子、靴子等合计衣服费用夏服六元五角至十元，春秋服十四元五角至十八元，冬服二十元至二十二元，使用年限三年到四年。② 在黑龙江地区由于天气较为寒冷，人们基本以棉质或皮毛类服饰为主。《宾县县志·风俗志》载：“服装略分三种，曰衣曰冠曰展。男子无论满汉，春秋著夹衣，又则大衫，冬则大棉袍外加马褂。色尚青，蓝次之，灰又次之。农裘者二十之一。冠，夏草帽，春秋以毡，冬以皮。其官绅商界多戴帽头。农工劳动者四季皆著短衣，妇女亦无满汉之分，袖短而微宽。近日剪发之风盛行，白衫而青裙有哈风焉。履分布呢革三种，农人则著靰鞡。”在《双城县志·礼俗志》中也记载：“农工劳动者流，无论何时大多蓝布短衣，夏戴笠赤足，冬戴白毡帽足著乌拉。乌拉亦作靰鞡，用整块牛皮为之，著时内实乌拉草，雪中足不知寒，故有‘关东三样宝，人参貂皮乌拉草’之彦也。”而乡村地区的女性多穿粗布大衫或大小袄，下穿长裤，颜色多以灰、蓝为主。这种“短袖而微宽”③ 的服饰，便于进行田间劳作。可见，当时东北地区居民服饰十分的质朴和纯正，以适应近代东北社会发

① 张宗文：《东北地理大纲》，中华人地舆图书社，1933 年版，第 129 页。

② 南满洲铁道株式会社社长室调查科：《满蒙全书》，第三卷，大连市满蒙文化协会发行，满洲日日新闻社，大正十二年三月，第 185 页。

③ 《宾县县志》，丁世良，赵放《中国地方志民俗资料汇编》（东北卷），书目文献出版社，1989 年版，第 432 页。

展的实际状况。

随着社会风气的变化和思想比较开放的新式学生群体的出现，他们那种标新立异和与众不同的心态也在服饰上面反映出来。清末民初以来，一些新兴的社会职业都有自己的服饰，也有“军警、学生服装，则各遵定制”的规定。① 1907 年，清廷颁布《学堂冠服章程》，规定中等以上各学堂学生服式分为礼服、讲堂服和操场服三种。礼服和讲堂服均为浅蓝色布长衫，操场服仿西式军服，小学生也有规定的操服。1909 年清廷又颁布《女学服色章程》，规定中等以上女学堂“平时在堂无论监督、教习、监学、堂长、院长、学生，均着学生制服”，“女学堂制服用长衫，长必过膝”，并规定“女学生不得簪花、傅粉、被发及以发覆额”，“女学生不得效东西洋装束”。② 民国初期，国民政府正式将西服确定为正式礼服，“一些特定公共行业的人员还有特定的制服。如学生、军警都有特定的制服”，“这些特定制服大多为西式加以改良而成，主要功能是表明身份或有利于其履行职务”。③ 20 世纪 20 年代，国民政府重新颁布《民国服制条例》，确定中山装为礼服之一，“特别是青年学生及公务员多喜穿着，也成为在国际场合中国官员的国服”④。在吉林地区就出现了新式服饰流行的现象，“近来都市中，新式工厂、商店之工人及学生则着学生服，各官厅服务员多着西洋服矣”⑤。在西风欧雨的熏染下，一些接受新式教育的师生群体敢于在服饰方面追求“标新立异”。民国时期，在吉林地区的一些新式学堂中就出现了身着新款服饰的学生身影。“吉林地居僻荒，人民风气向称朴厚。故学校、社会均无作蠡自扰怀其问不知。近日何人提倡出一种新装束，他界习之者未见，而现于男生队中屈指杂记。装为洋襪宽裤服，穿时将裤腿高提使距襪向八九寸许，襪口加绷三半扣，窈窕之态百生。余观念之下勿憶。及上海妓女新装脚部恒如是装，又吉林女界亦有作是装者，但书籍门第清秀从无

---

① 《双城县志），民国十五年印，丁世良，赵放《中国地方志民俗资料汇编》（东北卷），书目文献出版社，1989 年版，第 423 页。

② 《学部奏遵拟女学服色章程折》（光绪三十三年八月初十日），《大清法规大全》（光绪辛丑迄宣统已酉）卷 26，“学教育部·学堂服式禁令”，第 3 页。

③ 李长莉著：《中国人的生活方式：从传统到近代》，四川人民出版社，2008 年 4 月版，第 326 页。

④ 刘志琴主编，罗检秋著：《近代中国社会文化变迁录》，第 3 卷，浙江人民出版社，1998 年版，第 11 ~ 12 页。

⑤ 《吉林新志》（1934 年本），丁世良，赵放《中国地方志民俗资料汇编》（东北卷），书目文献出版社，1989 年版，第 272 页。

此种装束，况男学为将来国民社会之表率又乎肩教育之责者岂可忽此。”① 黑龙江地区的学界及官商家女子也多“短衣著裙，为文明之装束”②。从中可以看出，当时社会各界人士最初对于这些新款服饰并不欢迎，而是怀着一种鄙夷和抵制的心理去审视。然而，在学生的示范作用下，这种服饰的变革还是悄然地进行着。有人记载：“近有自齐齐哈尔归者，据言彼地自国体改革以来，剪发易服者日见增多，像该地位江省首都，衙署学校中人已多改变服色，故一般市民亦多仿效云。”③ 辽宁义县“学界中及官家妇女更复短衣著裙，为文明之装束”④。呼兰地区也是“服洋服、履革履者亦日多”⑤。还有一些女学生带起了漂亮的挂饰，“近年来吉省之妇女服装日新月异，更迭不穷，一般青年女子多恐落伍，犹以吉垣中之女学生为最速。不意近来本城之摩登女生均以化学制成之小狗（其色有白、有黄、有绿）悬于项下胸前为服装中不可缺少之品”⑥。可见，在学生的积极倡导和践行下，东北地区民众对于近代服饰文化在心里逐渐地得到了认可，社会上易服的人群逐渐增多。

发式变革也是民国时期东北地区社会生活习俗变革的重要内容。东北地区发式比较传统，以女性发式为例。黑龙江呼兰地区的“少女梳丫髻，已婚妇女梳圆髻，偶尔用绢花或红绳对发髻稍作修饰，少数妇女鬓插银簪。妇女耳坠银钳，腕戴银镯，耳环、指环多为银质，富裕人家也有金质的”⑦。在满族风俗习惯的影响下，东北地区的男子多蓄发辫。1912 年 3 月 5 日，中华民国临时大总统孙中山通令全国剪发，“有不遵者以违法论”⑧。内务府发布通告剪发理由，指出“留辫非中国本俗”、“留辫于外交不便”、“留辫于军事及农工不便”、“留辫于衣服被褥等易增秽垢”等多条理由，督促北方各省尽快剪辫，

---

① 《学界新装》，《盛京时报》，1917 年 8 月 29 日。

② 《双城县志》，民国十五年印，丁世良，赵放：《中国地方志民俗资料汇编》（东北卷），书目文献出版社，1989 年版，第 423 页。

③ 《剪发易服者日渐增多》，《盛京时报》，1917 年 9 月 7 日。

④ 《义县志》（1931 年本），丁世良，赵放《中国地方志民俗资料汇编》（东北卷），书目文献出版社，1989 年版，第 209 页。

⑤ 《呼兰县志》，丁世良，赵放《中国地方志民俗资料汇编》（东北卷），书目文献出版社，1989 年版，第 411 页。

⑥ 《妇女新流行：人造小狗掛胸前》，《盛京时报》，1930 年 7 月 12 日。

⑦ 《呼兰县志》，转引自丁世良，赵放《中国地方志民俗资料汇编》（东北卷），书目文献出版社，1989 年版，第 411 页。

⑧ 《命内务部晓示人民一律剪辫令》，《孙中山全集》，第 2 卷，中华书局，1981 年版，第 177 页。

以求全国统一。① 为了更好地宣传剪发运动，1914 年北京政府内务部专门发布了针对下层民众的劝诫剪发的白话文文告。文告称：“就劳动生活的人说吧，无论是种地、是做工、是作买卖，反正是指着身体挣钱。身体便利作事也轻爽，挣钱也挣得多，有辫子拖拉着便觉得种种不方便……再讲到卫生上更是种种有关系了。甚么枕头被褥衣服，暂新的东西不到几天被辨油给脏了个难堪，不但东西可惜，往往因此生病。你们想想看还是干净好呢？还是龌龊好呢？而且剪发的人与未剪发的人聚会一处，相形之下，未剪发的人往往受大家的挤对，再有轻薄的少年竟敢动手侮辱。就现在情形而论，剪发倒是从众，不剪发反是自寻别扭了。经此次明白宣示，想大家必能了然知道剪发的种种的利益。”② 在社会各界人士的倡导下，在全国兴起了一场轰轰烈烈的“剪辫”运动。由于东北地区社会风气比较闭塞，人们多固守传统的发式不愿剪除。这时，一些接受新式教育的教员和学生纷纷行动起来，积极参与到这场剪辫运动之中。海龙县公署于民国三年（1914 年）11 月 28 日颁发了《剪发规条》的法令。规定 1914 年 12 月 10 日至 1915 年 2 月 30 日为本境内的剪发期。如逾期不剪者将按《罚则》之规定予以惩处，能按期完成的则予以奖励。海龙县的教育会、教育公所和商会等机构联合成立“剪辫子队”。城中的剪发队在四门把守，并有警察站岗，不论是谁，是长发垂辫者由城门出入，就要强令剪除，各界在职人员如第一期不能剪除的，要比普通百姓加倍处罚；凡打官司告状，无论是民事纠纷还是刑事诉讼，凡当事人必须的剪除辫子始得到署前侯讯；各保卫团在抽丁教练时，应勒令剪除发辫，方得操练。③ 从中足见当地政府对于剪发之决心。

清末民初时期，学堂学生也有规定的发式，如“女学生入学后，要求在头后梳两根小辫，并把它盘结左右耳旁”。由于“这种发型既不合时代潮流，梳起来又极不方便。女学生接受新思想快捷，率先冲破禁锢，毅然把发辫剪成齐脖短发，显得利索文静，其他年龄段的妇女亦有效法者，已形成新的风气”④。因此，在这场剪发运动中教师和学生群体积极响应，纷纷开展剪除发辫的工作。辽中官立两等小学校教员徐子静热心公益，锐意维新。前值国庆纪念日会，该员向诸生苦口劝导剪发，谓国民成立已阅经年，即宜发辫剪除以符

① 《内务部通告剪发理由书》，《盛京时报》，1912 年 6 月 30 日。

② 《内务部提倡剪发之文告》，《申报》，1914 年 7 月 20 日。

③ 王继清：《民国三年海龙县成立剪辫子队》，《梅河口文史资料》，第 3 辑，第 94 ~ 95 页。

④ 佟冬主编：《中国东北史》，第六卷，吉林文史出版社，1998 年 8 月版，第 348 ~ 349 页。

民国体制，况我学界非如他们一般农民顽固可比，该诸生闻言之下，即将发辫纷纷剪除，现闻该校中未薙发者仅一二人矣。① 南二乡奉集堡公立两等小学校教员李君“到校后见诸生皆发辫后垂，望文明已输进，遂即以身作则将发辫剪除，并编辑剪发歌按琴谱奏，一时全校生徒闻风兴起，当剪去十分之七。其歌曰：“除去多年积弊，居然头目清新，这般文明进化，殊为别占春；既属身置学界，必不泥古拘今，我总然剪去了，何人曾过问。说甚么街谈，说甚么俗论，打破愚顽之性，就为倡率人。”② 在进步教员的倡导和带动下，各学校的学生纷纷行动起来，掀起了一场极为壮观的剪辫运动。“新城府东路第十初等小学堂学生共四十余人，去乘伏假前无一剪发者，嗣以教员曹化南殷殷劝导，学生无不乐从，但其父兄梗顽不化，情愿使其子弟退学不肯剪发，教员不屑辩论，只得每日激励学生，至放假时学生热心勃勃，一概将脑后发割去矣。”③ 一些低年级的小学生也认识到了剪除发辫的重要性，纷纷剪除头上的“烦恼丝”。吉林“牛马行路东五百七十号门牌双合成学生耿文良见各界剪辫者甚多，遂将自己发辫剪除，以符国体，而其同学幼童刘青山、王一庚、刘心庄等亦随到河南街义务剪发所同时剪去。若幼童庚某对于剪发如此热心，彼自号老成练达者尚保持豚尾而不齿去，视此幼童能勿愧乎？”④ 在这场运动中，“剪发易服固为文明国所嘉，但行诸女子甚属不宜。盖女子一经剪发非遭诽谤必受物议”。奉天省城的“商务学校女生廖家珊以男女既居同等地位剪发一事亦应仿行，故于暑假期内将发剪落，以为女生中倡知时务者多以为非，不意近来该校女生未闻有女生剪发者，岂中国女生之程度超过于欧美哉。”⑤ 吉林女中就发生过女学生剪发的风波。半日间就有 40 余女生把盘辫剪去，就连吉林省代省长诚允的女儿诚庄荣也剪成了短发。⑥ 可见，当时学生群体对于这种发式变革运动参与和支持的热情。正是在这些学生群体的倡导和努力下，东北地区的剪发易服运动才能得以循序渐进地开展，这对于东北地区社会生活习俗的变革具有重要的作用。在包括学生在内的社会各界有识之士的努力下，东北地区的剪发运动取得了可喜的成绩。在社会上发现“其有蓄发辫者，偶或见之，则群

① 《教员提倡剪发》，《盛京时报》，1917 年 10 月 30 日。

② 《教员提倡剪发》，《盛京时报》，1917 年 11 月 12 日。

③ 《学生之剪发热》，《盛京时报》，1913 年 2 月 19 日。

④ 《幼童剪发》，《盛京时报》，1917 年 12 月 28 日。

⑤ 《女子剪发》，《盛京时报》，1915 年 8 月 28 日。

⑥ 吉林市女中教研室：《吉林女子中学六十五周年纪实》，《吉林市文史资料》，第 5 辑，1986 年 10 月版，第 108 页。

以为怪”①。据统计，1929 年，铁岭地区“自女子剪发之风普及，奉天省之一般青年妇女已剪去者占十之七八”②。肇东地区更盛，“惟僻处乡村者，脑筋太旧，剪发者尚寥若晨星”③。

女子放足是当时社会风俗改革的一个重要内容。早在 1902 年 2 月 1 日，慈禧太后颁布谕旨，称“汉人妇女率多缠足，由来已久，有伤造物之和，嗣后缙绅之家，务当婉切劝导，使之家喻户晓，以期渐除积习，断不准官立胥役，藉词禁令扰累民间”④。然而，清政府的政策较为宽松，只是一种“婉切劝导”的方式。1907 年，清廷颁布的《女子小学堂章程》中规定“女子缠足最为残害肢体，有乖体育之道，各学堂务一律禁除，力矫弊习”⑤。在 1907 年的《女子师范学堂章程》和 1909 年的《女学服色章程》中都有关于“禁止女子缠足”的内容。由于各种社会条件的限制，晚清时期的放足运动仅局限于一些大城市和上层社会，广大乡村地区的多数妇女依然紧裹着双脚。中华民国南京临时政府成立后，相继颁布了一系列的废除缠足的法令。1912 年 3 月，孙中山令内务府通饬各省禁止缠足，称“至缠足一事，残害肢体，阻於血液，害虽加于一人，病实施于子姓，生理所证，岂得云诬？至因缠足之故，动作竭蹶，深居简出，教育莫施，世事罔闻，遑能独立谋生，共服世务”⑥。随后，内务部颁布了《禁止妇女缠足章程》，明确规定“女子十岁以下者不得裹足，十岁以上二十岁以下已裹足者一概解放；二十岁以上妇女亦宜逐渐放开，改换式样”。如有违背，处以家长 1 元以上 5 元以下的罚款。⑦ 在中央政府的倡导下，东北地区也开展了废除缠足的社会风俗变革运动。东三省的省政府纷纷下令禁止缠足，县级政府亦有布告推行。民政署还设立了天足会，专门从事调查、劝导放足事宜。对于违抗放足令者，公安局进行严厉的惩罚。在这场东北地方当局所倡导的废除缠足运动之中，接受新式教育的知识分子群体更是其中

---

① 《双城县志》，民国十五年印，丁世良，赵放《中国地方志民俗资料汇编》（东北卷），书目文献出版社，1989 年版，第 423 页。

② 《禁男子留发》，《盛京时报》，1929 年 11 月 12 日。

③ 《妇女剪发》，《盛京时报》，1929 年 9 月 26 日。

④ 朱寿朋编、张静庐校点《东华续录（光绪朝）》，卷 171，上海集成图书公司宣统三年（1909）版，第 7 页。

⑤ 璩鑫圭，唐良炎编：《中国近代教育史资料汇编·学制演变》，上海教育出版社，1991 年 3 月版，第 585 页。

⑥ 《大总统令内务部通饬各省劝禁缠足文》（1912 年 3 月 13 日），《孙中山全集》，第 2 卷，中华书局，1981 年版，第 232 页。

⑦ 《武昌禁止缠足之章程》，《盛京时报》，1912 年 6 月 14 日。

的活跃分子。民国时期，东北地区出现了一些宣传不缠足团体，这些团体的创办者大都是地方乡绅和一些接受新思想的人士。这些团体以开会、演讲和发放传单等方式进行广泛的宣传活动。如“淑慎女学堂校长姚女士幽兰日前进谒海关郑道之夫人暨直隶厅吴知事之夫人，请在营埠提倡女子天足会，俾众女子得以发达其体育，当经道厅两惠之夫人许可自认为名誉赞成员，并广为劝导女子入会。现在该女校长已将该会组织就绪，此后缠足之颓风可挽而女界众同胞得以享无量幸福矣”①。中华青年会也积极配合东北地区的放足运动，如大连中华青年会演出新剧“天足乐”和“庸人自扰”，赢得了社会各界人士的认可和支持。② 正是在这样一批新式学生群体和具有维新思想人士的倡导和呼吁下，东北地区女子缠足的现象逐渐减少。根据相关资料记载，双城地区缠足者“城市中十无二三，”乡间地区的缠足现象也逐渐减少。③

节日习俗的变革。岁时节日习俗历史悠久，是根据历法和季节气候演化而来的一种日常生活习俗。东北乡村地区民族构成比较复杂，不同的民族、职业、阶层、宗教信仰导致节日习俗的繁杂性和多样化。这些节日按照不同的划分标准又可以分为农事节日、纪念节日、庆贺节日、社交节日等类型。当时一些文人自己的作品中就有关于东北地区节日习俗的描写，在《龙江杂咏》中有如下的描绘。

龙江杂咏　朱履中④

爆竹喧天乐岁除，马通烧后炭焚初。销金五彩桃符换，福字春联半楷书。

元夜观灯走不停，村车车磊车磊也来经。蛮童姹女譁声脆，争看玻璃老寿星。

清明佳节女如云，蛱蝶高飞钱纸焚。剪得五花粘佛朵，东边门外插新坟。

西去嫩江江水隈，普恩四月庙门开。嫣红姹紫人无数，不为焚香一例来。

端阳角黍中秋饼，元夕汤圆二月糕。乐煞村中小儿女，大家更换团花袍。

可见，东北地区节日习俗与经济生产活动紧密相连，因此传统节日多以岁时农时为主，多以家庭为节日活动范围。此外，在节日习俗中还充斥着浓厚的

① 《姚女士提倡天足会》，《盛京时报》，1917年11月29日。

② 佟冬主编：《中国东北史》，第六卷，吉林文史出版社，1998年8月版，第348页。

③ 《双城县志》，民国十五年印，丁世良，赵放《中国地方志民俗资料汇编》（东北卷），书目文献出版社，1989年版，第423页。

④ 魏毓兰，馨若氏：《龙城旧闻》，卷四，艺文，黑龙江人民出版社，1986年8月版，第98页，第99页，第102页。

守旧和迷信色彩。

随着新式学堂教育的发展，近代科学文化知识在广大学生群体中广泛传播。这些接受新式文化知识的知识分子群体积极倡导近代文明的节日习俗，呼吁进行传统习俗的改良。锦县“本邑石屯卫镇高级学校校长杨子庶为开导社会风化，特令学生于阴历除夕组织提灯会，各持自折梅花式纸灯列成‘元旦吉日’字样，旗彩松枝仪式俱备，在大街通衢游行，并有警甲随行保护，藉表庆贺，游行至十二句钟始行散归校云”①。盖平“邑东北汤池街高等小学校校长傅荣杉对于教育独具热心，兹为庆贺新年，计举办师生提灯会，除在该校门首高扎松树牌楼悬挂国旗以壮观瞻外，旧历十一月十日晚师生等各提一灯游行街市，光明如昼。各商号门前亦均悬灯结彩，爆竹欢迎颇极一时之盛”②。这种庆祝活动既文明又科学，与以往那种迷信色彩浓厚的形式相比是一种历史的进步。

清末民初时期，东北地区迷信思想十分盛行。在东北各地庙宇林立，香客不断，“如遇元日、上元、端午、中秋、中元、十月朔，以及除夕，均诣先茔祭扫。此外，所祭之神，则有天地、张仙、灶神、门神、观音；乡村公祭者，则有关帝、财神、苗神、土地、山神、马王、牛王、青龙、五道、火神等祠。东边各县，又有祭老把头者，此汉族祭祀之大略也”③。黑龙江讷河“旧有土著站民、达民几乎家家修有关帝、神佛等庙”④。一旦遇到大旱之年，民众则“聚众庙前向龙王焚香跪祷，头上皆戴一柳枝之圈并跣足，手执纸旗，上书降雨之词。复倪神牌到处游行，人皆跃足从之，遇井泉、庙宇辄焚香拜祷。是时，家家门首设龙神牌位。如雨降，则宰牲或演剧及影戏以酬神”⑤。甚至一些乡民不惜采取自残的方式来表示求雨诚心。绥中县“邑西三区牛样沟屯，住民戴姓，因求雨，将自己手指剁伤，白姓将胸肉割去一片，血流如注，欲以痛苦上感天心。孰意彼苍梦梦，竟不之应，岂其心犹未诚耶”⑥。每年的庙会之期，各地的善男信女们赶往寺庙焚香祷告。在五常地区，“县东门外娘娘庙旧历四月十八日为庙会之期，乡间故习难除，一班红男绿女均皆黎明上庙焚

---

① 《学校举办提灯会》，《盛京时报》，1928 年 1 月 7 日。

② 《小学校之提灯会》，《盛京时报》，1919 年 1 月 10 日。

③ 王树楠等：《奉天通志·田亩志·田亩上》，卷 107，东北文史丛书编辑委员会，1983 年版，第 2386 页。

④ 崔福坤修，丛绍卿纂：《讷河县志》，民国二十年（1931）本，第 55 页。

⑤ 石方：《黑龙江区域社会史研究 1644～1911》，黑龙江人民出版社，2002 年 3 月版，第 662 页。

⑥ 孙茂宽：《关东搜异录》，吉林文史出版社，1991 年版，第 21～22 页。

香，车水马龙，甚为拥挤，并有披红一步一头者，游人颇称一时之盛”①。1919年5月营口地区的药王庙庙会更是“人山人海，异常拥挤，幸有军警在场严为弹压秩序，得以有条不紊”。“迷信之深于此，欲为破除不亦难乎!”②对于这种十分盛行的迷信思想，一些新式学堂的学生采取各种方式宣传科学知识，反对封建迷信。1917年4月，正值黑龙江省中学六七两级学生毕业之期。特组织新剧自行编演。其中“第七齣戒除迷信（甲）幼童染病；（乙）延医算命；（丙）祈神问卜；（丁）巫医误人；（戊）愚婆告状；（己）公堂猛醒。”新剧上演之时，“军政各界参观者不下千余人，而一班青年颇有军国尚武之精神，亦未尝不足以启发文明，提倡社会云耳”③。瑷珲县立初级中学于每年的一些节日期间在学校礼堂演出一些新剧。在台口上悬挂着一块“移风易俗”的匾额。节目的内容也多是破除迷信、提高修养和滑稽喜剧等内容。通过这种活动一方面增加了学校的娱乐活动，另一方面也对社会风气起了一定的改良作用。④ 1929年蛟河镇学校学生就利用庙会之机进行科学知识的宣传。“旧历四月十八日向为娘娘庙香火大会，今又届期，庙前摊床满布……惟今年今日公安局派人散步宣传卫生单多份，并本镇学校高年级生数十人分头讲演卫生之利益，并注重卫生之方法，言词慨切，闻者动容，实属有益人生之健康云。”⑤可见，这种立意新颖的表演方式对于宣传近代科学文化知识和废除封建迷信思想有一种振聋发聩的作用。

总之，清末民初时期东北地区的社会风俗出现了近代化的趋势。文明婚礼、剪发易服、节日习俗等新生事物层出不穷，这恰恰正是社会习俗改变的开始。对于社会习俗变革的原因，既有政府大力倡导的作用，也有随着中东铁路的修筑以及开埠通商所涌入的西方文明的影响，还有就是那些接受新式教育的学生群体的倡导和推行所带来的冲击。当然，在守旧风气比较顽固的东北地区，还有一部分人极力去维护旧有的习俗，但随着社会形势的变化这种习俗在社会现代化过程中潜移默化地向文明习俗演变。

---

① 《庙会志盛》，《盛京时报》，1919年5月24日。
② 《迷信难除》，《盛京时报》，1919年5月30日。
③ 《中学毕业余兴观》，《盛京时报》，1917年4月17日。
④ 于文华：《瑷珲县立初级中学校简史（1922～1937）》，《黑河文史资料》，第3辑，第6页。
⑤ 《庙会盛况》，《盛京时报》，1929年6月1日。

第五节　精英离乡与近代东北乡村社会的危机

传统的中国社会是一种具有乡土性的社会。因此，传统文化也是一种具有典型意义上的乡土文化。这种文化的乡土性、城乡一体性的形成，是传统社会的考试制度，即以科举制度为主要人才选拔模式盛行的结果。在传统社会旧学教育制度下，官学、儒学、社学、义学和私塾等教育机构几乎遍布整个国家的任何一个角落。因此，传统社会的人才并不仅仅聚集于少数几个城市，而是分散于全国各地，并通过科举考试这一渠道联系起来，形成了一个涵盖广大城乡地区的关系网络。在旧式教育机构下，多数人才在乡间苦读，继而到全国各个城市做官。当候缺、丁忧或告老时，这些人还要返回家乡。在传统儒家思想的熏染下，士子们世世代代恪守着这样一条亘古不变的落叶归根的信条。然而，随着科举制度的废除和新式学堂的逐渐兴建，一批批接受新式教育的乡村地区新式知识分子却与乡村生活日渐疏远，而与城市的关系越来越密切。在清末民初时期，社会上出现了一股乡村地区的人才纷纷抛弃那块“生于斯长于斯”的热土而源源不断地流入城市的现象。

一、近代东北乡村精英离乡的概况

在旧式教育体系下，由于书院、义学和私塾等传统教育机构多数分布在东北的乡村地区，或是免费，或是收费低廉，授课内容无非是四书五经，授课时间又考虑到乡村农事的闲暇。因而，在传统教育体制下，并不存在明显的城乡差别。“中国直到近代，上流社会人士仍力图维持一个接近自然状态的农村基础。在乡村，小传统并没有使价值观和城市上流社会的大传统产生明显的分离。”① 因此，社会上并不存在乡村地区人才外流的现象。下表是光绪朝辽宁新民府城乡人才的构成情况，从中可以看出城乡地区人才的一个对比。

表 5.4　光绪辽宁新民府城乡人口比例表②

四民	士	农	工	商
城	79	961	6875	21963
乡	1064	76132	14522	5228

① 费正清：《剑桥中华民国史》，下册，中国社会科学出版社，1993 年版，第 33 页。

② ［清］佚名编：《辽宁新民府乡土志・实业》，光绪三十三年（1907），辽宁省图书馆铅印本，1985 年影印。

新式教育兴起后，这一切情况都发生了明显的变化：一方面，政府将新式教育的重心逐渐转移到城镇，一些优秀人才纷纷进入城镇学校进行深造；另一方面，学生在新式学堂所接受的完全是一种全新的教育内容，这些内容基本上脱离了与乡村社会的联系，在乡村社会也很难找到其知识能力发挥的空间。在这种情况下，东北乡村地区新式人才逐渐疏远了乡村，一批批地流向一些城镇和大城市。

从乡村地区流入城镇地区的精英凭借在新式学校捞取的社会资格和在新式学校获得的政治、经济、教育、工商、科技、军事、司法等适应社会结构变动需求的专门知识和技能，从而流向社会的各个层次。① 有的进入更高一级的学校，或出国留学；有的进入近代社团组织，如农会、商会、教育会、谘议局、自治会等机构。就这样，乡村的读书人纷纷离开，再也不愿意回到自己的家乡。至今，我们仍然能很容易地从当时一些零星的统计数据和记载中看出乡村精英大量外流的趋势。清末新政时期，东三省谘议局纷纷建立。从当时谘议局中接受新式教育议员的统计，可以窥见当时东北人才外流现象之一斑。

表 5.5　奉天吉林两省谘议局议员名单中新式知识分子一览表②

	职务	姓名	当选年龄	籍贯	传统功名	新式教育	当选前职衔
奉天省	议长	吴景濂	37	辽阳	举人	京师大学堂日本考察	奉天教育会会长
	议员	毛椿林	38	法原	附生	留日师范	
	议员	书　铭	37	开原	附生	留日法政大学	选用巡检
	议员	刘兴甲	31	昌图		留日法政大学	候用巡检
	议员	王香山	50	安东	增生	留日师范	
	议员	牟维新	32	复州		自治研究所	县丞职衔
	议员	焉泮春	47	复州	廪贡	自治局养成会	委用训导
	议员	王星原	42	盘山	附生	自治研究所	典史
	议员	王化宣	39	镇安	拔贡	自治研究所	
	议员	英　桂	51	庄河	副贡	自治养成会	
	议员	惠如霖	41	镇安	副贡	宪政毕业	
	议员	董之威	39	宽甸	附生	自治研究所	
	议员	杨云淑	33	庄河	附生	宪政毕业	
	议员	王伯勋	32	奉化		新式学堂	州同职衔

① 王先明：《近代绅士——一个封建阶层的历史命运》，天津人民出版社，1999 年版，第 175 页。

② 本表根据张朋园《中国民主政治的困境：1909～1949——晚清以来历届议会选举述论》（吉林出版集团有限责任公司，2008 年 1 月版）附录部分关于东三省谘议局议员名录的相关统计制成。详见该书的 230～236 页。

续表

吉林省	副议长	赵学臣	35	长春府	举人	北洋法政学堂	内阁中书
	议员	祝华如		吉林府		学堂毕业	府经历职衔
	议员	徐穆如	38	伊通	岁贡	法政学堂	
	议员	穆锡侯		伊通	附生	学堂毕业	
	议员	何印川		长春府	岁贡	学堂毕业	候选府经历
	副议长	赵学臣	35	长春府	举人	北洋法政学堂	内阁中书

注：当时奉天省谘议局议员共计53人，定额50人，3人候补；吉林省谘议局议员共计30人，定额30人；黑龙江省谘议局议员共计30人，定额30人；由于黑龙江省谘议局议员没有新式教育出身的人员，故本表未有黑龙江省谘议局议员的统计。

当然还有一部分乡村地区的人才进入了城市的文化教育领域，在各类学校担任教育职务。下表是1931年东省特别区立小学校长的统计情况：

表5.6　1931年东省特别区立（道里地区部分）小学校长一览表①

学校	校长姓名	次章	性别	年龄	籍贯	资格	到校年月	备注
第一小学校	谢树	晓山	男	31	吉林	山海职业教育专修科卒业	1929年11月	今东风校
第三小学校	关卓然	屹若	男	34	吉林	吉林省立一师本科卒业	1931年1月	今安广校
第七小学校	锺国勋	允庵	男	38	吉林永吉	北平朝阳大学卒业	1930年7月	今顾乡校
第九小学校	赵廷萱	春生	男	36	辽宁本溪	辽宁省立第二师范卒业	1930年10月	原新阳校
第十小学校	王子仁	霭如	男	35	吉林宁安	国立北京高等师范卒业	1929年11月	今抚顺校
第十一小学校	高朝宗	智川	男	30	凤城	沈阳高中附中毕业	1931年1月	今工程校
第十二小学校	米春沛	膏如	男	25	吉林	吉林省立三师卒业	1931年1月	1938年并入安广校
第十三小学校	金熙	少宁	女	35	沈阳	北京女子高师卒业	1931年1月	

① 哈尔滨市道里区志编纂委员会：《道里区志》，黑龙江将人民出版社，1993年11月版，第441页。

续表

学校	校长姓名	次章	性别	年龄	籍贯	资格	到校年月	备注
第十四小学校	郭涛光		男	35	凌源	热河师范学校卒业	1926年7月	今民和校
第十六小学校	王延宾	觐秋	男	34	凤城	辽宁省立二师卒业	1931年1月	今尚志校
第十八小学校	王明侯	次公	男	38	双城	吉林双城县师范卒业	1930年7月	
第十八小学附属幼稚园	于季兰	晴霞	女	27	双城	吉林省立女师幼稚班卒业	1924年12月	今尚志校

随着近代新式教育的兴起，乡村精英本应该承担起建设乡村社会的重任。然而，大部分乡村精英脱离了乡村地区的草根社会而纷纷涌向城市，造成了近代东北乡村社会出现了一种人才“真空”的困境。

二、近代东北乡村精英离乡的原因

（1）统治者颁布的重城市、轻乡村的教育政策。清朝末年，在中央政府各项兴学政策的引导下，整个中国的教育结构与布局发生了显著的变化。随着一批新式学堂的出现，将从前分散在乡、村、镇的私塾教学方式变成集中于城镇，特别是集中于省会等大城市的学堂教学方式。一般来说，高等学堂、专门学堂、实业学堂、师范学堂等全部集中在省城或其他重要的城市，中学堂基本上都设在各府、厅、直隶州的所在地，一些正规的中小学校也都在县城，区、乡地区大多是一些有名无实的国民学校，在广大的农村地区仍然保留着传统私塾的教学方式。有人估计，乡村学校仅占全国学校总数的10%，可见当时乡村地区新式教育的落后。① 新式学堂的如此布局，基本上将农村排挤出去。政府这种带有倾斜性的教育政策，直接导致了乡村精英向城市“单程单向流动”。

（2）新式学堂的教学内容与乡村社会逐渐疏离。20世纪初期，新式教育的教学内容一改以前传统私塾教学内容，增加了具有近代色彩的社会科学和自然科学的课程。据统计，在清末的普通学校里，传统知识的诵读经课程只占比重27.1%，数理化外语等新知识课程已占72.9%；到民国初年，传统的读经课程已经减少为8.4%，而新知识类课程竟达到91.6%。② 当然，这种教学内

① 陶行知：《陶行知全集》（一），湖南教育出版社，1986年版，第167页。

② 文中数字为袁立春先生根据清末民初学校章程所列课程时数所作出的统计，见袁立春《废科举与社会现代化》，《广东社会科学》，1990年第1期，第82页。

容的设计是为了适应近代以来工业化和市场经济发展对各类人才的需求。这些教学内容与乡村地区社会发展的实际可谓是南辕北辙，除了少数教学工作和乡村管理工作外，在广大的乡村地区根本找不到更多合适的工作岗位。这时期，在城市中出现了一些新兴的社会生活领域和事业，诸如报刊业、学堂教育、社会团体事业。这样，乡村地区一些接受过新式教育的新式知识分子可以在城镇中找到适应自己的社会职业和社会角色。因此，清末民初时期，一些乡村精英纷纷流入城镇。这些乡村精英不仅流向农、工、商、学行业，还有一部分人进入了编辑、教师、社团等自由职业。可见，无论是从新式学堂的地理分布，还是新学堂的教学内容，抑或是各专业学堂的比例来看，新学教育在很大程度上，都远远疏离了乡村社会，也就是说新学教育并不是为乡村社会培养人才，而是为现代化的城市培养人才的。因此，在新学教育制度下，大多数拥有新知识的知识分子纷纷向都市奔去就势所必然了。

（3）乡民对于新式学堂的漠视和抵制所致。由于传统教育政策的影响，下层民众已经习惯了传统的私塾教育方式。作为私塾教育的教授者，塾师在广大的乡村地区受到了极大的尊重。然而，新式学堂兴起后，新式学堂的师生不仅没有得到传统社会塾师和塾生的同等待遇，相反，得到是广大乡民的漠视和白眼。对于这种现象，有的学者做出了详细的阐述：“过去乡村中，秀才先生或书塾老师有极大的潜势力。他是一乡中的审判者，一乡中的号令者，一乡中的指挥者；他是一乡中所‘佩服’的人；假如这位秀才先生或乡塾老师，果真是道德高尚，则他的话差不多即可成为号令。”如果村中发生争议，“往往请求他去批判”，有“新事情发生了，则一般民众大都不约而同去听受他的意见”。新式教育兴起后，学堂中的教师和学生虽然“现在一般知识界的学问、理解力较之过去均属优良，但乡村中人士对于他们却全抱着不信任的态度、怀疑的心情；不但不愿听他们的话，简直亦不敢听他们的话”，实际上是乡民“怀疑知识界，不信任知识界”的反映。① 奉天地区“省内学堂蒸发蔚如林，日进文明。独乡曲风气不开，虽曰筹款无资，亦人心锢蔽，则然尤可怪者彼一种陋劣乡蠹论，修庙办公等事不惜巨款苛派乡民，至劝办学堂辄抗衡反对，联络众屯呈购借口于被灾求援，假此延居旅店，目形浪费，官会亏累。噫，若是人者始云无款以兴办学堂，继反费款以阻止学堂，吾不知其存心何取也”②。

① 鲍祖宣：《国难时期的妇女教育》，《女子月刊》，第4卷，第1期，1936年1月。

② 《乡学阻扰》，《盛京时报》，1906 11月29日。

可见，新学在乡间很难得到乡民的“信任”，那么就会导致新式学生在乡村中不受重视。在这种情况下，新式学堂的学生纷纷逃离乡村社会，涌入就业机会比较多的大城市寻求出路。

（4）乡村地区工资待遇的低廉。由于地理位置和社会条件的限制，东北地区经济文化发展水平一直都落后于中原地区。新式教育兴起后，虽然东北地方当局也积极办学，但经费问题一直是困扰东北办学的一个难题。那么乡村地区的学堂经费更加紧张，很多学堂因为经费紧张而停办。如“前任长春府德太守创设巡警学堂一处，以为异日改良城乡警政之根本。然因经济困难，仅聘教习二员兼任一切职务，以俟筹有的款再行添聘人员。然自开办以来成效昭著。至伏假后，房教习因固辞职，仅余教习一人，而德太守亦早卸任，该地绅士又从中阻挠，除教习遂孤掌难鸣，因向新任张太守反覆磋商，以无经费为难，于月之十九日亦辞职而去，嗣后不知将该学堂作何安置也”。① 民国时期，军阀混战不休，军费开支猛增，东北地区陷入了“钱法毛荒，百物腾贵”的困境，许多乡村学校的教员迫于生计，纷纷辞职，另谋高就。虽然省教育当局多次训令各县为教员特别是小学教员增加薪金，但许多县限于经费不足，迟迟不能实现。因此教员薪金微薄，县立高小教员月薪20～40元，县及乡村初小教员月薪仅10～30元，“实不足以维持生活”，“故优良之教员相率他去者，实繁有徒”，勉强留下者，则虚应故事。②“办学者则限于预算，穷于支配，欲以最低廉之薪金，期得优良之教师，其势既有所不能，于是不得不降格以求”，“教师程度既已低浅，而学生成绩定难优良”。③ 因此，“凡有一技之长者多另觅枝栖，不肯受教育界之清苦”④。

当然，乡村精英离乡和乡村全面危机的出现不能简单地完全归因于近代“新学教育”，它是各种因素综合作用的结果。诸如近代以来东北乡村地区频繁发生的天灾人祸，交通条件的改善，乡村地区生存压力的增大，国家政权控制乡村政权的各种举措，都在一定程度上加速了乡村精英的外流。而新学教育

---

① 《教习辞职》，《盛京时报》，1907年7月24日，第5版，载长春社会科学院编辑、孙彦平编校《〈盛京时报〉长春资料选编》清朝光绪卷（1906～1908），长春出版社，2005年版，第110～111页。

② 辽宁博物馆编：《奉系军阀档案史料汇编》，第七册，江苏古籍出版社，1990年8月版，第242页。

③ 辽宁博物馆编：《奉系军阀档案史料汇编》，第五册，江苏古籍出版社，1990年8月版，第121页。

④ 《教育界人材缺乏》，《盛京时报》，1923年3月6日。

的兴起犹如一支加速城乡分离的催化剂，大大加速了乡村精英离乡的进程和城乡二元格局的形成。

三、精英离乡引发乡村危机的加剧

随着新式教育的推广，新式学堂的学生“与城市的关联越来越密切，而与乡村日益疏远；大学（早期包括中学）毕业基本在城市求职定居，甚至死后也安葬在城市，不像以前一样要落叶归根。前者不止是人员的流通，它还意味着信息、资金等多渠道的流通，使整个社会处于一种循环的流动之中。后者实际意味着以前的循环流动在很大程度上逐渐衰歇，并走向中止（这当然有个过程，且各地情形不一）。废科举一个影响深远的社会后果即中国的城乡渐呈分离之势”①。因此，乡村精英的离乡，对于乡村社会的发展造成了极大的破坏，造成了乡村地区社会环境的恶化，加剧了乡村社会的危机。

其一，乡村政权结构的恶化。在传统社会，地方事务的管理和运作基本上由地方乡绅负责。这些饱受儒家思想教育的士绅阶层不仅在乡里具有受人尊敬的地位，在办理地方事务中也起到了举足轻重的作用。在东北地区的县志和乡土资料中，编者对于这些“善人”、“乡耆”都会不惜笔墨地大力褒奖。如沈阳县七堡村人安明义充乡长一职，他一生为人耿直，刚正不阿。又乐善好施，热心地方公益。“设堡防、倡浉河，尤好施与，亲友宗族有急难告贷者无不立应。”② 沈阳县“邑绅拣选知事举人董宗舒，世居城西宁官屯。光绪十四年独捐巨资资建置义仓，积谷称贷。订立规约，务正业者贷之，力田者同，孤苦者赈蠲，乡人咸知感奋，十六年复设义学二，招本村子弟入学肆业”③。吉林磐石县山朋砬村“清光绪年间，仙人村住民有陈兴者，当年六十余岁。性忠厚，平生好武善战，屯人公选为带会首领。伊衷怀义勇奉公，诚意为国为民，编练三甲，计附团十余处，每月训练之。时值政治不能统一之际，每逢春令，到处匪起，扰乱地方，抢掠民间，屡有所闻。该会首竟带队争先抵抗，终将地方肃静。后各股匪，多数闻名远扬，是以地方农人等均得耕耘。至伊死后，多受地方人民之吊祭，均称伊为造福之陈会首也”④。可见，在传统社会中，乡绅在为乡村地区维护治安、兴办公益事业等方面起到了重要的作用。

---

① 罗志田：《科举制废除在乡村中的社会后果》，《中国社会科学》，2006 年第 1 期，第 197 页。

② 赵恭寅修，曾有翼纂：《沈阳县志》，民国六年铅印本，吉林大学图书馆藏。

③ 王树楠等：《奉天通志·民治三·灾赈》，卷 144，东北文史丛书编辑委员会，1983 年版，第 3300 页。

④ 李澍田主编：《吉林乡土志》，长白丛书本，吉林文史出版社，1986 年版，第 202 页。

在科举制废除后，乡村地区的传统士绅就失去了以往的升迁途径。因此，除了新式学堂学生涌入城镇外，旧制乡绅或是凭借原有的地位和威望，或是通过接受新式教育的途径，也纷纷流入城镇，担任县议事会，参事会，县教育，警务，实业，财务等方面行政机关的首领和职员的工作。下表是清末东北谘议局中乡绅阶层的构成情况，从中我们可以看出乡村士绅从乡村涌向城市谋职的情景。

表 5.7　清末东三省咨议局议员中乡绅构成情况简表①

类别 地区	职务	姓名	年龄	籍贯	传统功名	新式教育	当选前职衔
奉天省	议员	毛椿林	38	法原	附生	留日师范	
	议员	王香山	50	安东	增生	留日师范	
	议员	王化宣	39	镇安	拔贡	自治研究所	
	议员	宋联琦	59	复州	附生		
	议员	英　桂	51	庄河	副贡	自治养成会	
	议员	杜培元	49	凤凰	副贡		
	议员	惠如霖	41	镇安	副贡	宪政毕业	
	议员	杨云淑	33	庄河	附生	宪政毕业	
	议员	王香山	50	安东	增生	留日师范	
	议员	王化宣	39	镇安	拔贡	自治研究所	
吉林省	议员	祝华如		吉林府		学堂毕业	府经历职衔
	议员	徐穆如	38	伊通	岁贡	法政学堂	
	议员	穆锡侯		伊通	附生	学堂毕业	
	议员	何印川		长春府	岁贡	学堂毕业	候选府经历
	议员	郭善成		长春府	贡生		
	议员	张云五		长春府	贡生		
	议员	王耀晨		榆树厅	附生		
	议员	李云章		长春府	附生		
	议员	王叔槐		五常府	附生		
	议员	王耀晨		榆树厅	附生		

① 本表根据张朋园《中国民主政治的困境：1909～1949——晚清以来历届议会选举述论》（吉林出版集团有限责任公司2008年1月版）附录部分关于东三省谘议局议员名录的相关统计制成。详见该书的230～236页。

续表

类别 地区	职务	姓名	年龄	籍贯	传统功名	新式教育	当选前职衔
黑龙江省	副议长	战殿臣	37	木兰	拔贡		
	议员	孙兰升	34	拜泉	生员		
	议员	栾修仁	43	拜泉	附生		
	议员	吉　顺	34	和伦贝尔	监生		（八品）
	议员	汪贵升	30	海伦府	生员		
	议员	德　馨	37	海伦府	生员		
	议员	唐德元	46	海伦府	生员		
	议员	尤德成	41	海伦府	生员		
	议员	吕佐臣	46	余庆	生员		
	议员	黄履中	32	余庆	生员		

注：当时奉天省谘议局议员共计53人，定额50人，3人候补；吉林省谘议局议员共计30人，定额30人；黑龙江省谘议局议员共计30人，定额30人。

在乡村中的优秀人物逐渐被城市吸走的情况下，原来农村中的乡绅统治发生了严重的变形，其权力结构和道德环境也发生了恶化。由于大量士乡绅、学生等优秀人才的外流，造成了乡村地区权利结构的人才“真空”。这样，一些品质低劣，毫无能力的劣绅和那些处于乡村社会边缘的地痞流氓、帮会小头目以及会道门头子就纷纷走上前台，操纵了乡村地区的统治大权。那些没有离开乡村的乡绅，为了保证自己的地位，也不同程度地与边缘人物同流合污。他们以征税、纳捐和兴建地方公益事务为由，在乡村地区巧取豪夺，为所欲为。长春地区的“郡绅高鸿飞、毕维垣、张云舫等近有人联名控伊不法情事。闻高毕二绅俱有霸有夫之妇作妾等事。视张绅之仅仅侵霸公款，情节尤重云”①。担任乡村政权管理职务的多为腐败无能之辈，“司农村行政者，称为村长，而县知事任命之。大村有书记若干名，设备户口总帐，司征收租税、设备学校其它重要之事项。村长多兼保甲团长。农村警备，依于由县知事所派之保甲团而行。团长由省长任命之。虽然，目下之满洲农村，究难行完全之村政。村长及保甲团所居之署。徒为赌博之场。即有热心之保甲团员，亦无能为。而善良之

① 《大绅被控》，《盛京时报》，1909年7月25日，长春社会科学院编辑、杨洪友编校《〈盛京时报〉长春资料选编》（清朝宣统卷1909～1911），上册，长春出版社，2005年版，第187页。

农村风俗，常破坏于村长所居之署。其署徒具形式，无何等村治之可观，反贻害于农村。此种机关，不如无之。而为农民之幸福耳。农村行政，前途渺渺。而况村农会及苗圃等，农政上根据之施设，陷于无望之状态乎”①。乡村优秀人才的流失和乡村政权力量的蜕变带来了乡村社会矛盾的尖锐和社会关系的恶化，乡村社会的政治环境变得岌岌可危了。

其二，乡村经济的凋敝。人才和资金是支撑乡村地区经济发展和文明转型的重要条件。在旧教育制度下，乡绅固守着“道在师儒”的信条活动在乡村地区，乡间的人才和财富自然不会大规模地外流。随着新式教育的发展，不仅造成了乡村地区人才的外流，还带来了农村大量资本的流失。新学兴起后，东北乡村地区的一些富绅通过各种途径纷纷涌入城市，他们的财富和各种租佃关系、商品关系和债务关系都被带到了城镇地区，这些被带到城镇的资本主要用于军政开支、生活消费和高利贷业务，而不是以前用于农业生产方面，这样就直接造成了乡村地区资本的外流。由于大量财富和人才的流失，东北乡村地区的经济状况必然走向贫困化的边缘。随着乡村经济的衰败，进一步加剧了乡村地区大量精英的外流。这样，近代东北乡村社会就陷入了“人才和资金流失——农村贫困化——人才和资金外流”这样一种无可逆转的恶性循环之中。对于这种新式教育与乡村社会贫困化的关系，著名的社会学家吴晗、费孝通等学者曾指出：“新学”教育的发展加速了乡村精英外流的趋势，使乡村社会受到前所未有的“侵蚀”，如同美国田纳西河谷在水利工程建成前水土流失的情况。② 受到侵蚀的乡村社会日益贫困和衰落，“无论从哪一方面去看——社会方面、经济方面、政治方面、教育方面都是一点生气也没有，简直可以说已经死了一半或一多半”③。随着近代东北乡村社会的贫困化，近代都市在乡村人才、资金、原料等资源的滋养下却畸形地繁荣起来，渐渐成为了新式教育的中心地和地区财富的聚居地，并逐渐获得了对乡村社会的绝对支配地位。从近代东北乡村经济发展状况来说，传统社会那种自给自足的自然经济结构在内外双重力量的冲击下逐渐趋于解体，而农业资本主义始终没有生长起来，乡村经济则进一步衰败不堪，出现了“农村破产，日益剧烈，农民痛苦，日益深刻，

① ［日］野中时雄：《满洲农家之生产与消费》，黄越川译，满铁庶务部调查课，1923 年，第 7 ~ 8 页。

② 吴晗、费孝通：《皇权与绅权》，上海观察社 1949 年版，第 156 ~ 157 页。

③ 杨开道：《我国农村生活衰落的原因和解救的方法》，《东方杂志》，1937 年，第 16 号。

各乡村普遍了一种兀臬不安的现象”①。

其三，乡村文化的荒芜。传统社会的教育格局是城乡一体，并不存在城乡的差别。新式教育兴起后，中国教育在结构和格局上发生了显著的变化。一方面，广大乡村地区长期处于一种“缺学少教”的困境。新式教育兴起后，大多数的新式学堂集中于都市、省会和几个较大的城市，而大多数乡村地区建立的新式学堂寥若晨星，加上当时师资力量和办学经费的缺乏，一些新式学堂的教学效果甚至还赶不上原来的私塾。“我国自改革教育制度以来，偏重城市，漠视乡村，故城市中教育已渐次发达，而乡村间之教育则依然望尘莫及。因是城市中之学校林立蔚起，而乡间之学校则寥若晨星；城市失学者日渐起少，而乡村失学者愈显其众。”② 也有人指出：当时乡村学校仅占全国学校总数的10%③，即使是服务于乡村社会的农业学校也有将近80%设在城区。④ 可见，当时广大乡村地区新式教育的缺乏。另一方面，优秀人才的大量外流，加剧了乡村地区文化事业的衰落。随着科举制度的废除，乡村地区的知识分子，包括具有传统功名的乡绅，接受新式教育的乡绅和接受新式教育的青年学生纷纷涌向城市，甚至一些塾师在传习所传习和改良后也流进了城市地区。随着乡村精英脱离乡村向城市集中，促使乡村整体文化水平的陡然下降，越发显得荒凉。对于乡村文化的荒凉情景，我们可以根据当时全国各地人民的识字率进行参照。1930年，据统计：全国各省市每一千人口平均得受初等教育儿童数为23强，其中东北地区的数据是吉林省50弱，辽宁省40弱，黑龙江20弱。⑤ 下表是东北部分村屯识字率的统计，可以从中了解东北乡村地区文化教育事业发展程度一个更微观的层面。

---

① 董汝舟：《中国农民离村问题之检讨》，《新中华杂志》，1933年第9期，第7~13页。

② ［美］吉尔伯特·罗兹曼：《中国的现代化》，上海人民出版社，1989年版，第362页。

③ 伯：《农村教育与中国》，《小学教育》，1931年，第238页。

④ 《第二次全国教育会议始末记（1930年）》，台北传记文学出版，1971年版，第117页，转引自郝锦花《20世纪前半叶乡村人口的识字水平》，《山西大学学报》（哲学社会科学版），第27卷，第6期，2004年11月，第116页。

⑤ 民国教育部编：《第一次中国教育年鉴》，丁编“教育统计”，台北传记文学出版社，1977年（影印本），第1649页。

表 5.8　农村识字者最高及最低比较表①

地域	识字者数最高村屯	识字者数最低村屯	识字者数最高村屯	识字者数最低村屯
	村屯识字人口比重	县屯名	村屯识字人口比重	县屯名
东北南部	盖平县陈家屯	31.3	绥中县大钟鼓屯	7.9

再以黑山地区为例，民国时期当地的“就学率占百分之二十，升学率占百分之三，就职率占百分之三十五”；“就职率中多数是所学非所用，以后逐年虽有小小的进展，也是小脚女人走路的姿态，前进缓慢”。② 从中，我们不难看出当时东北乡村地区文化事业的落后。总之，新式教育的发展，不但没有加速乡村地区文化事业的发展，反而加快了乡村精英离乡的步伐，从而割裂了传统社会中城乡一体的文化格局，造成了乡村文化的荒芜。

总之，新学的兴起带给近代东北乡村社会的变化主要局限在思想意识、价值观念等领域，并没有给乡村社会带来真正的近代化发展契机，反而加速了乡村社会的贫困化。随着乡村精英纷纷离乡和城乡文化一体化的破坏，造成乡村地区人才的真空，使得乡村社会的整体文化水平骤然下降，城乡一体的模式断裂，乡村社会开始被社会所遗弃。支撑乡村发展的人才、资金、技术、知识等资源的大量外流造成了乡村社会的空心化，因而在一定程度上加速乡村地区的贫困化。

① 南满洲铁道株式会社农事试验场编，汤尔和译：《到田间去》，商务印书馆，1930 年，第 465 页。

② 杨澄华：《解放前的黑山教育概述》，《黑山文史资料》，第 2 辑，第 35 页，第 36 页。

结　语

清末民初时期，在内忧外患危局的逼迫和外来文化的冲击下，满清王朝统治者出于一种自救的目的被迫废除传统的科举制度，引进和推行西方现代教育体系。在20世纪初叶全国兴学运动的大潮中，东北乡村地区的现代教育事业开始起步，虽然经历各种曲折和顿挫，仍在通往教育近代化的道路上缓慢前行。这种现代意义上的教育事业与东北乡村社会联系紧密，现代学校在近代东北乡村社会的变迁中扮演着十分重要的角色。

一、新式学校教育的推广过程，是近代东北乡村地区教育事业由传统向近代转型的过程，也是国家政权的触角深入到乡村社会的过程

新式教育的推广过程，是近代东北乡村教育事业由传统向近代转型的过程。千百年来，以书院和私塾为代表的传统教育机构早已深深扎根于广大乡民的心里，“送子入塾读书——参加科举考试——入仕为官或出仕为绅”这已经成为乡民遵守的一条“亘古不变”的求学求生之路。当现代学校作为一种舶来品进入乡土社会的时候，必然带来乡民由于心理上难以接受而导致行动上的漠视和抵制，在乡村社会出现了一种现代学校与乡村社会产生诸多摩擦与冲突的局面。正如费孝通所说：“在一个传统的中国社会中私塾因有长期的发展历史，早已和其他社会制度搭配得很凑合……而想在其他社会组织中去抄袭一个教育制度来，强制配入中国传统组织尚强的农村社会中去，自然会发生格格不入的情形。”① 在这种情况下推广新式教育，可谓是举步维艰。为了减少在推行新学过程中的阻力，东北地方当局积极调动乡村地区大小官绅的力量，利用宣讲机构、书刊杂志、娱乐方式等途径大力宣传新式教育，甚至率先送子入学

① 费孝通：《写在〈汶上县的私塾组织〉的前面》，《费孝通文集》，第一卷，群众出版社，2000年版，第393页。

以示诚意。正是在社会各界人士的努力下，东北地区的教育事业逐渐扩散到广大的县城、乡镇以及村庄地区，东北新式教育事业得到了迅速发展。对于乡村地区原有书院和私塾这些教育机构，东北地方当局采取改建、改良和取缔的方式进行治理，特别是对于原有的私塾改良是不遗余力的，一旦发现不遵章办理的私塾立即勒令废止。当然，这种转变是一个循序渐进的过程：首先是通过对塾师的改良改变原有的教学方法，然后是将原有的私塾改为改良私塾以适应新式教育发展的需要，最后是将各地的改良私塾一律改为村立私立小学，从而逐步完成了从传统私塾向现代学校的过渡。不可否认，从数量上来看，近代以来东北乡村地区私塾的发展呈现出一种不断缩小的趋势，但是私塾并没有退出历史舞台，直到建国前夕在一些较为偏远和落后的乡村地区仍然存在。但是，东北地区乡村教育近代化的趋势是不可阻挡的，它突破了在成长道路上的重重阻力，最终完成了其自身从传统到近代的转型。

在传统的中国社会，国家和乡村社会是一种分离的状态。乡民自身的生产和生活完全由乡村社会自身运行的逻辑所决定，国家政权对乡村社会的管理也只是在征收赋税的时候才得以象征性地体现。村落与国家的这种关系同样也在教育领域得以体现。在清末东北新政之前，实际上中国并没有一套从中央到地方的系统教育体系，国家也并不直接干预乡村地区的基础教育。广大乡村地区的教育任务主要由当地的村塾、家塾等传统教育机构来承担。国家也只是通过一个科举考试的链条把全国各地的学生汇集到一起，从中选出一些优秀人才为国家所用。清末兴学以来，原有的乡村教育格局发生了明显的改变，乡村教育逐步被纳入到国家的统一管理和掌控之中。正如陈翊林所言："近数十年来的政治、经济、社会和文化既在新旧转变中，教育革命也在转变中"，教育革命"乃由专制政治的教育变到民主政治的教育，由家庭经济的教育变到国民经济的教育，由宗法社会的教育变到国家社会的教育，旧文化的教育变到新文化的教育"①。这种变化可以从两个方面来分析：其一，随着新式学校教育的出现，乡村教育开始逐步摆脱了原有的"地方型教育"，逐渐转变为政府直接干预和管理的"国家型教育"，在教育的发展中，国家的力量更为突出。其二，乡村学校的办学主体也由原来的私人转变为国家政权。原来地方办学主要依靠地方私人的力量聘请塾师开馆授学，对当地的一些适龄儿童进行启蒙教育。然而这时期，虽然乡村地区还存在一些私立学校，但大部分学校的办学主体已经变成

① 陈翊林著：《最近三十年中国教育史》，上海太平洋书店，1932年版，第8页。

了国家政权及其地方代表，办学中的各种设施及学务运作都必须遵循国家颁布的相关规章制度进行办理，否则就会因为违章而遭到相应的惩罚甚至是被废止。由此可见，在兴办乡村教育的过程中，国家政权的力量也逐步渗透到乡村地区，进一步加强了对乡村地区的有效控制。

二、新式学校教育的发展推动了近代东北乡村社会政治、经济、文化教育和社会风俗的变迁

伴随着新式学校教育在广大东北乡村地区的渐次推广，东北各地逐渐形成了县城（中学和师范）—乡镇（中学和高小）—村庄（初等小学或国民学校）这样一个人才培养的教育网络。在各类新式学堂的课程设置中，逐步增加了英语、算术、物理、化学、体育、音乐等反映近代教育的内容。在教学方法方面也实行了“学分制”、“学生为主、教师为辅”、“实验教学”等一些较为先进的教学方法，对于更好地向学生传授文化知识和提高学校的教学质量具有重要作用。部分知识结构较为合理的新式知识分子进入东北乡村社会，必定会给东北乡村社会的发展带来一种前所未有的深远影响。

这些新式知识分子群体的出现，在一定程度上适应了近代东北社会从传统向近代转型对于新式人才的需要。一些学生群体毕业后进入乡村社会的政治、经济、文化、教育领域，对于近代东北乡村地区的社会治理结构的调整、社会经济发展、文化事业进步和社会习俗的变革都起到了促进作用。实际上自从近代兴学运动兴起以来，高小和中学逐渐开始成为广大乡村地区政治生活的中心，各种新文化和观念正是通过现代学校逐渐传播到东北乡村地区，青年学子也逐渐成为乡村社会变革的主力军，在近代东北乡村社会的改良和革命运动中发挥着主力军的作用。从乡村社会治理方面来看，原有乡村事务的管理基本上靠具有传统功名的乡绅阶层来维持，新式教育兴起后，部分接受新式教育的乡绅和学生进入到县政权、警察、自治会、保甲、村正副等机构。在这些基层政权机构中，这些接受过新式教育的新式人才的加入，对于改变传统乡村治理结构和兴办各种地方事务都有一定的积极作用。从乡村社会经济方面来看，部分新式学生，尤其是学习实业和专门教育的学生毕业后先后进入经济管理机构和实业领域，对于东北乡村地区社会经济的发展具有重要的推动作用。一方面，经济管理机构和经济研究机构由于新式人才的加入，对于制定各种兴商重商奖商的政策和研发适合东北地区的经济发展的模式具有一定的积极作用；另一方面，一部分学生毕业后投身实业，或出任一些实业机构的管理或研究职务，或

筹办各种工厂和公司，对于推动乡村地区经济的发展具有举足轻重的影响。从文化教育方面来看，部分毕业生进入教育领域担任教育管理人员和各个学校的教职员的职务。这时期，教育局、劝学所、教育会等教育机构吸纳了一大批新式学校的毕业生，他们逐渐成为这些教育管理机构的主体，他们的意见在某种程度上左右着教育机构的政策导向。在东北各地新式学校的教职员师资构成中，接受新式教育的毕业生成为师资构成的一个主体部分。这些新式人才对于改善学校的管理工作、提高学堂的教学质量和培养满足东北地区发展所需要的人才具有十分重要的影响。从社会文化方面来看，一些学生还进入文化领域，他们以报刊杂志作为武器，发表了大量饱含新思想和新观念的文章，如倡导改进社会环境卫生、呼吁实行剪发、易服、文明婚礼等社会风俗改良，这对于推动东北地区文化事业的发展和社会风俗的改良起到了重要的作用。

三、乡村学校与乡村社会逐渐疏远，造成近代东北乡村地区人才外流和乡村社会危机加剧

在传统社会中，文化是一种具有乡土性的文化，更是一种城乡一体的文化。正如有的学者所说，在传统社会中的“所有文化，多半是从乡村而来的，又为乡村而设，法制、礼俗、工商业莫不如是”。① 以私塾为代表的乡村传统教育机构就是适应这种乡土文化而设立的。一方面，传统私塾机构遍布东北地区的城乡，城乡各地塾师所教授的无外乎“四书”“五经”等大同小异的内容，并不存在什么城乡之分，其教育的目的无非是通过知识传递为政府培养一些维护国家统治所需要的优秀人才；另一方面，私塾的教学还有一些适合乡村地区的特点，如教学设施比较简单，日常维护的开支不大；教学时间比较灵活，可以随着农忙或社会习俗调整教学时间；学生交纳的学费较低，一般农民家庭能够接受等等。这些都是私塾教育在广大乡村地区长期盛行的重要原因。反观新式学堂的教学内容，虽然在一定程度上保留了国文、修身、中国文学等包含旧学的一些教学内容，还在学堂中加入了数学、地理、理化等自然科学知识和音乐、美术、体育、手工、社会等旨在培养学生的现代国民素质的教育内容。这些教学内容对于乡民来说是一些完全脱离乡村实际的新内容，甚至一些教学内容遭到了当地乡民的强烈反对。在学堂开设的课程中，唱歌和体操这两门课程遭乡民反对最为强烈。许多乡民认为“习体操也，谓将练习飞檐走壁，

① 梁漱溟：《梁漱溟全集》，第二卷，山东人民出版社，1991 年版，第 150 页。

以为窃盗之预备；学唱歌也，谓将练习吹弹演唱，以为优伶之预备；信口诋谤，无所不至”①。学校在假期安排、升学、科目、时间等等方面完全背离了乡民原有的文化生活习惯，在传统节假日或农忙时间常常出现学生缺课的现象就是很好的例证。加上一些新式学堂学生的糟糕表现，无疑更加剧了乡民对于新式教育的敌意，在一些地区就会发生保护私塾、捣毁学堂的事件。这时期，国家、政府和乡民之间缺乏有效的沟通渠道，大量发展新式教育的信息难以有效地传递到乡民头脑中，再加上一些腐败官员借兴办教育之机克扣或侵吞教育经费，一度造成了乡民怨声载道的局面。正是由于乡民与政府的隔阂太深，才会有乡民抵制新式学堂的现象发生。可见，新式学校教育的推广完全是国家政权力量使然，当局并没有考虑到乡村社会教育所具有的特殊性，而是完全凭借强制手段进行新旧教育体制的转轨，再加上双方缺乏进行沟通的有效渠道，带来的是乡民情绪和心理上的难以接受，这种局面必然会给东北乡村地区教育事业的发展带来十分不利的影响。

乡民与新式教育的隔阂带来的严重后果就是乡村地区人才的大量外流和乡村社会危机的日益严重。传统的教育制度作为一种与皇权结构相互支持的官学制度，在社会上逐渐形成了一种以科举考试制度为纽带的独特的人才整合与凝聚机制。在这种人才选择的机制中，学子们往往是通过科举考试制度（或其它非制度化的途径）而获得“学而优则仕”的地位，纵然是“学而不优”也可以凭借已获得的“功名”和“身份”自然获得乡村社会的话语权和管理权。因此，传统社会的学子都坚守着这块祖祖辈辈生于斯、长于斯、老于斯、死于斯的故土。那些能够进入官僚阶层的官员也都会在辞职、告老后回到家乡，遵循着传统文化中千百年不变的“落叶归根”信条。可见，在传统教育制度下，并不会造成乡村地区的人才外流局面。新式教育兴起后，一批批接受过新式教育的乡村学校毕业生纷纷走出校门。然而，在广大的乡村地区早已经失去他们生存的土壤，除了一小部分人仍停留在广大乡村社会提供的有限的教育和管理岗位外，其他大部分优秀人才都纷纷涌进了城市，相继成为城市中各个行业中的一员。出现这种现象的重要原因就是接受新式教育的乡村学生群体意识也因知识结构的更新而发生了一定的变化，传统文化中那些“父母在，不远游”、安土重迁的思想意识和千年不变的生活习惯已经悄然转变。当然，还有一点是乡村社会不能提供给他们大显身手的机会和摆脱清贫，走向富贵的途径。正是

① 《论我国学校不发达之原因》，《申报》，1909 年 5 月 24 日。

由于城市中近代文明的吸引和乡村地区难以容纳的推力，造成了近代以来东北乡村地区优秀人才源源外流的大潮。这种人才的流失，造成乡村社会人才的真空，使得乡村社会的整体文化水平陡然下降，城乡一体化的模式断裂。支撑乡村发展的人才、资金、技术、知识等资源的大量外流造成了乡村社会空心化，因而也必然走向贫困化。从而拉大了城乡之间的差距，形成了城乡二元对立的格局。

四、清末民初东北乡村教育变革的历史困境分析

清末民初时期，在社会各界人士的努力下，东北地区乡村教育得到了一定的发展，拉开了东北乡村地区传统教育向近代教育转型的大幕。然而，这时期乡村教育的发展并没有从真正意义上扭转乡村教育落后的局面，反而在某种程度上促成了城乡二元对立的格局。如何理解清末民初时期东北乡村教育发展成效不大的问题？主要是这场乡村教育变革运动陷入了一个历史发展的困境。这种困境主要包括四个方面。

一是经费紧张。东北乡村地区兴办新式教育事业的经费主要依靠地方政府拨款和社会各界的捐助，还有少量的学生学费。即使是这些有限的教育经费，还经常被挪用或贪污，造成了各地乡村教育事业的发展显得举步维艰。宣统二年（1910 年），长春“本城学堂款项入不敷出，每岁年终尤属左支右绌，挪移无术。闻各学堂自监督堂长以下均积压两三月薪水未能发放，各员役均异常窘急”①。民国时期，由于军费支出大增，各县所得的教育经费少得更为可怜，直接影响了各地兴学事宜的推广。盘山县知事高克明条陈本县应兴应革事宜时提到，本县“以地瘠民贫，人民罕受教育，碌碌无识。一村之间，识字者无几，发布政令诸多不便”②。由于经费缺乏，在一些县份甚至出现了学务停顿的现象。1928 年 8 月，盖平县知事石秀峰条陈道：“职县国民学校年来以款项维艰，只能暂维现状，并未积极扩充”；复县知事景佐冈条陈道：本县“地瘠民贫，担负不堪”，“经费不足，虽有学校三百余处，学生有百余级，但年来内容退化，精神不振”，近期“拟县立学校暂不扩充”。③ 此外，教育经费的

---

① 《学款异常困难》，《盛京时报》，1910 年 11 月 27 日，第 5 版，载长春社会科学院编辑、杨洪友编校《〈盛京时报〉长春资料选编》，清朝宣统卷（1909 ~ 1911），下册，长春出版社，2005 年版，第 297 页。

② 辽宁省档案馆：《奉系军阀档案史料汇编》，第七册，江苏古籍出版社、香港地平线出版社，1990，第 233 页。

③ 辽宁省档案馆：《奉系军阀档案史料汇编》，第七册，江苏古籍出版社、香港地平线出版社，1990 年版，第 233 页。

缺乏还会影响到学校教学设施的完善。一些乡村学校没有操场或是存在操场不敷使用的现象，有的学校没有教学所用的仪器、标本、挂图或是购置不齐，有的学校不设特殊教室（试验室、标本室、图书室），有些寄宿学校（甚至省立学校）不设浴室、专门饭厅（借用宿舍）。① 一些学校缺乏修建校舍的资金，只能占用庙宇或租借民房来勉强维持。宣统元年（1909 年）9 月，视学员林伯渠在视察吉林省伊通州的学务时发现，“河西有初等小学堂一区，系娘娘庙改建……诣该堂时，适开早餐，炊烟满室（缘与厨房相连故也），尘垢积寸许。室内东南西土炕三面，南面挂黑板一块，紧靠黑板供‘孔大成至圣夫子’牌位，牌位前置讲桌。其东西两炕，则学生座位也。大抵讲堂、自习室、食堂皆同此一室，此种设置已属罕见。至讲桌内，满贮酒瓶、油坛、碗箸等物，尤为怪特”②。一些学堂设施由于年久失修，破旧不堪，甚至有些学堂还发生过教室倒塌的事故。“吉林东关两级师范学堂初三日正教员在讲授理化时间，该堂栋椽忽然格格作响，既而声音愈厉，学生咸惧，相率逃出，该教员亦尾随而出。甫及门外，遂即崩颓，该讲堂所有一切器具均被压碎，最幸者教员学生未遭伤害。”③ 在这种办学条件下，东北乡村地区教学活动推广的艰难程度可想而知。

二是师资缺乏。清末民初时期，东北乡村地区的师资十分缺乏。这种局面出现的原因一方面是乡村地区师范类学堂数量有限，师范学堂毕业生的数量不能满足各地新式学堂发展的需要；另一方面是由于乡村地区教师的待遇低廉，不仅不能吸引外部的师资，就连本地培养的师资都难以挽留。光绪三十三年（1907 年）7 月，长春巡警学堂唯一一位教员“以无经费为难，于月之十九日亦辞职而去，嗣后不知将该学堂作何安置也”④。民国时期，东北乡村地区学校教员的待遇仍然没有得到改善。据统计：1928 年，奉天省县立高小教员月薪 20 ~ 40 元，县及乡村初小教员月薪仅 10 ~ 30 元，“实不足以维持生活”，“故优良之教员相率他去者，实繁有徒”，一些教育行政人员也“多弃此而思

---

① 胡玉海主编、郭建平：《奉系教育》，辽海出版社，2001 年版，第 304 页。

② 《林伯渠视学史料》，《民国档案》，2001 年第 4 期，第 66 页。

③ 《师范学堂倒塌》，《盛京时报》，1911 年 4 月 12 日。

④ 《教习辞职》，《盛京时报》，1907 年 7 月 24 日，第五版，载长春社会科学院编辑、杨洪友编校《〈盛京时报〉长春资料选编》，清朝宣统卷（1909 ~ 1911），下册，长春出版社，2005 年版，第 110 ~ 111 页。

登要路，以致教育行政人员已有落落星辰之慨”。[①] 正如一些时人指出：“办学者则限于预算，穷于支配，欲以最低廉之薪金，期得优良之教师，其势既有所不能，于是不得不降格以求”，“教师程度既已低浅，而学生成绩定难优良。”[②]

三是办学人员的素质低下。东北乡村地区兴学之初，由于事处草创初期，缺乏接受过新式教育的管理人才。这样，一些旧式人才纷纷涌进教育机构，学务腐败的现象十分严重。一方面是滥用私人的现象十分的严重。“营口某学堂腐败异常，监督某援引私人以充教习，相结排挤他人，是以强项者流多不与监督合，报不平而去。又闻该学堂司帐人系某之胞弟，而某不准将帐簿示于各教习，各教习皆异之而啧有烦言，其余种种风说言不胜言，未悉当局者知之否耶?”[③] 1928 年，宽甸“白菜地国民学校校长钟以三接任以后大吃大喝，年底计算约伙食费现洋一千三百余元，应派会费毫厘莫纳，且籍提倡女学按门逛看妇女，业与甲妻诱引成奸，领至校里夜间同宿，并屡次带领学生赴河边钓鱼，以观河边妇女之瀚衣者暗订桑约，以致丑声远播，相率不以人齿。村中学龄儿童因之裹足不前，乃至视学到校暗用为虎作伥者绑农民中之学龄儿童强迫入校，有不从者罪其家长。似此种种劣迹实属不胜枚举，负教育之责者尽取缔焉”[④]。另一方面是办学人员吞没学款，从中渔利的现象比较严重。“营口自设立学堂以来禁止私学，有在元神庙改良私塾之教员丁某者为该埠王某经理，乃至底丁某追讨学生学款，王某迭次推委，丁教员不得已亲到学生家追问，据学生家均言早交与王某，并不短分文，丁员复商王某，王仍抗拒如前。至新正时遂在该管局所呈控，追派兵役传讯王某竟避而不到。前次传讯王乃匿迹他方矣。丁某为债所迫，进退维谷。现正寻觅王某讨学费，尚未捉获。如王某者，真可谓学界中之败类也。”[⑤] “洮南教育所长王育民前任图书馆长时因伪造图章浮昌报销送经绅民告发有案，幸经陈前知事多方调处事乃得寝，并保充教育所长，而伊贪婪性成，吞款如故。今春各校添级订购桌凳概由该所长经手，每套桌凳浮报奉小洋四十六元，已被绅民查有确切证据，奉据计共侵吞公款在二千

① 辽宁省档案馆：《奉系军阀档案史料汇编》，第七册，江苏古籍出版社、香港地平线出版社，1990 年版，第 242 页。

② 辽宁省档案馆：《奉系军阀档案史料汇编》，第五册，江苏古籍出版社、香港地平线出版社，1990 年版，第 121 页。

③ 《监学之腐败情形》，《盛京时报》，1907 年 8 月 8 日。

④ 《学界败类》，《盛京时报》，1928 年 6 月 10 日。

⑤ 《吞没学款》，《盛京时报》，1908 年 2 月 13 日。

元之谱，闻其余为数甚巨。”① 总之，由于一些办学人员素质和能力的低劣，在一定程度上限制了东北乡村地区教育事业的发展。

四是社会观念落后。由于地理位置和经济文化发展水平的限制，东北乡村地区社会风气十分闭塞。因此，在新式教育兴起后，大部分下层民众往往持着一种观望、狐疑甚至抵制的态度。对于兴办新式教育的困难，当时的一些学者就曾指出：东北民众长期生活在一种相对封闭的社会环境中，“今猝然而招之曰，来吾教汝为公民，则众以为谑，且笑且走曰，吾齿已长，吾不能咿哑(呀) 复习童子业。其愿者曰，吾非不愿受教，吾禾在田，一日不治，则草苏苏出，三日不治，则逢逢出，五日不治，则没胫，而吾禾病且死矣。吾不能，吾不能。呜呼，信如是也，吾公民学堂之说尚可行耶?”② 在这种情况下，劝学员前往广大乡村地区宣传新学和动员儿童入学时必然会遭遇重重的阻力。辽阳“劝学员到家动员儿童入学，老太大跪在地上叩头求饶说：‘我就这么一个儿子，老爷们饶了他吧！’有的儿童已经十多岁了，劝学员来，家长抱起孩子说：‘这孩子还小，等几年大了再上学吧’”③。在一些落后的少数民族聚居地区，“其子弟作废聪颖之质，其父兄之群甘固陋之风”，对新式教育更是“置若罔闻，横生訾议”④。

当然，还有一个更为深层次的原因，那就是“城乡同构”这种教育体制本身的弊端。“现行的国民教育制度是清末民初在‘毁庙兴学’的高潮中，从欧美、日本引进来的，嫁接而来的新学制并没有考虑城乡分别的现实，期间经过多次调整，但是基本框架和结构沿用至今……城乡同构的国民教育制度是建立在乡村城市化、工业化的基础上，其传授的课程内容和培养目标是适应社会化大生产的需要，必然与传统的小农经营模式产生摩擦与冲突，80 多年来农村教育与农村现实的断裂依然如旧，原因恐怕就在于此，但是我们又无法根本抛弃这种与传统农耕文明不相容的教育制度。从一定意义上，城乡同构的教育体制是国家力量向乡村社会渗入的表征，它关注的不是乡村的实际状况和需要，而是乡村将以何种面貌参与和外部世界的互动。”⑤ 可见，这种教育体制

① 《教育长吞款被控》，《盛京时报》，1928 年 6 月 1 日。

② 曲晓范：《近代东北城市的历史变迁》，东北师范大学出版社，2001 年版，第 112 页。

③ 杨效震：《解放前辽阳教育概况（1904 ~ 1946 年）》，《辽宁文史资料》，第 12 辑，第 157 页。

④ 谢岚、李作恒：《黑龙江教育史资料汇编》，上编，黑龙江教育出版社，1988 年版，第 163 页。

⑤ 张济州：《文化视野中的村落、学校与国家——一个县教育变迁的历史人类学考察（1904 ~ 2006）》，华东师范大学博士论文，2007 年，第 247 页。

基本上脱离了东北乡村社会的实际。在这种形势下，东北乡村地区就出现了“人才外流”的现象。大批学堂的毕业生在走出校门后发现乡村地区并没有他们的“用武之地”，于是纷纷涌入城镇和都市。即使是那些勉强留在乡村地区的毕业生也多是“所学非所用”，从事本专业以外的工作。

五、探寻近代东北乡村地区学校教育发展的出路问题

近代中国政府引进国民教育制度是在没有考虑城乡差异的现实前提下，直接从欧美、日本嫁接而来的新学制，经过多次相应的调整后一直沿用至今。这种教育制度是欧美工业文明的产物，是建立在乡村城市化、工业化基础上的城乡同构的教育制度，在本质上与中国传统的自给自足小农经济是不兼容的，其传授的课程内容和培养目标脱离了传统的小农经济的经营模式，出现了现代教育制度与乡村社会现实格格不入的局面。即使是现代的农村教育与农村现实的断层依然存在，这是因为我们根本无法抛弃这种与传统农耕文明不相容的教育制度所致。这种以城市为中心，为城市培养高级技术人才的现代教育模式，我们可称之为“离农”教育。这种教育发端于民国，延续至今。在这种教育模式下，“乡村既是国家建构和工商业发展的人才选拔基地，又是移植城市模式的母体，这种现代化的思路背后隐藏的逻辑是，在国家与城市工商业发达之后，再用城市的资金，按城市的模式将乡村复制成新的城市”①。然而，这种新式学校教育的发展在近代东北乡村地区没有带来预期的效果，反而在一定程度上加剧了乡村社会的不安，从而引发了部分学者对政府所主导和设计的这种新式教育的质疑。在社会各界的质疑声中来自乡村教育改革家的批判声最为强烈。他们将新式教育斥之为“都市教育”、“人才教育”。这种“离农”教育“就是一批一批地将农村人家子弟诱之驱之于都市而不返。又以我工商业之不发达，麇集于都市之人乃不得不假政治名义重剥农民以自养；乃不得不争夺其所剥削的地盘而酿发战祸。故新式教育于乡村曾无所开益，而转促其枯落破坏”。② 而被乡村改革家们所津津乐道的是一种“为农”教育，即是一种立足于农村需要的，以乡土事物为教材，以乡村建设为本位，实现乡村教育与乡村生活自我循环的教育。由此，在中国社会上引发了一场学者关于在乡村地区实行“离农”教育还是实行“为农”教育的思考与争论，即使是在现代化和工

① 李小敏：《村落知识资源与文化权力空间》，载丁钢《中国教育：研究与评论》，第5期，教育科学出版社，2003年版，第20页。

② 马秋帆主编：《梁漱溟教育论著选》，人民教育出版社，1994年版，第78页。

业化高度发达的今天，这仍然是一些学者积极思考和探讨的话题。

关于这两种乡村教育发展模式的争论，似乎陷入了一个两难的境地。每一种教育模式都有其实施的可行性，也有其推行的局限性。“为农”教育是教育乡村学生安守农村、扎根农村、服务农村，这种教育模式具有推动乡村社会进步的有利一面，但这种教育模式忽略了城乡之间文化和人才的交流，不利于乡村人才的流动和城乡差距的逐渐缩小。“离农”教育虽然存在有利于城市乡村地区人才流动的积极一面，却也容易带来乡村人才的外流，从而具有影响乡村地区的发展和逐渐拉大城乡差距的危险。如何能够实现这两种教育模式的互惠互利呢？那就是城乡教育应该“和”为一体，而有所“不同”。当然，“城乡教育‘和’为一体，并不意味着城乡教育均质化，它们之间应有所不同，地方性知识和乡土文化将有序地渗入乡村教育的课程体系和教材开发中去，加强乡村学校与乡村社会的联系与沟通，尤其突出职业教育和成人教育在乡村社会中发挥的重要作用，为乡村儿童提供不同层次的教育需求。在国家教育向乡村社会渗透的过程中，既要强调城乡教育一体化，又要突出城乡不同特色，促进城乡教育和谐发展”①。具体来说，应该处理好以下几个方面的问题。

其一，坚持城乡教育统筹兼顾的发展模式。近代东北地区的新式教育显然已经忽视了乡村教育的存在价值，政府把一种工业化框架下的“都市教育”模式强行地植入到乡土社会，带来的是现代教育制度与乡土社会现实格格不入的局面。这种教育模式虽然把乡村地区的优秀人才和文化资源汇聚到城市，从而在一定程度上加速了近代东北地区的城市化进程。然而，这种教育模式造成的另一后果是大量人才和资源的外流，造成了乡村地区社会危机的日益加剧，东北地区的城乡差距开始出现逐渐拉大的趋势。可见，在近代东北社会通往近代化的道路上，乡村地区为东北近代化付出了沉重的代价。因此，在城乡教育发展模式的设计上，必须摒弃头脑中原有的城乡二元对立的思维框架，坚持一种城乡统筹兼顾，共同发展，逐步缩小城乡教育差距的发展理念。

其二，坚持优先发展乡村教育的理念。自从新式教育兴起以来，统治者就把发展教育的重心放在城市，因而忽略了乡村地区教育发展的重要性。为了改变这种乡村教育发展严重滞后的局面，主政者应坚持优先发展乡村教育的理念，而不是将乡村教育抛弃在现代化进程之外。对于广大乡村地区的教育事

① 张济洲：《文化视野中的村落、学校与国家——一个县教育变迁的历史人类学考察（1904～2006）》，华东师范大学博士论文，2007年，第250页。

业，首先是注重发展基础教育，注意乡村基础教育的基础性、全面性、普及性，充分保证乡村地区的每一个适龄儿童都有接受新式教育的机会。其次，乡村教育设计要根据各地的实际情况有所变通。强调城乡教育“和”为一体，并不意味着城乡教育均质化，它们之间应有所不同，地方性知识和乡土文化将有序地渗入乡村教育的课程体系和教材开发中去，加强乡村学校与乡村社会的联系与沟通，尤其应突出职业教育和成人教育在乡村教育中的重要性，为乡村儿童提供不同层次的教育需求。在国家教育向乡村社会渗透的过程中，既要强调城乡教育一体化，又要突出城乡不同的特色，促进城乡教育和谐发展。

其三，坚持因地制宜发展乡村教育的方针。由于中国幅员辽阔，不同的地域有不同的特点。因此，在制定教育方针政策时应该有所不同，不能搞大而全、小而全的“一刀切”模式。这样，不仅不能反映出各地教育发展的特点，也不利于新式教育在乡村地区的推广。以东北地区为例，近代东北地区的经济以农业为主，还有一些林业、牧业、渔业和工业。在这种经济结构下，东北地区的乡村教育在进行普通的文化知识讲授的同时，在课程中还应该增加农业、林业、牧业、渔业、工业等方面知识的讲授，以便于学生毕业后进入这些领域进行相应的建设工作。这些课程应该不仅仅存在于从事实业教育的学校课堂上，在一些普通类学校、师范类学堂、民众教育类学堂和民族教育类学堂中都应有所体现。在这些学校开设的课程中，这类课程科目多少和讲授时间比例的大小应该根据当地的实际情况进行相应调整。通过这种措施，不仅有效地防止了乡村地区人才的大量外流，还解决了大部分学生就业难的问题，对于推动东北乡村地区经济文化的发展具有重要的促进作用。

参考文献

一、档案资料

［1］辽宁省公署档，全宗号：JC10，卷宗号：392，30220，30380，30382，22370，22385，22399，378，沈阳：辽宁省档案馆藏.

［2］热河省公署档，全宗号：J149，卷宗号：7861，28740，7966，781，149，沈阳：辽宁省档案馆藏.

［3］海城县公署档案，光绪三十二年（1906）—民国二十年（1931），全宗号：JC23，卷宗号：18120，18121，18122，18130，沈阳：辽宁省档案馆藏.

［4］吉林省公署档，全宗号：J110，卷宗号：4，804，0376，7，0973，0573，18. 全宗号：33，卷宗号：464，102，长春：吉林省档案馆藏.

［5］辽宁省档案馆. 奉系军阀档案史料汇编，第4册，南京：江苏古籍出版社，香港：地平线出版社，1990.

［6］吉林省档案馆、吉林省社会科学院历史所编. 清代吉林档案史料选编·辛亥革命，长春：吉林人民出版社，1981.

［7］吉林省档案馆、吉林省社会科学院历史所编. 吉林档案史料选编·上谕奏折，长春：吉林人民出版社，1981.

［8］黑龙江档案馆编. 档案史料选编·黑龙江报刊，哈尔滨：黑龙江省民族研究所，1985.

［9］黑龙江档案馆编. 档案史料选编·黑龙江少数民族，哈尔滨：黑龙江省民族研究所，1985.

［10］中国第一历史档案馆，北京师范大学历史系编选. 辛亥革命前十年间民变档案史料，北京：中华书局，1985.

［11］故宫博物院明清档案部编. 清末筹备立宪档案史料，下册，北京：中华书局，1979.

［12］北平故宫博物院编. 清光绪朝中日交涉史料（线装本），卷70，故宫博物院民国21（1932）.

［13］中国第二历史档案馆编. 中华民国史档案资料汇编，第三辑，教育，南京：江

苏古籍出版社，1991.

[14] 学部总务司案牍科．学部奏咨辑要（铅印本），北京：总务司案牍科出版，1909（宣统元年）.

[15] 学部总务司．第一次教育统计图表，光绪三十三年（沈云龙．近代中国史料丛刊第三编第十辑），台北：文海出版社有限公司．

[16] 学部总务司．第二次教育统计图表，光绪三十四年（沈云龙．近代中国史料丛刊第三编第十辑），台北：文海出版社有限公司．

[17] 学部总务司．第三次教育统计图表，宣统元年（沈云龙．近代中国史料丛刊第三编第十辑），台北：文海出版社有限公司．

[18] 教育部总务厅统计科．中华民国第五次教育统计图表，北京：教育部总务厅统计科，19（?）.

[19] 民国教育部教育年鉴编纂委员会．第一次中国教育年鉴，上海：开明书店，1934.

[20] 沈云龙．近代中国史料丛刊三编第十辑：教育部行政纪要，丙编，专业教育，留学生事项，台北：文海出版社有限公司．

[21] 沈云龙．近代中国史料丛刊第三编：清末各省自/官费留学生姓名表，台北：文海出版社事业有限公司．

[22] 沈云龙．近代中国史料丛刊第三编：清末各省官费/自费留日学生毕业姓名表，台北：文海出版社事业有限公司．

[23] 沈云龙．近代中国史料丛刊第三编：各校学生履历清册，台北：文海出版社事业有限公司．

[24] 中华民国驻日留学生监督处．中华民国驻日留学生监督处一览，南京：中华民国驻日留学生监督处发行中华民国十八年（1929年）10月．

二、方志资料

[1]［清］贺简修．岫岩州乡土志［M］，清宣统元年年本．

[2]［清］李绍纲、徐芳．康平县乡土志［M］，清光绪三十四年本，吉林大学图书馆藏．

[3]［清］台隆阿修，李瀚颖．岫岩志略（辽海丛书本）［M］，辽沈书社，1984.

[4]［清］赵炳南．靖安县乡土志［M］，清光绪三十四年本．

[5]［清］朱佩兰．靖安县志［M］，宣统元年本，1967.

[6]［清］张文治．广宁县志（辽海丛书本）［M］，沈阳：辽沈书社，1985.

[7]［清］黄维翰．呼兰府志（黑水丛书本）［M］，哈尔滨：黑龙江人民出版社，1985.

[8]［清］王奕曾．锦县志（辽海丛书本）［M］，沈阳：辽海书社，1984.

[9]［清］冯昌奕．宁远州志（辽海丛书本）［M］，沈阳：辽海书社，1984.

[10] [清] 长顺等. 吉林通志 [M], 长春: 吉林文史出版社, 1986.

[11] [清] 刘清书. 长寿县乡土志 (光绪三十三年) [M], 哈尔滨: 黑龙江人民出版社, 1989.

[12] [清] 罗宝书. 开原县志 [M], 1965 年版抄本.

[13] [清] 雷飞鹏. 西安县志略 (宣统三年) [M], 东北乡土志丛编, 1985.

[14] [清] 管凤禾、陈艺等修, 张文藻等. 海城县志 [M], 宣统元年本.

[15] [清] 赵丙南. 辽源县乡土志 [M], 民国抄本, 吉林大学图书馆藏.

[16] [清] 赵宇航, 程廷恒修, 黎镜容等纂. 抚顺县志略 [M], 清宣统石印本.

[17] [清] 赵炳南. 辽源县乡土志·教育 [M], 民国十九年抄本, 吉林大学图书馆馆藏.

[18] 严兆零修, 张玉书纂. 望奎县志 [M], 民国八年 (1919) 本.

[19] 赵兴德. 义县志 [M], 民国二十年铅印本.

[20] 王介公. 安东县志 [M], 民国二十年铅印本.

[21] 廷瑞修. 海城县志 [M], 沈阳: 辽宁民族出版社, 1999.

[22] 程廷恒. 复县志略 [M], 民国九年石印本.

[23] 徐维淮. 辽中县志 [M], 民国十九年铅印本.

[24] 李毅. 开原县志 [M], 民国十八年铅印本.

[25] 裴焕星等. 辽阳县志 [M], 沈阳: 辽宁民族出版社, 1999.

[26] 孙维善等. 台安县志 [M], 沈阳: 辽宁民族出版社, 1999.

[27] 徐希廉. 瑷珲县志 [M], 民国九年铅印本, 吉林大学馆藏.

[28] 石秀峰. 盖平县志 [M], 沈阳: 辽宁民族出版社, 1999.

[29] 周铁铮. 朝阳县志 [M], 沈阳: 辽宁民族出版社, 1999.

[30] 张书翰. 宾县志略 [M], 东北师大图书馆油印本, 吉林大学图书馆藏.

[31] 王树楠等. 奉天通志 [M], 沈阳: 文史丛书编辑委员会, 1983.

[32] 杨步墀. 依兰县志 [M], 民国九年铅印本.

[33] 崔福坤. 讷河县志 [M], 民国二十年铅印本.

[34] 刘焕文. 锦西县志 [M], 作新社民国十八年印刷铅印本.

[35] 于英蕤. 大赉县志 [M], 1964 年抄本.

[36] 赵恭寅修, 曾有翼纂. 沈阳县志 [M], 民国六年铅印本, 吉林大学图书馆藏.

[37] 崔龙藩. 珲春县志 (长白丛书本) [M], 长春: 吉林文史出版社, 1990.

[38] 胡境海. 绥化县志 (民国九年) [M], 吉林大学图书馆藏.

[39] 徐鼎霖. 永吉县志 (长白丛书本) [M], 长春: 吉林文史出版社, 1993.

[40] 刘爽. 吉林新志 (长白丛书本) [M], 长春: 吉林文史出版社, 1991.

[41] 张书翰等修, 金毓黻等纂. 长春县志 [M], 长春: 长春出版社, 2002.

[42] 杨步墀纂修. 依兰县志 [M], 民国十年 (1921) 铅印本.

[43] 林甸县志编纂委员会办公室．林甸县志［M］，哈尔滨：黑龙江人民出版社，1988年．

[44] 明水县志编纂委员会．明水县志［M］，哈尔滨：黑龙江人民出版社，1989.

[45] 阿城县志编纂委员会．阿城县志［M］，哈尔滨：黑龙江人民出版社，1988.

[46] 饶河县地方志编纂办公室．饶河县志［M］，哈尔滨：黑龙江人民出版社，1992.

[47] ［清］徐世昌编、李澍田等点校．东三省政略［M］，长春：吉林文史出版社，1989.

[48] 许敬文．东沟县志［M］，沈阳：辽宁人民出版社，1996.

[49] 北镇满族自治县地方志编纂委员会．北镇县志［M］，沈阳：辽宁人民出版社，1990.

[50] 昌图县地方志编审委员会办公室．昌图县志［M］，昌图：昌图县地方志编审委员会，1988（内部发行）.

[51] 哈尔滨市道里区志编纂委员会．道里区志［M］，哈尔滨：黑龙江人民出版社，1993.

[52] 绥化县地方志编纂委员会．绥化县志［M］，哈尔滨：黑龙江人民出版社，1986.

[53] 逯献青．大安县志［M］，沈阳：辽宁人民出版社，1990.

[54] 吉林省地方志编纂委员会．吉林省志·教育志［M］，吉林人民出版社，1992.

[55] 爱辉县修志办公室．爱辉县志［M］，哈尔滨：北方文物杂志社，1986.

[56] 宾县地方志办公室．宾县志［M］，哈尔滨：黑龙江人民出版社，1991.

[57] 和龙县地方志编纂委员会．和龙县志［M］，长春：吉林文史出版社，1992.

[58] 通榆县志编纂委员会．通榆县志［M］，长春：吉林人民出版社，1994.

[59] 顾万春、李荣先．长春市志·总志［M］，长春：吉林人民出版社，2000.

[60] 营口市地方志编纂委员会办公室．营口市志［M］，第五卷，呼和浩特：远方出版社，1999.

[61] 清原县志编纂委员会办公室．清原县志［M］，1991年．

[62] 方正县志编纂委员会．方正县志［M］，北京：中国展望出版社，1990.

[63] 宁安县志编纂委员会．宁安县志［M］，哈尔滨：黑龙江人民出版社，1989.

[64] 辽阳县志编纂委员会办公室．辽阳县志［M］，北京：新华出版社，1994.

[65] 开原市地方志办公室编．开原县志［M］，沈阳：辽宁人民出版社，1995.

[66] 安德才．兴城县志［M］，沈阳：辽宁大学出版社，1990.

[67] 盘锦市人民政府地方志办公室．盘锦市志·科技文化志［M］，北京：方志出版社，2000.

[68] 集安县地方志编纂委员会．集安县志［M］，北京：中国标准出版社，1987.

[69] 锦西市地方志编纂委员会办公室．锦西市志［M］，锦西市地方志编纂委员会办公室，1988.

[70] 木兰县志编纂委员会．木兰县志［M］，哈尔滨：黑龙江人民出版社，1989.

[71] 宝清县地方志编纂委员会．宝清县志［M］，宝清县地方志编纂委员会，1993.

[72] 桦川县志编纂委员会办公室．桦川县志［M］，哈尔滨：黑龙江人民出版社，1991.

[73] 丹东市地方志办公室．丹东市志（9）［M］，沈阳：辽宁科学技术出版社，1991.

[74] 穆棱县志编纂委员会．穆棱县志［M］，北京：中国文史出版社，1990.

[75] 本溪县志编纂委员会．本溪县志［M］，本溪：本溪县志编纂委员会，1983.

[76] 法库县地方志编纂委员会．法库县志［M］，沈阳：沈阳出版社，1990.

[77] 桓仁县地方志编纂委员会．桓仁县志［M］，北京：方志出版社，1996.

[78]（民国）王文璞修、吕中清纂．北镇县志［M］，民国十七年修二十二年石印本，台北：成文出版社有限公司，中华民国六十三年（1974）影印本．

[79] 绥化地区地方志编纂委员会．绥化地区志［M］，哈尔滨：黑龙江人民出版社，1995.

[80] 黑龙江省地方志编纂委员会．黑龙江省志·教育志［M］，哈尔滨：黑龙江人民出版社，1996.

[81] 辽宁省地方志编纂委员会．辽宁省志·教育志［M］，沈阳：辽宁大学出版社，2001.

[82] 阿城县志编纂委员会办公室．阿城县志［M］，哈尔滨：黑龙江人民出版社，1988.

[83] 望奎县地方志编纂委员会．望奎县志［M］，望奎：望奎县人民政府，1989.

[84]（民国）杨宇齐修、张嗣良纂．铁岭县续志［M］，民国二十二年铅印本，台北：成文出版社有限公司，中华民国六十三年（1974 年）影印版．

[85]（民国）高文垣修，张鼐铭纂．双城县志（全二册）［M］，台北：成文出版社有限公司，据民国十五年铅印本影印，中华民国六十二年（1973 年）．

[86] 李澍田．珲春史志［M］，长春：吉林文史出版社，1990.

[87] 万福麟监修、张伯英总纂、崔成庆等整理．黑龙江志稿·学校志（黑水丛书第二集）［M］，哈尔滨：黑龙江人民出版社，1992.

[88] 锦西市地方志编撰委员会办公室．锦西市志［M］，建平：建平印刷总厂，1998.

[89] 吉林省辉南县县志编委会．辉南县志·教育志［M］，长春：吉林人民出版社，2000.

[90] 黑龙江省龙江县地方志编纂委员会．龙江县志［M］，北京：中国城市经济社会出版社，1991.

[91] 爱辉县修志办公室．爱辉县志［M］，哈尔滨：北方文物杂志社，1986.

[92] 岫岩县志编辑部．岫岩县志［M］，沈阳：辽宁大学出版社，1989.

[93]［民国］陈国钧修，孔广泉纂．安图县志（全册）［M］，民国十八年铅印本，台

北：成文出版社有限公司，中华民国六十三年（1974 年）出版．

［94］康平县地方志编纂委员会．康平县志［M］，沈阳：东北大学出版社，1995.

［95］王秉祯、董玉琦．长春市志·教育志［M］，长春：吉林人民出版社，1995.

［96］柳成栋．清代黑龙江孤本方志四种［M］，哈尔滨：黑龙江人民出版社，1989.

［97］李澍田．吉林乡土志（长白丛书本）［M］，长春：吉林文史出版社，1986.

［98］丁英蕤．大赉县志［M］，民国二年本，吉林大学馆藏，1964.

三、解放前著述

［1］［清］锡良．锡良遗稿［M］，北京：中华书局，1959.

［2］［清］程德全．程将军（雪楼）守江奏稿（沈云龙．近代中国史料丛刊第十七辑）［M］，台北：文海出版社，1946.

［3］［清］闽侯林传甲．黑龙江乡土志，私立奎垣学校发行，上海：商务印书馆，中华民国二年（1913 年）.

［4］［清］乾隆官修．清朝文献通考［M］，杭州：浙江古籍出版社，2000.

［5］［清］徐曦．东三省政略［M］，长春：吉林文史出版社，1986.

［6］［清］杨宾．柳边纪略（辽海丛书本）［M］，沈阳：辽沈书社，1983.

［7］［清］西清著．黑龙江外记［M］，哈尔滨：黑龙江人民出版社，1984.

［8］［清］萨英额．吉林外纪（长白丛书本）［M］，长春：吉林文史出版社，1986.

［9］［清］方拱乾．绝域纪略（长白丛书本）［M］，长春：吉林文史出版社，1986.

［10］［清］徐宗亮．黑龙江述略［M］，哈尔滨：黑龙江人民出版社，1985.

［11］［清］宋小濂．北徼纪游［M］，哈尔滨：黑龙江人民出版社，1984.

［12］［清］张凤台撰．长白汇征录（宣统二年）［M］，民国铅印本．

［13］［清］吴桭臣．宁古塔纪略（龙江三纪）［M］，哈尔滨：黑龙江人民出版社，1985.

［14］［清］方式济．龙沙纪略（龙江三记）［M］，哈尔滨：黑龙江人民出版社，1985.

［15］［清］徐珂．清稗类钞［M］，北京：中华书局，1984.

［16］［清］曹廷杰．东北边防辑要（黑水丛书本）［M］，哈尔滨：黑龙江人民出版社，2001.

［17］［清］赵尔巽．清史稿［M］，北京：中华书局，1977.

［18］［清］何秋涛．朔方备乘［M］，台北：文海出版社影印本，1966.

［19］［清］宋小濂．宋小濂集［M］，长春：吉林文史出版社，1989.

［20］［清］陈梦雷编纂、［清］蒋廷锡校订．古今图书集成·经济汇编·选举典［M］，卷十七，学校部，北京：中华书局，巴蜀书社，1985.

［21］王慕宁．东三省实况［M］，上海：中华书局，1929.

［22］郭熙楞．吉林汇征（长白丛书本）［M］，长春：吉林文史出版社，1993.

［23］徐曦．东三省纪略［M］，上海：商务印书馆，1915.

［24］许逸超．东北地理［M］，东北人民政府教育部印，南京：正中书局出版，1950.

［25］东北文化社．东北年鉴［M］，沈阳：东北印刷局，1931.

［26］闻钧天．中国保甲制度［M］，重庆：现代书局，1933.

［27］金毓黻．东北要览［M］，沈阳：国立东北大学编印，1943.

［28］张宗文．东北地理大纲［M］，杭州：中华人地舆图学社，1933.

［29］周予同．中国现代教育史［M］，上海：良友图书公司，1934.

［30］许兴凯．日本帝国主义与东三省［M］，上海：昆仑书店，1930.

［31］作新社．白山黑水录［M］，上海：作新社，1903.

［32］丁文江等．中国矿业纪要（第三次）［M］，北平：实业部地质调查所国立北平研究院地质学研究所联合刊行，1929.

［33］黎锦辉、陆费逵、戴克敦等．新小学教科书国语读本［M］，初级，第二册，北京：中华书局，1924.

［34］庄俞、沈颐等．共和国教科书新国文［M］，第四册，上海：商务印书馆，1912.

［35］东北物资调节委员会印行．东北经济小丛书·人文地理［M］，北京：京华印书局，1948.

［36］东北物资调节委员会研究组．东北经济小丛书（1）资源与产业（上）［M］，中国文化服务社沈阳印刷厂中华民国三十七年（1948 年）2 月．

［37］陈翊林．最近三十年中国教育史［M］，上海：太平洋书店，1932.

［38］吴晗、费孝通．皇权与绅权［M］，上海：上海观察社，1949.

［39］钟悌之．东北移民问题［M］，上海：上海日本研究社，1931.

［40］邰爽秋等．乡村教育之理论与实际［M］，台北：教育编译馆，1935.

四、解放后著述

［1］李华兴．民国教育史［M］，上海：上海教育出版社，1997.

［2］齐洪深．日本侵华教育史［M］，北京：人民教育出版社，2004.

［3］郭铁桩、关捷．日本殖民统治大连四十年史［M］，北京：社会科学文献出版社，2008.

［4］钱曼倩、金林祥．中国近代学制比较研究［M］，广州：广东教育出版社，1996.

［5］何小明．百年忧患—知识分子命运与中国现代化进程［M］，北京：东方出版社中心，1997.

［6］王笛．跨出封闭的世界——长江上游区域社会研究［M］，1644～1911，北京：中华书局，2001.

［7］汪向荣．日本教习［M］，北京：中国青年出版社，2000.

[8] 白光耀. 中国近代学校教育 [M], 北京: 北京科学技术出版社, 1995.

[9] 李喜平. 辽宁教育史 [M], 沈阳: 辽海出版社, 1998.

[10] 李淑娟. 日伪统治下的东北农村 (1931~1945) [M], 北京: 当代中国出版社, 2005.

[11] 王小明等. 戊戌维新与清末新政 [M], 北京: 北京大学出版社, 1998.

[12] 衣保中. 东北农学研究: 中国东北农业史 (长白丛书) [M], 长春: 吉林文史出版社, 1995.

[13] 石方. 黑龙江区域社会史研究 1644~1911 [M], 哈尔滨: 黑龙江人民出版社, 2002.

[14] 石方. 黑龙江区域社会史研究 (续) 1644~1911 [M], 哈尔滨: 黑龙江人民出版社, 2004.

[15] 徐兴荣. 1840~1990 辽宁文学概述 [M], 沈阳: 春风文艺出版社, 1993.

[16] 王晓秋. 近代中日文化交流史 [M], 北京: 中华书局, 2000.

[17] 蒋颂贤. 近代吉林人民革命斗争史 [M], 长春: 吉林文史出版社, 1992.

[18] 严昌鸿. 中国近代社会风俗史 [M], 长沙: 湖南出版社, 1991.

[19] 孙邦. 吉林满族 [M], 长春: 吉林人民出版社, 1991.

[20] 王先明. 近代绅士——一个封建阶层的历史命运 [M], 天津: 天津人民出版社, 1999.

[21] 刘世海. 内蒙古民族教育发展战略 [M], 呼和浩特: 内蒙古人民出版社, 1992.

[22] 佟冬. 中国东北史 [M], 长春: 吉林文史出版社, 1998.

[23] 陶炎. 东北林业发展史 [M], 沈阳: 辽沈书社, 1990.

[24] 孟志东. 达斡尔族简史 [M], 呼和浩特: 内蒙古人民出版社, 1986.

[25] 魏毓兰. 龙城旧闻 [M], 哈尔滨: 黑龙江人民出版社, 1986.

[26] 林传甲. 大中华吉林省地理志 (长白丛书本 [M]), 长春: 吉林文史出版社, 1993.

[27] 林传甲. 龙江旧闻 (黑水丛书本) [M], 哈尔滨: 黑龙江人民出版社, 1993.

[28] 常城. 东北近现代史纲 [M], 长春: 东北师范大学出版社, 1987.

[29] 王魁喜. 近代东北人民革命运动史 [M], 长春: 吉林人民出版社, 1960.

[30] 张士尊. 清代东北移民与社会变迁 (1644~1911) [M], 长春: 吉林人民出版社, 2003.

[31] 孔经纬. 清代东北地区经济史 [M], 哈尔滨: 黑龙江人民出版社, 1990.

[32] 马汝珩、马大正. 清代边疆开发研究 [M], 北京: 中国社会科学出版社, 1990.

[33] 费孝通. 乡土中国 [M], 上海: 三联书店, 1985.

[34] 张鸣. 乡村社会权力和文化结构的变迁 (1903~1953) [M], 桂林: 广西人民出版社, 2001.

[35] 尹郁山．吉林满俗研究［M］，长春：吉林文史出版社，1991.

[36] 乔志强．中国近代社会史［M］，北京：人民出版社，1992.

[37] 刘志琴．近代中国社会文化变迁录［M］，杭州：浙江人民出版，1998.

[38] 曲晓范．近代东北城市的历史变迁［M］，长春：东北师范大学出版社，2001.

[39] 池子华．中国近代流民（中国社会史丛书）［M］，杭州：浙江人民出版社，1996.

[40] 许宁、李成．别样的白山黑水：东北地域文化的边缘解读［M］，哈尔滨：黑龙江人民出版社，2005.

[41] 胡玉海主编、郭建平．奉系教育［M］，沈阳：辽海出版社，2001.

[42] 李世谕．清代科举制度考辩［M］，北京：中央广播电视大学出版社，1999.

[43] 刘国平．历史·地域·现代化——以吉林文化为中心［M］，长春：吉林文史出版社，2006.

[44] 陈静生．祖国的东北角［M］，北京：中国青年出版社，1963.

[45] 刘振生．“满洲国”日本留学史研究［M］，长春：吉林大学出版社，2004.

[46] 顾明义、张德良、杨洪范、赵春阳．日本侵占旅大四十年史［M］，沈阳：辽宁人民出版社，1991.

[47] 李孝悌．清末的下层社会启蒙运动：1901～1911［M］，石家庄：河北教育出版社，2001.

[48] 王魁喜．近代东北史［M］，哈尔滨：黑龙江人民出版社，1984.

[49] 张其卓．满族在岫岩［M］，沈阳：辽宁人民出版社，1984.

[50] 满都尔图．达斡尔族［M］，北京：民族出版社，1991.

[51] 毕苑．中国近代教科书研究［M］，北京：北京师范大学博士论文，2004.

[52]《达斡尔族简史》编写组．达斡尔族简史［M］，呼和浩特：内蒙古人民出版社，1986.

[53] 李治亭．东北通史［M］，郑州：中州古籍出版社，2003.

[54] 陈玉申．晚清报业史［M］，济南：山东画报出版社，2003.

[55] 黑龙江日报社新闻志编辑室．东北新闻史［M］，哈尔滨：黑龙江人民出版社，2001.

[56] 费孝通．江村经济［M］，上海：商务印书馆，2001.

[57] 隗瀛涛主编、何一民等撰．四川近代史稿［M］，成都：四川人民出版社，1990.

[58] 姜世忠．呼兰史话［M］，哈尔滨：黑龙江人民出版社，1990.

[59] 郑杭生．社会学概论新修（修订本）［M］，北京：中国人民大学出版社，1998.

[60] 曹锦清．黄河边上的中国［M］，上海：上海百花文艺出版社，1999.

[61] 杨子忱．老长春［M］，延吉：延边人民出版社，2000.

[62] 王奇生．中国留学生的历史轨迹 1872～1949［M］，武汉：湖北教育出版

社，1992.

[63] 王野平．东北沦陷十四年教育史［M］，长春：吉林教育出版社，1989.

[64] 沈殿成．中国留学日本百年史［M］，沈阳：辽宁教育出版社，1997.

[65] 舒新城．近代中国留学史［M］，上海：上海文化出版社，1989.

[66] 李瑛．鄂伦春族教育史稿［M］，长春：吉林教育出版社，1987.

[67] 齐红深．东北地方教育史［M］，沈阳：辽宁教育出版社，1992.

[68] 王鸿宾等．东北教育通史［M］，沈阳：辽宁教育出版社，1992.

[69] 齐洪深．东北民族教育史［M］，沈阳：辽宁大学出版社，1993.

[70] 周一川．近代中国女性日本留学史［M］，北京：社会科学文献出版社，2007.

[71] 王贵忠等．东北职业教育史［M］，沈阳：辽宁大学出版社，1999.

[72] 隋丽娟．黑龙江教育史［M］，哈尔滨：黑龙江人民出版社，2003.

[73] 齐洪深．满族的教育文化［M］，沈阳：辽宁大学出版社，2003.

[74] 单丽雪．黑龙江省教育史［M］，哈尔滨：黑龙江人民出版社，2004.

[75]《穆陵朝鲜民族教育史》编纂委员会．穆陵朝鲜民族教育史［M］，哈尔滨：黑龙江朝鲜民族出版社，2004.

[76] 朴奎灿．中国朝鲜族教育史［M］，延吉：东北朝鲜民族教育出版社，1991.

[77] 黄宗智．中国乡村研究（第五辑）［M］，福州：福建教育出版社，2007.

[78] 桑兵．晚清学堂学生与社会变迁［M］，上海：学林出版社，1995.

[79] 李长莉．中国人的生活方式：从传统到近代［M］，成都：四川出版集团四川人民出版社，2008.

[80] 李斌．顿挫与嬗变：晚清社会变革研究［M］，成都：四川大学出版社，2006.

[81] 苗春德．中国近代乡村教育史［M］，北京：人民教育出版社，2004.

[82] 张朋园．中国民主政治的困境，1909～1949：晚清以来历届议会选举述论［M］，长春：吉林出版集团有限责任公司，2008.

[83] 张朋园．立宪派与辛亥革命［M］，长春：吉林出版集团有限责任公司，2007.

[84] 焦润明等．近代东北社会诸问题研究［M］，北京：中国社会科学出版社，2004.

[85] 蒋纯焦．一个阶层的消失：晚清以降塾师研究［M］，上海：世纪出版集团上海书店出版社，2007.

五、资料汇编、文集、大事记、论文集、文史资料

[1] 舒新城．中国近代教育史资料［G］，北京：人民教育出版社，1981.

[2] 陈学恂．中国近代教育史教学参考资料［G］，北京：人民教育出版社，1987.

[3] 朱有瓛等．中国近代教育史资料汇编·教育行政机构及教育团体［G］，上海：上海教育出版社，1993.

[4] 吉林省教育志编纂委员会教育大事记编写组编．吉林省教育大事记，第一卷

(1957～1949) [G], 长春：吉林教育出版社, 1989.

[5] 璩鑫圭、唐良炎. 中国近代教育史资料汇编·实业教育·师范教育 [G], 上海：上海教育出版社, 1994.

[6] 陈学恂、田正平. 中国近代教育史资料汇编·留学教育 [G], 上海：上海教育出版社, 1991.

[7] 璩鑫圭、唐良炎. 中国近代教育史资料汇编·学制演变 [G], 上海：上海教育出版社, 1991.

[8] 谢岚, 李作桓. 黑龙江省教育史资料选编 [G], 上编, 哈尔滨：黑龙江教育出版社, 1988.

[9] 长春社会科学院编辑、杨洪友. 〈盛京时报〉长春资料选编·清朝光绪卷 (1909～1911) [G], 长春：长春出版社, 2005.

[10] 朱有瓛. 中国近代学制史料 [G], 第2辑, 上海：华东师范大学出版社, 1987.

[11] 付百臣、刘信君. 吉林建省百年纪事 (1907～2007) (东北史地研究丛书) [M], 长春：吉林人民出版社, 2007.

[12] 长春社会科学院编辑、孙彦平编. 〈盛京时报〉长春资料选编·清朝宣统卷 (1909～1911) [G], 长春：长春出版社, 2005.

[13] 《东北人物大辞典》编委会. 东北人物大辞典 [M], 沈阳：辽宁人民出版社, 1992.

[14] 李文海. 民国时期社会调查丛编 (文教事业卷) [G], 福州：福建教育出版社, 2003.

[15] 长春市图书馆参考部. 东北地方文献索引 [G], 长春：长春市图书馆, 1980.

[16] 邰爽积等编订, 彭仁山增订. 教育论文索引 [G], 国立中山大学教育研究所丛刊, 中华民国三十八年 (1950).

[17] 中国史学会. 中国近代史资料丛刊·辛亥革命》(七) [G], 上海：上海人民出版社, 1981.

[18] 中国人民政治协商会议全国委员会文史资料研究委员会. 辛亥革命回忆录 [G], 第5集, 北京：中华书局, 1983.

[19] 中国人民政治协商会议全国委员会文史资料研究委员会. 辛亥革命回忆录 [G], 第3集, 北京：中华书局, 1962.

[20] 中共长春市委党史研究室. 中国共产党在长春活动大事记 (上) [M], 长春：中共长春市委党史研究室, 1991.

[21] 费孝通. 费孝通文集 [C], 第一卷, 北京：群众出版社, 2000.

[22] 梁漱溟. 梁漱溟全集 [C], 第二卷, 济南：山东人民出版社, 1991.

[23] 马秋帆. 梁漱溟教育论著选 [C], 北京：人民教育出版社, 1994.

[24] 从佩远、叔鸣岐. 曹廷杰集 [C], 北京：中华书局, 1985.

[25] 李鸿文、张本政. 东北大事记1840~1949 [M], 长春：吉林文史出版社, 1987.

[26] 陈见薇. 东北民俗资料荟萃 [G], 长春：吉林文史出版社, 1995.

[27] 东北三省中国经济史学会、抚顺市社会科学研究所. 东北地区资本主义发展史 [C], 哈尔滨：黑龙江人民出版社, 1987.

[28] 丁守河. 辛亥革命时期期刊介绍 [G] (二), 北京：人民出版社, 1987.

[29] 阿英. 晚清文学丛钞：说唱文学卷 [G], 上册, 北京：中华书局, 1960.

[30] 孙中山. 孙中山全集 [C], 第2卷, 北京：中华书局, 1982.

[31] 毕万闻. 张学良文集 [C], 北京：新华出版社, 1992.

[32] 孙茂宽. 关东搜异录 [G], 长春：吉林文史出版社, 1991.

[33] 陶行知. 陶行知全集 [C] (一), 长沙：湖南教育出版社, 1986.

[34] 方正、俞光茂、纪红民. 张学良和东北军 (1901~1936) [C], 北京：中国文史出版社, 1986.

[35] 黑龙江省社会科学院历史研究所. 黑龙江近代历史大事记 [M], 哈尔滨：黑龙江人民出版社, 1987.

[36] 丁钢. 中国教育：研究与评论 [C], 第5期, 北京：教育科学出版社, 2003.

[37] 中国人民政协会议辽宁省大连市委员会文史资料委员会. 大连文史资料 [C], 第七辑, 大连：中国人民政协会议辽宁省大连市委, 1990.12.

[38] 中国人民政协阜新市委员会文史资料委员会. 阜新文史资料 [C], 第七辑, 阜新：政协阜新市委员会文史资料委员会, 1992.10.

[39] 政协凤城满族自治县委员会学习文史委员会. 凤城文史资料 [C], 第三辑, 凤城：1990.

[40] 辽阳市政协文史资料研究委员会. 辽阳文史资料 [C], 第一辑, 辽阳：1985.7.

[41] 政协义县委员会文史资料委员会. 义县文史资料 [C], 第二辑, 义县：1985.

[42] 中国人民政治协商会议辽宁省海城市委员会文史资料工作委员会. 海城文史资料 [C], 第二辑, 海城：1988.10.

[43] 扶余市政协文史资料委员会. 扶余文史资料 [C], 第十一辑, 扶余：1991.11.

[44] 中国人民政治协商会议辽宁省黑山县委员会文史资料工作委员会. 黑山文史资料 [C], 第十辑, 黑山：黑山县委机关, 1997.

[45] 敦化市政协文史资料委员会. 敦化文史资料 [C], 第八辑, 敦化：1992.10.

[46] 中国人民政治协商会议黑龙江省明水县委员会文史资料研究委员会. 明水文史资料 [C], 第一辑, 明水：1985.6.

[47] 政协黑龙江省木兰县委员会文史资料委员会. 木兰文史资料 [C], 第五辑, 木兰：1990.4.

[48] 中国人民政治协商会议黑龙江省桦川县委员会文史资料研究委员会. 桦川文史资料 [C], 第三辑, 桦川：1986.9.

［49］政协抚顺市委员会文史委员会．抚顺文史资料［C］，第七辑，政协抚顺市委员会文史委员会，抚顺：1986.

［50］中国人民政治协商会议辽宁省锦州市委员会文史资料委员会．锦州文史资料［C］，第九辑，锦州：1990. 6.

［51］敦化市政协文史资料委员会．敦化文史资料［C］，第五辑，敦化：1988. 12.

［52］中国人民政治协商会议辽宁省委员会文史资料委员会．辽宁文史资料选辑［C］，第三十三辑，沈阳：辽宁人民出版社，1991. 8.

［53］中国人民政治协商会议黑龙江省肇东县委员会文史资料研究委员会．肇东文史资料［C］，第一辑，肇东：1984. 9.

［54］延吉市政协文史资料委员会．延吉文史资料［C］，第一辑，延吉：1992. 12.

［55］中国人民政治协商会议锦西县委员会文史资料研究委员会．锦西文史资料［C］，第二辑，锦西：1984. 12.

［56］政协吉林省柳河县委员会文史资料研究委员会．柳河文史资料［C］，第三辑，柳河：1988.

［57］中国人民政治协商会议康平县委员会文史资料委员会．康平文史资料［C］，第四辑，康平：1990. 11.

［58］辽宁省政协文史资料研究委员会．辽宁文史资料［C］，第十二辑，沈阳：辽宁人民出版社，1985. 8.

［59］中国人民政治协商会议黑龙江省委员会文史资料研究委员会．黑龙江文史资料［C］，第十四辑，哈尔滨：黑龙江人民出版社，1984. 12.

［60］政协沈阳市委员会文史资料研究委员会．沈阳文史资料［C］，第六辑，沈阳：1984. 6.

［61］中国人民政治协商会议吉林省东丰县文史资料委员会．东丰文史资料［C］，第八辑，东丰：1989. 4.

［62］政协辽中县委员会文史资料征编委员会．辽中文史资料［C］，第五辑，辽中：1986. 10.

［63］中国人民政治协商会议明水县委员会学习文史委员会．明水文史资料［C］，第三辑，明水：1989. 12.

［64］政协延边朝鲜族自治州委员会文史资料委员会．延边文史资料［C］，第六辑，延边：1988. 12.

［65］政协台安县委员会文史资料委员会．台安文史资料［C］，第二辑，台安：1989. 7.

［66］吉林市政协文史资料研究委员会．吉林市文史资料［C］，第四辑，吉林：1985. 10.

［67］中国人民政治协商会议吉林省蛟河县文史资料委员会．蛟河文史资料［C］，第

四辑，蛟河：中国政协蛟河市文史办公室，1988.12.

[68] 四平市政协文史资料研究委员．四平文史资料［C］，第一辑，四平：1988.10.

[69] 中国人民政治协商会议辽宁省大连市委员会文史资料委员会．大连文史资料［C］，第六辑，大连：19891.2.

[70] 中国人民政治协商会议辽宁省大连市委员会文史资料委员会．大连文史资料［C］，第七辑，大连：1990.12.

六、外国文献

[1]［俄］马克．黑龙江旅行记［M］，上海：商务出版社，1977.

[2]［苏］麦利霍夫．满洲人在东北（十七世纪）［M］，上海：商务印书馆，1976.

[3]［苏］莫柴也夫，沈玉昌译．中国的东北［M］，北京：科学出版社，1959.

[4] 中东铁路局商业部编，汤尔和译．黑龙江［M］，上海：商务印书馆，1931.

[5]［英］G. 拉文斯坦著，陈霞飞译．俄国人在黑龙江［M］，上海：商务印书馆，1974.

[6]［比利时］南怀仁，薛虹译．鞑靼旅行记（长白丛书本）［M］，长春：吉林文史出版社，1986.

[7]［丹麦］曹诗弟，泥安儒译．文化县：从山东邹平乡村教育看21世纪中国［M］，济南：山东大学出版社，2005.

[8] 中华续行委办公调查特委会编，文庸等译．中华归主——中国基督教事业统计［M］，北京：中国社会科学出版社，1987.

[9]［日］国务院统计处：《第一次满洲国年报》［G］，社团法人满洲文化协会发行，株式会社满洲日报社，大同二年十二月十五日．

[10]［日］本村武盛：《满洲年鉴》［G］，大连：满洲日日新闻社，昭和十二年．

[11]［日］国务院文教部编纂：《满洲帝国文教部第二次年鉴》［G］，国务院文教部，康德元年出版．

[12]［日］南满洲铁道株式会社社长室调查科：《满蒙全书》［G］，第三卷，大连市满蒙文化协会发行，大连：满洲日日新闻社，大正十二年三月．

[13]［日］南满洲铁道株式会社社长室调查．满蒙全书［M］，大连满蒙文化协会，1922.

[14]［日］福富八郎．满洲年鉴［M］，满洲日日新闻社，昭和十九年（1944年）.

[15]［日］辽东兵站监部．满洲要览［M］，奉天自卫社，1907.

[16]［日］满洲国地方事情编纂会：《海龙县地方事情》［M］，满洲国地方事情编纂会出版，出版时间不详．

[17]［日］皆川丰治：《满洲国の教育》［M］，满洲帝国教育会出版，1939.

[18]［日］岛田道弥：《满洲教育史》［M］，大连：大连文教社，1935.

[19]［日］山田丰君：《满洲教育史略》［M］，南满洲教育会编印，1935.

[20]［日］荒川隆三：《满铁教育回顾三千年》［M］，满铁地方部学务课，1937.

[21] [日] 关东州厅:《关东州的教育》[M], 关东州厅, 1939.

[22] [日] 稻叶岩吉著, 杨成能等. 东北开发史 [M], 辛未编译社, 1935.

[23] [日] 实藤惠秀, 谭汝谦、林启彦译. 中国人留学日本史 [M], 北京: 三联书店, 1983.

[24] [日] 远藤隆次, 李文彬、李常益译. 东北的地质与矿产 [M], 新华书店东北总分店, 1950.

[25] [美] E. A 罗斯著, 公茂虹、张皓译. 变化中的中国人 [M], 北京: 时事出版社, 1998.

[26] [美] 查尔斯·佛维尔. 西伯利亚之行 [M], 上海: 上海人民出版社. 1981.

[27] [美] 杨格. 日本人在满洲 [M], 佛伦印书馆, 1935.

[28] [美] 罗兹曼. 中国的现代化 [M], 南京: 江苏人民出版社, 2003.

[29] [美] 杜赞齐著, 王福明译. 文化、权利与国家: 1900 ~ 1942 年的华北农村 [M], 南京: 江苏人民出版社, 2003.

[30] [美] 李约翰著, 孙瑞芹、陈泽宪译. 清帝逊位与列强 (1908 ~ 1912) [M]: 第一次世界大战前的一段外交插曲, 北京: 中华书局, 1982.

[31] [美] 费正清. 剑桥晚清史 [M], 北京: 中国社会科学出版社, 1985.

[32] [美] 费正清. 剑桥中华民国史 [M], 下册, 北京: 中国社会科学出版社, 1993.

[33] [美] 罗杰斯和伯德格. 乡村社会变迁 [M], 杭州: 浙江人民出版社, 1988.

[34] Micheal H. Hunt: Frontier Defense and the Open Door-Manchuria in Chinese American Relations 1895 ~ 1911 [M], Yale University Press, 1973, p22.

[35] Boyd Robert Higginson: Waymakers in Manchuria: the Story of the Irish Presbyterian Pioneer Missinnaries to Manchuria [M], The Foreign Mission Office, Belfast, 1940, 1st edition.

[36] D. MacGillivrayA: Century of Protestant Mission in china (1807 ~ 1907) [M], the American Presbyterian Mission Press, 1907.

[37] Elizabeth Ruth Vander Ven: Educational reform and village society in early twentieth-century northeast china, Haicheng county, 1905 ~ 1931 [J], University of the California,, Los Angeles, 2003.

[38] John Isreac: Student Nationalism in China 1927 ~ 1937 [M] . Published for the Hoover Institution on war, Revolution, and peace by Stanford University Press, Sanford, California 1966.

[39] Louise Young: Japan's Total Empire-Manchuria and The Culture of Wartime Imperialism [M], University of California Press 1998.

七、博硕、期刊论文资料

[1] 赵英兰．清代东北人口与群体研究［D］，吉林大学，2006.

[2] 王广义．近代东北乡村社会研究 1840～1931［D］，吉林大学，2007.

[3] 郭艳波．清末东北新政研究［D］，吉林大学，2007.

[4] 徐炳三．近代中国东北基督教研究——以政教关系为研究视角（1867～1945）［D］，华中师范大学，2006.

[5] 范立君．近代东北移民与社会变迁（1860～1931）［D］，浙江大学，2005.

[6] 张济洲．文化视野中的村落、学校与国家——一个县教育变迁的历史人类学考察（1904～2006）［D］，华东师范大学，2007.

[7] 张晓明．论清末东北的教育变革［D］，辽宁大学，2007.

[8] 李红云．近代中国东北与日本教育交流研究（1905～1931）［D］，东北师范大学，2005.

[9] 陈枫．近代福建私塾的现代化［D］，福建师范大学，2005.

[10] 张东霞．清末学堂师资研究［D］，天津师范大学，2007.

[11] 魏正书．清末辽宁教育三（续前注）位杰出人物，辽宁教育史［J］，1993（4）.

[12] 裴林．林传甲，黑龙江史志通讯［J］，1983（5）.

[13] 李铁汉等．林传甲与近代黑龙江教育，北方文物［J］，1989（4）.

[14] 王文炳，王洪生、范佩卿．教育家林传甲传略，齐齐哈尔大学学报（哲社版）［J］，1989（1）.

[15] 李江晓，王月华．略论林传甲的教育思想及实践，齐齐哈尔大学学报（哲社版）［J］，1996（3）.

[16] 刘欣芳、王秀兰．黑龙江近代教育奠基人林传甲一家对黑龙江教育的贡献，教育探索［J］，1997（5）.

[17] 李江晓．为开创黑龙江近代教育作出卓越贡献的教育世家，黑龙江史志［J］，1995（6）.

[18] 白献竟，毛英萍．清末民初辽宁实业教育人物考，沈阳大学学报［J］，18 卷 5 期，2006（10）.

[19] 王秀文等．“五·四”运动后马骏在东北的活动，黑龙江文物丛刊［J］，1984（4）.

[20] 廖维宇等．马骏烈士与吉林毓文史学的“周末讲演”，吉林史志［J］，1985（3）.

[21] 顾明义．辛亥革命在辽宁的领导人——张榕［J］，理论与实践，1981（5）.

[22] 徐凤晨．杰出的民主革命家——熊成基，吉林师大学报［J］，1980（2）.

[23] 盛雪芬等．张学良将军教育主张初探，沈阳师院学报［J］，1988（2）.

[24] 王家范．从难切入，在“变”字上做文章，历史研究［J］，1993（2）.

[25] 贾振纲．东丰县私塾的残存和消失，东北地方史研究［J］，1985（3）．

[26] 颜之江．长春文化开发及养正书院，长春史志［J］，1990（1）．

[27] 马阿宁．清末东北最有影响的书院——银冈书院，博物馆研究［J］，2006（4）．

[28] 刘志惠．从辽南横山书院看我国南北书院的兴起与演进，辽海文物季刊［J］，1995（2）．

[29] 陈丕忠．民国前期复县、庄河县教育，大连教育学院学报［J］，1998（4）．

[30] 华秀实等．解放前白城教育概况，吉林百年［J］，下册，1990．

[31] 李萍．日据大连时期的奴化教育实质，辽宁大学学报（社科版）［J］．第25卷，第4期，2002（7）．

[32] 武殿福．永吉县第一所私立中学，江城史志［J］，1990（1）．

[33] 张淑香．新民公学堂的发展对清末民初新学与辽宁社会发展的影响，沈阳大学学报［J］，第18卷，第5期，2006（10）．

[34] 高永君．〈癸卯学制〉与奉天实业学堂，沈阳大学学报［J］，第18卷，第5期，2006（10）．

[35] 李威，冯德华．从奉天实业学堂的建立与发展看近现代中国教育思想的变迁，沈阳大学学报［J］，第18卷，第5期，2006（10）．

[36] 王小侠，杨小梅．社会转型与教育理念更新续前注：——奉天实业学堂嬗变的历史考察，沈阳大学学报［J］，第18卷，第5期，2006（10）．

[37] 毛英萍，白献竞．东北实业教育的摇篮——纪念奉天实业学堂创建一百周年校史拾遗，沈阳大学学报［J］，第18卷，第5期，2006（10）．

[38] 耿立言，张旭．奉天实业学堂百年校址变迁之考证，沈阳大学学报［J］，第18卷，第5期，2006（10）．

[39] 高晶．关于奉天实业学堂初建时期几个问题的考证，沈阳大学学报［J］，第18卷，第5期，2006（10）．

[40] 刘功成．“五卅惨案”与大连的学生运动，辽宁师范大学学报（社科版）［J］，1983（1）．

[41] 朱在宪．吉林省民族关系史上光辉一页——记五四运动中的延边朝鲜青年，青年学研究［J］，1989（4）．

[42] 谢再善．伊盟的教育与文化，西北论衡［J］，第9卷，第10期，1941（10）．

[43] 贾凤翔．伊克昭盟教育，边疆通讯［J］，第2卷，第12期，1944（12）．

[44] 陈国钧．伊盟蒙旗教育，边疆通讯［J］，第2卷，第8期，1944（8）．

[45] 李瑛．鄂伦春族教育三题，北方文物［J］，1987（4）．

[46] 玛纳．近代东北地区新式回族教育初探，黑龙江民族学刊［J］，1991（1）．

[47] 隋丽娟．清末民初的边疆危机与鄂伦春族教育，北方文物［J］，1997（1）．

[48] 麻秀荣、那晓波．清末民初鄂温克族新式教育初探，民族研究［J］，2000（6）．

[49] 谷文双等. 黑龙江新式回族教育述略，回族研究 [J]，2002 (1).

[50] 王军. 黑龙江新式回族教育考论，黑龙江民族学刊 [J]，2003 (3).

[51] 刘金明，曾小玲. 论达斡尔族学校教育的特征及作用，黑龙江民族学刊 [J]，1998 (1).

[52] 谢兰荣. 达斡尔族教育史述略，内蒙古师大学报 (哲社版) [J]，1998 (4).

[53] 腾绍箴. 达斡尔族文化教育发展的历史回顾，社会科学战线 [J]，1994 (1).

[54] 田吉春. 延吉市图书馆简史 (初稿)，吉林省图书馆学会会刊 [J]，1980 (4).

[55] 田吉春. 延吉图书馆简史，吉林省图书馆学会会刊 [J]，1980 (4).

[56] 王洪生. 齐齐哈尔市图书馆简史，黑龙江图书馆 [J]，1981 (1，2).

[57] 柳成栋. 巴彦县图书馆简史，黑龙江图书馆 [J]，1982 (4).

[58] 张永伟. "九一八" 事变前后的辽宁省公共图书馆事业，图书馆学刊 [J]，1983 (2).

[59] 赵明. 论后金牛录屯田、计丁授田和分丁编庄与满族社会的农耕化，中国经济史研究 [J]，2000 (2).

[60] 曲晓范. 清末〈长春日报〉刊行考——兼论同盟会长春支部的早期活动，长白学刊 [J]，2006 (1).

[61] 吴必虎. 中国文化区的形成与划分，学术月刊 [J]，1996 (3).

[62] 程丽红. 晚清时期东北报业评述，东北亚论坛 [J]，第 14 卷，第 5 期，2005 (9).

[63] 孙东方. 论民国时期东北地区达斡尔族的双语教育，武汉科技学院学报 [J]，第 19 卷，第 7 期，2006 (7).

[64] 刘金明、曾小玲. 论达斡尔族学校教育的特征及作用，黑龙江民族丛刊 (季刊) [J]，总 52 期，1998 (1).

[65] 张小莉. 清末 "新政" 时期政府对教育捐款的奖励政策，历史档案 [J]，2003 (2).

[66] 罗志田. 科举制度废除在乡村中的社会后果，中国社会科学 [J]，2006 (1).

八、报刊杂志

[1] 盛京时报 [N]，1906 ~ 1931.

[2] 申报 [N]，1905 ~ 1931.

[3] 大公报 [N]，1905 ~ 1931.

[4] 东方杂志 [N]，1901 ~ 1931.

[5] 妇女杂志 [N]，1915 ~ 1931.

[6] 教育世界 [N]，1901 ~ 1908.

[7] 教育杂志 [N]，1909 ~ 1931.

［8］教育公报［N］，1914～1931.
［9］学部官报［N］.
［10］政治官报［N］，1907～1911.
［11］辽宁教育月刊［N］.
［12］辽宁教育公报［N］.
［13］吉林教育公报［N］.
［14］东北集刊［N］，1941.
［15］东北丛刊［N］.
［16］东北丛镌［N］.
［17］东北要览［N］.
［18］东北文献［N］.
［19］时事月报［N］.
［20］自强半月刊（长春自强学校）［N］.
［21］吉林省立第三中学［N］，七八合期、九十合期.
［22］东北中学［N］.
［23］同泽学校教育实施统计［N］.
［24］辽宁省立第二师范学校［N］.
［25］国文成绩合编（奉天）［N］.
［26］奉天警甲报告书［N］.
［27］学生与奉系军阀［N］.
［28］东大附中道尔顿制试验报告［N］.

后　记

本书是在我博士毕业论文的基础上修改而成的，也是攻读博士学位期间学术成果的进一步完善。收笔之际，我看着20多万字的书稿，感触颇多。回首20多年的求学路，经历了太多的艰辛与无奈。曾经的懵懂无知、年少轻狂早已在岁月的冲刷中渐行渐远，而对学问的追求却变得越来越坚毅。

对于“乡村教育”问题的思考，应该说是起始于我攻读硕士学位阶段。2004年，我在确定硕士论文的研究方向时选择了“教育”这个题目，并顺利完成了硕士论文《清末新政时期东北地区新式教育述论》。在继续攻读博士学位期间，我对选题几经取舍，最终还是选择了“教育”这样一个题目，实际上这是在硕士论文研究基础上的进一步思考。我选择“乡村教育”这样一个题目原因有二：一是“乡村社会”研究是当时学术界探讨的焦点，而东北地区的相关研究又比较薄弱，因此，这篇论文的研究颇具一定的学术价值；另一个原因是我生长在辽西农村，对于这块“生于斯长于斯”的泥土地始终怀有一种深厚的感情。因此，我想为乡村文教事业出点绵薄之力的愿望较为强烈。在确定题目开始着手研究后，我才逐渐感觉到撰写这篇论文的难度之大：一是资料稀少，东北地区保存下来的相关资料并不太多，而且十分分散，对于资料的搜集和整理工作需要付出大量的时间和精力；二是相关研究成果十分薄弱，特别是运用区域史与社会学的视角进行探讨的成果更是少之又少。因此，从论文的布局和结构的确定也是颇费周折。经过了两年多的奋战，我的博士论文《区域视野中的乡村、学校与社会——清末民初东北乡村教育研究（1905～1931）》终于完稿，我更因这篇论文在答辩时获得各位评委的一致好评而倍感欣慰。

六年的吉大行，我有幸遇到了许多令我终身难忘的良师益友，他们的关心和帮助给了我能够顺利完成学业的无穷动力。首先，我要感谢我的导师李书源教授。李先生是一位知识渊博、学风扎实、生活朴实的优秀学者。本篇论文从选题到全篇布局，再到数次修改和今天的进一步完善，无处不浸透着先生的心血。在书稿即将付梓之际，先生又不吝作序，着实令我深深感动。师母管老师是一位集传统中国女性优点于一身的伟大女性，在生活上、学习上更是给予了我无私的关怀和帮助。在博士论文答辩时，中国人民大学的王续添教授、东北师大的程舒伟教授和曲晓范教授、吉大的赵英兰教授和刘会军教授都对我的论文提出了宝贵的修改意见，对于本书稿的修改工作具有借鉴意义，在此一并表示感谢。在我论文写作过程中，郑率博士、王广义博士、王明伟博士、毕彩云博士、张晓军博士、管书合博士、吴彤博士、李秀原博士、陈德洋博士都对我的论文给予了指教和帮助，使我在相对枯燥的撰写过程中增添了几分信心和力量。在资料搜集过程中，我也得到了吉林大学图书馆、吉林大学历史系资料室、吉林大学历史系基地班阅览室、吉林省图书馆、吉林省档案馆、辽宁省图书馆、辽宁省档案馆等单位的大力支持和帮助，对于这些机构的工作人员提供的无私帮助表示由衷的感谢。

我的家人对本书的出版给予了莫大的支持，是我在求学路上和工作中的坚强后盾。我的爱人赵素花女士在我撰写博士论文期间一直陪伴在我的身边，特别是多次跟随我往返于辽宁、吉林之间搜集资料，给了我精神上和物质上的巨大支持和帮助。还有我的弟弟和亲朋，他们默默无闻的支持也是我不断取得进步的力量之源。

本书在修改和出版过程中，得到了教育部高等学校社会科学发展研究中心《高校社科文库》项目的资助、河南理工大学政法学院重点学科建设经费的资助、河南理工大学博士基金的资助，在此一并表示感谢！我还要真诚感谢政法学院原院长周玉清教授、党委副书记袁方教授、副院长侯菊英教授、副院长郑小九教授、副院长张付领教授，各位领导对本书出版给予了充分的支持和帮助。感谢刘刚博士、陈留根博士、李海玉博士、米卫娜博士、张秀丽博士、刘娜博士及其它多位同事。在短短的一年多的工作和交流中，大家共同的学术旨趣和热烈探讨引发了我一些新的思考，这对于本书稿的修改和出版具有借鉴意义。

当然，关于“乡村教育”的研究是一项难度较大的研究课题，几年的思考和区区 20 万字还难以真实还原当时的历史图景。虽然这部书稿凝聚了笔者的大量心血，也几经修改和完善，但错误和不当之处还是难以避免。在此，笔者敬请各位专家和读者批评指正。

杨晓军

2010 年 9 月 15 日于河南理工大学